500만 독자 여러분께 감사드립니다!

세상이 아무리 바쁘게 돌아가더라도
책까지 아무렇게나 빨리 만들 수는 없습니다.

길벗은 독자 여러분이
가장 쉽게, 가장 빨리 배울 수 있는 책을
한 권 한 권 정성을 다해 만들겠습니다.

독자의 1초를 아껴주는
정성을 만나보세요.

미리 책을 읽고 따라해 본 2만 베타테스터 여러분과
무따기 체험단, 길벗스쿨 엄마 2% 기획단,
시나공 평가단, 토익 배틀, 대학생 기자단까지!
믿을 수 있는 책을 함께 만들어주신 독자 여러분께 감사드립니다.

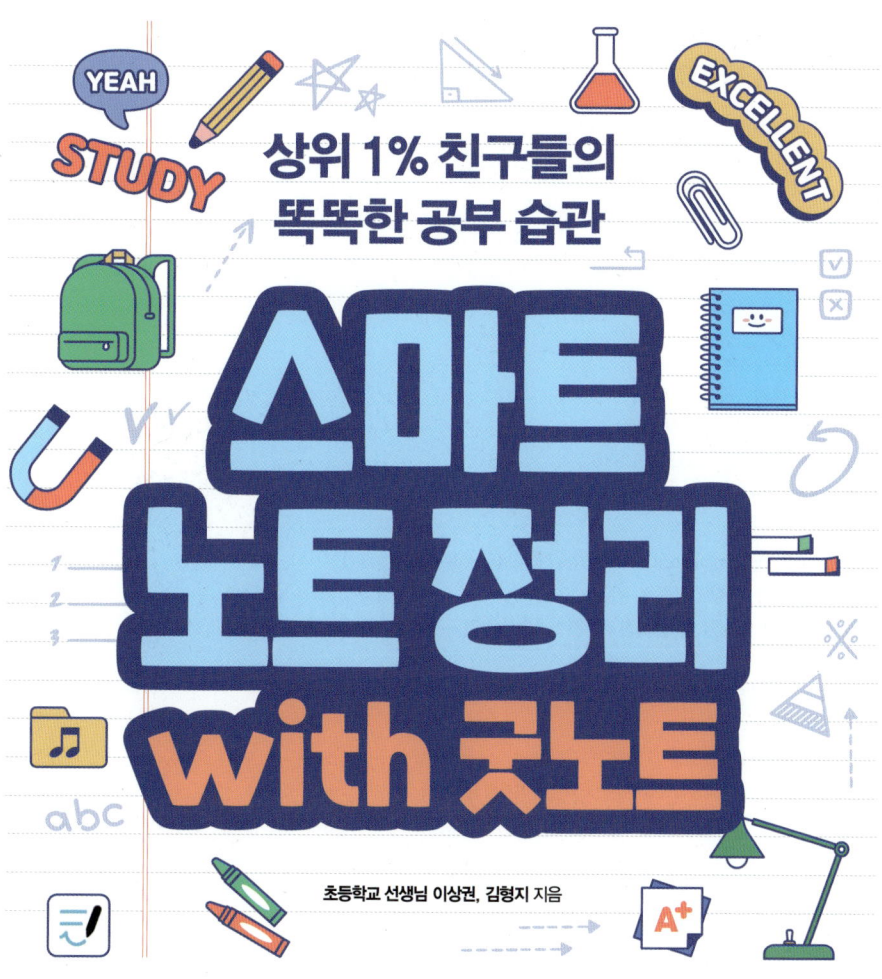

상위 1% 친구들의
똑똑한 공부 습관

스마트 노트 정리 with 굿노트

초등학교 선생님 이상권, 김형지 지음

길벗

상위 1% 친구들의 똑똑한 공부 습관
스마트 노트 정리 with 굿노트
Smart Notes Organizing for Top Students

초판 발행 · 2024년 8월 20일

지은이 · 이상권, 김형지
발행인 · 이종원
발행처 · ㈜도서출판 길벗
출판사 등록일 · 1990년 12월 24일
주소 · 서울시 마포구 월드컵로 10길 56(서교동)
대표 전화 · 02)332-0931 | **팩스** · 02)322-0586
홈페이지 · www.gilbut.co.kr | **이메일** · gilbut@gilbut.co.kr

기획 및 책임 편집 · 안수빈(puffer@gilbut.co.kr), 박슬기(sul3560@gilbut.co.kr)
표지 및 본문 디자인 · 박상희 | **제작** · 이준호, 손일순, 이진혁
영업마케팅 · 전선하, 차명환, 박민영 | **유통혁신** · 한준희 | **영업관리** · 김명자 | **독자지원** · 윤정아

편집진행 · 김정미 | **CTP 출력 및 인쇄** · 영림인쇄 | **제본** · 영림제본

- 잘못된 책은 구입한 서점에서 바꿔 드립니다.
- 이 책은 저작권법에 따라 보호받는 저작물이므로 무단전재와 무단복제를 금합니다.
  이 책의 전부 또는 일부를 이용하려면 반드시 사전에 저작권자와 (주)도서출판 길벗의 서면 동의를 받아야 합니다.

ⓒ 이상권, 김형지, 2024

ISBN 979-11-407-1055-3 73000
(길벗 도서코드 007198)

정가 20,000원

이 책은 2024년 굿노트 6 유료 버전을 기준으로 작성되었습니다.
앱 업데이트로 일부 메뉴와 화면 구성이 변경될 수 있으나 학습에는 무리가 없습니다.

독자의 1초를 아껴주는 정성 길벗출판사

㈜도서출판 길벗 · IT교육서, IT단행본, 경제경영, 교양, 성인어학, 자녀교육, 취미실용 ▶ www.gilbut.co.kr
길벗스쿨 · 국어학습, 수학학습, 어린이교양, 주니어 어학학습, 학습단행 ▶ www.gilbutschool.co.kr

페이스북 ▶ www.facebook.com/gilbutzigy
네이버 포스트 ▶ post.naver.com/gilbutzigy

저자의 말

SMART NOTES ORGANIZING

디지털 기술과 AI의 발전으로 우리의 삶이 빠르게 변화하고 있습니다. 특히 학교 현장에서는 1인 1디바이스 시대가 열리면서 다양한 디지털 기기를 활용한 수업이 이루어지고 있죠. 이런 상황에서 AI 디지털 교과서(AIDT)까지 등장하며, 교육의 디지털 전환이 가속화되는 중입니다.

이런 변화 속에서 더욱 중요해지는 것이 바로 '노트 정리'예요. AI 디지털 교과서의 목적은 개별화된 수업과 자기 주도적 학습을 이끄는 것인데, 그 핵심 방법 중 하나가 바로 노트 정리입니다. 배운 내용을 자신만의 방식으로 정리하는 과정이 곧 스스로 공부하는 과정이기 때문이에요.

그런데 노트 정리 경험이 부족할 경우, 이를 시작하는 것조차 어렵고 막막할 수 있어요. 왜냐하면 노트 정리는 선생님께서 알려주시는 수업 내용을 단순히 받아 적는 것이 아니라, 교과목별 특성에 맞는 다양한 정리 방법을 익혀야 하기 때문이에요.

하지만 걱정하지 마세요! 이 책과 함께라면 노트 정리 방법을 쉽고 알차게 배울 수 있습니다.

- 혼자서도 척척 할 수 있는 자기 주도적 학습을 위한 노트 정리 방법
- 초등학교 선생님이 알려주는 과목별 노트 정리 팁과 에듀테크 노하우
- 태블릿 PC에서 손쉽게 노트 정리할 수 있는 스마트 필기법까지!

『스마트 노트 정리 with 굿노트』와 함께 알찬 노트 정리의 세계로 떠나볼까요?

글쓴이 소개

이상권 선생님　　　　　　　　　　　　　　　　　　　　tkdrnjs7@gmail.com

학생, 학부모, 선생님에게 긍정적인 영향을 전하려 노력하는 에듀 콘텐츠 크리에이터이자 초등학교 교사입니다. 현재 NE능률 초등학교 국어 디지털교과서(AIDT) 대표 집필진으로, 인천광역시교육청 디지털 활용 교육 강사로 활동 중입니다. 학생들의 노트 정리 실력을 기를 수 있도록 쉽고 재미있는 교육 방법을 연구하고 있습니다.

김형지 선생님　　　　　　　　　　　　　　　　　　　　littlelephan@gmail.com

학교 현장에 필요한 교육 콘텐츠를 만들고 공유하는 것을 좋아하는 초등학교 교사입니다. 교육부 22 개정 교과서 현장 적합성 연구단으로서 개정 국어 및 수학 교과서를 검토했습니다. 변화하는 교육 환경 속에서 학생, 학부모, 선생님에게 도움이 되는 교육 자료를 만들기 위해 노력하고 있습니다.

학습 도움말

SMART NOTES ORGANIZING

✔ 스마트 노트 정리, 이렇게 따라오세요

『스마트 노트 정리 with 굿노트』는 노트 정리란 무엇인지, 노트 정리를 잘하려면 어떻게 해야 하는지 차근차근 알려주는 책입니다. 노트 정리를 제대로 해 본 경험이 없어도 괜찮아요. 단계별로 차분히 따라 하다 보면 자연스럽게 나만의 노트를 만들고 다양한 팁을 익힐 수 있도록 구성했어요.

첫째 마당에서는 손으로 직접 필기하는 노트 정리뿐만 아니라 태블릿 PC와 노트 앱을 활용한 스마트 노트 정리가 필요한 이유를 알려줍니다. 어떤 태블릿 PC를 선택해야 할지 고민하는 친구들을 위해 도움이 될 만한 여러 스마트 팁도 함께 담았습니다. 둘째 마당에서는 손으로 직접 필기하는 노트 정리 방법을 주요 과목별 팁과 함께 안내합니다. 손 필기로 노트 정리를 시작하고 싶은 친구들에게 유용할 거예요. 셋째 마당에서는 아이패드와 굿노트 앱을 활용한 스마트 노트 정리 방법을 과목별로 익힐 수 있습니다. 여러분의 이해를 돕는 '선생님의 한마디', '잠깐만요'와 같은 코너들이 중간중간 배치되어 있으니, 태블릿 PC나 굿노트 앱을 처음 접하는 초보자라도 무리 없이 따라올 수 있답니다.

'과유불급(過猶不及)'이라는 고사성어가 있습니다. 무슨 일이든지 지나치면 오히려 좋지 않으니, 적당한 것이 가장 좋다는 뜻인데요. 디지털 기기 역시 너무 지나치게 많이 사용하거나 오용하면 나에게 독이 됩니다. 하지만 적당히, 알맞은 방법으로 제대로 사용한다면 나에게 약이 될 수 있어요. 태블릿 PC를 활용한 스마트 노트 정리법은 디지털 기기를 현명하게, 나에게 약이 되도록 활용하는 방법 중 하나입니다.

이 책에서는 '아이패드'로 '굿노트' 앱을 활용하는 방법을 안내하고 있습니다. 태블릿 PC의 사용법은 대부분 비슷하며, 노트 앱의 UI와 기능 또한 조금씩 차이는 있지만 대체로 비슷해요. 따라서 대중적으로 가장 많이 사용하는 굿노트 앱을 통해 스마트 노트 필기의 기초를 익혀두면 언제 어디서든, 어떤 노트 앱을 사용하든 무리 없이 나만의 스마트한 노트 정리를 할 수 있을 거예요.

『스마트 노트 정리 with 굿노트』를 통해 현명한 디지털 생활을 시작해 볼까요?

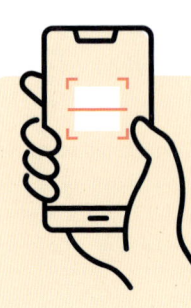

✔ QR 코드로 굿노트 양식을 다운로드해요!

친구들이 굿노트를 더 잘 활용할 수 있도록 일곱 가지 굿노트 양식을 준비했어요. 111쪽, 126쪽, 235쪽, 239쪽, 272쪽, 293쪽에서 QR 코드를 스캔하여 양식을 다운로드하면 굿노트를 200% 활용할 수 있답니다.

베타테스터 후기

SMART NOTES ORGANIZING

최예림 — 부산금빛초등학교 5학년

학교에서 배움 공책을 쓸 때마다 '내가 잘 쓰고 있는 건가?'라는 의문이 들 때가 많았어요. 단순히 공책만 채우고 있다는 느낌을 지울 수 없었거든요. 하지만 『스마트 노트 정리 with 굿노트』의 친절한 설명을 따라 노트 정리를 해 보니, 세상에서 가장 쓰기 싫었던 오답 노트마저 술술 쓰게 되었어요!

하유정 — 최예림 학부모

노트 정리는 단순히 공부한 내용을 기록하는 것에 그치지 않습니다. 복잡한 학습 내용을 구조화하는 최고의 공부 기술이죠. 이 책은 단순히 노트 앱의 기능을 설명하는 것을 넘어 과목별 노트 정리의 실제 사례를 보여줍니다. 기록을 넘어, 나만의 지식으로 만드는 노트 정리의 기술이 궁금하다면 지금 바로 이 책을 펼쳐보세요!

박지율 — 서울경인초등학교 4학년

시험 공부를 하거나 숙제를 할 때 손으로 직접 글을 쓰면 머릿속에 더 오래 기억된다는 점을 배웠고, 책에 나오는 여러 가지 필기 방법들이 도움이 되었어요. 아이패드와 펜슬로 그림만 그렸는데, 이제는 앱을 이용해 영어 단어도 정리하고 수학 문제 풀이도 해 보려고요. 공부를 조금 더 재미있고, 효율적으로 할 수 있을 것 같아요.

박여정 — 박지율 학부모

이제 막 초등 고학년에 접어든 아이의 학습에 대해 늘 고민하는 학부모로서 이 책은 매우 유익했습니다. 필기를 귀찮아하는 아이에게 필기의 중요성을 다각도로 설명해 주며, 주요 과목별 필기 활용법을 따라해 보며 필기하는 방법을 상세히 배울 수 있었습니다. 새삼 필기의 즐거움도 느낄 수 있었던 이 책을 추천합니다.

진제윤 — 서울갈산초등학교 6학년

평소에 노트 정리하는 것을 좋아하지 않던 저에게 많은 도움이 되었어요. 다양한 정리 방법들이 소개되어 있어서 앞으로는 제가 원하는 방법으로 쉽고 재미있게 노트 정리를 할 수 있을 것 같아요. 또 굿노트 앱을 이용한 정리 방법이 잘 설명되어 있어서 몰랐던 기능도 많이 알게 되었어요.

박경아 — 진제윤 학부모

다양한 노트 정리 방법이 과목별로 일목요연하게 정리되어 도움이 많이 되었습니다. 실제 예시를 통한 정리 방법이 소개되어 있어서 이해하기 편했습니다. 스마트 기기를 이용한 학습이 늘고 있는 상황에서 다양한 기능과 사용 방법이 잘 설명되어 있어 활용하기 좋을 것 같습니다.

THANK ★ YOU!

『스마트 노트 정리 with 굿노트』 베타테스터로 참여해 준
인천백석초등학교 6학년 4반 친구들 고마워요!

최영주, 김나현, 조수아, 이시우, 장은소, 김지영, 조가은, 전은세,
김주현, 박준서, 신은승, 강민서, 공다예, 이수호, 김도경, 김하율, 장혜빈

베타테스팅은 도서가 출간되기 전 원고를 먼저 읽어보고 오류나 개선 사항 등을 알려주는 활동을 말해요.

미리보기

01 | 노트 정리, 왜 중요한가요?

노트 정리의 개념과 필요성을 알아봅니다. 많은 정보가 쏟아지는 디지털 시대에 노트 정리가 왜 필요한지, 노트 정리를 하기 위한 준비물은 무엇인지 함께 살펴봅시다.

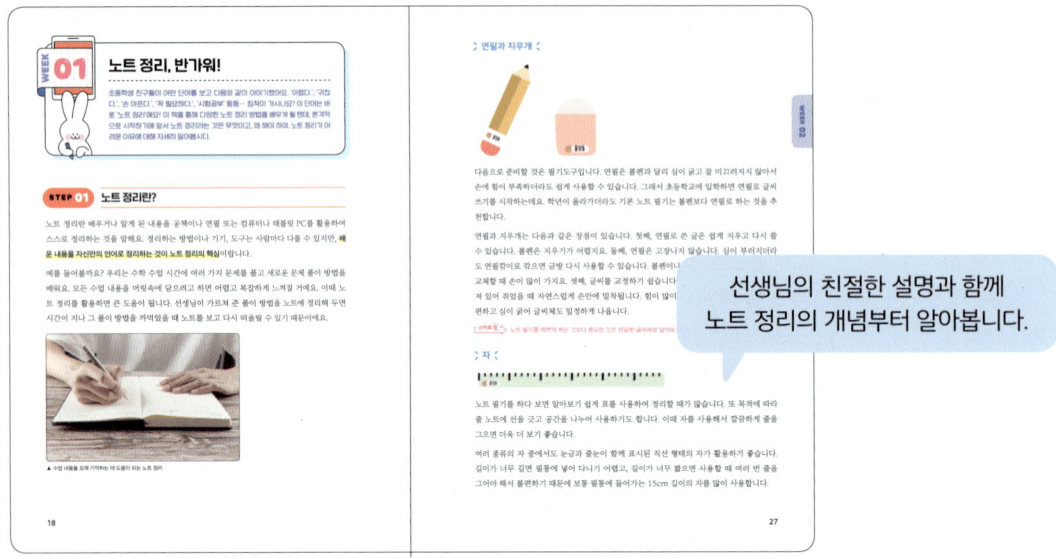

선생님의 친절한 설명과 함께 노트 정리의 개념부터 알아봅니다.

02 | 노트 정리, 기초부터 차근차근!

손 필기 기본기를 단단히 다져두어야 태블릿 PC로 스마트한 필기도 잘할 수 있습니다. 효율적인 학습을 위한 노트 정리법을 익히고 과목별 노트 정리 팁을 알아봅니다.

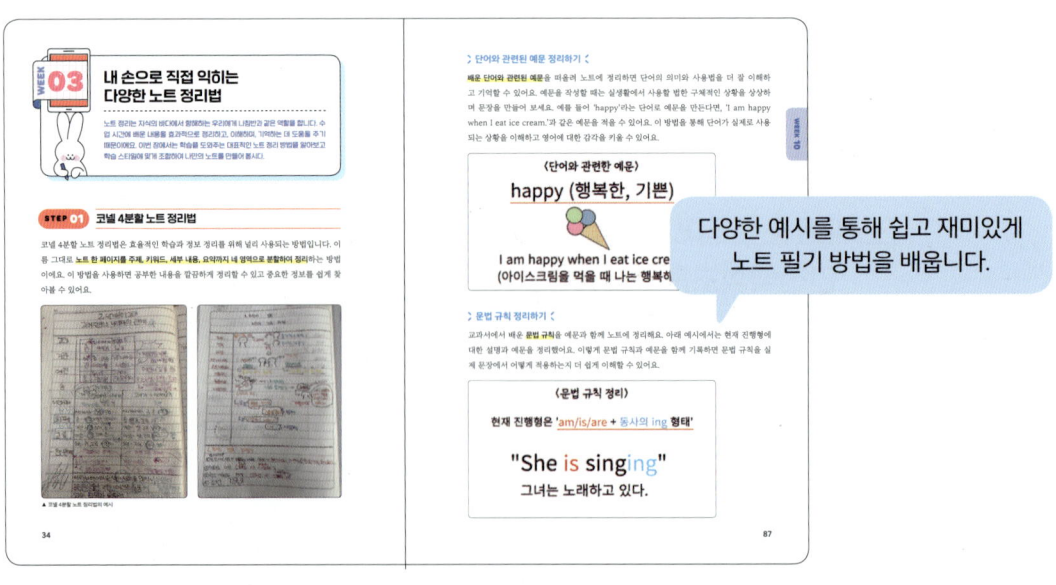

다양한 예시를 통해 쉽고 재미있게 노트 필기 방법을 배웁니다.

03 | 굿노트로 시작하는 스마트한 노트 정리

태블릿 PC와 터치 펜을 활용하여 필기하면 훨씬 자유롭게 노트 정리를 할 수 있습니다. 과목별 노트를 작성하며 굿노트 사용법을 차근차근 배워나갑니다.

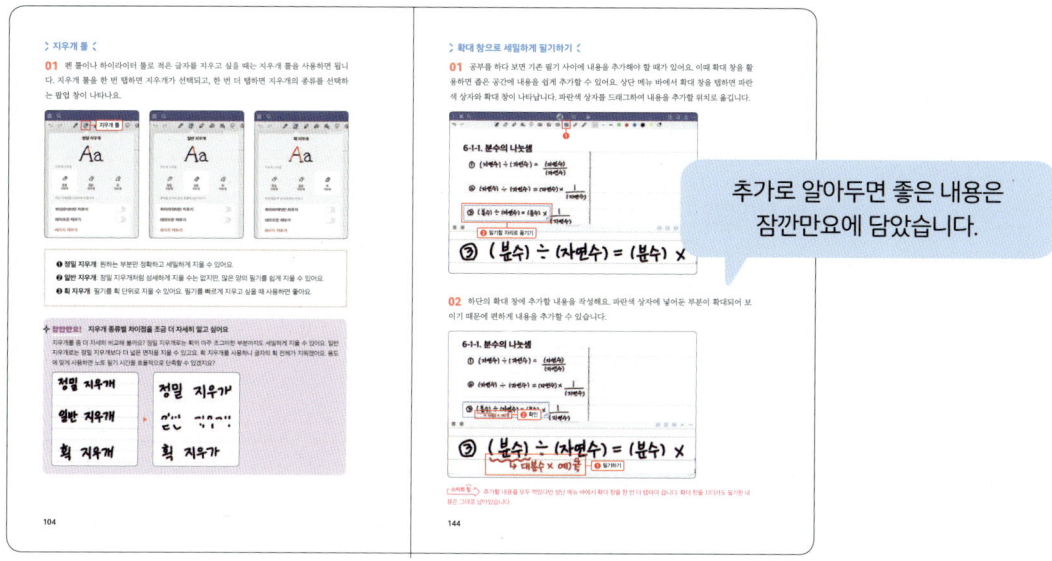

추가로 알아두면 좋은 내용은 잠깐만요에 담았습니다.

04 | 태블릿 PC로 더 똑똑한 취미 생활 즐기기

굿노트로 정리한 노트를 더 똑똑하게 활용하는 방법과 영어 원서를 읽거나 작곡을 하는 등 태블릿 PC를 건강하게 활용하는 방법을 알아봅니다.

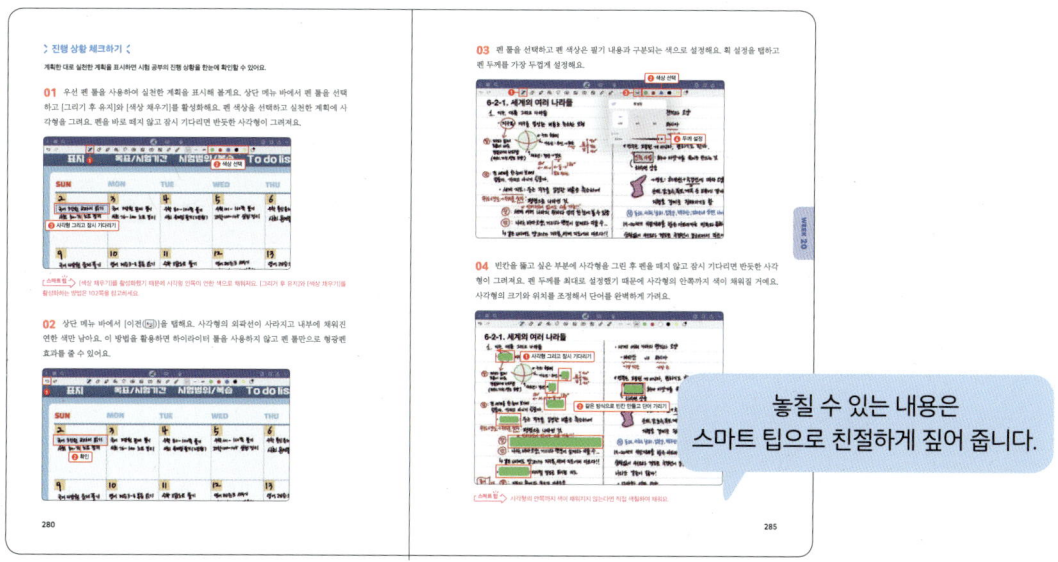

놓칠 수 있는 내용은 스마트 팁으로 친절하게 짚어 줍니다.

목차

첫째 마당
준비! 스마트한 노트 정리 시작하기

WEEK 01 노트 정리, 반가워!

- 01 노트 정리란? ········ 18
- 02 노트 정리를 해야 하는 이유 ········ 19
- 03 노트 정리가 어려운 이유 ········ 22
- 04 미래에 꼭 필요한 노트 정리 ········ 24

WEEK 02 노트 정리, 이렇게 준비해요

- 01 손 필기 준비물 알아보기 ········ 26
- 02 스마트 노트 필기 준비물 알아보기 ········ 29

둘째 마당
내 손으로 척척! 노트 정리와 친해지기

WEEK 03 내 손으로 직접 익히는 다양한 노트 정리법

- 01 코넬 4분할 노트 정리법 ········ 34
- 02 개조식 글쓰기 ········ 38
- 03 마인드맵 그리기 ········ 40

SMART NOTES ORGANIZING

WEEK 04 이미지로 정리해요, 비주얼 씽킹

- 01 비주얼 씽킹이란? ········ 44
- 02 비주얼 씽킹, 각 과목에 적용하기 ········ 46
- 03 비주얼 씽킹을 활용하여 노트 정리하기 ········ 47

WEEK 05 오답 노트로 정리해요

- 01 오답 노트, 왜 써야 하나요? ········ 52
- 02 틀린 문제 살펴보기 ········ 53
- 03 오답 노트 작성하기 ········ 55

WEEK 06 국어 과목, 이렇게 정리해요

- 01 국어 과목에서 노트 정리의 필요성 ········ 58
- 02 글의 종류별 노트 정리법 ········ 59
- 03 단어 노트 정리하기 ········ 63

WEEK 07 수학 과목, 이렇게 정리해요

- 01 수학 과목에서 노트 정리의 필요성 ········ 66
- 02 수학 과목 노트 정리 팁 ········ 67

WEEK 08 사회 과목, 이렇게 정리해요

- 01 사회 과목에서 노트 정리의 필요성 ········ 72
- 02 사회 과목 노트 정리 팁 ········ 73

목차

WEEK 09 과학 과목, 이렇게 정리해요
- 01 과학 과목에서 노트 정리의 필요성 ······ 78
- 02 과학 과목 노트 정리 팁 ······ 79

WEEK 10 영어 과목, 이렇게 정리해요
- 01 영어 과목에서 노트 정리의 필요성 ······ 84
- 02 영어 과목 노트 정리 팁 ······ 85

셋째 마당
실전! 굿노트로 스마트하게 노트 정리하기

WEEK 11 스마트 노트 정리, 차근차근 배워요
- 01 굿노트란? ······ 92
- 02 굿노트 앱 설치하기 ······ 93
- 03 나만의 노트 만들기 ······ 96
- 04 노트 화면 살펴보기 ······ 99
- 05 펜 툴, 하이라이터 툴, 지우개 툴 익히기 ······ 100
- 06 노트 양식 변경하기 ······ 107
- 07 이미지 추가하고 편집하기 ······ 108

WEEK 12 스마트한 국어 정리, 이렇게 해 봐요
- 01 속지 양식 다운로드하기 ······ 111

SMART NOTES ORGANIZING

02 기사문 요약하기 ········ 113
03 단어 정리하기 ········ 117
04 나만의 원고지 활용하기 ········ 126

WEEK 13 스마트한 수학 정리, 이렇게 해 봐요

01 문제 풀고 채점하기 ········ 136
02 나만의 수학 노트 만들기 ········ 140
03 펜 툴로 도형과 선분 그리기 ········ 150
04 룰러 툴로 반듯한 선 그리기 ········ 152
05 AI 수학 도우미 활용하기 ········ 157

WEEK 14 스마트한 사회 정리, 이렇게 해 봐요

01 나만의 문화재 노트 만들기 ········ 161
02 노트를 컴퓨터로 전송하고 인쇄하기 ········ 171

WEEK 15 스마트한 과학 정리, 이렇게 해 봐요

01 나만의 과학 노트 만들기 ········ 176
02 이미지 자르고 편집하기 ········ 182
03 스포이트로 펜 색상 설정하기 ········ 188
04 올가미 툴로 원하는 부분만 캡처하기 ········ 190
05 레이저 포인터로 암기하기 ········ 193
06 하이퍼링크로 영상 연결하기 ········ 194
07 한글 파일을 굿노트로 불러오기 ········ 202
08 노트에 목차 설정하기 ········ 206
09 노트를 폴더로 분류하기 ········ 212

목차

WEEK 16 · 스마트한 영어 정리, 이렇게 해 봐요
- 01 나만의 스터디 세트 만들기 ········ 215
- 02 스터디 세트로 단어 암기하기 ········ 222
- 03 질문과 답변 한꺼번에 불러오기 ········ 229

WEEK 17 · 스마트한 오답 노트, 이렇게 정리해요
- 01 오답 노트 양식 다운로드하기 ········ 235
- 02 틀린 시험 문제 불러오기 ········ 236
- 03 틀린 문제 분석하고 정리하기 ········ 237

WEEK 18 · 스마트한 독서 노트, 이렇게 정리해요
- 01 나만의 독서 노트 다운로드하기 ········ 239
- 02 독서 노트 목차 만들기 ········ 241
- 03 독서 노트 기록하기 ········ 244
- 04 목차와 독서 기록 페이지 연결하기 ········ 248

넷째 마당
도전! 더 스마트한 노트 정리 전문가

WEEK 19 · 나만의 필기, 이렇게 공유해요
- 01 구글 드라이브 앱 설치하기 ········ 256
- 02 구글 드라이브에 파일 업로드하기 ········ 257

SMART NOTES ORGANIZING

    03 폴더 만들고 파일 정리하기 ·········· 262
    04 파일이나 폴더 공유하기 ·········· 264
    05 굿노트 필기를 구글 드라이브에 업로드하기 ·········· 269

WEEK 20 스마트 노트로 시험에 대비해요

    01 나만의 시험 계획표 만들기 ·········· 272
    02 스마트 노트를 활용한 시험 공부법 ·········· 282

WEEK 21 공부를 도와주는 앱, 이렇게 활용해요

    01 공부 시간을 측정하는 앱, 열품타 ·········· 299
    02 체계적으로 공부를 도와주는 앱, 뽀모도로 ·········· 300
    03 인공지능과 함께 공부하는 앱, 콴다 ·········· 300
    04 맞춤형 암기 카드를 만드는 앱, 암기짱 ·········· 301
    05 집중도를 높여주는 앱, Forest: 집중하기 ·········· 302

WEEK 22 아이패드 기본 앱 페이지스, 이렇게 활용해요

    01 아이패드에 무료 폰트 설치하기 ·········· 303
    02 페이지스로 나만의 영어 단어장 만들기 ·········· 309
    03 조건 하이라이트로 더 똑똑하게 암기하기 ·········· 320
    04 스마트 주석으로 발음 표시하기 ·········· 324

WEEK 23 태블릿 PC로 취미 생활을 즐겨요

    01 구글 Arts&Culture로 나만의 컬러링화 만들기 ·········· 327
    02 Song Maker로 나만의 음악 만들기 ·········· 330
    03 Read Along으로 영어 원서 읽기 ·········· 334

굿노트 핵심 기능 바로가기

SMART NOTES ORGANIZING

이 책의 셋째 마당은 과목별 노트를 작성하며 굿노트 기능을 함께 배워나가도록 구성되어 있어요. 나에게 필요한 굿노트 기능을 쉽고 빠르게 찾아보고 싶다면 해당 페이지를 펼쳐 적극 활용하세요!

기본 기능

노트 만들기	96쪽
노트 양식 변경하기	107쪽
노트 이름 변경하기	138쪽
페이지 추가하기	245쪽
문서 스캔하기	137쪽
개요(목차) 설정하기	206쪽
책갈피(즐겨찾기) 설정하기	211쪽
폴더로 노트 분류하기	212쪽

펜 툴

펜 툴 설정하기	100쪽
펜 툴로 그리기 후 유지하기	102쪽
펜 툴로 색상 채우기	102쪽
펜 툴로 구역 나누기	142쪽
펜 툴로 글자 색 변경하기	148쪽
펜 툴로 글자 지우기	149쪽
펜 툴로 도형과 선분 그리기	150쪽
스포이트로 펜 색상 설정하기	188쪽

하이라이터 및 지우개 툴

하이라이터 툴로 직선 그리기	103쪽
지우개 툴로 하이라이터만 지우기	105쪽
페이지 한 번에 지우기	106쪽

이미지

이미지 추가하고 크기 조절하기	108쪽
직사각형으로 이미지 자르기	110쪽
원하는 형태로 이미지 자르기	183쪽
이미지 배경 제거하기	184쪽
사진 앱에서 이미지 가져오기	167쪽
카메라 앱으로 촬영한 이미지 가져오기	170쪽
여러 장의 이미지를 한번에 불러오기	168쪽

올가미 툴

올가미 툴로 필기한 내용 옮기기	145쪽
올가미 툴로 원하는 부분 캡처하기	190쪽
올가미 툴로 글자 색상 변경하기	146쪽
올가미 툴로 손글씨를 수식으로 변경하기	147쪽

기타 툴

텍스트 툴로 포스트잇 만들기	122쪽
확대 창으로 세밀하게 필기하기	144쪽
룰러 툴 단위 바꾸기	156쪽
룰러 툴로 반듯한 직선 그리기	154쪽
레이저 포인터로 암기하기	193쪽
하이퍼링크로 영상 링크 연결하기	194쪽
하이퍼링크로 문서 내 페이지 연결하기	248쪽
타이핑 모드로 제목 입력하기	142쪽

부가 기능

AI 수학 도우미 활용하기	157쪽
스터디 세트로 질문 카드 만들기	215쪽
스플릿 뷰로 화면 분할하기	114쪽
슬라이드 오버로 앱 실행하기	164쪽
손글씨 입력 기능으로 텍스트 입력하기	180쪽

기적의 공부방에서 함께 공부해요!　　　SMART NOTES ORGANIZING

길벗스쿨 공식 카페 『기적의 공부방』에 방문해 보세요. 책 기획 과정 참여부터 꾸준한 학습 관리까지 엄마표 학습을 위한 다양한 노하우와 학습 자료를 제공합니다.

길벗스쿨 공식 카페

기적의 공부방 ▶ http://cafe.naver.com/gilbutschool

지금 가입하면 누릴 수 있는 3가지!

1. 꾸준한 학습이 가능해요!

스케줄 관리를 통해 책 한 권을 끝낼 수 있는 **학습단**에 참여해 보세요!

도서 관련 **학습 자료**와 **선배 엄마들의 노하우**를 확인할 수 있어요!

궁금한 것이 있다면 **Q&A 서비스**를 통해 카페지기와 선배 엄마들의 답변을 들을 수 있어요!

2. 책 기획 과정에 참여해요!

독자기획단을 통해 전문 편집자와 함께 아이템 선정부터 책의 목차, 책의 구성 등을 함께 만들어가요!

출간 전 도서를 체험해 보는 **베타테스트**를 통해 도서의 장/단점을 파악하여 더 나은 도서를 만드는 데 기여해요!

3. 재미와 선물이 팡팡 터져요!

매일 새로운 주제로 엄마들과 **댓글 이야기**를 나누고 간식도 받아요!

매주 카페 **활동왕**을 선정하여 푸짐한 상품을 드려요!

사진 콘테스트 등 매번 색다른 **친목 이벤트**로 재미와 선물을 동시에 잡아요!

기적의 공부방은 엄마표 학습을 응원합니다!

공부를 하다 보면 정말 많은 정보가 쏟아져 나오죠? '이걸 어떻게 다 외우지?'하고 고민이 되기도 하고요. 이때 필요한 것이 바로 노트 정리예요. 너무 귀찮고 어려워서 하기 싫을 수도 있지만 노트 정리는 새로운 것을 배울 때 정말 많은 도움을 줍니다. 노트 정리를 통해 많은 정보를 잘 정리하고, 이해하고, 기억할 수 있기 때문이에요. 노트 정리란 무엇이고 왜 해야 하는지, 노트 정리에 필요한 준비물은 무엇인지 차근차근 알아볼까요?

WEEK 01 노트 정리, 반가워!

WEEK 02 노트 정리, 이렇게 준비해요

첫째 마당

준비!
스마트한 노트 정리
시작하기

WEEK 01 노트 정리, 반가워!

초등학생 친구들이 어떤 단어를 보고 다음와 같이 이야기했어요. '어렵다.', '귀찮다.', '손 아프다.', '꼭 필요하다.', '시험공부' 등등… 짐작이 가시나요? 이 단어는 바로 '노트 정리'예요! 이 책을 통해 다양한 노트 정리 방법을 배우게 될 텐데, 본격적으로 시작하기에 앞서 노트 정리라는 것은 무엇이고, 왜 해야 하며, 노트 정리가 어려운 이유에 대해 자세히 알아봅시다.

STEP 01 노트 정리란?

노트 정리란 배우거나 알게 된 내용을 공책이나 연필 또는 컴퓨터나 태블릿 PC를 활용하여 스스로 정리하는 것을 말해요. 정리하는 방법이나 기기, 도구는 사람마다 다를 수 있지만, ==배운 내용을 자신만의 언어로 정리하는 것이 노트 정리의 핵심==이랍니다.

예를 들어볼까요? 우리는 수학 수업 시간에 여러 가지 문제를 풀고 새로운 문제 풀이 방법을 배워요. 모든 수업 내용을 머릿속에 담으려고 하면 어렵고 복잡하게 느껴질 거예요. 이때 노트 정리를 활용하면 큰 도움이 됩니다. 선생님이 가르쳐 준 풀이 방법을 노트에 정리해 두면 시간이 지나 그 풀이 방법을 까먹었을 때 노트를 보고 다시 떠올릴 수 있기 때문이에요.

▲ 수업 내용을 오래 기억하는 데 도움이 되는 노트 정리

또, 노트 정리는 독서를 할 때도 유용해요. 학교에서 '한 학기 한 권 읽기' 활동을 할 때 책의 줄거리나 중요하다고 생각하는 부분, 재미있는 부분을 노트에 정리해 두면 나중에 책과 관련된 여러 활동을 할 때 많은 도움이 됩니다.

▲ 배운 내용을 나만의 언어로 정리하는 노트 정리

노트 정리를 할 때는 수업 시간에 배운 많은 내용 중 가장 중요하다고 생각하는 부분만 골라서 적어요. 이때 선생님이 설명해 주신 말이 아닌 내가 자주 쓰는 말로 바꿔서 정리하면 더 잘 이해할 수 있고, 별표나 밑줄 등 다양한 기호를 사용하면 기억하기도 쉬워져요.

결국, 노트 정리는 **배운 내용을 나만의 방식으로 재해석**하고, 이를 **쉽게 기억하고 복습할 수 있도록 돕는 도구**예요. 처음에는 노트 정리를 하는 것이 조금 어려울 수 있지만, 수업 시간에 배운 것을 나만의 말로 정리하는 연습을 꾸준히 하다 보면 노트 정리가 쉬워질 뿐만 아니라 더 효율적으로 공부하게 되고 더 많은 것을 기억할 수 있답니다.

STEP 02 노트 정리를 해야 하는 이유

노트 정리가 너무 귀찮고 어려워서 하기 싫을 수도 있고, 바쁜 학교생활 중에 노트 정리를 할 시간을 내는 것조차 어렵다고 느끼는 친구들도 있을 거예요. 하지만 노트 정리는 많은 정보를 잘 정리하고, 이해하고, 기억할 수 있게 해 주는, 그래서 여러분이 공부를 더 잘할 수 있게 도와주는 좋은 친구랍니다. 노트 정리를 하는 이유는 무엇이고, 노트 정리는 나에게 어떻게 도움이 될까요? 하나씩 알아봅시다.

〉배운 내용을 오래 기억할 수 있어요 〈

공부한 후 시간이 많이 지나면 잘 기억나지 않을 때가 많죠? 사람은 누구나 시간이 지나면 배웠던 것을 잊어버리기 마련이에요. 하지만 배운 내용을 잊어버리기 전에 복습하면 조금이라도 더 기억을 잘 할 수 있답니다. 복습할 때 배운 내용들을 서로 연결해서 잘 정리하면 기억하기가 훨씬 더 쉬워져서 더 많은 내용을 기억할 수 있어요. 또, 공부한 내용이 머릿속에서 금방 사라지는 단기 기억에서 오래 저장되는 장기 기억으로 옮겨져 저장됩니다. 이렇게 저장된 내용은 언제 어디서든 다시 쉽게 떠올려 사용할 수 있어요.

▲ 공부한 내용을 복습하면 장기 기억에 저장되어요

✦ 잠깐만요! 우리의 뇌는 공부한 내용을 어떻게 기억할까요?

우리의 머릿속 대뇌 안에는 '**해마**'라는 작은 기관이 있어요. 좌뇌와 우뇌에 각각 한 개씩 한 쌍으로 존재하고, 모양이 바다 생물 해마를 닮아서 그대로 해마라는 이름을 갖게 되었어요. 해마는 마치 도서관의 사서 선생님과 같은 역할을 해요. 사서 선생님이 책을 정리하고 필요한 책을 찾아 주는 것처럼, 해마는 우리의 기억을 정리하고 필요할 때 그 기억을 꺼내 쓸 수 있게 도와준답니다.

또, 뇌 안에는 '**뉴런**'이라고 불리는 1,000억 개 이상의 신경 세포가 존재하는데, 뉴런과 뉴런의 연결 부위를 '**시냅스**'라고 합니다. 시냅스는 서로 연결되었다가 끊어지고, 끊어졌다가 다시 연결되면서 새로운 시냅스가 계속 만들어집니다. 이러한 과정을 통해서 우리가 공부했던 내용이나 경험했던 정보가 계속 전달된답니다. 보통의 정보는 하루 안에 사라지는데, 이런 기억을 '단기 기억'이라고 불러요. 하지만 매우 인상 깊거나 반복적으로 접하는 정보는 시냅스가 만들어진 후 대뇌 피질로 전달되어 '장기 기억'으로 저장됩니다. 이렇게 저장된 정보는 오랫동안 기억할 수 있어요.

〉배운 내용을 더 잘 기억할 수 있어요 〈

여러분이 가장 좋아하는 과목은 무엇인가요? 이 질문에 의외로 많이 나오는 답변이 바로 '과학'입니다. 과학 시간에는 기본적으로 실험을 하는 경우가 많죠? 평상시에는 마주하기 힘든 여러 실험 도구들을 활용하여 실험하다 보면 한 시간이 훌쩍 지나가는데요. 아무래도 가만히 화면을 보거나 필기하는 활동보다는 직접 도구를 사용해 실험해 보는 활동이 많기 때문에 과학을 좋아하는 친구들이 많아요. 그래서 과학 실험을 통해 배운 내용은 시간이 지나도 잘 기억납니다. 노트 정리에도 비슷한 원리가 있어요. 노트를 정리하며 손을 움직여 글자를 쓰면 이 활동이 뇌를 자극해서 배운 내용을 더 잘 기억하는 데 도움을 줘요.

▲ 활동하며 배운 내용은 시간이 지나도 잘 기억나요

〉시간을 효율적으로 사용할 수 있어요 〈

지금 여러분이 공부하는 과목은 몇 개인가요? 초등학교 1학년 때와는 비교가 되지 않죠? 그런데 초등학교보다 중학교, 중학교보다 고등학교, 고등학교보다 대학교 때 배워야 하는 과목의 개수와 공부량이 훨씬 더 늘어난다는 사실을 알고 있나요?

그렇다면 이렇게 많은 양의 공부를 어떻게 해야 할까요? 교과서에 있는 모든 내용을 기억하려고 한다면 아마 공부를 끝낼 수 있는 사람은 없을 거예요. 하지만 노트 정리를 통해 중요한 내용을 간추리고, 간추린 내용을 나만의 방법으로 한 번 더 줄여서 압축한다면 공부할 양이 훨씬 줄어들 거예요.

스마트 팁 이렇게 압축하는 과정을 '노트 단권화'라고 해요. 단권화 과정을 통해서 배운 내용을 복습하고, 정리한 내용을 수시로 반복해서 다시 본다면 여러분이 부담스러워하는 시험 준비에 대한 부담도 많이 줄어들 거예요. 노트 단권화를 하는 방법은 282쪽에서 자세히 알아봅니다.

STEP 03 노트 정리가 어려운 이유

이렇게 나에게 도움이 되는 노트 정리, 실제로 하려고 하면 왜 어렵게 느껴질까요?

〉노트 정리를 제대로 해 본 경험이 부족해요 〈

여러분은 노트 정리를 마음먹고 제대로 해 본 적이 있나요? 해 보았다면 어떤 과목을 정리해 보았나요? 이 질문에 제대로 대답하는 학생은 많지 않아요. 대부분 노트 정리를 제대로 해 본 경험이 없기 때문이죠. 노트 정리를 제대로 접해 보지 않았기 때문에 부담을 느끼기 쉽지만, 내 상황에 맞춰서 내가 정리하고 싶은 과목의 특성을 고려하여 알맞은 방법으로 시도한다면 크게 어렵지 않답니다.

〉노트 정리도 시험공부처럼 잘해야 한다는 부담감이 있어요 〈

운동회 준비를 위해 달리기 시합을 하면 괜히 긴장되죠? 달리기를 잘하지 못하더라도 잘 달리고 싶은 마음은 다른 친구들과 크게 다르지 않을 거예요. 노트 정리도 마찬가지랍니다. 노트 정리의 목적은 내가 공부한 내용을 더 잘 이해하고 기억하기 위한 것인데, 하다 보면 주객이 전도돼서 노트 정리를 잘하기 위해서 노트 정리를 하게 되는 경우가 있어요. 노트 정리를 '성적'이나 '평가'의 대상으로 보고 잘하고 싶은 마음이 들기 때문이에요.

==노트 정리를 할 때는 잘하려는 마음을 잠시 내려놓고 가볍게 시도하면 좋겠어요.== 노트 정리는 나의 학습을 돕기 위한 도구이지, 다른 사람에게 평가받기 위한 수단이 아니에요. 너무 완벽하게 하려고 애쓰지 말고, 내가 배운 내용을 이해하고 정리하는 데 초점을 맞추면 그 과정에서 자연스럽게 노트 정리 능력이 향상될 거예요.

〉수업 시간에 집중하지 않아 무엇을 정리해야 할지 몰라요 〈

배운 내용을 정리하기 위해서는 그 내용을 모두 이해해야 해요. 그래야 중요한 내용과 중요하지 않은 내용을 구분할 수 있기 때문이에요. 따라서 노트 정리를 위한 첫 단계는 수업 시간에 집중하는 것이에요. 수업에 집중하면 선생님의 설명을 듣고 내용을 쉽게 이해할 수 있습니다. 또, 선생님은 수업 내용 중에서 중요한 부분을 강조하거나 복잡한 부분을 쉽게 설명해 주시기 때문에 수업에 집중하면 노트 정리의 첫 단계인 '핵심 내용 파악'이 쉬워집니다.

▲ 노트 정리의 첫 단계: 수업 시간에 집중하기

하지만 수업 시간에 집중하는 것만으로는 충분하지 않아요. 수업이 끝난 후에도 배운 내용을 복습하고 이해하지 못한 부분은 다시 확인해야 해요. 이렇게 하면 노트 정리를 더욱 효과적으로 할 수 있어요. 또, 이런 과정을 통해 나만의 학습 방법을 찾아가는 것이 중요합니다.

〉과목의 특성에 맞게 노트를 정리하는 방법을 몰라요 〈

각 과목은 그 자체의 고유한 특성이 있어요. 각 과목이 요구하는 학습 방식이 다르기 때문에 과목에 따라 노트 정리 방법도 달라져야 합니다. 수학 과목의 오답 노트와 사회 과목의 역사 정리 노트를 같은 방법으로 정리해도 괜찮을까요? 아마 노트 정리를 해 보지 않은 친구들도 '이건 뭔가 아닌 것 같아요!'라고 말할 겁니다. 두 과목의 특성이 너무 다르기 때문입니다.

예를 들어, 수학 과목을 노트 정리한다면 교과서에 나온 문제를 모두 옮겨 적고 싶은가요? 아니면 중요한 수학 공식과 내가 틀렸던 문제 위주로 정리하고 싶은가요? 당연히 후자일 것입니다. 노트 정리를 효과적으로 하고 싶다면 정리할 과목을 정하고 과목의 특성을 생각한 후, 특성에 맞게 노트 정리하는 것을 추천해요. 공부한 내용을 더욱 체계적으로 이해하고 기억하는 데 도움이 됩니다.

> **스마트 팁** 과목별 특성에 맞게 노트 정리하는 방법은 둘째 마당에서 배웁니다.

>  **선생님의 한마디** 노트 정리를 잘 활용하면 공부를 더 잘할 수 있고 더 많은 것을 기억할 수도 있어요. 그러니 앞으로 노트 정리에 대한 부담감은 떨쳐버리고 나만의 방식으로 노트 정리를 즐겨보는 것은 어떨까요? 하루하루 배운 내용을 노트에 정리하면서 나만의 학습법을 발견하고 그 과정에서 성장하는 나를 만날 수 있을 거예요.

STEP 04 　미래에 꼭 필요한 노트 정리

여러분이 평소에 가장 자주 사용하는 도구는 무엇인가요? 아마도 대부분 스마트폰을 가장 많이 사용할 것입니다. 여러분은 스마트폰뿐만 아니라 태블릿 PC, 노트북, 컴퓨터 등 다양한 IT 기기를 잘 다루는 능력을 지니고 있어요. 또한 기존의 어떤 어른들보다도 가장 '디지털화'가 잘 되어 있는 세대입니다. 여러분은 인터넷이 없는 세상을 단 한 번도 경험해 보지 않은 첫 세대로, 이러한 특성을 가진 세대를 '알파 세대'라고 불러요.

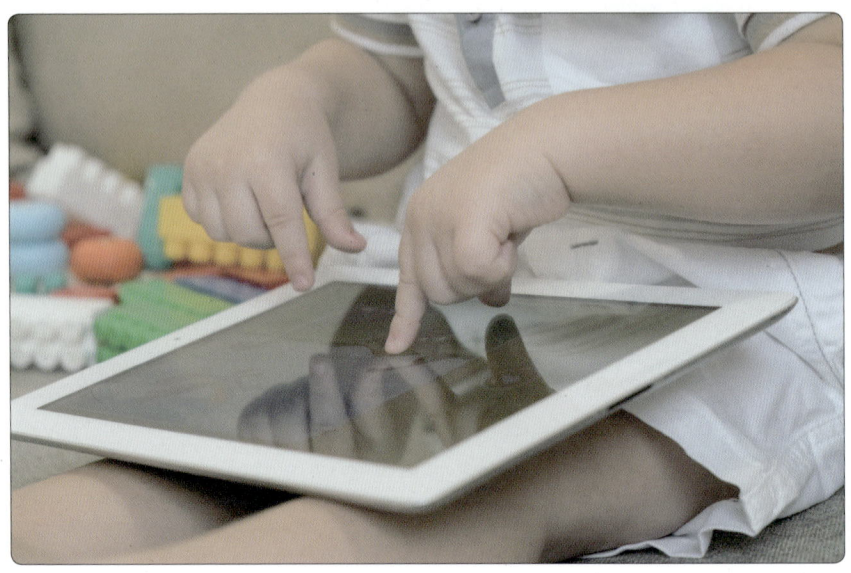

▲ 인터넷이 없는 세상을 경험해 보지 않은 알파 세대

[스마트 팁] '알파 세대'는 2010년 이후에 태어난 아이들을 지칭하는 말로, 스마트폰이 대중화된 이후에 태어나 디지털 기술과 함께 성장하며 그 기술을 생활의 일부로 자연스럽게 받아들이고 사용하는 세대입니다. 디지털 환경 속에서 자라났기 때문에 기술에 대한 이해도가 높고 새로운 기술에 빨리 적응하는 편이에요.

여러분이 앞으로 마주할 교과서도 기존의 종이 교과서와는 많이 달라질 예정이에요. 지금까지는 초, 중, 고등학교 모두 종이 교과서를 기본으로 사용했어요. 태블릿 PC나 노트북을 활용하기는 했지만, 수업의 기본은 종이 교과서였죠. 하지만 2025년부터 초등학교 3~4학년, 중학교 1학년, 고등학교 공통·일반선택과목에서 디지털 교과서 도입이 시작되고, 앞으로는 초등학교 1~2학년과 고등학교의 일부 과목을 제외하고는 모든 학년에서 디지털 교과서로 공부할 거예요.

디지털 교과서는 종이 교과서에서 지면의 한계로 담을 수 없었던 다양한 그림, 영상, 사전 자료 등 멀티미디어 자료를 디지털화하여 IT 기기 화면에서 읽을 수 있게 만든 교과서입니다. 디지털 교과서를 활용할 수 있는 기기는 태블릿 PC, 노트북, 컴퓨터 등이 있어요.

▲ 멀티미디어 자료를 자유롭게 볼 수 있는 디지털 교과서

디지털 교과서가 도입되어도 **노트 정리는 꼭 필요하고 더욱 중요해질 것입니다.** 디지털 교과서를 통해 더 많은 멀티미디어 자료를 본다고 해서 모든 내용을 이해하고 기억할 수는 없어요. 오히려 너무 많은 정보를 접하게 돼서 더 빨리 잊어버릴 수도 있어요. 노트 정리는 공책으로 하느냐, 태블릿으로 하느냐와 같은 정리 방법이 중요한 것이 아니에요. 어떤 상황에서든 자기 주도적으로 정보를 처리하는 능력을 키워서, 더 많은 정보가 쏟아지더라도 나에게 필요한 정보만을 쏙쏙 잘 뽑아내는 것이 중요해요.

배운 내용을 스스로 정리하는 것은 누군가에게 보여주기 위해서도, 단순히 시험을 잘 보기 위해서만도 아니에요. 무엇보다도 여러분의 실제 공부 효율성과 정보 처리 능력을 높이기 위해서 필요해요. 시간이 갈수록 여러분이 받아들여야 하는 정보의 양은 점점 더 많아질 거예요. 짧은 시간 안에 효과적으로 공부하고 싶다면 **올바른 노트 정리 방법을 꼭 익혀야 합니다.**

노트 정리, 이렇게 준비해요

나만의 노트를 만들기 위해서는 준비물이 필요해요. 용도에 맞게 준비물을 모두 갖추면 좋겠지만, 꼭 그렇지 않아도 괜찮아요. 어떤 준비물이 필요한지 살펴보고 나에게 필요한 준비물을 골라 노트 필기를 시작해 봅시다.

STEP 01 손 필기 준비물 알아보기

노트

제일 먼저 준비할 것은 노트입니다. 노트는 줄이 없는 것(무선)보다는 줄이 있는 것(유선)이 좋습니다. 스프링 노트와 스프링이 없는 일반 제본 노트 중에서는 개인적인 선호에 따라 고르면 됩니다. 스프링 노트가 종이를 넘기기 편리해서 조금 더 선호되기도 합니다.

줄 노트는 줄의 개수에 따라 21줄부터 25줄까지 나누어져 나옵니다. 줄의 개수가 많을수록 줄과 줄 사이의 간격이 좁습니다. 보통 초등학교 3학년까지는 21줄 노트를, 학년이 올라갈수록 25줄 노트를 많이 사용합니다. 하지만 줄 간격이 좁아서 불편하게 느껴진다면 나에게 맞는 줄 노트를 골라서 사용해도 됩니다.

줄 노트는 과목과 상관없이 여러 과목에서 두루 사용할 수 있습니다. 하지만 음악 시간이나 영어 시간에는 각 과목에 어울리는 노트가 따로 있습니다. 음악 시간에는 악보를 그릴 수 있는 음악 노트를, 영어 시간에는 알파벳을 쓸 수 있는 영어 노트를 따로 준비하는 것이 좋습니다.

⟩ 연필과 지우개 ⟨

다음으로 준비할 것은 필기도구입니다. 연필은 볼펜과 달리 심이 굵고 잘 미끄러지지 않아서 손에 힘이 부족하더라도 쉽게 사용할 수 있습니다. 그래서 초등학교에 입학하면 연필로 글씨 쓰기를 시작하는데요. 학년이 올라가더라도 기본 노트 필기는 볼펜보다 연필로 하는 것을 추천합니다.

연필과 지우개는 다음과 같은 장점이 있습니다. 첫째, 연필로 쓴 글은 쉽게 지우고 다시 쓸 수 있습니다. 볼펜은 지우기가 어렵지요. 둘째, 연필은 고장나지 않습니다. 심이 부러지더라도 연필깎이로 깎으면 금방 다시 사용할 수 있습니다. 볼펜이나 샤프는 고장나거나 샤프심을 교체할 때 손이 많이 가지요. 셋째, 글씨를 교정하기 쉽습니다. 연필은 육각형 모양으로 각이 져 있어 쥐었을 때 자연스럽게 손안에 밀착됩니다. 힘이 많이 들어가지 않아서 잡고 있기가 편하고 심이 굵어 글씨체도 일정하게 나옵니다.

> **스마트 팁** 노트 필기를 예쁘게 하는 것보다 중요한 것은 정갈한 글씨체로 알아보기 쉽게 작성하는 것입니다.

⟩ 자 ⟨

노트 필기를 하다 보면 알아보기 쉽게 표를 사용하여 정리할 때가 많습니다. 또 목적에 따라 줄 노트에 선을 긋고 공간을 나누어 사용하기도 합니다. 이때 자를 사용해서 깔끔하게 줄을 그으면 더욱 더 보기 좋습니다.

여러 종류의 자 중에서도 눈금과 줄눈이 함께 표시된 직선 형태의 자가 활용하기 좋습니다. 길이가 너무 길면 필통에 넣어 다니기 어렵고, 길이가 너무 짧으면 사용할 때 여러 번 줄을 그어야 해서 불편하기 때문에 보통 필통에 들어가는 15cm 길이의 자를 많이 사용합니다.

〉형광펜과 색 볼펜 〈

노트 필기를 하며 중요한 내용을 강조하고 싶을 때, 연필만으로는 조금 부족하지요? 그럴 때는 형광펜이나 색 볼펜을 사용하면 됩니다. 빨간색이나 파란색처럼 눈에 잘 띄는 색상의 볼펜을 사용하면 중요한 내용을 강조할 수 있습니다. 여러 색상의 볼펜을 각각 가지고 다닐 수도 있지만, 여러 색이 한꺼번에 모아져 있는 3색 볼펜을 사용하면 더 편리합니다.

중요한 내용에 밑줄을 그을 때는 형광펜을 사용합니다. 형광펜과 볼펜의 색이 비슷한 계열이면 함께 사용했을 때 구분이 잘 안될 수 있습니다. 보통 검은색, 빨간색, 파란색 볼펜을 많이 사용하기 때문에 형광펜은 이와 겹치지 않는 노란색으로 사용하면 잘 구분됩니다.

〉포스트잇 〈

노트 정리를 다 하고 나서 추가하고 싶은 내용이 생기면 어떻게 해야 할까요? 이미 작성된 내용을 옮기거나 지우기는 어렵지요. 이럴 때는 포스트잇을 사용하면 좋습니다.

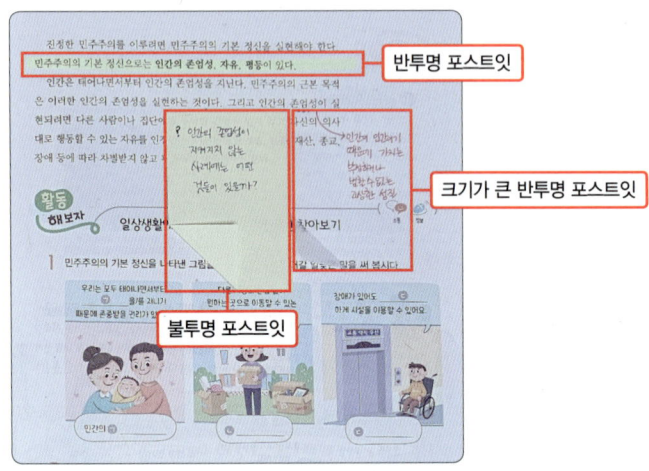

▲ 불투명, 반투명 포스트잇

불투명 포스트잇은 추가 혹은 수정하고 싶은 내용이 있을 때 활용합니다. **반투명 포스트잇**은 교과서의 중요한 문장에 형광펜처럼 표시할 때 사용합니다. **크기가 큰 반투명 포스트잇**은 교과서 위에 메모할 때 사용하면 유용합니다.

▲ 플래그 포스트잇

플래그 포스트잇은 필기한 내용을 분류하거나 어디까지 필기했는지를 나타낼 때 사용합니다. 이처럼 포스트잇의 모양과 크기, 종류는 정말 다양해요. 용도에 맞게 선택하면 노트 정리를 할 때 매우 유용하답니다.

> 노트, 연필과 지우개, 교과서, 자, 형광펜, 색 볼펜, 포스트잇 등의 준비물을 모두 준비했다면 잊지 말아야 할 것이 있습니다. 바로 모든 준비물에 나의 이름표를 붙이는 거예요! 이름표를 붙여놓으면 잃어버리더라도 금방 찾을 수 있어요.

STEP 02 스마트 노트 필기 준비물 알아보기

손으로 쓰는 노트 필기와 달리 기기를 사용하는 노트 필기에는 많은 준비물이 필요하지 않아요. 필기할 IT 기기만 준비하면 되는데요. 스마트한 노트 필기에 사용되는 기기에는 어떤 것들이 있는지 알아봅시다.

〉태블릿 PC 〈

▲ 삼성 갤럭시탭 S9(출처: 삼성 홈페이지)

▲ 애플 아이패드 10세대(출처: 애플 홈페이지)

스마트 노트 정리를 하기 위해서는 태블릿 PC와 터치 펜이 필요해요. 태블릿 PC는 갤럭시탭, 갤럭시 크롬북, 아이패드, 웨일북 등 다양한 종류가 있어요. 이 책에서는 애플의 아이패드를 기준으로 설명하고 있지만, 필기 앱을 설치하고 사용하는 방법은 모두 비슷하답니다.

〉 터치 펜 〈

터치 펜은 태블릿 PC에서 연필처럼 사용할 수 있는 도구예요. 대표적으로 갤럭시탭의 S펜, 아이패드의 애플 펜슬이 있어요.

▲ 삼성 S펜(출처: 삼성 홈페이지)

▲ 애플 펜슬(출처: 애플 홈페이지)

태블릿 PC는 각각의 장단점이 있어요. 태블릿 PC의 특징을 하나씩 자세히 알아보고 나의 상황에 맞는 기기를 선택해서 노트 필기를 시작해 봅시다.

❶ **갤럭시탭**: 안드로이드 OS를 사용하며 구글 플레이스토어에서 앱을 다운로드받을 수 있습니다. S펜을 사용하여 노트 필기를 할 수 있어요.

❷ **아이패드**: 애플의 자체 OS인 아이패드 OS를 사용합니다. 앱 스토어에서 앱을 다운로드받을 수 있습니다. 애플 펜슬을 사용하여 노트 필기를 할 수 있어요.

❸ **마이크로소프트 서피스**: 윈도우 OS를 사용하는 윈도우 태블릿 PC입니다. 일반적인 컴퓨터에서 사용하는 윈도우 OS를 기반으로 하고 있어 키보드와 함께 노트북처럼 문서 편집을 할 수 있고, 태블릿처럼 화면 전환과 터치도 할 수 있습니다. 마이크로소프트 365(Office 365)에서 제공하는 파워포인트 등의 프로그램을 사용할 수 있고, 서피스 펜으로 노트 필기를 합니다.

❹ **크롬북**: 키보드가 달려있어 노트북처럼 보이는 크롬북은 360도로 접히는 것이 특징입니다. 윈도우 OS가 아닌 크롬 OS가 탑재되어 있어 안드로이드용 파워포인트, 엑셀, 워드 등 문서 편집 앱을 사용하는 데 일부 제약이 있을 수 있습니다.

❺ **네이버 웨일북**: 네이버에서 만든 교육용 디바이스로, 웨일 OS가 탑재되어 있습니다. 키보드가 달려있어 노트북처럼 활용할 수 있고, 화면 터치와 함께 기기를 접고 세울 수 있어 태블릿 PC로도 사용할 수도 있습니다. 스타일러스 펜을 사용하여 노트 필기를 합니다.

> **스마트 팁** 운영 체제(OS, Operating System)란 사용자가 기기를 쉽게 다루게 해 주는 시스템을 말합니다. 앞서 살펴보았듯 태블릿 PC마다 운영 체제가 다르며, 운영 체제가 다르면 사용 가능한 앱도 달라집니다. 대표적인 OS로는 구글에서 개발한 안드로이드 OS, 애플에서 개발한 아이패드 OS, 마이크로소프트에서 개발한 윈도우 OS, 구글에서 개발한 크롬 OS, 네이버에서 개발한 웨일 OS 등이 있습니다.

✦ 잠깐만요! Office 365 프로그램을 무료로 사용할 수 있나요?

마이크로소프트 365는 마이크로소프트(MS)사에서 제공하는 문서 편집 클라우드 서비스입니다. 정식 명칭은 마이크로소프트 365이지만 보통 **Office 365**로 통용되고 있습니다. 우리에게 익숙한 원드라이브, 워드, 엑셀, 파워포인트 등이 바로 Office 365에서 제공되는 프로그램입니다.

학생이라면 누구나 무료로 Office 365 프로그램을 사용할 수 있어요. 우리 학교가 속한 교육청의 홈페이지에서 회원가입을 하고 프로그램을 다운로드하면 됩니다. 포털 사이트에서 **[(우리 학교가 속한 교육청) Office 365]**라고 검색하면 쉽게 찾을 수 있을 거예요. 가령, 우리 학교가 서울에 있다면 [서울특별시교육청 Office 365], 경상남도에 있다면 [경상남도교육청 Office 365]이라고 검색하면 되어요. 꼭 내가 속한 지역의 사이트로 들어가야 해요. 회원가입과 설치, 인증 절차는 각 웹 사이트에 친절하게 설명되어 있으니 차근차근 따라 하면 됩니다.

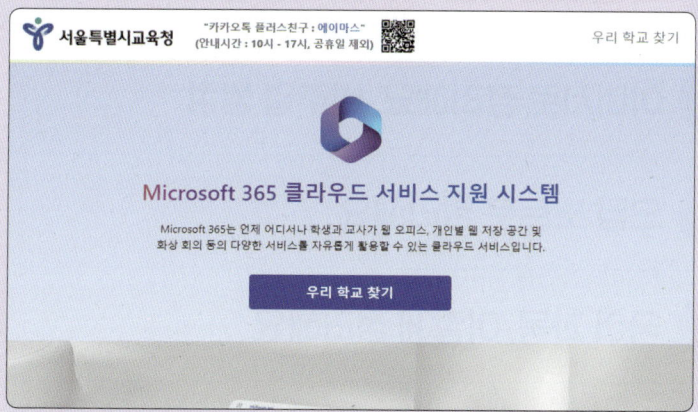

▲ 서울특별시교육청의 Office 365 지원 페이지

▲ 부산광역시교육청의 Office 365 지원 페이지

손 필기 기본기를 단단히 다져두어야 태블릿 PC로 스마트한 필기도 잘할 수 있어요. 이번 마당에서는 종이로 된 노트에 내 손으로 직접 필기하는 방법을 알아볼 거예요. 대표적인 노트 정리 방법부터 과목별 노트 정리 팁까지 차근차근 배워볼까요?

WEEK 03 내 손으로 직접 익히는 다양한 노트 정리법

WEEK 04 이미지로 정리해요, 비주얼 씽킹

WEEK 05 오답 노트로 정리해요

WEEK 06 국어 과목, 이렇게 정리해요

WEEK 07 수학 과목, 이렇게 정리해요

WEEK 08 사회 과목, 이렇게 정리해요

WEEK 09 과학 과목, 이렇게 정리해요

WEEK 10 영어 과목, 이렇게 정리해요

둘째 마당

내 손으로 척척!
노트 정리와
친해지기

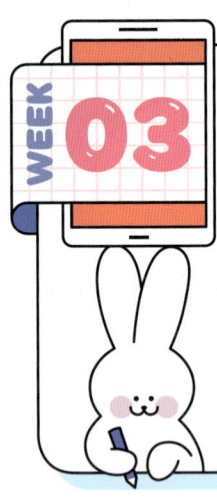

WEEK 03 내 손으로 직접 익히는 다양한 노트 정리법

노트 정리는 지식의 바다에서 항해하는 우리에게 나침반과 같은 역할을 합니다. 수업 시간에 배운 내용을 효과적으로 정리하고, 이해하며, 기억하는 데 도움을 주기 때문이에요. 이번 장에서는 학습을 도와주는 대표적인 노트 정리 방법을 알아보고 학습 스타일에 맞게 조합하여 나만의 노트를 만들어 봅시다.

STEP 01 코넬 4분할 노트 정리법

코넬 4분할 노트 정리법은 효율적인 학습과 정보 정리를 위해 널리 사용되는 방법입니다. 이름 그대로 **노트 한 페이지를 주제, 키워드, 세부 내용, 요약까지 네 영역으로 분할하여 정리**하는 방법이에요. 이 방법을 사용하면 공부한 내용을 깔끔하게 정리할 수 있고 중요한 정보를 쉽게 찾아볼 수 있어요.

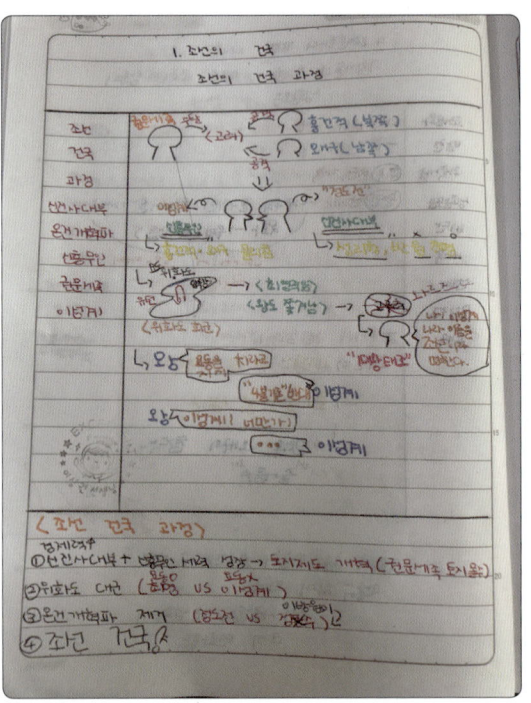

▲ 코넬 4분할 노트 정리법의 예시

직접 해 봐요! 코넬 4분할 노트 정리법

그럼 코넬 4분할 노트를 직접 만들어 볼까요?

01 먼저 노트를 네 부분으로 나눠 봅시다. 노트 위쪽에서 약 5cm 내려와 가로로 줄을 그어 '**주제**' 영역을 만들어요. 그다음 노트 아래쪽에서 약 5cm 위로 올라와 가로로 줄을 그어 '**요약**' 영역을 만들어요. 마지막으로 노트 왼쪽에서 약 3cm 정도 띄우고 세로로 줄을 그어요. '**키워드**'와 '**세부 내용**'을 분리하는 구분 선이 됩니다.

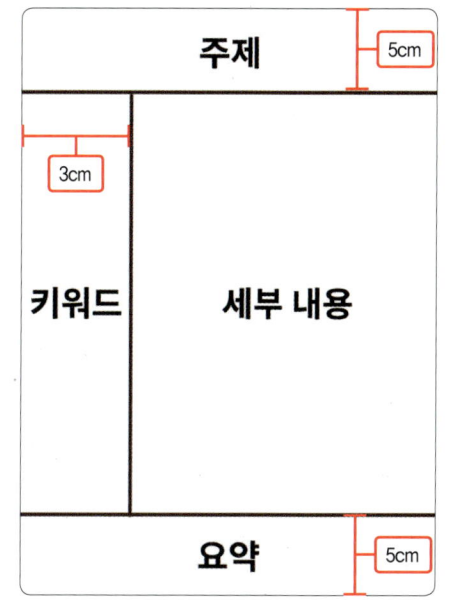

02 주제를 작성해 봅시다. 주제란 배운 내용의 제목이라고 생각하면 쉬워요. 노트 가장 위쪽의 '주제' 영역에 날짜와 과목, 단원 또는 수업 목표를 적어요. 이렇게 적어두면 나중에 복습을 위해 노트를 살펴볼 때 유용해요.

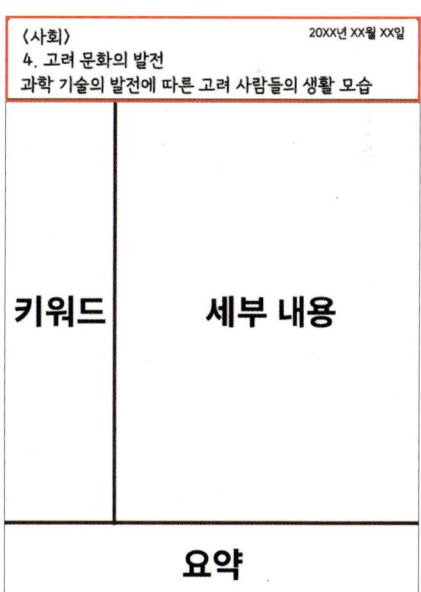

03 키워드를 작성해 봅시다. 키워드란 수업 시간에 배운 내용 중 중요한 단어를 뜻해요. 왼쪽의 '주제' 영역에 수업 중 나온 주요 아이디어나 핵심 주제를 단어나 짧은 문장으로 기록해요. 이렇게 적어두면 나중에 배운 내용을 빠르게 살펴볼 때 금방 이해할 수 있겠죠?

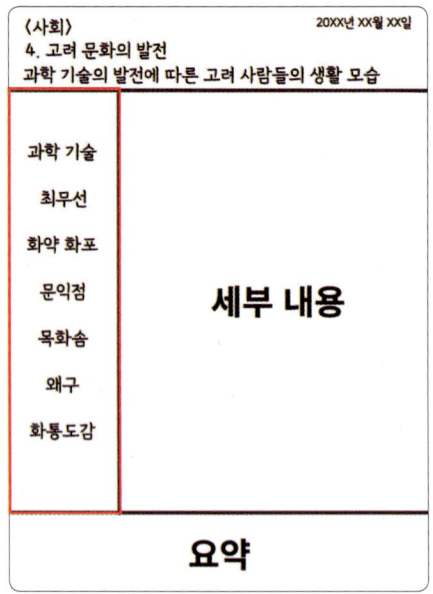

04 이제 세부 내용을 적어보아요. 오른쪽의 '세부 내용' 영역에 배운 내용, 설명, 예시 등을 자세히 적어요. 관련된 그림을 그려도 좋고 밑줄을 긋거나 나만의 표시를 만들어서 중요한 내용을 강조하는 등 다양한 방법을 활용하여 자세히 쓰고 정리해요.

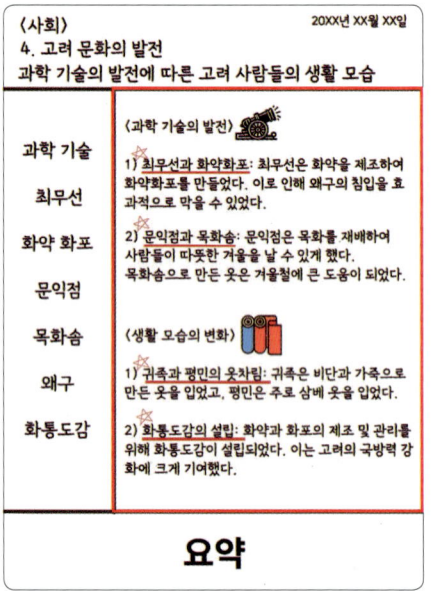

05 노트 가장 아래쪽의 '요약' 영역에 전체 수업 내용을 짧은 문장으로 요약해서 적어요. 이렇게 정리해 두면 학습한 내용을 한눈에 볼 수 있고 복습할 때 매우 유용해요.

〈사회〉 20XX년 XX월 XX일
4. 고려 문화의 발전
과학 기술의 발전에 따른 고려 사람들의 생활 모습

과학 기술	〈과학 기술의 발전〉
	1) <u>최무선과 화약화포</u>: 최무선은 화약을 제조하여 화약화포를 만들었다. 이로 인해 왜구의 침입을 효과적으로 막을 수 있었다.
최무선	
화약 화포	2) <u>문익점과 목화솜</u>: 문익점은 목화를 재배하여 사람들이 따뜻한 겨울을 날 수 있게 했다. 목화솜으로 만든 옷은 겨울철에 큰 도움이 되었다.
문익점	
목화솜	〈생활 모습의 변화〉
왜구	1) <u>귀족과 평민의 옷차림</u>: 귀족은 비단과 가죽으로 만든 옷을 입었고, 평민은 주로 삼베 옷을 입었다.
화통도감	2) <u>화통도감의 설립</u>: 화약과 화포의 제조 및 관리를 위해 화통도감이 설립되었다. 이는 고려의 국방력 강화에 크게 기여했다.

> 고려 시대의 과학 기술 발전은 사람들의 생활 방식에 변화를 가져옴. 특히, 최무선의 화약과 문익점의 목화 재배는 고려 사람들이 더 안전하고 따뜻하게 생활할 수 있게 만든 중요한 발전임.

---

06 수업이 끝난 후, 코넬 4분할 노트를 보며 배운 내용을 복습해요. 주제와 키워드를 통해 정리한 내용의 큰 부분을 살펴보고, 세부 내용 영역을 통해 자세한 학습 내용을 떠올릴 수 있어요. 또, 요약 영역을 통해 전체적인 이해를 확인할 수 있어요.

> **선생님의 한마디**
> 코넬 4분할 노트 정리법은 공부를 더 잘하고 싶은 친구들에게 정말 유용한 방법이에요. 수학, 과학, 국어, 영어, 사회 등 모든 과목에 두루 사용할 수 있고 나만의 학습 방법을 개발하여 내가 원하는 방식으로 노트를 꾸밀 수도 있거든요. 여러분도 이 방법을 사용해서 멋진 노트를 만들어 보세요!

WEEK 03

STEP 02　개조식 글쓰기

개조식 글쓰기는 이야기나 글의 큰 틀을 마치 지도를 그리는 것처럼 그려보는 글쓰기 방법이에요. 정보를 쉽고 빠르게 전달하기 위해 사용하는 글쓰기 방법으로, **주제와 관련 내용을 짧은 문장으로 정리**하여 배운 내용을 쉽게 정리할 수 있어요.

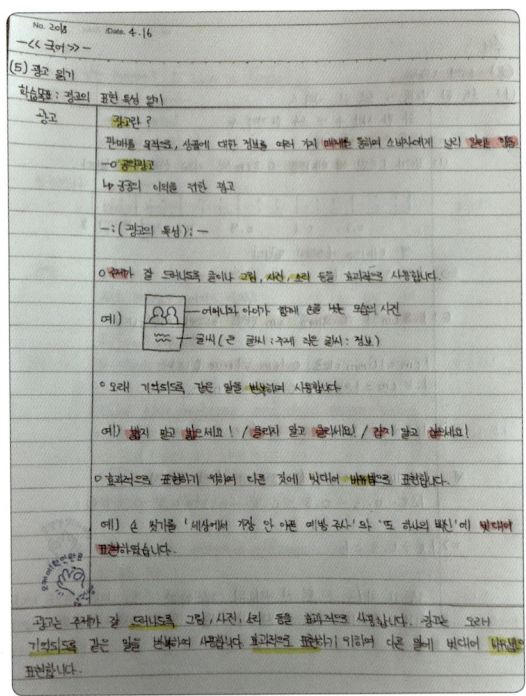 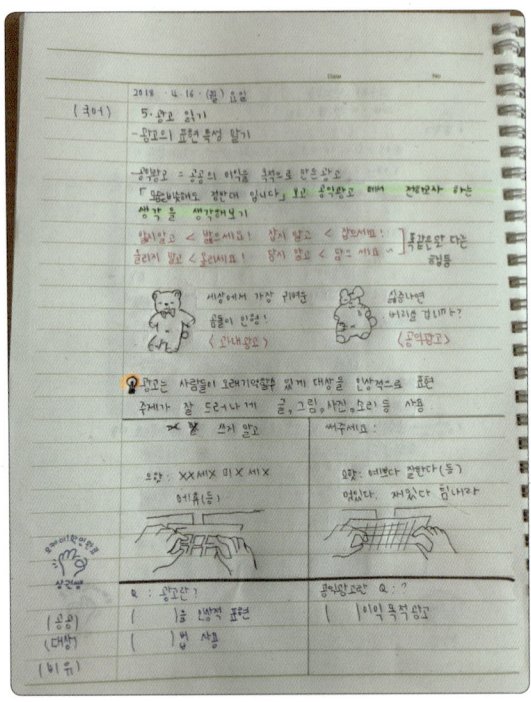

▲ 개조식 글쓰기의 예시

개조식 글쓰기를 활용하면 정보를 빠르게 찾을 수 있고 글쓰기가 더 쉬워져요. 특히, 코넬 4분할 노트 정리법으로 필기할 때 개조식으로 글을 쓰는 경우가 많답니다. 개조식 글쓰기는 내 생각을 더 명확하게 정리하여 결과적으로 글이 더 깔끔하고 이해하기 쉬워집니다. 공부를 더 즐겁고 효율적으로 만들어주는 멋진 글쓰기 방법이죠.

직접 해 봐요! 개조식 글쓰기

01 개조식 글쓰기의 첫 단계는 <mark>주제</mark>를 정하는 것이에요. 주제는 배운 내용 중 글의 중심이 되는 아이디어예요. 여기서는 과학 시간에 배운 내용 중 '식물이 자라는 과정'이라는 주제를 가지고 글을 써 볼게요.

〈식물이 자라는 과정〉

02 다음으로 주제와 관련된 중요한 내용을 <mark>단어</mark>나 <mark>문장</mark>으로 써요. 이때 순서대로 숫자를 쓰거나 하이픈(-), 별표(*) 등 기호를 사용하여 내용을 구분하면 더욱 보기 쉽게 정리할 수 있어요.

〈식물이 자라는 과정〉

1) 씨앗 심기

2) 물주기

3) 햇빛받기

4) 식물 관찰하기

03 02단계에서 쓴 단어나 문장에 대한 **간단한 설명**을 적어요. 짧은 문장을 사용해서 더 쉽게 이해할 수 있도록 적는 것이 핵심이에요. 예를 들어 '흙이 마르기 시작하면 충분히 물을 주되, 과도한 물주기는 피해야 해요.'처럼 필요한 정보만 넣고, 반복되는 말이나 필요 없는 말은 삭제해요.

〈식물이 자라는 과정〉

1) 씨앗 심기
적당한 화분과 흙 준비 후, 씨앗을 흙 속에 적당한 깊이로 심어요.

2) 물주기
흙이 마르기 시작하면 충분히 물을 주되, 과도한 물주기는 피해야 해요.

3) 햇빛받기
식물이 좋아하는 햇빛의 양을 알아보고 그에 맞게 햇빛을 받게 해주세요.

4) 식물 관찰하기
일 식물의 상태를 관찰하며, 필요한 경우 물이나 햇빛을 추가로 제공해요.

> **선생님의 한마디**
> 개조식 글쓰기로 공부한 내용을 정리해 보니 어떤가요? 항목별로 짧고 간결하게 나열하니 내용을 파악하기도 쉽고, 핵심 정보만 명확하게 정리할 수 있지요? 이처럼 개조식 글쓰기를 통해 더 체계적이고 효율적으로 글을 쓸 수 있어요. 또, 노트를 정리하며 내 생각을 정리하고 더 좋은 아이디어를 찾을 기회도 생긴답니다. 글쓰기가 어렵게 느껴진다면 개조식 글쓰기를 시도해 보세요. 분명 노트 정리가 한결 쉬워질 거예요!

STEP 03 마인드맵 그리기

마인드맵은 머릿속에 떠오르는 생각이나 아이디어를 그림으로 그려내는 방법이에요. 마치 나무가 가지를 뻗어나가는 것처럼, **큰 아이디어에서 시작해서 관련된 작은 생각들을 가지처럼 확장해 나가는 것**이 특징이에요. 모둠 활동이나 프로젝트 활동 등 다양한 분야에서 활용할 수 있어요.

> **스마트 팁** 마인드맵은 영국의 교육 심리학자인 토니 부잔(Tony Buzan)이 1970년대에 개발한 정리법이에요. 역사가 아주 오래된 만큼, 전세계적으로 널리 사용되고 있는 대표적인 정리법이랍니다.

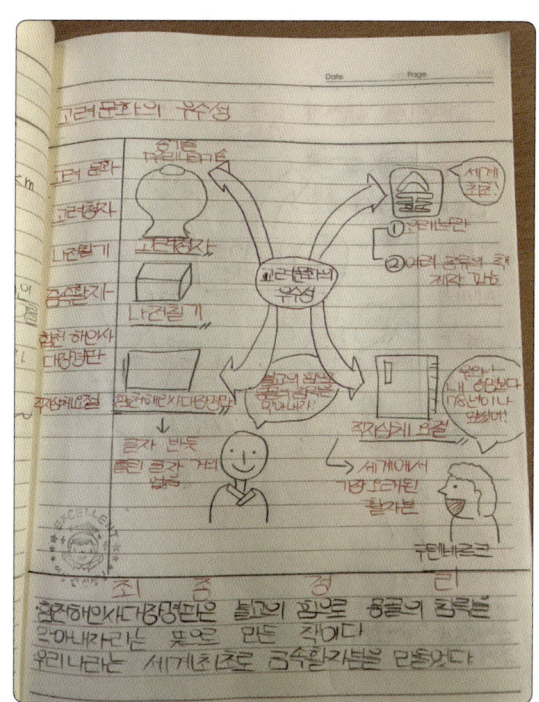 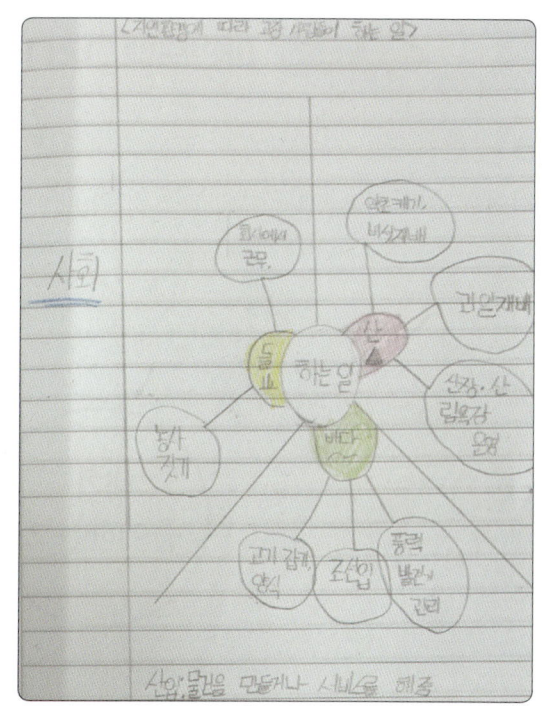

▲ 마인드맵의 예시

마인드맵은 장점이 정말 많은 공부법이에요.

우선, 마인드맵을 활용하면 학습에 좀 더 집중할 수 있고, 복잡하거나 어려운 관계를 이해하기 쉽게 만들 수 있어요.

둘째, 마인드맵은 시각적 기억을 강화해요. 그림과 색상을 사용하여 정보를 구조화하기 때문에 기억에 더 오래 남게 되는 것이죠.

셋째, 마인드맵은 창의력과 문제 해결 능력을 증진시키는 도구로도 사용할 수 있어요. 정보를 자유롭게 연결하고 재구성하는 과정에서 새로운 아이디어를 발견할 수 있답니다.

또한, 브레인스토밍, 메모 작성, 다이어그램 작성 등 다양한 용도로 활용할 수 있기 때문에 학습의 범위를 넓히는 데도 큰 도움이 돼요.

직접 해 봐요! 마인드맵 그리기

01 먼저 종이 가운데에 큰 원을 그려요. 원 안에 생각하고 싶은 **중심 주제**나 **중심 아이디어**를 적어요. 여기서는 '내가 좋아하는 것'이라는 주제를 중심에 두었어요.

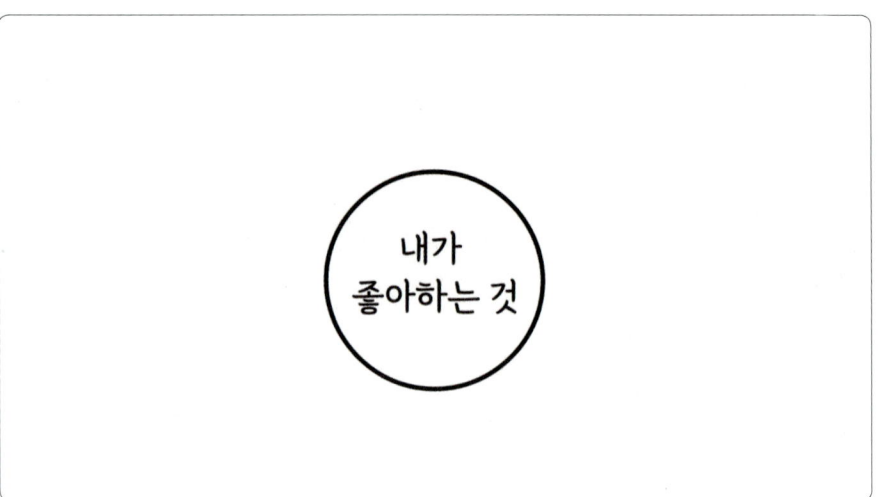

02 그다음 **주요 가지**를 그려볼게요. 중심 아이디어에서 파생된 아이디어를 가지처럼 뻗어 나가게 그려요. 중심 아이디어가 '내가 좋아하는 것'이라면 '책', '게임', '운동'과 같은 주요 가지를 그릴 수 있겠죠?

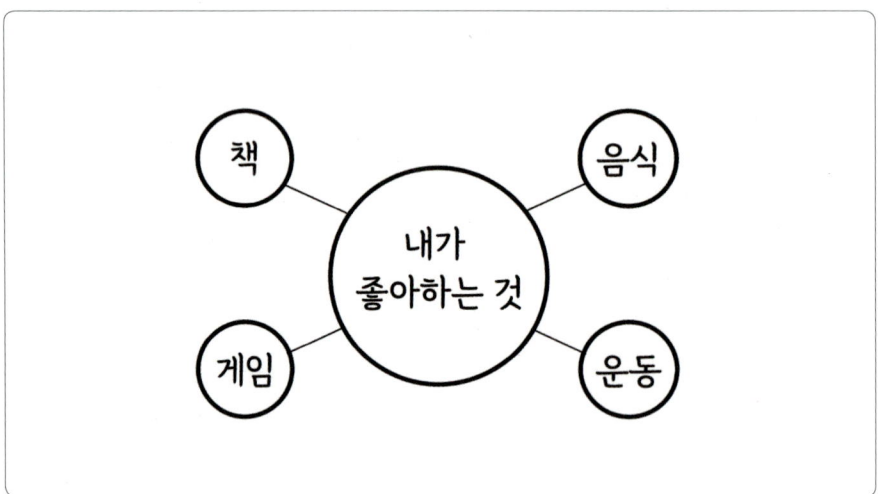

03 이제 **세부 가지**를 그려봅시다. 각 주요 가지와 관련된 더 자세한 아이디어를 세부 가지로 연결해요. 가령 '책' 가지에는 좋아하는 책의 제목이나 종류를 세부 가지로 추가할 수 있어요.

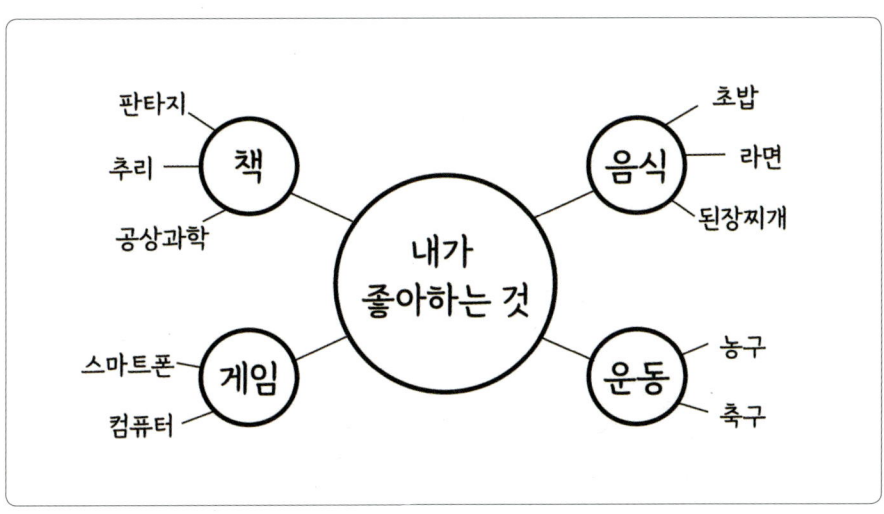

04 마인드맵을 더 재미있고 이해하기 쉽게 만들기 위해 색, 그림, 심볼 등을 사용해 꾸며요. 이렇게 하면 더 오래 기억에 남고, 보기에도 예뻐요.

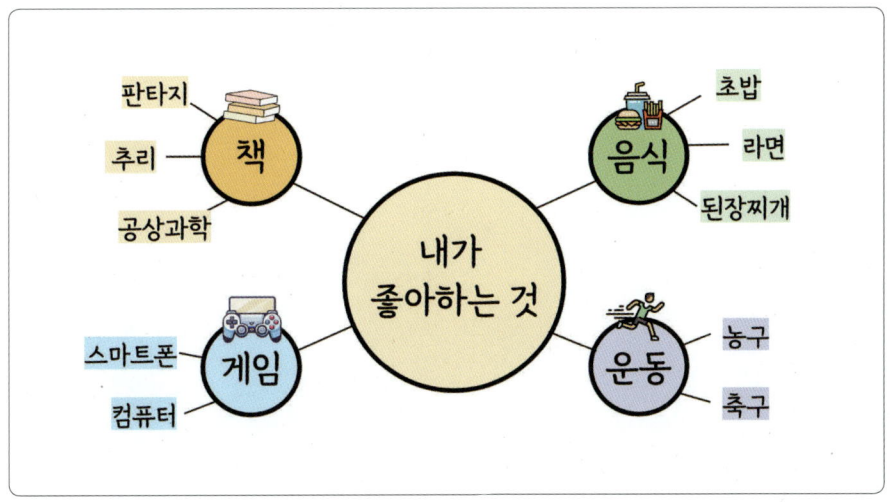

> **선생님의 한마디**
> 마인드맵은 창의적인 생각을 자극하고 복잡한 정보를 체계적으로 정리할 수 있게 도와줘요. 또, 마인드맵은 머릿속의 생각을 눈으로 볼 수 있는 형태로 정리한 것이라 배운 내용을 좀 더 쉽게 이해할 수 있답니다.

WEEK 04 이미지로 정리해요, 비주얼 씽킹

수업 시간에 배운 내용을 그림으로 정리하는 방법을 들어본 적이 있나요? 그림은 다양한 정보를 효과적으로 전달하는 수단인데요. 그중에서도 생각을 그림으로 표현하는 정리 방법을 '비주얼 씽킹'이라고 불러요. 비주얼 씽킹은 배운 내용을 더 쉽게 이해하고 오래 기억하는 데 도움을 줘요. 비주얼 씽킹에 대해 배워보고 나만의 노트를 만들어 봅시다.

STEP 01 비주얼 씽킹이란?

비주얼 씽킹(Visual thinking)이란 그림 혹은 영상과 같은 시각적 요소(Visual)를 이용하여 생각(Thinking)을 정리하는 방법입니다. 쉽게 말해 **이미지로 생각하는 방법**이죠. 이 방법을 활용하여 복잡한 생각이나 정보를 그림으로 그리면 더 쉽게 이해할 수 있고 오랜 시간 기억할 수 있어요. 글이나 말로만 설명하는 것보다 그림으로 보는 것이 더 쉽고 재미있게 느껴지기 때문이에요. 예를 들어, 과학 시간에 배운 어려운 이론이나 수학 문제를 그림으로 그리고 설명을 쓰면 좀 더 쉽게 이해할 수 있고 오래 기억할 수 있어요.

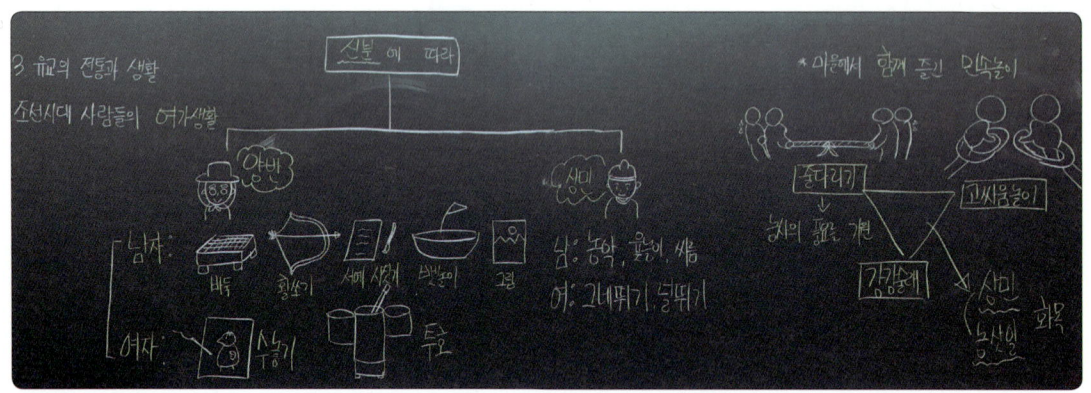

▲ 비주얼 씽킹의 예시

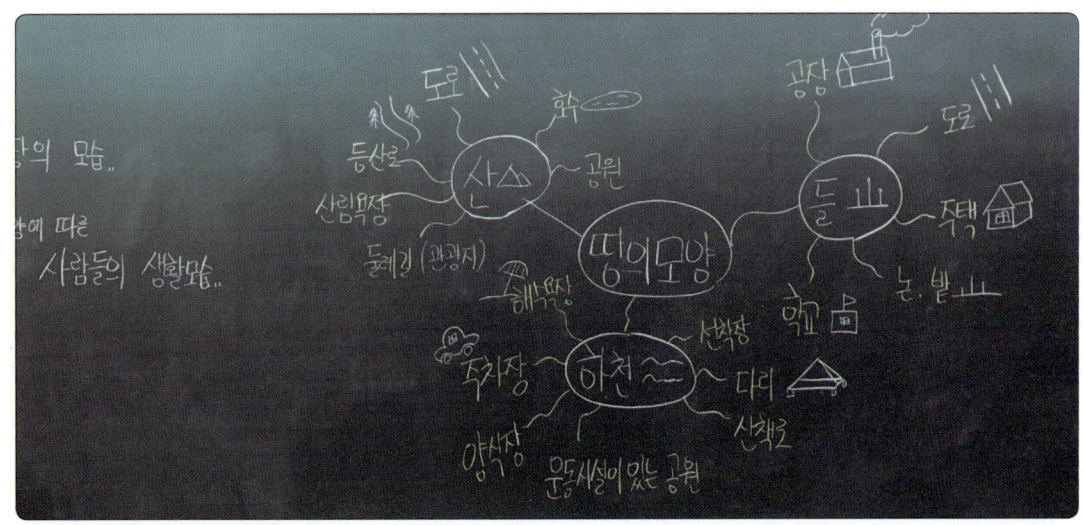

▲ 비주얼 씽킹의 예시: 마인드맵 활용하기

비주얼 씽킹을 활용하면 다음과 같은 장점이 있어요.

첫째, 어려운 개념이나 복잡한 내용도 쉽게 이해할 수 있어요. 어떤 내용이든 긴 글보다는 그림으로 표현했을 때 더 재미있고 이해하기 쉽죠? 그림을 통해서 정보를 쉽고 빠르게 받아들일 수 있답니다.

둘째, 기억에 오래 남아요. 예를 들어, 동물에 대해 배울 때 동물의 이름과 생김새의 특징을 그림으로 표현하면 나중에 그 동물을 생각할 때 그림이 떠오르면서 정보도 함께 기억나요.

셋째, 문제 해결 능력을 키울 수 있어요. 수학 문제의 경우, 문제 상황을 그림으로 그려보면 해결 방법이 더 쉽게 떠올라요. 복잡한 문제도 보기 쉬운 그림으로 바꾸면 해답을 찾는 데 도움이 됩니다.

✦ 잠깐만요! 비주얼 씽킹은 꼭 그림을 잘 그려야 하나요?

비주얼 씽킹을 활용하고 싶은데 그림을 잘 그리지 못해 걱정되나요? 괜찮아요. 비주얼 씽킹은 그림을 잘 그리는 것이 목적이 아니라, 그림을 통해 내용을 쉽게 이해하는 것이 목적이에요. 비주얼 씽킹에서 중요한 것은 비주얼(Visual)이 아닌 씽킹(Thinking)이에요. 머릿속으로 생각한 것을 그림으로 표현하기만 하면 되기 때문에 그림을 잘 그리지 못해도 괜찮아요.

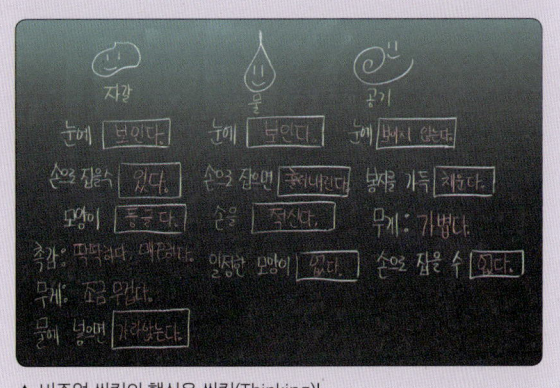

▲ 비주얼 씽킹의 핵심은 씽킹(Thinking)!

STEP 02   비주얼 씽킹, 각 과목에 적용하기

> 국어 <

국어 과목에서는 문학이나 다양한 개념을 이해할 때 비주얼 씽킹을 활용할 수 있어요. 특히 소설의 주요 인물을 중심으로 각 인물 간의 관계를 선으로 연결하여 표현하거나 각 인물의 특성, 성격, 중요한 말과 행동 등을 글과 그림으로 나타내면 인물에 대해 더 정확하게 파악할 수 있어요.

▲ 비주얼 씽킹으로 소설 속 인물 파악하기

> 수학 <

수학 과목에서는 다양한 수학 개념을 이해할 때 비주얼 씽킹을 활용할 수 있어요. 예를 들어, 평면 도형의 각에 대해 공부한다면 꼭짓점과 두 반직선을 직접 그려 보며 각의 개념을 더 쉽게 이해할 수 있어요.

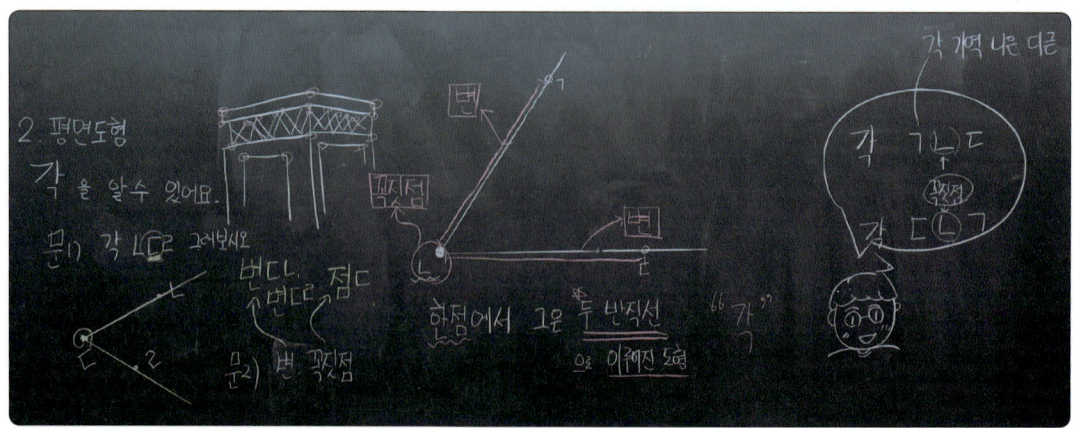

▲ 비주얼 씽킹으로 평면 도형 이해하기

> 사회 <

비주얼 씽킹은 사회 과목을 공부할 때 특히 유용해요. 지리를 공부할 때는 지도를 사용하여 위치를 시각화할 수 있고, 역사를 공부할 때는 중요한 사건들을 시간 순서대로 배치하여 어떤 사건이 언제 일어났는지 한눈에 볼 수 있어요.

▲ 비주얼 씽킹으로 고려와 여진의 관계 이해하기

선생님의 한마디

비주얼 씽킹은 단순히 그림을 그리는 것 이상의 의미를 지니며, 우리가 배우고 생각하고 문제를 푸는 데 큰 도움을 줍니다. 여러 과목의 수업 내용을 비주얼 씽킹을 통해 정리한다면 배운 내용을 더 잘 이해하고 오랫동안 기억할 수 있답니다.

STEP 03 비주얼 씽킹을 활용하여 노트 정리하기

비주얼 씽킹을 활용하여 노트를 정리하는 방법을 좀 더 자세히 알아볼까요?

> 그림으로 생각해 보기 <

배운 내용을 정리할 때 단어나 문장만 사용하지 않고 그림을 함께 그려보세요.

예를 들어, '동물의 종류와 특징'이라는 주제를 배웠다고 가정해 봅시다. 배운 내용을 정리할 때 호랑이, 코끼리, 기린 등 동물의 생김새를 떠올리며 간단하게 그림을 그려요.

동물 그림을 다 그렸다면 그 동물이 좋아하는 음식이나 특징을 그림으로 그려보세요. 예를 들어 호랑이 그림 위에 호랑이의 주식인 고기 그림을 그리는 거예요. 이러한 과정을 통해 그림으로 생각하는 방법을 배워나갈 수 있어요.

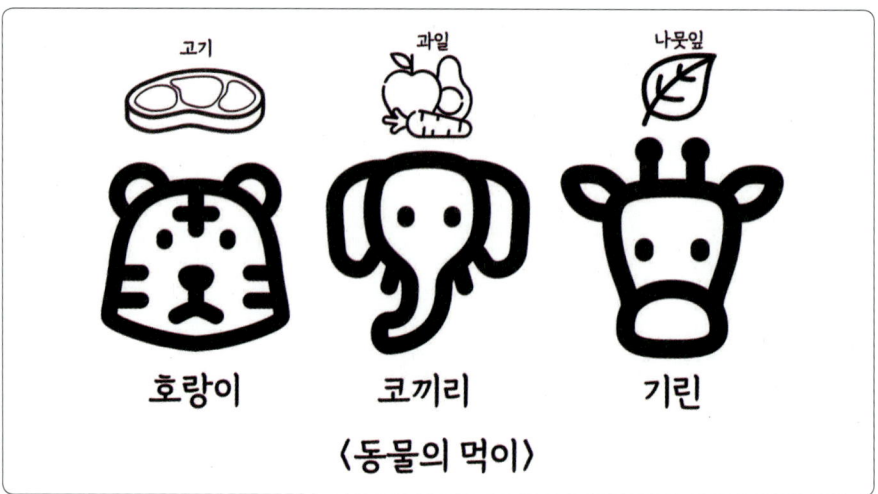

〉 단순하게 그림 그리기 〈

비주얼 씽킹은 그림을 통해 복잡한 정보나 아이디어를 시각적으로 표현하여 이해하는 것이에요. 즉, 그림을 사실적으로 또는 정교하게 그리지 않고 단순하게 그려서 생각을 명확하게 전달하는 것이 중요해요. 이때 두 가지 방법으로 그림을 쉽고 단순하게 그릴 수 있어요.

첫 번째 방법은 설명하려는 대상을 <mark>도형으로 표현</mark>하는 것이에요. 세상에 존재하는 모든 것은 원, 사각형, 선과 같은 가장 기본적인 도형으로 나타낼 수 있어요. 집을 예로 들어볼까요? 사각형으로 집의 몸체를 그리고, 그 위에 삼각형으로 지붕을 그려요. 이처럼 단순한 두 도형의 조합만으로 '집'이라는 개념을 쉽게 표현할 수 있어요. 사람을 그릴 때도 비슷해요. 큰 원으로 머리를 표현하고, 선으로 몸을 그려 넣음으로써 사람의 기본 모습을 간단하면서도 정확하게 표현할 수 있어요.

▲ 기본적인 도형으로 그려낸 집과 사람

두 번째 방법은 대상을 나타내는 <mark>간단한 상징이나 아이콘을 사용</mark>하는 것이에요. 예를 들어, '아이디어'나 '생각'을 나타내기 위해 전구 아이콘을 사용할 수 있어요. 전구는 아이디어나 창의적인 생각을 상징하기 때문이에요.

별 아이콘을 사용하여 '중요함'이나 '강조'를 나타낼 수도 있어요. 배운 내용 중 특히 중요한 것이나 앞으로 시험에 나올 가능성이 높은 내용에 별 아이콘을 붙여 강조해요. 또, 중요한 개념이나 정의 옆에 별 아이콘을 붙여 해당 내용을 더 주의 깊게 보고 기억할 수 있어요.

▲ 전구 아이콘과 별 아이콘을 활용한 비주얼 씽킹

> 색으로 정보 구분하기 <

색을 사용하여 정보를 구분하고 정리하면 복잡한 내용을 쉽게 이해하고 기억하는 데 큰 도움이 됩니다. 예를 들어, 식물이 태양 에너지를 받아 광합성을 하여 산소가 만들어지는 과정을 그림으로 표현해 볼게요. 빛에너지를 주는 태양은 빨간색으로, 광합성을 하는 식물은 초록색으로 그렸어요. 이처럼 복잡한 광합성 과정을 여러 색으로 나누어 그리면 복잡한 광합성 과정을 쉽게 이해하고 기억할 수 있어요.

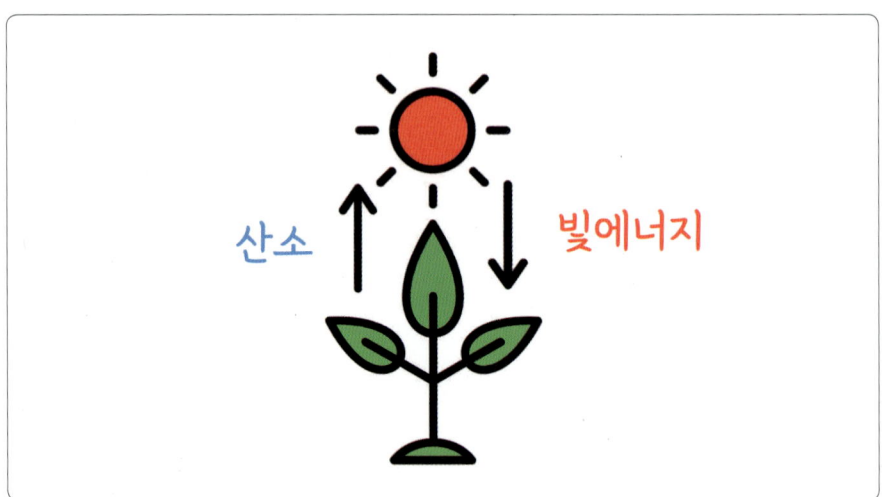

▲ 여러 색깔을 활용한 비주얼 씽킹

> 스마트 팁 > 알록달록 여러 색깔을 통해 정보를 정리하면 학습 내용에 대한 관심과 흥미를 높일 수도 있답니다.

〉 마인드맵 활용하기 〈

비주얼 씽킹과 마인드맵을 접목하여 배운 내용을 정리하면 복잡한 내용도 한눈에 파악하기 쉬워지고, 기억에도 오래 남아요. 마인드맵의 중심에 주제를 크게 쓰고 여러 가지 개념들을 가지처럼 펼쳐 나가는 과정에서 중요한 내용들을 그림으로 표현하는 거예요.

예를 들어, '세종대왕'을 주제로 마인드맵을 그린다면 중앙에 '세종대왕'이라는 중심 주제를 쓰고 그 주변에 세종대왕의 주요 업적인 농사직설, 집현전, 훈민정음, 측우기와 같은 키워드를 적어요. 그다음 각 키워드와 관련된 작고 단순한 그림을 그려요.

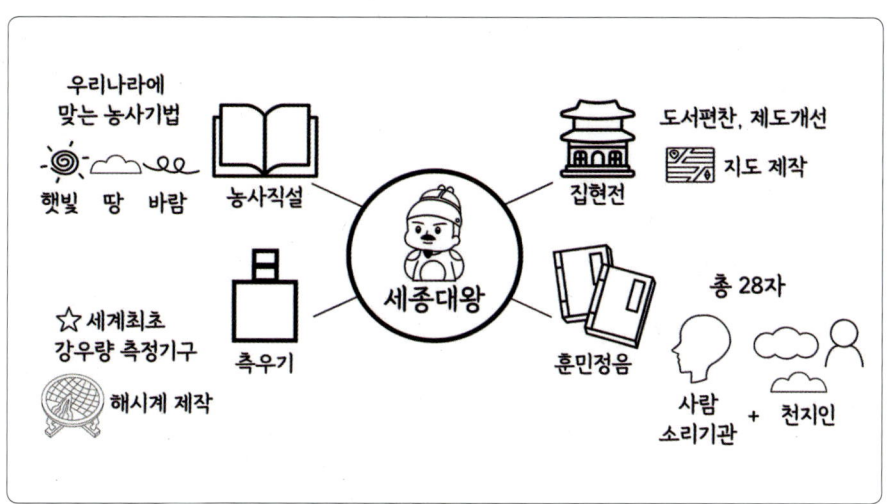

▲ 마인드맵을 접목한 비주얼 씽킹

WEEK 05 오답 노트로 정리해요

학교에서 시험을 보다 보면 같은 문제를 또 틀리게 되는 경우가 있어요. 단순한 실수로 느껴질 수도 있지만, 사실 공부를 더 잘할 방법을 찾을 기회랍니다. 같은 실수를 반복한다는 것은 공부하는 방법에 변화가 필요하다는 신호이기 때문이죠. 이때 오답 노트를 쓰면 나의 공부법을 한 단계 업그레이드할 수 있어요. 실수를 줄이고 다음 시험에서 더 나은 점수를 얻을 수 있는 비법, 오답 노트에 대해 알아봅시다.

STEP 01 오답 노트, 왜 써야 하나요?

오답 노트를 쓰면 왜 그 문제를 틀렸는지 깊이 생각해 볼 수 있고, 이 과정에서 내가 어떤 종류의 문제나 개념을 잘 이해하지 못하는지 알 수 있어요. 이를 바탕으로 다시 공부하면 다음 시험에서는 같은 실수를 하지 않고 더 좋은 점수를 얻을 수 있습니다.

오답 노트를 작성하는 과정은 시간이 오래 걸리고 때로는 귀찮게 느껴질 수 있어요. 오답 노트를 쓸 시간에 문제를 하나 더 풀어보는 것이 낫다고 생각하는 친구들도 있지요. 하지만 틀린 문제를 왜 틀렸는지 확인하고 분석하는 과정은 꼭 필요해요.

우선, 오답 노트를 꾸준히 작성하면 ==반복해서 틀리는 문제 유형과 그 원인을 명확히 파악==할 수 있어요. 원인을 알면 비슷한 유형의 문제를 만났을 때 같은 실수를 반복하지 않을 확률이 높아져요.

또, 오답 노트에 틀린 문제를 쓰고 필요한 개념을 다시 한번 정리하면 나중에 시험을 준비하거나 복습할 때 이해가 훨씬 잘돼요. 직접 손으로 써 가며 정리한 개념은 기억에 더 오래 남으며, 이 과정을 통해 정확한 개념을 파악하고 올바른 문제 풀이 방법을 익히게 되기 때문이죠. 직접 써 보는 과정에서 잘못된 이해나 개념의 오류를 바로잡을 수도 있어요. 즉, 오답 노트는 단순히 틀린 문제를 기록하는 것을 넘어, ==배운 내용에 대한 깊은 이해와 올바른 개념 형성을 위한 과정==이라고 할 수 있어요.

마지막으로, 오답 노트를 쓰며 자신을 돌아볼 수 있어요. 시간 관리를 잘못하여 문제를 끝까지 풀지 못하는 경우, 문제를 꼼꼼히 읽지 않아 오답을 선택하는 경우, 정확한 계산 방법을 모르는 경우 등 문제를 틀리는 이유는 다양해요. ==오답 노트를 통해 문제를 틀린 구체적인 이유를 분석하고 이해하면 앞으로의 학습 계획에서 해당 부분에 더 집중할 수 있어요.== 자기반성의 과정은 더 나은 학습 결과를 얻는 데 중요한 역할을 해요.

STEP 02 틀린 문제 살펴보기

오답 노트를 쓰기 전 틀린 문제를 살펴보고 틀린 이유와 문제의 요구 사항을 정확하게 파악해 봅시다.

01 먼저 틀린 문제를 살펴보고 ==틀린 이유==를 생각해요. 문제를 틀리는 데는 다양한 이유가 있어요.

1. 다음 중 증산작용의 역할에 대한 설명으로 옳은 것은?
✓ ① 식물의 온도를 조절한다.
② 식물이 쓰러지지 않도록 지지한다.
③ 물이 식물 전체로 이동하는 통로 역할을 한다.
④ 사용하고 남은 양분을 식물 밖으로 내보낸다.
⑤ 흡수한 물을 식물 안에 가두는 역할을 한다.

✓ **왜 틀렸을까?**
- 문제를 제대로 읽지 않고 대충 풀었다.
- 문제를 풀다가 실수를 했다.
- 시간 안에 문제를 다 풀지 못했다.
- 문제에서 무엇을 물어보는지 모르겠다.
- 문제에서 필요한 개념을 모르겠다.

02 틀린 이유를 파악했다면 문제 위에 그 이유를 적어요. 이때 별표나 체크 표시 등 강조할 수 있는 그림을 활용해도 좋아요.

★ 문제에서 필요한 개념을 모르겠다.
1. 다음 중 증산작용의 역할에 대한 설명으로 옳은 것은?
✓ ① 식물의 온도를 조절한다.
② 식물이 쓰러지지 않도록 지지한다.
③ 물이 식물 전체로 이동하는 통로 역할을 한다.
④ 사용하고 남은 양분을 식물 밖으로 내보낸다.
⑤ 흡수한 물을 식물 안에 가두는 역할을 한다.

03 이번에는 문제에서 요구하는 사항을 파악해 봅시다. 문제를 다시 한번 꼼꼼히 읽으며 문제에서 물어보는 것에 밑줄을 긋고 중요한 단어에 동그라미를 그려요.

04 선택지를 하나씩 살펴볼게요. 선택지에서 옳지 않은 부분을 찾아 선을 긋거나 엑스(×) 표시를 그린 뒤 옳게 고쳐요.

05 문제에서 가장 중요한 개념을 찾아 정리해요. 공부했던 내용을 떠올리거나 기억이 나지 않으면 교과서를 찾아보고 중요한 개념을 정리해요.

STEP 03 오답 노트 작성하기

오답 노트는 어떻게 쓰고, 어떤 내용이 꼭 들어가야 할까요? 본격적으로 오답 노트를 작성해 봅시다.

01 먼저 노트를 세로 방향으로 반으로 접어요. 접은 선을 따라 자를 대고 선을 그어요. 왼쪽 영역에는 문제를 쓰고 오른쪽 영역에는 문제의 풀이를 적을 거예요.

02 왼쪽 영역의 첫 줄에 날짜와 과목, 단원명을 써요. 날짜는 시험을 본 날짜로, 과목과 단원명은 시험을 본 과목과 관련 단원 이름을 쓰면 돼요.

2023년 12월 10일
과목 : 수학
단원 : 6. 다각형의 둘레와 넓이

03 틀린 문제를 써요. 문제 번호와 내용, 선택지도 차례대로 작성해요. 문제가 길거나 그림이 있으면 시험지에서 문제를 오려 붙여도 좋아요.

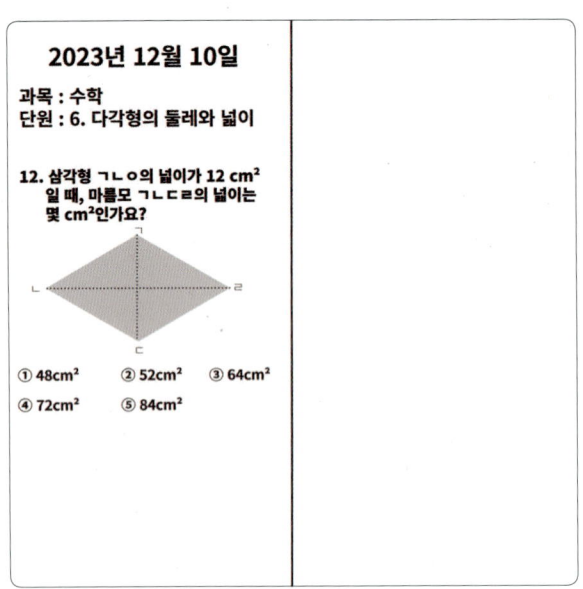

04 문제를 틀린 이유를 써요. 문제를 풀었을 당시 오답을 선택한 이유를 떠올려보고, 그 이유를 자세히 쓰면 돼요.

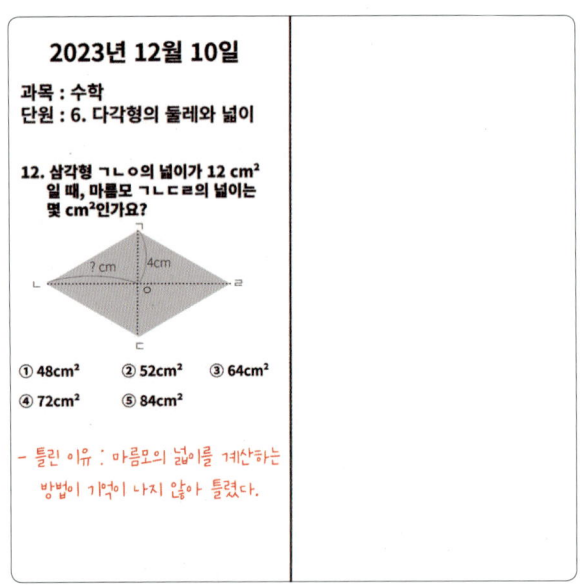

05 오른쪽 영역에 문제의 풀이 방법을 써요. 문제와 관련된 개념을 쓰거나 답을 찾는 방법을 자세히 쓰면 돼요. 수학 시험 문제의 경우 풀이 방법이나 풀이 과정을 적으면 되겠죠?

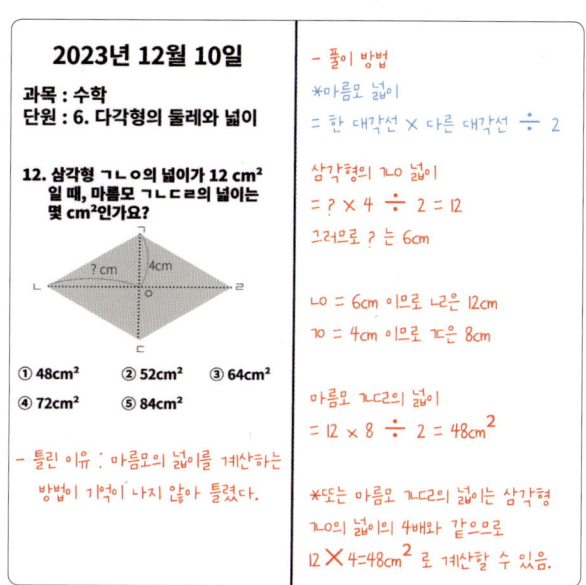

[스마트 팁] 오른쪽 풀이 영역에 비슷한 문제를 만들어 풀어보는 것도 좋은 방법이에요. 이렇게 하면 개념을 정확하게 알고 있는지 확인할 수 있어요.

✧ 잠깐만요! 오답 노트를 작성할 때, 꼭 기억해 주세요!

오답 노트를 작성할 때 명심해야 할 몇 가지 중요한 원칙들이 있어요. 이 원칙들을 잘 따르면 오답 노트는 단순한 공부 도구를 넘어서 학습 방법을 개선하고 학업 성과를 높이는 데 중요한 역할을 할 수 있어요.

첫째, 문제 풀이 방법을 기록할 때는 내가 스스로 생각하고 이해한 내용을 바탕으로 써요. 선생님이나 친구의 풀이 과정을 그대로 옮겨 적으면 나중에는 학습 내용이 기억에 잘 남지 않아요. 스스로 문제를 해결해 나가는 과정에서 겪는 고민과 그 해결 방법을 기록하는 것이 학습 효과를 극대화하는 데 훨씬 더 효과적이에요.

둘째, 문제의 풀이 방법은 가능한 한 자세하고 정확하게 써요. 이미 알고 있다고 생각하는 내용일지라도 생략하지 않고 모든 단계를 세부적으로 기록하는 것이 중요해요. 이렇게 하면 복습할 때 빠르고 효율적으로 핵심 내용을 다시 파악할 수 있으며, 문제 해결 과정에서 발생할 수 있는 실수를 파악하고 수정할 수 있어요.

셋째, 나만의 표시 방법을 개발하고 활용해요. 예를 들어, 여러 색상의 볼펜이나 형광펜을 사용하여 중요한 개념이나 자주 틀리는 부분에 특별한 표시를 해요. 나만의 기호나 약어(단어의 일부를 줄여 쓴 것)를 개발하여 사용하는 것도 좋아요. 이렇게 하면 정보를 더 빠르게 파악하고 기억하는 데 도움이 되고, 학습 과정에 더 깊이 몰입할 수 있어요.

WEEK 06 국어 과목, 이렇게 정리해요

국어는 우리가 살아가며 사용하는 언어이자, 학교에서 배우는 과목 중 가장 기본이 되는 교과예요. 초등학생 때부터 국어 교과를 체계적으로 노트 정리하는 습관을 들이면 효율적인 공부를 위한 밑거름이 될 거예요. 국어 교과의 노트 정리는 단순히 수업 내용을 기록하는 것을 넘어서, 배운 내용을 정리하고 학습하는 방법을 배워나가는 과정이에요.

STEP 01 국어 과목에서 노트 정리의 필요성

학교에서 배우는 국어 과목은 단순히 글자를 읽고 쓰는 것을 넘어서 다양한 글의 종류와 새로운 단어들을 배우는 교과입니다. 국어 과목을 잘 배우고 이해하는 데는 노트 정리가 큰 도움이 된답니다. 왜 그럴까요?

첫째, **다양한 글의 종류를 더 잘 이해할 수 있어요.** 국어 과목에서는 이야기하는 글, 설명하는 글, 주장하는 글과 같은 여러 가지 종류의 글을 배워요. 글은 종류에 따라 각각 다른 구조와 목적을 가지고 있기 때문에 이를 잘 구분해서 정리하는 것이 중요해요. 글의 종류에 따라 노트를 정리하면 글을 더 잘 이해할 수 있고, 다른 과목을 공부할 때도 도움이 돼요.

둘째, **어휘력을 기를 수 있어요.** 국어 공부를 하다 보면 새로운 단어를 계속 만나게 됩니다. 평소에는 잘 쓰지 않던 새로운 단어, 한자어, 특별한 단어들을 노트에 잘 정리하고 여러 번 복습하면 어휘력이 좋아져요. 어휘력이 좋아지면 글을 읽거나 쓰고, 말하고 듣는 데에도 큰 도움이 된답니다.

셋째, 국어 과목은 모든 과목의 기초가 돼요. 국어는 의사소통의 기본 도구이며, 모든 교과의 학습 내용을 이해하는 데 필수적인 역할을 해요. 따라서 국어 과목의 노트 정리를 통해 기본적인 언어 능력을 기른다면 이해력과 표현력을 높여 **다른 과목에서의 학습 효율을 높이는 데도 큰 도움이 된답니다.**

STEP 02   글의 종류별 노트 정리법

국어 과목에서는 다양한 글의 종류를 만날 수 있어요. 이야기 글, 설명문, 논설문 등 각각의 목적과 내용이 다른 글을 효과적으로 이해하고 정리하는 것은 매우 중요해요. 처음 접하는 글의 종류이거나 글의 내용이 긴 경우 정리하기 어려울 수 있어요. 이때 차근차근 노트 정리를 하면 글의 내용을 보다 쉽게 파악할 수 있어요. 국어 과목에서 볼 수 있는 여러 가지 글의 종류 중 이야기 글, 설명문, 논설문을 노트에 정리하는 방법을 알아보아요.

〉 이야기 글 노트 정리하기 〈

이야기 글은 경험이나 상상력을 바탕으로 일정한 줄거리를 풀어내는 글을 말해요. 어렸을 때부터 쉽게 접하는 동화나 소설이 대표적인 이야기 글이랍니다. 이야기 글에서 가장 중요한 것은 '**인물**', '**사건**', '**배경**'이에요. 이 세 가지 주제를 바탕으로 노트를 정리하면 이야기 글을 잘 파악할 수 있어요.

01   우선 이야기에서 중요한 역할을 하는 인물의 이름과 특징을 쭉 적어요. 이때 인물들 사이의 관계를 함께 정리하면 좋아요. 예를 들어 전래 동화 '흥부와 놀부'에 나오는 인물들의 특징과 인물 간의 관계를 정리하면 다음과 같아요.

〈인물의 이름과 특징〉

*흥부: 친절하고 마음이 따뜻하여 어려운 사람을 잘 도움.
*놀부: 탐욕스럽고 이기적이며, 다른 사람의 불행에서 기쁨을 찾음.

〈인물 간의 관계〉

흥부는 놀부에 대해 애정과 존중을 가지고 있음.
놀부는 흥부를 경쟁자로 보고, 자신보다 못한 삶을 살기를 바라고 있음.

---

02 그리고 이야기의 주요 사건을 시간 순서대로 요약해서 적어요. 이때 이야기의 흐름을 바꾸는 중요한 사건이나 전환점을 따로 정리하면 이야기의 전체 내용을 정확하게 파악할 수 있어요. 예를 들어 '흥부와 놀부'의 주요 사건과 이야기의 전환점이 된 사건을 정리하면 다음과 같아요.

〈주요 사건〉
1. 흥부가 부러진 제비의 다리를 치료해주고 호박씨를 받음.
2. 흥부가 호박씨를 심어 호박을 수확함. 호박 안에서 보물이 나옴.
3. 놀부가 흥부의 성공을 부러워해서 제비의 다리를 고의로 부러뜨림.
4. 놀부도 호박씨를 받아 심어서 수확했지만 보물이 아닌 불행만 나타남.

〈전환점〉
흥부가 제비를 도와준 것이 전환점이 되어, 그의 삶이 긍정적으로 바뀜.
놀부는 실패한 것이 전환점이 되어, 흥부에 대한 자신의 잘못을 뉘우침.

03 이야기의 배경을 적어요. 이야기가 언제 어디에서 일어나는지 시간과 장소를 적으면 돼요. 이때 배경이 이야기에 미치는 영향이나 중요성을 정리해 두면 사건에 대한 인물의 말과 행동을 잘 이해할 수 있어요. 예를 들어 '흥부와 놀부'의 시간과 장소가 어떤 역할을 했는지 정리하면 다음과 같아요.

〈시간과 장소〉

조선시대 한 시골 마을

〈배경의 중요성〉

조선시대는 빈부격차가 심한 시대였음.
시골 마을의 배경은 인물들의 말과 행동에 중요한 역할을 함.

〉 설명문 노트 정리하기 〈

설명문은 특정 주제에 대한 정보나 사실을 전달하는 글이에요. 여기서 중요한 것은 설명하려는 '**주제**'와 주제에 대한 '**정보나 사실**'이에요.

01 먼저, 설명문에서 설명하고자 하는 주제가 무엇인지 파악해요. 주제는 이 글을 통해 다른 사람에게 알리고자 하는 사실이나 개념이에요. 주로 제목에 나와 있으며, 자주 나오는 단어나 문장인 경우가 많아요.

02 주제와 관련된 중요한 정보나 사실을 찾아 정리해요. 중요한 단어나 핵심 문장을 찾아서 적으면 돼요. 이때 이해한 바를 나만의 언어로 요약하여 정리하거나 그림으로 그리면 이해한 내용을 명확하게 정리하는 데 도움이 돼요.

03 예를 들어, '계절의 변화'에 대한 설명문을 정리한다면 먼저 주제인 '계절의 변화가 일어나는 이유'를 쓴 다음 지구의 기울기와 태양 주위의 공전이 어떻게 계절 변화를 일으키는지 설명하는 핵심 정보를 찾아요. '자전축', '지구의 기울기', '태양의 공전'과 같은 주요 개념을 나만의 언어로 요약하여 정리해요.

*설명문 주제 : 계절의 변화가 일어나는 이유

*중요한 단어 : 자전축, 지구의 기울기, 태양의 공전

*중요한 정보
- 지구는 자전축이 기울어져 있음.
- 지구는 태양 주위를 같은 주기로 돌고 있음(공전).

*요약하기
지구의 자전축이 기울어져 태양 주위를 공전하기 때문에 계절이 변화합니다.

〉 논설문 노트 정리하기 〈

논설문은 특정 주제에 대한 의견이나 주장을 담은 글이에요. 주로 '**서론**', '**본론**', '**결론**'의 세 부분으로 나누어지며, '**주장'과 그 주장을 뒷받침하는 '근거**'가 제시돼요. 노트를 정리할 때 논설문에서 말하고자 하는 주장과 그 주장을 뒷받침하는 근거 혹은 예시를 찾아 정리하면 전체 내용을 쉽게 파악할 수 있어요.

01 서론에서는 문제 상황을 언급하고 이 문제 상황에 대한 주장을 제시하는 경우가 많아요. 문제 상황과 주장을 요약하여 노트에 적어요. 예를 들어, '플라스틱 사용 줄이기'라는 주제의 논설문이라면, 문제 상황으로는 '플라스틱 쓰레기로 인한 환경 오염'을, 주장으로는 '플라스틱 사용을 줄여야 한다.'를 정리할 수 있어요.

> *논설문 주장(서론) : 플라스틱 사용을 줄여야 한다.

스마트 팁 ➡ 논설문의 주장은 서론뿐만 아니라 제목에서도 짐작할 수 있어요.

02 본론에서는 주장을 뒷받침하기 위한 근거와 자료를 제시해요. 근거와 자료를 주의 깊게 읽고 중요한 부분을 요약하여 노트에 적어요. 번호를 매기거나 소제목을 만들어 정리하면 논설문의 전체적인 구조를 쉽게 파악할 수 있어서 더 좋아요.

> *논설문 주장(서론) : 플라스틱 사용을 줄여야 한다.
>
> *논설문 본론
> 근거 1: 플라스틱 쓰레기는 바다를 오염시킨다.
> 바다 동물들이 플라스틱 쓰레기를 섭취하여 생명을 잃는 내용의 통계자료
> 근거 2: 플라스틱의 분해 시간이 오래 걸린다.
> 플라스틱이 완전히 분해되기까지 걸리는 시간을 연구한 결과 자료
> 근거 3: 플라스틱의 재활용은 한계가 있다.
> 플라스틱 재활용률과 재활용 과정에서 발생하는 문제점을 설명하는 자료

03 결론에서는 본론에서 제시한 근거와 자료를 바탕으로 주장을 다시 한번 강조하거나 글을 읽는 독자에게 특정 행동을 촉구하기도 해요. 결론에서 강조하는 내용 혹은 요구하는 행동을 살펴보고 주장에 대한 내 생각을 정리해 봐요. 논설문의 주장과 근거를 좀 더 효과적으로 파악할 수 있답니다.

> 〈논설문을 읽고 난 생각〉
>
> 플라스틱 사용을 줄이기 위한 논설문을 읽고 나서, 이 문제에 대해 더 깊이 생각하게 되었어요. 앞으로는 플라스틱 1회용품 보다 <u>재사용 가능한 식기를 사용</u>하거나 <u>플라스틱 재활용에 적극 참여</u>하려고 해요.
> 우리 주변에도 플라스틱 사용 줄이기에 대해 깊이 생각했으면 좋겠어요.

STEP 03 단어 노트 정리하기

책을 읽거나 공부를 하다 보면 낯선 단어를 마주하는 경우가 종종 있어요. 단어의 뜻을 모르면 글의 내용을 이해하지 못하기 때문에 굉장히 당황스럽지요. 이럴 때 노트 정리를 통해 단어를 정리하고 반복적으로 공부하면 어휘력을 기를 수 있어요. 이번에는 모르는 단어를 노트에 정리하는 방법을 알아봅시다.

〉단어 뜻 추측하기 〈

모르는 단어를 만나면 먼저 그 단어의 뜻을 추측하여 노트에 적어요. 단어의 뜻을 추측하는 방법은 두 가지가 있어요. 첫 번째 방법은 ==문장의 앞뒤 내용을 살펴보는 것==이에요. 예를 들어, '그 소녀는 책을 읽다가 깜짝 놀라며 책에서 눈을 떼지 못했다.'라는 문장에서 '깜짝 놀라다'라는 단어가 등장했어요. 이 단어가 무슨 뜻인지 모른다면 문장의 앞뒤 내용을 잘 살펴보세요. 소녀가 책을 읽다가 무언가에 놀랐죠? '깜짝 놀라다'는 '갑자기 놀란다'라는 뜻을 가지고 있음을 추측할 수 있어요.

두 번째 방법은 **비슷한 단어로 바꿔보기**예요. 예를 들어 '그는 매우 기뻐서 환호했다.'라는 문장에서 '환호하다'의 뜻을 모른다면, 비슷한 뜻을 가진 다른 단어로 바꿔 생각해 보세요. '기뻐서'라는 말이 있으니, '환호하다'는 '기뻐서 소리치다' 또는 '즐거워하다'와 비슷하다고 추측할 수 있겠지요? 이처럼 단어의 뜻을 추측하며 여러 가지 가능성을 생각해 보고 어떤 것이 맞을지 고르는 과정에서 생각하는 힘을 기를 수 있답니다.

> **스마트 팁** 단어의 뜻을 단번에 맞추는 것이 목적이 아니라는 점, 꼭 기억해 주세요! 단어의 뜻을 고민하고 추측하는 과정을 거치면 올바른 뜻을 더욱 오래 기억할 수 있어요.

〉 단어 뜻 찾기 〈

인터넷 사전이나 국어사전에서 단어의 정확한 뜻을 찾아 노트에 적습니다. 그리고 그 단어를 사용한 예문을 생각해 보고 함께 기록합니다. 예문은 국어 교과서에서 찾거나 스스로 문장을 만들어 볼 수도 있어요.

예를 들어 '애매모호'라는 단어를 정리해 봅시다. 인터넷 사전에서 찾은 '말이나 태도 따위가 희미하고 흐려 분명하지 아니함'이라는 뜻을 적고, '친구의 놀이 설명은 애매모호하여 이해하기 어려웠다.'라는 예문을 써요. 단어의 정확한 뜻을 이해하는 것은 물론, 단어가 실제 문장에서 어떻게 쓰이는지 함께 정리하기 때문에 기억에 오래 남아요.

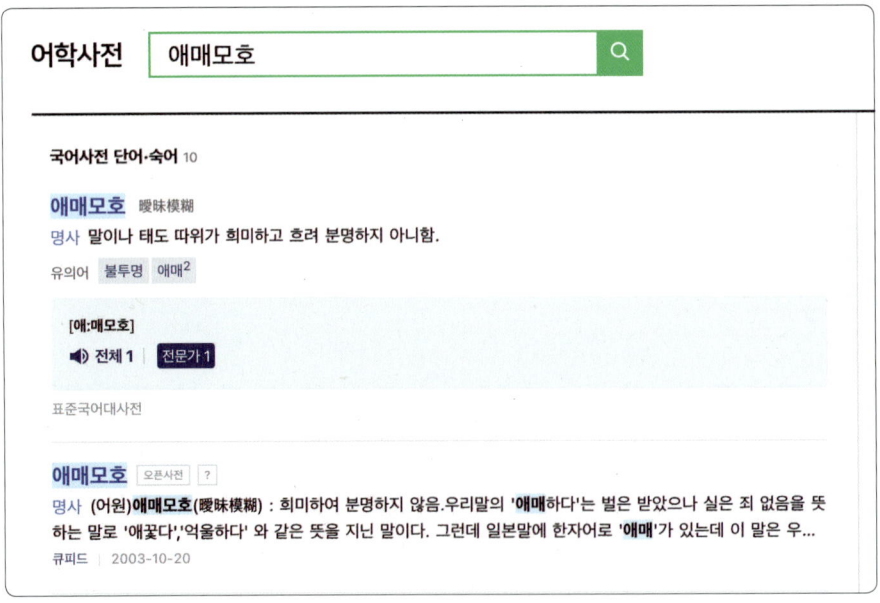

﹥ 단어와 관련된 그림 그리기 ﹤

48쪽 비주얼 씽킹 정리 방법에서 배운 것처럼 그림으로 단어의 뜻을 정리하면 뜻을 더 잘 이해하고 오래 기억할 수 있답니다. 예를 들어 '해질녘'이라는 단어의 뜻을 정리한다면, 해가 지는 모습을 그림으로 그려보세요. 이러한 과정을 거치면 단어를 조금 더 쉽고 정확하게 이해할 수 있답니다.

 이처럼 국어 과목에서 노트 정리를 통해 우리는 다양한 글의 종류를 이해하고, 어휘력을 키울 수 있어요. 노트 정리 방법을 차근차근 실천해 보며 국어 공부의 효율을 높이고, 더 나아가 학습에 대한 자신감을 키울 수 있기를 바라요.

수학 과목, 이렇게 정리해요

수학 과목은 어려워하거나 싫어하는 친구들이 정말 많아요. 왜냐하면 수학 문제는 정확하게 풀어야 한다는 압박감이 들고, 실수해서 틀릴까 봐 두렵기 때문이에요. 수많은 공식과 개념, 복잡한 문제 풀이 방법을 배워야 하는 수학 과목에서 길을 잃지 않고 효율적으로 공부하기 위해서는 체계적인 노트 정리가 꼭 필요해요.

STEP 01 수학 과목에서 노트 정리의 필요성

수학 과목의 노트 정리는 단순히 수업 시간에 배운 내용을 기록하는 것을 넘어서, 배운 내용을 체계적으로 정리하고 문제 풀이에 적용하는 방법을 배우는 과정이에요. 노트 정리를 통해 복잡한 수학 개념을 쉽게 이해하고 다양한 문제 풀이 방법을 습득할 수 있어요.

수학 과목을 잘 공부하기 위해서는 단순히 숫자를 계산하는 것뿐만 아니라, 다양한 수학 개념을 이해하고 문제를 해결하는 능력을 키워야 해요. 이러한 문제 해결 능력을 기르는 데 있어 노트 정리가 중요한 역할을 한답니다. 왜 그럴까요?

첫째, 수학 과목에는 사칙연산에서부터 시작하여 분수, 소수 등과 같은 다양한 개념과 공식이 등장해요. 이러한 **개념과 공식들은 서로 연결되어 있어서 하나를 이해하면 다른 것도 이해하기 쉬워져요.** 따라서, 학습한 개념과 공식을 노트에 체계적으로 정리하면 나중에 다른 개념을 배울 때 도움이 돼요.

둘째, 수학 문제 풀이 과정은 단계별 접근이 중요해요. 문제 해결 과정을 단계별로 노트에 기록하며 학습하면 복잡한 문제를 풀 때 **어떤 접근 방식을 사용해야 하는지 파악할 수 있어요.** 이 과정에서 스스로 문제를 분석하고 해결하는 능력도 키울 수 있습니다.

셋째, 수학은 추상적인 개념을 다루는 과목이에요. 도표, 그래프, 도형과 같은 개념은 글로만 설명되어 있으면 이해하기 어려워요. 이때 노트 정리를 통해 각 개념을 그림으로 그리며 학습하면 **추상적인 개념을 더 잘 이해하고 기억할 수 있어요.**

선생님의 한마디

수학 과목에서 노트 정리는 다양한 개념과 공식을 체계적으로 이해하고, 문제 해결 능력을 키우며, 추상적인 개념을 시각적으로 파악하는 데 큰 도움을 줘요. 꾸준히 노트 정리를 하면 수학 과목도 웃음을 주는 과목으로 바뀔 수 있답니다.

STEP 02 수학 과목 노트 정리 팁

〉개념 정리하기 〈

수학 과목에는 다양한 **수학 개념**이 등장하는데, 이를 충분히 이해하지 못하면 수학 문제를 푸는 데 어려움을 겪을 수 있어요. 특히 복잡한 문제에서는 수학 개념의 이해가 더욱 필요하기 때문에 여러 개념을 체계적으로 노트에 정리하는 것이 중요해요.

먼저, 개념의 정의를 적어요. 예를 들어 '분수'라는 개념을 정리한다면, 분수의 정의와 특징을 적으면 돼요. 이때 개념을 이해하는 데 도움이 되는 그림이나 도표를 함께 그려 넣으면 좋아요. 아래 예시에서는 분수를 그림으로 표현하여 분모와 분자가 무엇을 의미하는지 시각적으로 이해할 수 있도록 했어요.

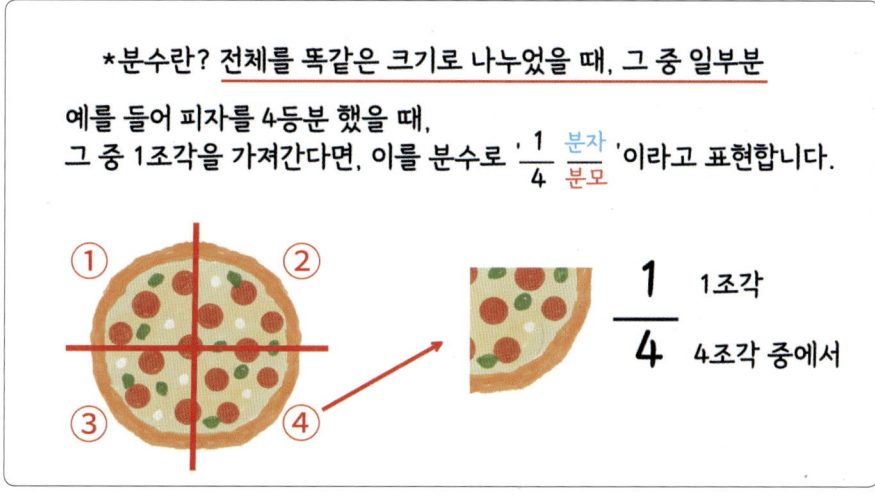

수학 개념을 실생활에서 활용하는 예시도 함께 정리하면 더 좋아요. 이렇게 정리하면 개념을 훨씬 더 재미있고 쉽게 이해할 수 있어요.

〉 문제 해결 방법 정리하기 〈

수학은 마치 퍼즐처럼 각각의 조각이 모여 하나의 큰 그림을 완성하는 과목이에요. 이 퍼즐 조각들을 제자리에 맞추기 위해서는 **문제 해결 방법**을 잘 알고 있어야 해요. 수학 과목의 핵심인 문제 해결 방법을 노트에 정리해 봅시다. 여기서는 통분을 활용한 분수의 덧셈 문제를 정리해 볼게요.

01 먼저 문제를 이해하고 분류해 봅시다. 문제를 꼼꼼히 읽고 문제에서 묻는 것이 무엇인지 파악해요. 중요한 단어나 숫자에 밑줄을 긋거나 동그라미를 그린 다음, 이 문제가 어떤 종류인지 적어요. 예를 들어, 덧셈 문제인지, 뺄셈 문제인지, 아니면 분수를 다루는 문제인지를 정리하는 거예요.

문제 : 1/2리터의 물과 1/3리터의 물을 하나의 통에 담으면 모두 몇 리터의 물이 되나요?

*종류 : 분수의 덧셈 문제

02 문제를 풀기 위해 필요한 공식이나 수학 개념을 정리해요. 여기서는 분모가 다른 분수를 더하기 위해 필요한 '통분' 개념을 정리했어요. 필요한 공식과 개념, 원리를 미리 적어두면 문제를 풀 때 큰 도움이 돼요.

> 문제 : 1/2리터의 물과 1/3리터의 물을 하나의 통에 담으면 모두 몇 리터의 물이 되나요?
>
> *종류 : 분수의 덧셈 문제
> *분수 통분하여 계산하기 : 분모가 같아지도록 최소공배수만큼 곱하여 통분한 뒤 분자끼리 계산한다.

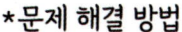 만약 사각형의 넓이를 구하는 문제라면, (사각형의 넓이=가로 길이X세로 길이) 공식을 적으면 되겠죠?

03 다음으로 문제를 해결하기 위한 구체적인 단계를 순서대로 적어요. 무엇부터 시작할지, 어떤 공식을 사용할지, 어떤 순서로 문제를 해결할지 차례대로 적으면 돼요. 이렇게 하면 복잡한 문제도 조금씩 해결할 수 있어요. 이때 그림을 활용하면 문제 풀이에 도움이 됩니다. 여기서는 분수 막대를 그려 분수의 개념을 조금 더 쉽게 이해했어요.

> *문제 해결 방법
> 1) 문제에 해당하는 식을 쓴다.   식: $\frac{1}{2} + \frac{1}{3}$
> 2) 분모가 같아지도록 최소공배수만큼 곱한다. $\frac{3 \times 1}{3 \times 2} + \frac{1 \times 2}{3 \times 2} = \frac{3}{6} + \frac{2}{6}$
> 3) 분자끼리 더해서 계산한다. $\frac{3}{6} + \frac{2}{6} = \frac{3 + 2}{6} = \frac{5}{6}$

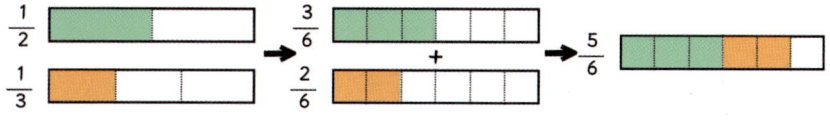

04 마지막으로 문제를 어떻게 풀었는지 요약해요. 내가 이해하기 쉽게 나만의 말로 정리하면 됩니다. 이 과정을 통해 문제 해결 방법을 한 번 더 생각하면 나중에 비슷한 문제를 만났을 때 더 잘 풀 수 있답니다.

> *분수의 덧셈 문제 요약하기
>
> 분모가 다른 분수 덧셈을 할 때는 분모를 같게 만들기 위해 최소공배수를 찾아 통분한 후, 분자를 더하여 계산해요.

〉 실수했거나 어려웠던 문제 노트 정리하기 〈

실수했던 문제나 이해하기 어려웠던 문제를 별도로 정리하고 복습하면 수학 학습에 큰 도움이 됩니다. 이 과정을 통해 어떤 부분에서 실수했는지, 어떤 개념을 잘못 이해하고 있었는지 분석하면 앞으로 같은 실수를 반복하지 않을 수 있어요.

01 풀이 과정에서 실수했거나 이해하기 어려웠던 문제를 별도로 정리해 봅시다. 이번에도 마찬가지로 문제의 종류와 문제를 풀기 위해 필요한 수학 개념을 정리해요.

> 문제 : 다음 식을 계산해 봅시다.
>
> 식: $1\frac{2}{3} + 2\frac{1}{2}$
>
> *종류 : 대분수의 덧셈 문제
>
> *분수 통분하여 계산하기 : 대분수를 가분수로 바꾼 뒤 분모가 같아지도록 최소공배수만큼 곱하여 통분한 뒤 분자끼리 계산하고 대분수로 바꾼다.

02 문제를 찬찬히 다시 읽어보고 어떻게 해결해야 할지 생각한 다음, 처음부터 다시 풀어 보아요. 이때 문제를 해결하는 과정을 순서대로 다시 검토해요.

$$식: 1\frac{2}{3} + 2\frac{1}{2}$$

$$= \frac{5}{3} + \frac{5}{2} = \frac{2 \times 5}{2 \times 3} + \frac{5 \times 3}{2 \times 3} = \frac{10}{6} + \frac{10}{6}$$

$$= \frac{10+10}{6} = \frac{\cancel{20}^{10}}{\cancel{6}_{3}} = \frac{10}{3} = 3\frac{1}{3}$$

03 이제 나의 풀이 과정을 분석해 봅시다. 문제를 해결하는 과정에서 오해가 있었는지, 어떤 개념을 잘못 이해했는지, 어떤 계산에서 실수가 있었는지 등을 자세히 살펴봐요.

* 실수 분석

처음에 계산할 때 대분수를 통분하지 않은 상태에서
자연수 부분과 분자 부분을 따로 더하는 실수를 발견했어요.

*문제 바른 이해

대분수의 덧셈 계산 과정은 다음과 같이 정리할 수 있어요.
1) 대분수를 가분수로 바꾸기
2) 분모가 다를 때 최소공배수를 활용하여 통분하기
3) 통분한 분수의 분자끼리 계산하기
4) 약분하고 대분수로 바꾸기

WEEK 08 사회 과목, 이렇게 정리해요

'사회 공부'라고 하면 무엇이 떠오르나요? 사회 과목은 단순히 역사적 사실을 외우는 것뿐만 아니라, 복잡한 사회 현상을 이해하고 분석해야 하는 과목이에요. 방대하고 복잡한 사회 과목을 효율적으로 학습하기 위해서는 체계적인 노트 정리가 꼭 필요합니다.

STEP 01 사회 과목에서 노트 정리의 필요성

노트 정리는 사회 과목을 잘 배우기 위해 필요한 분석력과 이해력을 키우는 데 큰 도움을 줍니다. 그 이유를 하나씩 자세히 살펴볼까요?

첫째, 사회 과목에서는 문화, 경제, 정치 등 다양한 사회적 영역의 개념과 이론이 등장해요. 이러한 **개념과 이론들은 서로 연결되어 있어서 하나의 영역을 이해하면 다른 영역을 이해할 때도 도움이 돼요.** 따라서 배운 개념과 이론을 노트에 체계적으로 정리하면 더욱 효과적으로 학습할 수 있습니다.

둘째, 역사적 사건을 배울 때 노트 정리를 통해 **단계별로 접근하면 사건의 전체적인 흐름을 더 잘 이해할 수 있어요.** 역사적 사건의 원인과 결과 등을 차례로 노트에 정리해 가며 공부하면 복잡한 역사적 사건을 비교적 쉽게 파악할 수 있죠. 예를 들어, 한국의 광복과 같은 큰 사건을 배울 때, 그 사건이 일어난 원인(독립운동과 세계 정세의 변화)과 결과(한국의 독립)를 단계별로 노트에 정리하고 공부하는 거예요.

셋째, 사회는 복잡한 현상이 많은 과목이에요. 사회 과목에서 다루는 다양한 사회 현상은 글로만 설명해서는 이해하기 어려울 때가 많아요. 이때 노트 정리를 통해 **사회 현상이나 이론을 그림으로 그리며 학습하면 어려운 사회 현상을 더 잘 이해하고 기억할 수 있어요.**

STEP 02 사회 과목 노트 정리 팁

> 사회 개념 노트 정리하기 <

사회 과목에서는 민주주의, 국회, 이윤, 합리적 선택 등 **사회 전반에 걸쳐 활용하는 개념**이 많이 등장해요. 이러한 개념들을 충분히 이해하지 못하면 사회 과목을 공부하는 데 큰 어려움이 생기기 때문에 정확히 정리하여 학습하는 것이 중요해요.

01 먼저 사회적 개념의 정의를 정확하게 파악해요. 예를 들어 '민주주의'라는 개념을 정리해 볼게요. 민주주의의 정의와 특징을 적은 다음, 중요한 부분은 밑줄을 긋거나 형광펜으로 강조해요. 이때 해당 개념을 나만의 언어로 한 번 더 정리하면 좋아요. 어려운 단어로 된 정의보다 내 생각과 경험을 바탕으로 정리한 정의가 더 쉽고 오래 기억에 남기 때문이에요.

---

*민주주의란?

모든 국민이 나라의 주인으로서 권리를 갖고, (*주권)
그 권리를 자유롭고 평등하게 행사하는 정치 형태

쉽게 얘기하면 모두의 의견을 듣고 가장 많은 사람들이 선택한 것으로 결정하는 과정이 바로 민주주의입니다.
*주로 투표로 선택하는 경우가 많음

예를 들어 친구들과 함께 놀러 갈 장소를 정할 때 모든 친구들의 의견을 듣고, 어디로 갈지 투표를 한 뒤 가장 많은 친구들이 가고 싶어 하는 곳을 결정을 내리는 과정이 바로 민주주의입니다.

→ 나만의 언어로 한 번 더 정리하기

스마트 팁 사회적 개념의 정의는 교과서를 참고하거나 인터넷 국어사전 등을 활용하여 정리해요.

02 그다음 각 개념이 실제 사회에서 어떻게 사용되는지 정리해요. 뉴스 또는 생활 속 예시를 찾아 적으면 돼요. 실생활에서의 예시를 통해 사회적 개념을 배우면 더욱 이해하기 쉬울 뿐만 아니라 나중에 비슷한 상황에서 그 개념을 쉽게 기억해 낼 수 있어요.

> *'민주주의'라는 단어가 쓰이는 예시
>
> 1. 학급회의에서 학생들이 직접 규칙을 정하거나 활동을 결정할 때 사용됩니다. "우리 반은 민주주의 방식으로 반장을 선출하고, 반 규칙도 함께 정해요."
>
> 2. 선거 기간 중, 국민들이 자유롭게 자신의 의견을 표현하고 다양한 후보 중에서 선택할 수 있는 상황을 설명할 때 사용됩니다. "이번 선거는 우리나라 민주주의의 성숙도를 보여주는 중요한 사례가 될 것으로 기대됩니다."

〉역사 사건 단계별로 노트 정리하기 〈

이번에는 타임라인을 활용하여 역사 사건을 정리해 봅시다. 이때, 단순히 사건들을 순서대로 외우기보다는 각 사건이 갖는 의미와 영향력을 함께 파악해야 해요. 따라서 사건의 원인과 결과를 함께 정리하는 것이 좋아요. 이렇게 정리하면 한눈에 사건을 이해하고 중요한 변화가 일어난 시기를 쉽게 알 수 있어요.

01 먼저 노트에 길게 선을 그어 타임라인을 만들어요. 이 선 위에 중요한 사건들을 순서대로 표시할 거예요.

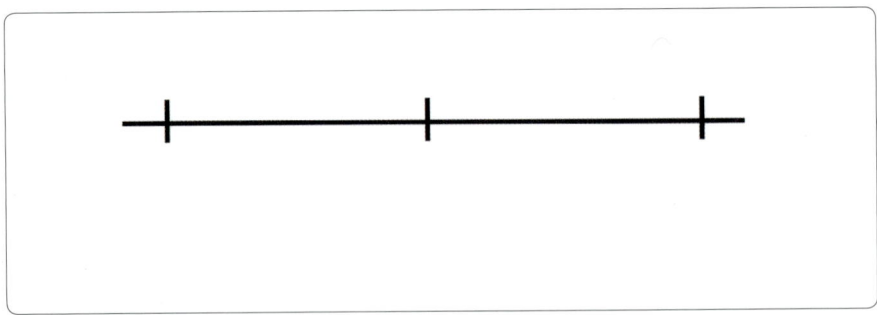

02 사건을 시간순으로 타임라인 위에 적어요. 왼쪽으로 갈수록 과거의 사건이고 오른쪽으로 갈수록 최근의 사건이라고 생각하면 돼요. 각 사건의 아래에는 간단한 설명을 적어요. 사건의 이름은 밑줄을 긋거나 형광펜으로 강조하면 좋아요.

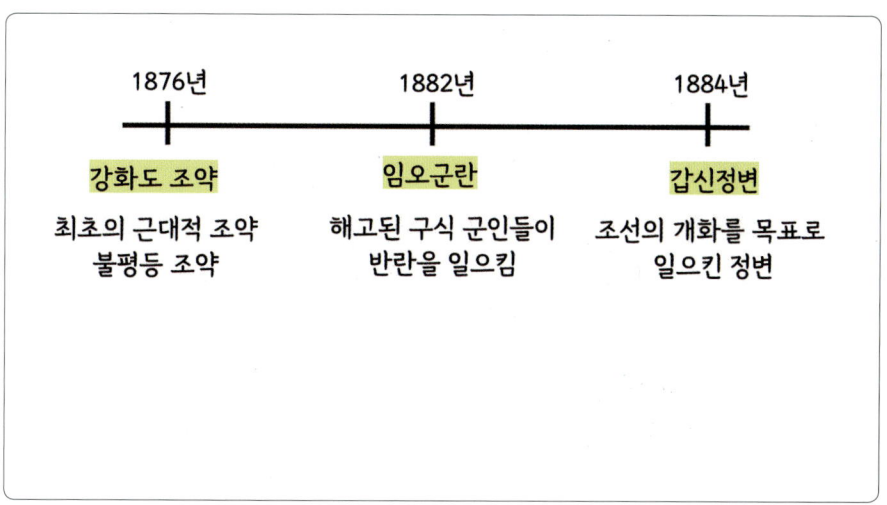

03 사건이 일어난 원인과 사건의 결과를 정리해요. 색이 다른 형광펜을 활용하면 내용을 쉽게 구분할 수 있어요.

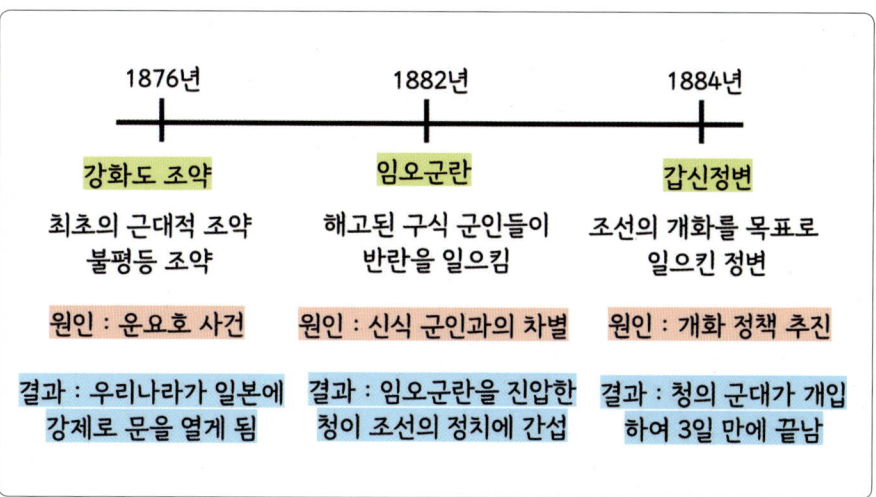

> **비주얼 씽킹 활용하여 정리하기** <

44쪽에서 살펴본 비주얼 씽킹은 사회 과목을 공부할 때 특히 유용해요. 복잡한 사회적 개념과 역사적 사건을 그림으로 그리면 더욱 쉽게 이해할 수 있기 때문이에요. 나만의 창의적인 그림을 추가하여 사회 과목을 재미있게 공부해 봅시다.

01 노트 가운데에 큰 원을 그리고, 그 안에 정리하려는 주제를 적어요. 여기서는 '임진왜란 극복'이라는 주제를 적었어요.

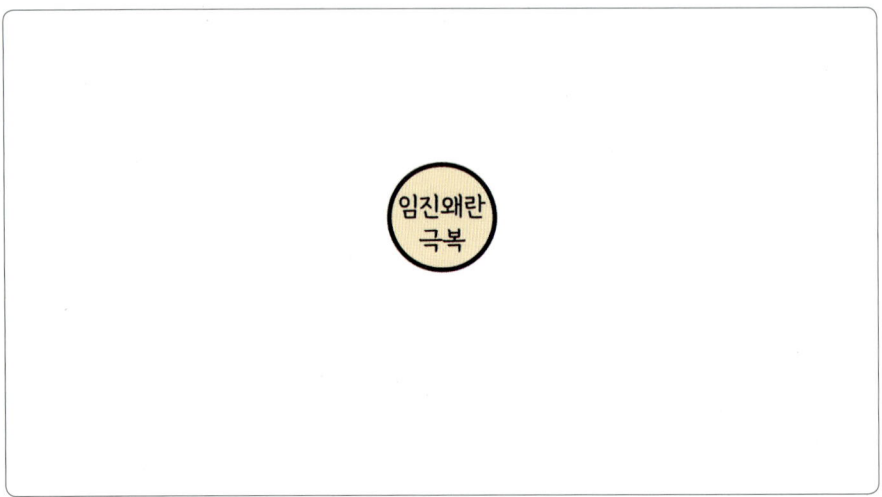

02 주제에 가지를 치고 주제와 관련된 주요 키워드를 적어요. 여기서는 '수군', '의병', '임진왜란 결과'와 같은 키워드를 적었어요.

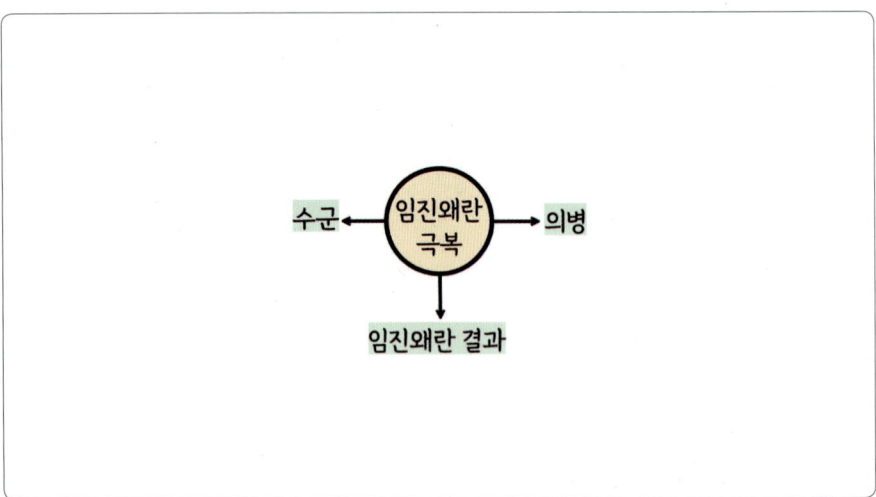

03 주요 키워드를 상징하는 그림을 그려요. 예를 들어 '수군'에는 이순신 장군의 모습을, '의병'에는 활과 화살을 그려요.

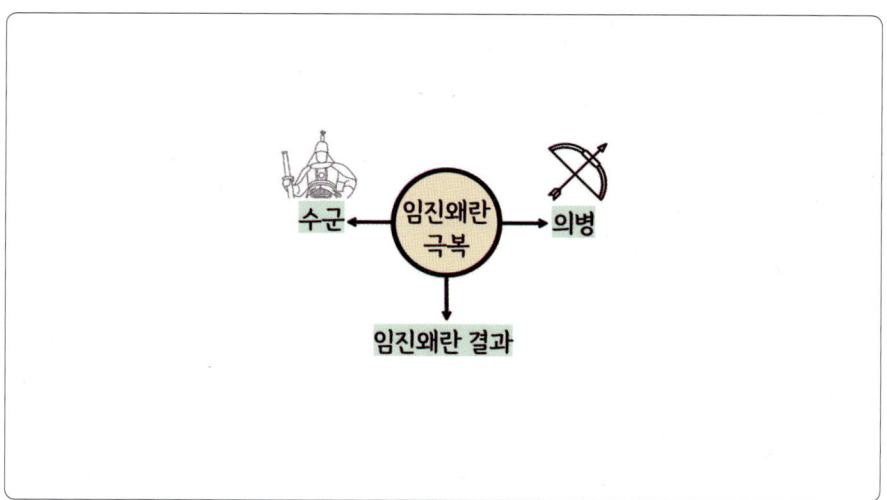

04 이번에는 주요 키워드에 가지를 치고 주요 키워드와 관련된 세부 정보를 적어요. 세부 정보에도 마찬가지로 설명을 덧붙이거나 그림을 그려요.

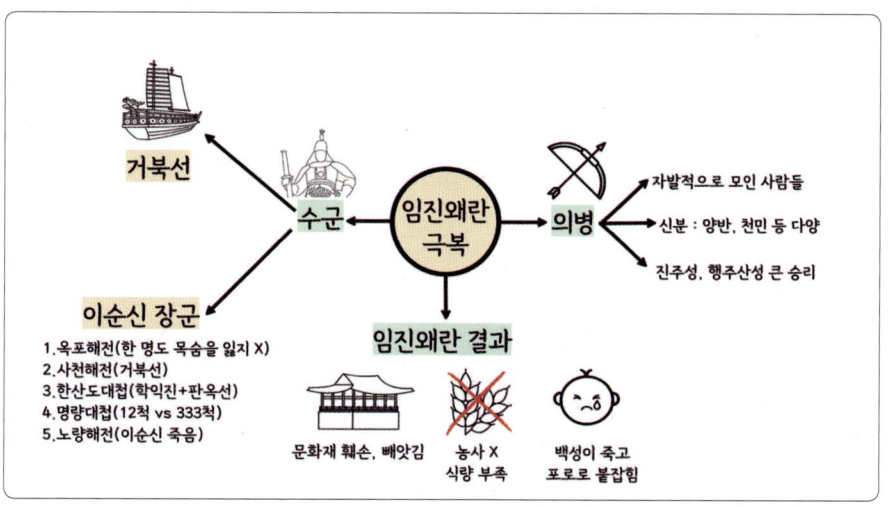

WEEK 09 과학 과목, 이렇게 정리해요

재미있는 실험을 많이 하는 과학 과목은 좋아하지만, 실험 관찰 책에 실험 결과를 정리하는 것은 어려워하는 친구들이 많아요. 왜냐하면 실험 결과에 따른 복잡한 과학 원리와 개념을 이해하고 파악하는 것이 쉽지 않기 때문이죠. 과학은 단순히 사실을 암기하는 것을 넘어서, 자연 현상을 이해하고 그 원리를 분석해야 하는 어려운 과목이에요. 이때 노트 정리를 활용하면 어려운 과학 개념과 원리를 효율적으로 학습할 수 있어요.

STEP 01 과학 과목에서 노트 정리의 필요성

과학 과목에서는 실험을 통해 다양한 과학 개념과 원리를 체계적으로 이해하고 분석하는 능력을 기릅니다. 이러한 과학 과목의 개념과 원리를 충분히 이해하기 위해서는 노트 정리를 해야 합니다. 그 이유를 하나씩 살펴볼까요?

첫째, **실험 결과를 효과적으로 정리할 수 있어요.** 실험 준비물부터 실험 결과까지 노트에 자세히 정리하면 실험 결과를 한눈에 파악할 수 있고, 과학 개념과 원리를 잘 이해할 수 있어요.

둘째, **실험 관찰 책에 실험 결과를 정리하는 것과 노트에 정리하는 것은 큰 차이가 있어요.** 교과서나 실험 관찰 책에는 정해진 질문에 답을 쓰는 것으로 끝나지만, 노트에는 나만의 학습 스타일과 이해도에 따라 정보를 효율적으로 정리할 수 있어요. 또, 도표와 그림 등 시각적 요소를 자유롭게 활용하여 과학 개념을 좀 더 깊이 이해할 수도 있어요.

셋째, **노트 정리를 통해 학습 습관을 형성할 수 있어요.** 꾸준한 노트 정리는 과학 공부에 대한 긍정적인 태도를 가질 수 있게 도와줘요. 실험 결과를 나만의 말로 요약하고 정리하는 과정에서 재미와 보람을 느끼고 과학 공부에 흥미를 느끼게 되는 것이죠.

> **스마트 팁** 일관되게 노트를 정리하는 습관은 과학뿐만 아니라 다른 과목을 학습할 때도 좋은 영향을 미칩니다.

STEP 02　과학 과목 노트 정리 팁

〉실험 결과 노트 정리하기 〈

초등학교 과학 수업에서는 다양한 실험을 통해 자연 현상을 관찰하고 이해해요. 이때 실험 결과를 체계적으로 정리하지 않는다면 실험을 통해 얻은 지식을 금세 잊어버려요. 실험을 통해 관찰하고 배운 내용을 노트에 정리하면서 실험 과정과 결과를 명확히 이해해 봅시다.

01　실험을 시작하기 전, 실험의 목표와 결과를 예상하고 가설을 적어 봅시다. 여기서는 '묽은 염산에 탄산 칼슘을 넣으면 어떻게 될까?'라는 질문에서 시작하여 '탄산 칼슘을 넣으면 거품이 생길 것 같다.'라는 가설을 세웠어요. 해당 과정에서 이 실험을 왜 진행하며 무엇을 알고 싶은지 정확하게 알 수 있어요.

> *가설 : 탄산칼슘을 넣으면 거품이 생길 것 같다.

스마트 팁 → 실험 결과를 예상하는 가설은 틀려도 괜찮아요. 실험 결과를 정확히 맞추는 것이 목표가 아니거든요. 가설이 틀렸을 때 왜 이런 결과가 나왔는지 탐구하는 과정에서 더 깊은 이해와 새로운 지식을 얻을 수 있어요.

02　실험에 필요한 재료와 도구를 적어요. 여기서는 묽은 염산, 묽은 수산화나트륨, 탄산 칼슘 가루, 비커, 스푼을 적었어요. 그림을 함께 그리면 더 좋아요.

> *가설 : 탄산칼슘을 넣으면 거품이 생길 것 같다.
>
> *준비물
>
>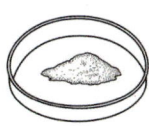
>
> 묽은 염산, 묽은 수산화나트륨, 탄산칼슘 가루, 비커, 스푼

03 실험 과정을 단계별로 자세히 적어요. 실험 과정을 구체적으로 적어두면 나중에 똑같은 실험을 다시 하거나 실험 과정을 검토할 때 좋아요.

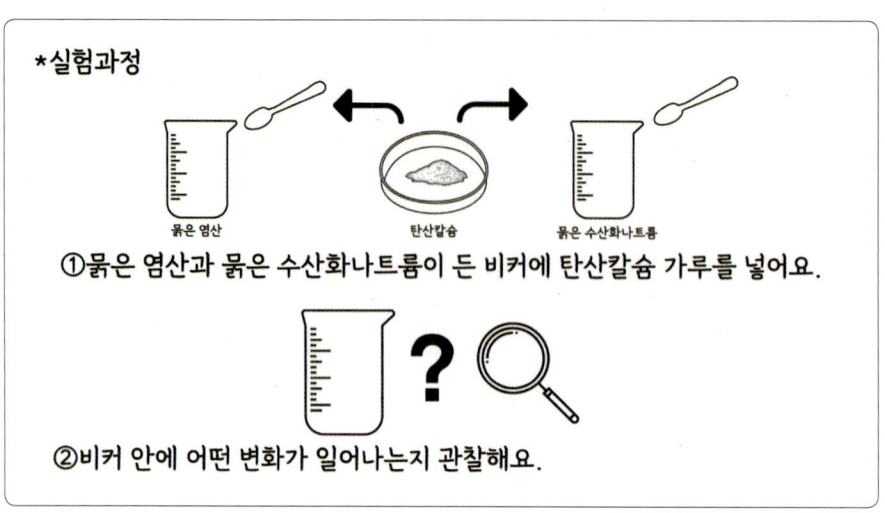

04 실험 중 무슨 일이 일어났고 어떤 결과가 나왔는지 정리해요. 색깔이 변했다거나, 온도가 달라졌다거나, 물질의 상태가 바뀐 것을 모두 적으면 돼요. 예를 들어, '탄산 칼슘 가루를 넣자마자 묽은 염산에서 거품이 생기기 시작했어요.'라고 적을 수 있어요. 변화를 보여주는 그림을 함께 그리면 좋아요.

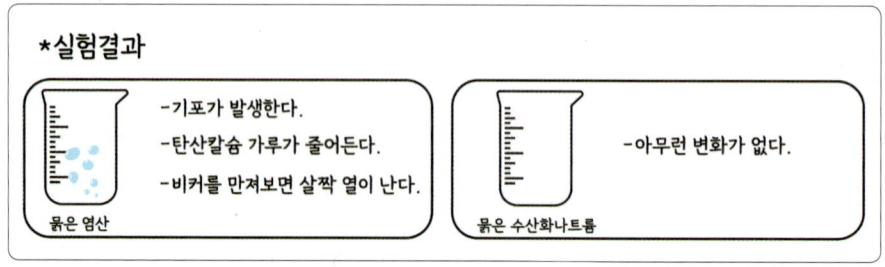

[스마트 팁] 시각적인 요소는 실험 결과를 더 잘 이해하고 기억하는 데 도움이 된답니다.

05 실험 결과를 바탕으로 결론을 내리고 가설이 맞았는지 정리해요. 실험을 통해 무엇을 배웠고 앞으로 더 알아봐야 할 것이 무엇인지 함께 적으면 좋아요.

> *실험결론
> -가설 : 탄산칼슘을 넣으면 거품이 생길 것 같다.
>
> 가설이 맞았다. 탄산칼슘가루는 산성 용액인 염산과 반응하여 거품이 나고 염기성 용액인 수산화나트륨에서는 반응이 없다. 이 실험을 통해 산성 용액과 염기성 용액의 성질 차이를 명확히 이해할 수 있었다.

〉 도표와 그림 활용하여 정리하기 〈

과학 개념을 정리할 때 **도표와 그림 등 시각 자료를 활용**하면 보다 쉽게 이해할 수 있어요. 그림을 그리면 글로만 쓰는 것보다 좀 더 구체적으로 표현할 수 있고, 도표를 그리면 많은 내용을 한눈에 확인하고 비교할 수 있기 때문이에요.

예를 들어, 도표를 활용하여 고체, 액체, 기체 상태를 공부해 볼게요. 도표를 활용해 물질의 상태별 특징을 보기 쉽게 정리했어요. 이렇게 정리하면 상태별 모양과 부피의 차이점을 한눈에 비교할 수 있어요.

〈물질의 세 가지 상태〉

상태	모양	부피	예시
고체	모양이 변하지 않음	부피가 변하지 않음	얼음
액체	담는 용기에 따라 모양이 변함	부피가 변하지 않음	물
기체	담는 용기에 따라 모양이 변함	담긴 공간을 항상 가득 채움	공기

이번에는 그림을 활용하여 배추흰나비의 한살이를 살펴볼까요? 배추흰나비의 생애 주기는 크게 알, 유충(애벌레), 번데기, 성충(나비)의 네 단계로 나눌 수 있어요. 단계별로 특징을 정리하면서 그림을 함께 그리면 나비가 어떻게 성장하고 변화하는지 시각적으로 쉽게 이해할 수 있어요.

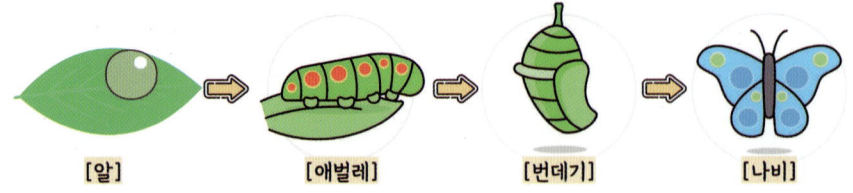

* 알 : 짝짓기를 끝낸 암컷 나비는 잎, 줄기, 꽃 등에 알을 낳아요.
* 애벌레 : 보통 나뭇잎과 같은 식물을 먹고 허물을 벗으며 성장해요.
* 번데기 : 번데기 속에서 날개나 더듬이를 만들면서 5~7일이 지나요.
* 나비 : 몸은 털과 비늘가루로 덮여 있으며 머리, 가슴, 배로 나뉘어요.

> **선생님의 한마디**
> 시각 자료를 활용하면 과학 개념을 보다 쉽게 이해할 수 있는 것은 물론, 과학에 대한 흥미와 호기심을 불러일으킬 수 있답니다.

〉 과학 개념 카드 만들기 〈

이번에는 **과학 개념 카드**를 만들어 공부해 봅시다. 이 방법을 활용하면 과학 용어와 개념을 더욱 명확하게 구분하고 기억할 수 있기 때문에 초등학생 친구들에게 특히 추천해요.

예를 들어, '상태 변화'라는 주제를 공부했다고 가정해 봅시다. 우선, 이 주제의 핵심 용어 혹은 개념을 포스트잇 앞면에 적어요. 포스트잇의 뒷면에는 해당 용어의 정의와 특징을 써요. 정리가 끝났다면 포스트잇을 노트에 붙여서 공부해요.

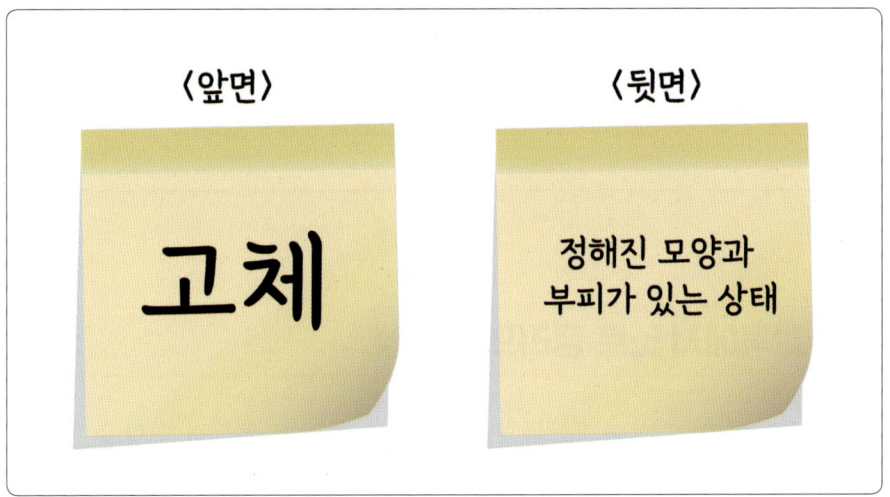

이때 색 볼펜을 사용하면 좋아요. 여기서는 파란색 펜으로 각 상태의 정의를, 빨간색 펜으로 중요한 특징을, 초록색 펜으로 상태 변화의 예시를 적었어요. 이렇게 하면 색상을 통해 뒷면의 내용을 쉽게 구별할 수 있어요.

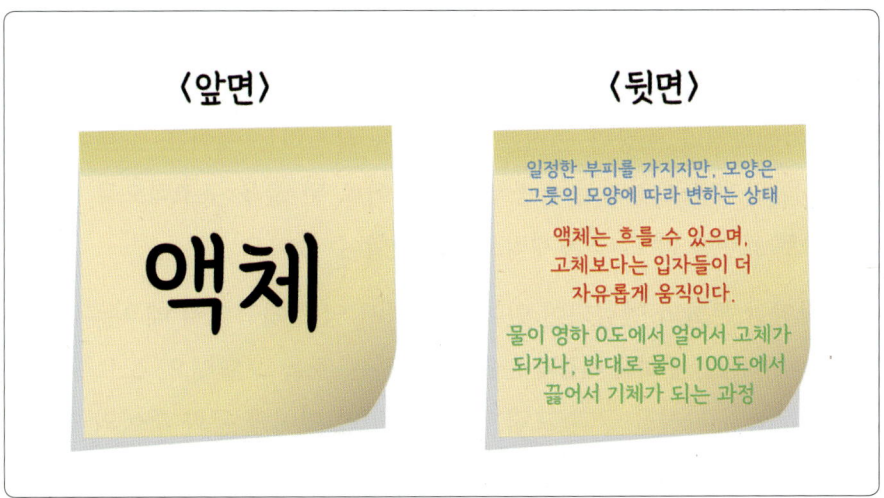

스마트 팁 개념 카드를 친구와 함께 복습할 때 색을 활용하여 질문을 주고 받을 수 있어요. "빨간색으로 표시된 고체의 특징은 무엇인가요?" 또는 "초록색으로 표시된 액체 상태의 예시를 말해 주세요."와 같은 방식으로 질문을 주고 받으면 학습 내용을 더 잘 기억하고 이해할 수 있어요.

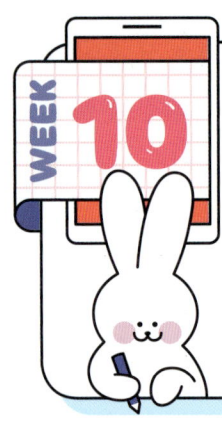

영어 과목, 이렇게 정리해요

영어 학습은 단어 암기나 문법 규칙을 이해하는 것뿐만 아니라, 다양한 문화와 대화 스타일을 이해하고 새로운 표현을 자유롭게 활용하는 능력을 키우는 과정입니다. 노트 정리를 통해 학습한 내용을 체계적으로 정리하고 새로 배운 표현이나 문법 규칙을 연습하면 영어 과목에 대한 이해와 자신감을 높일 수 있어요.

STEP 01 영어 과목에서 노트 정리의 필요성

영어 공부에 필요한 언어 능력과 문화 이해력을 키울 때 노트 정리가 중요한 역할을 한답니다. 왜 그럴까요?

첫째, 우리는 영어 과목에서 다양한 어휘와 문법 규칙을 공부하고, 영어로 된 글과 영화, 노래를 통해 다양한 문화적 배경과 표현 방식을 접하게 돼요. **교과서에서 배우는 어휘와 표현, 문화적 이해를 노트에 체계적으로 정리**하면 배운 내용을 잘 정리하고 복습할 수 있으며, 학습한 언어를 실제 상황에서 사용할 때 더 자신감을 가질 수 있어요.

둘째, 영어를 공부할 때는 **문장 구조와 글의 구성을 이해**하는 것이 중요해요. 예를 들어, 이야기의 시작, 중간, 결말을 이해하거나 주장과 근거를 담은 글을 분석하는 것이죠. 노트에 글의 구조와 주요 문법 규칙을 단계별로 정리하며 공부하면 영어로 된 글을 구조적으로 이해할 수 있고, 내 생각을 영어로 표현할 때도 더 체계적으로 표현할 수 있어요.

셋째, 영어는 전 세계 다양한 문화와 연결되어 있어요. 따라서 영어 과목에서 배우는 내용은 단순한 언어 학습을 넘어, **다양한 문화적 배경과 관습을 이해**하는 것을 포함해요. 노트 정리를 통해 수업 시간에 배운 문화적 사실을 글과 그림으로 표현하면 언어와 문화 사이의 연결고리를 더 잘 이해하고 기억할 수 있어요.

STEP 02 영어 과목 노트 정리 팁

〉 알파벳 순으로 단어 정리하기 〈

단어는 영어 공부의 기본입니다. 여기서는 **알파벳 순서대로** 단어를 정리하고 공부하는 방법을 알아볼게요. 우선, 알파벳 A부터 Z까지 차례대로 적고 각 알파벳에 해당하는 칸을 만들어요. 영어 수업이나 영화 시청 중에 새로운 단어를 발견할 때마다 해당 단어를 알맞은 알파벳 칸에 추가해요.

예를 들어, 'apple'이라는 단어를 새로 배웠다면 알파벳 'A' 섹션에 'apple'이라는 단어와 '사과'라는 뜻을 적어요. 예문을 추가하여 단어가 실제 문장에서 어떻게 사용되는지 함께 공부하면 단어를 더 효과적으로 익힐 수 있습니다.

〈알파벳 단어 공부〉

알파벳	단어	뜻	예문
A	apple animal	사과 동물	I like apples There are many animals
B	book ball box	책 공 상자	She reads a book I buy a ball I threw away the box
C	cat cup	고양이 컵	The cat sleeps on the sofa I drink water from my cup

> **잠깐만요!** 왜 알파벳 순으로 단어를 정리하나요?
>
> 알파벳 순으로 단어를 정리하면 여러 장점이 있어요.
> 첫째, 특정 단어를 빠르게 찾을 수 있어요. 이는 영어 사전을 사용하는 방법과 유사하며, 필요한 단어 정보를 빠르고 정확하게 찾는 방법을 배우는 데 도움이 돼요.
> 둘째, 체계적으로 공부할 수 있어요. 각 알파벳을 따라가며 단어를 추가함으로써 영어의 구조를 더 잘 이해할 수 있습니다. 또, 새로운 단어를 배울 때 이미 배운 단어들과 연결 짓는 데도 도움이 돼요.
> 셋째, 단어를 기억하기 쉬워요. 알파벳 순서로 단어를 배우고 복습하면 단어들 사이의 연결 고리를 더 잘 기억할 수 있어요. 예를 들어, 'B'로 시작하는 단어들을 반복하여 복습하면서 단어들 사이의 연관성을 발견하고 오래 기억할 수 있어요.

〉 교과서 단원별로 단어 정리하기 〈

이번에는 단원별로 단어들을 모아 한눈에 볼 수 있도록 정리해 볼게요. 교과서는 단원별로 주제가 있기 때문에 이렇게 정리하면 같은 주제의 단어들을 연결 지어 공부할 수 있어서 효과적이에요. 예를 들어, 'family(가족)'에 대해 배우는 단원에서는 'mother', 'father', 'sister', 'brother'와 같은 단어들을 정리할 수 있어요.

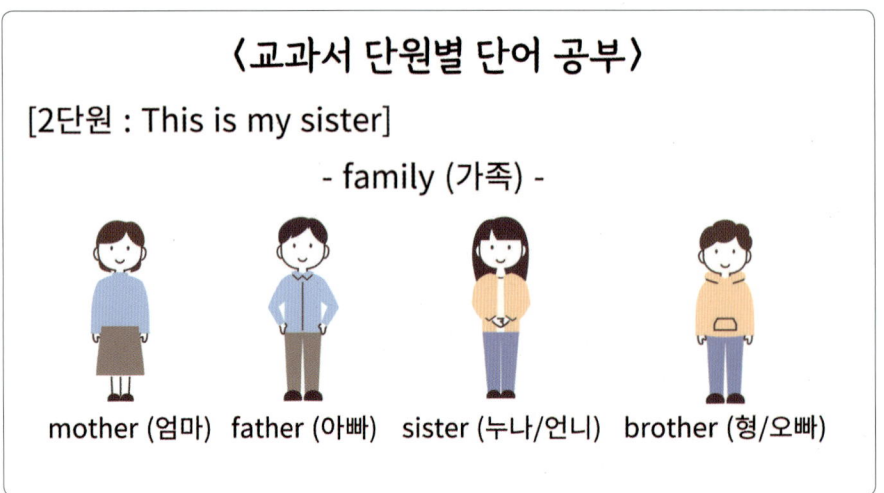

〉 비슷하거나 반대되는 단어 정리하기 〈

배운 단어와 의미가 비슷하거나 반대되는 단어들을 모아서 노트에 정리하면 단어 간의 관계를 이해하는 데 도움이 돼요. 또, 알고 있는 단어의 범위를 넓힐 수도 있지요. 예를 들어 'big'이라는 단어를 배웠다면, 유사어로 'large', 'huge'와 같은 단어를, 반의어로 'small', 'tiny'와 같은 단어를 함께 정리해요.

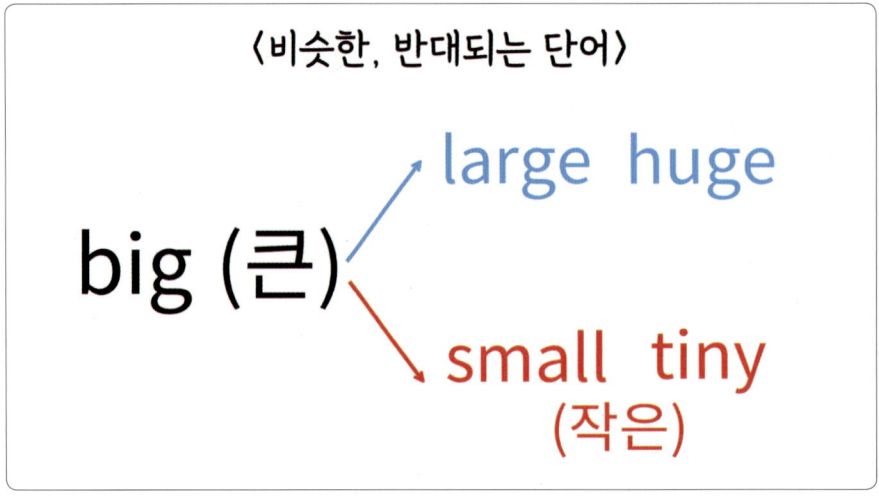

> 단어와 관련된 예문 정리하기 <

배운 단어와 관련된 예문을 떠올려 노트에 정리하면 단어의 의미와 사용법을 더 잘 이해하고 기억할 수 있어요. 예문을 작성할 때는 실생활에서 사용할 법한 구체적인 상황을 상상하며 문장을 만들어 보세요. 예를 들어 'happy'라는 단어로 예문을 만든다면, 'I am happy when I eat ice cream.'과 같은 예문을 적을 수 있어요. 이 방법을 통해 단어가 실제로 사용되는 상황을 이해하고 영어에 대한 감각을 키울 수 있어요.

〈단어와 관련한 예문〉

happy (행복한, 기쁜)

I am happy when I eat ice cream
(아이스크림을 먹을 때 나는 행복해요)

> 문법 규칙 정리하기 <

교과서에서 배운 **문법 규칙**을 예문과 함께 노트에 정리해요. 아래 예시에서는 현재 진행형에 대한 설명과 예문을 정리했어요. 이렇게 문법 규칙과 예문을 함께 기록하면 문법 규칙을 실제 문장에서 어떻게 적용하는지 더 쉽게 이해할 수 있어요.

〈문법 규칙 정리〉

현재 진행형은 'am/is/are + 동사의 ing 형태'

"She is singing"
그녀는 노래하고 있다.

〉문장 구조 노트 정리하기 〈

문장 구조를 노트에 정리하면 기본적인 영어 문장을 이해할 수 있고, 문장을 직접 만들어 볼 때도 도움이 돼요. 영어 문장은 크게 **주어(Subject), 동사(Verb), 목적어(Object)**로 구성되는데, 색 볼펜을 활용하여 각 요소를 쉽게 구분할 수 있도록 정리하면 좋아요. 아래 예시에서는 주어는 파란색, 동사는 빨간색, 목적어는 초록색으로 적었어요. 문장 구조가 시각적으로 파악되지요?

〈문장 구조 정리〉

주어(Subject) 동사(Verb) 목적어(Object)

I eat apples　　　나는 사과를 먹는다.

She reads books　그녀는 책을 읽는다.

We play soccer　우리는 축구를 한다.

〉 문화적 배경 정리하기 〈

앞서 이야기했듯, 영어 교과는 단순한 언어 학습을 넘어 **다양한 문화적 배경과 관습**을 배우는 과목이에요. 이번에는 문화적 배경을 주제별로 정리해 볼게요. 노트에 줄을 그어 칸을 만들고, 각 칸에 여러 나라의 의식주 문화를 정리해요. 아래 예시에서는 '식생활' 칸에 'Fish and Chips'라는 음식의 이름과 '생선과 감자튀김을 함께 먹는 영국의 전통 음식'이라는 설명을 적었어요.

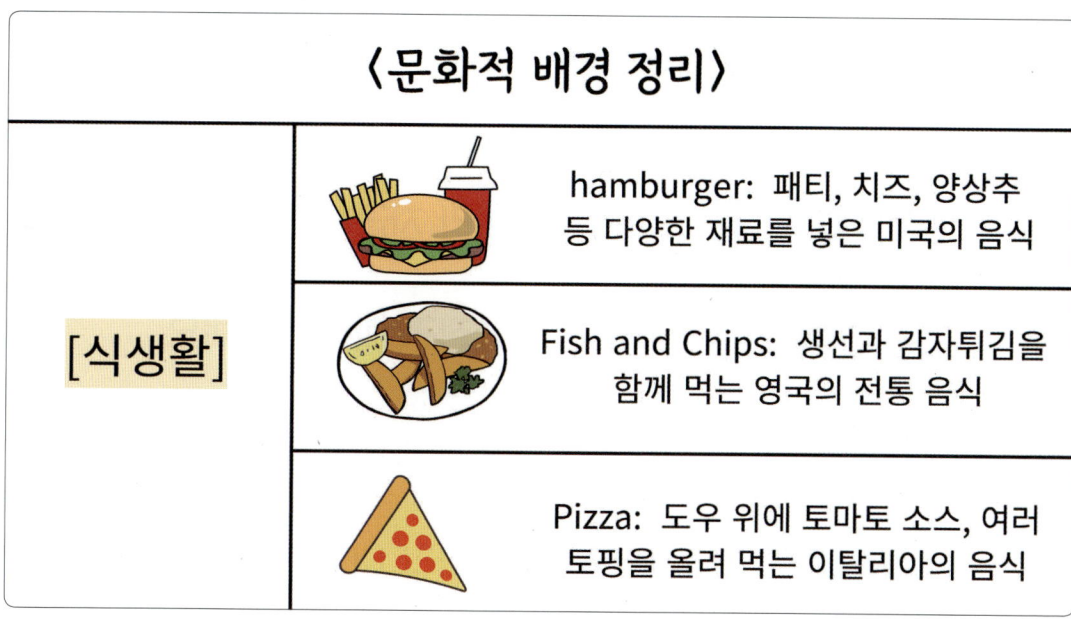

스마트 팁 〉 교과서나 책에서 배운 특별한 사실이나 표현을 기록해도 좋고, 인터넷 등을 활용하여 관련 내용을 자세히 조사한 다음 써도 좋아요.

공책과 연필로 노트 필기를 했던 경험을 떠올려 보세요. 분명 번거로웠던 점들이 있을 거예요. 태블릿 PC와 터치 펜을 활용하여 필기를 하면 훨씬 자유로운 노트 정리를 할 수 있답니다. 색색의 볼펜들, 지우개, 연필, 자, 형광펜은 물론 두꺼운 노트까지 한 번에 해결할 수 있는 스마트 노트 정리 방법을 함께 알아봅시다.

WEEK 11 스마트 노트 정리, 차근차근 배워요

WEEK 12 스마트한 국어 정리, 이렇게 해 봐요

WEEK 13 스마트한 수학 정리, 이렇게 해 봐요

WEEK 14 스마트한 사회 정리, 이렇게 해 봐요

WEEK 15 스마트한 과학 정리, 이렇게 해 봐요

WEEK 16 스마트한 영어 정리, 이렇게 해 봐요

WEEK 17 스마트한 오답 노트, 이렇게 정리해요

WEEK 18 스마트한 독서 노트, 이렇게 정리해요

실전!
굿노트로 스마트하게
노트 정리하기

스마트 노트 정리, 차근차근 배워요

태블릿 PC에는 다양한 노트 앱이 있어요. 그중 대중적으로 가장 많이 쓰이는 노트 앱은 '굿노트'입니다. 굿노트의 특징과 설치 방법을 차근차근 살펴봅시다.

STEP 01 굿노트란?

스마트 노트 정리를 하기 위해서는 태블릿 PC와 터치 펜, 그리고 노트 앱이 필요해요.

대중적으로 가장 많이 쓰이는 노트 앱은 굿노트(GoodNotes)입니다. 굿노트 앱은 여러 버전이 있으며, **현재는 굿노트 6만 다운로드할 수 있어요**. 굿노트 6는 1년 단위로 구독하는 연간 구독 플랜과 한 번 구매하여 평생 사용할 수 있는 평생 구독 플랜이 있어요. 구독 플랜을 선택하기 전, 우선 7일간 무료 체험을 해 본 다음 구독하는 것을 추천합니다.

이 책은 **아이패드와 굿노트 6를 기준으로 설명**하지만, 노트 앱을 설치하고 필기하는 방법은 어느 기기에서나 대부분 비슷하답니다.

> ✦ **잠깐만요!** 굿노트 5와 굿노트 6의 차이점은 무엇인가요?
>
> 이미 태블릿 PC에 굿노트 5가 설치되어 있는 친구들이 있을 거예요. 굿노트 5와 굿노트 6의 사용법은 거의 비슷하지만, 이 책은 굿노트 6를 기준으로 작성했기 때문에 굿노트 5에 없는 기능들도 다루고 있어요. 굿노트 6에서만 제공되는 대표 기능은 아래를 참고해 주세요.
> - **폴더 및 노트 커스터마이징**: 폴더의 색상을 선택할 수 있고, 폴더에 아이콘을 삽입할 수 있어요. 템플릿 용지 크기를 자유롭게 설정하는 것도 가능해요.
> - **마켓 탭**: 굿노트 앱 안에서 여러 가지 템플릿 구매할 수 있으며, 무료 템플릿도 일부 제공하고 있습니다. 수능이나 SAT 등 여러 시험의 유/무료 자료도 제공합니다. 수학 문제집의 경우, 'AI 수학 도우미'라는 기능을 통해 풀이 과정의 오류를 알려줘요.
> - **AI 타이핑 모드**: 타이핑 모드로 문장을 입력한 후 '검토 및 편집' 팝업 메뉴에서 AI 타이핑 기능을 사용할 수 있어요.
> - **펜 제스처**: 터치 펜을 다양하게 활용할 수 있어요. 필기한 내용을 낙서하듯이 문지르면 지워지고, 올가미 툴을 사용하지 않아도 특정 영역을 선택할 수 있으며, 선택한 영역을 터치 펜으로 길게 누르면 올가미 툴로 묶은 것처럼 인식되어요. 또, 손글씨로 작성한 수학 공식을 텍스트로 변환할 수도 있어요.

STEP 02 굿노트 앱 설치하기

01 아이패드라면 [앱 스토어(App Store)] 앱을, 그 밖의 안드로이드 태블릿 PC라면 [Play 스토어] 앱을 실행해요.

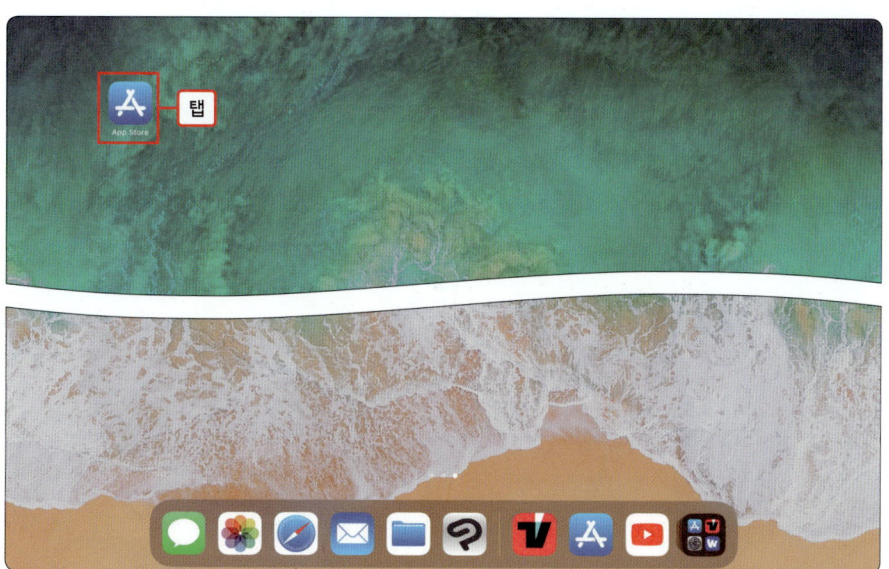

02 [검색] 탭을 선택하고 검색 창에 한글로 [굿노트] 또는 영어로 [Goodnotes]를 입력해요. 검색 결과 중 [Goodnotes 6] 앱을 선택해요.

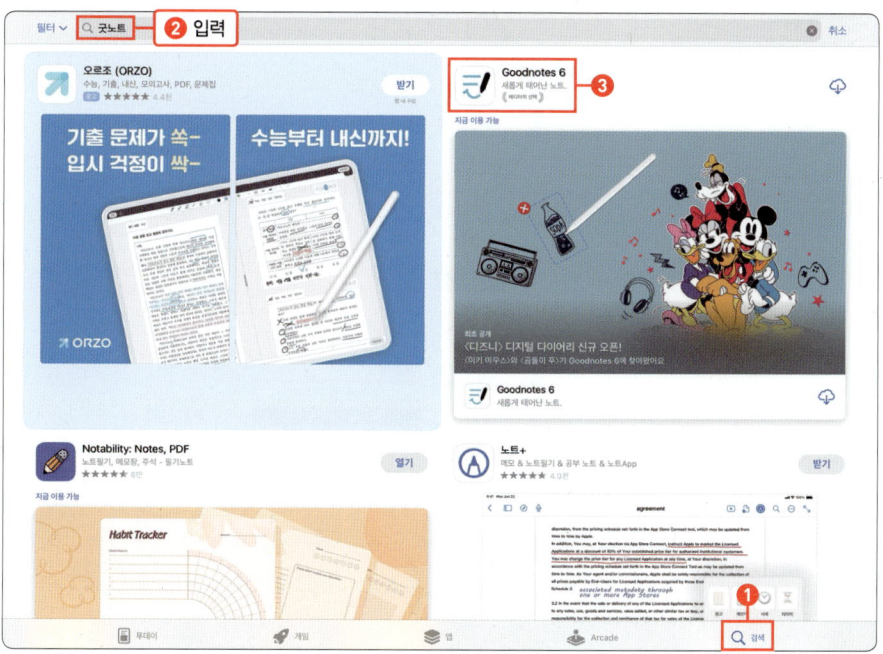

03 [받기]를 탭하여 앱을 설치해요.

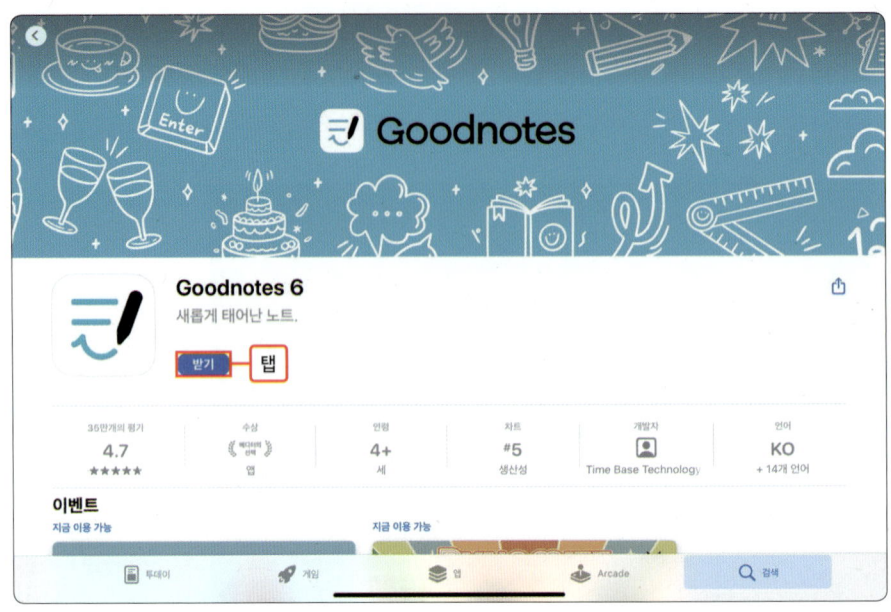

04 굿노트 앱을 실행하고 [다음]을 탭해요. 로그인할 계정을 선택해요.

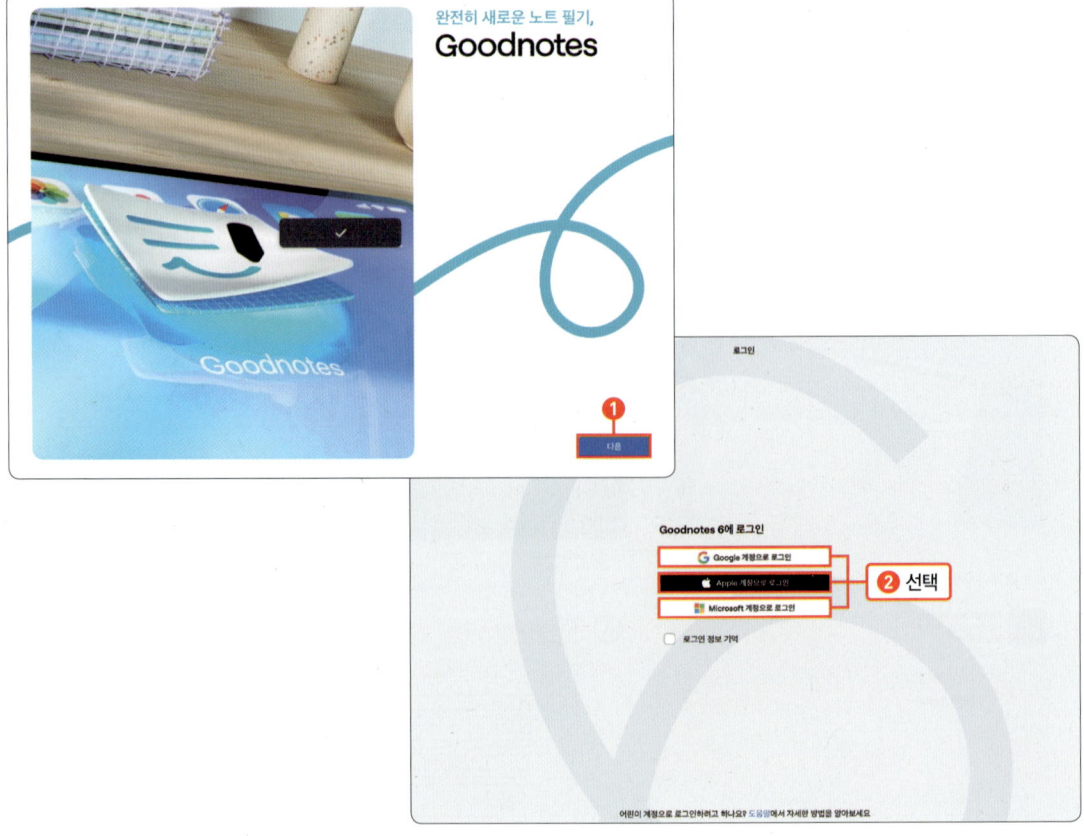

05 이용 정책에 동의하고 [계속]을 탭하여 계정 생성을 완료해요.

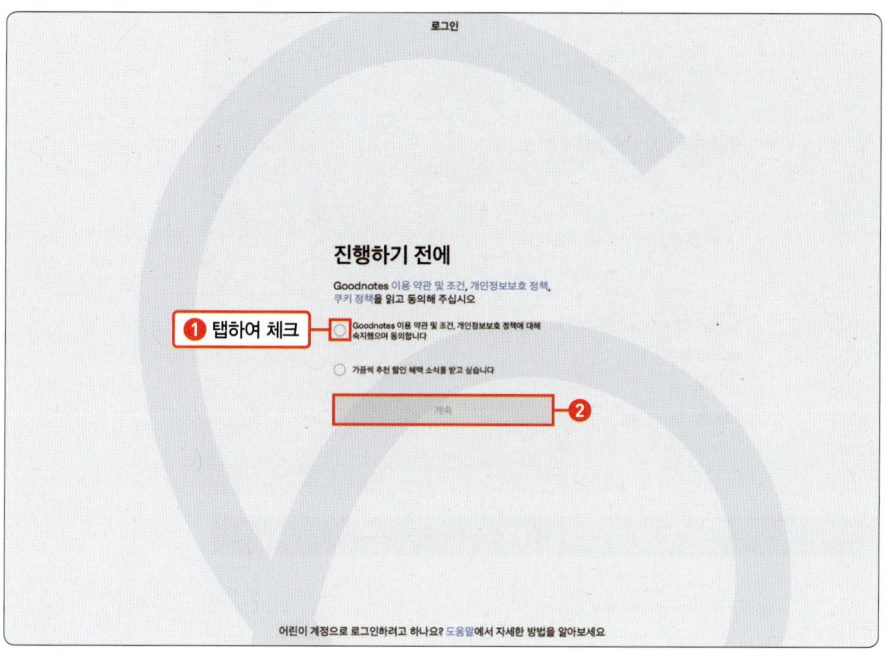

06 설문 조사를 진행해요.

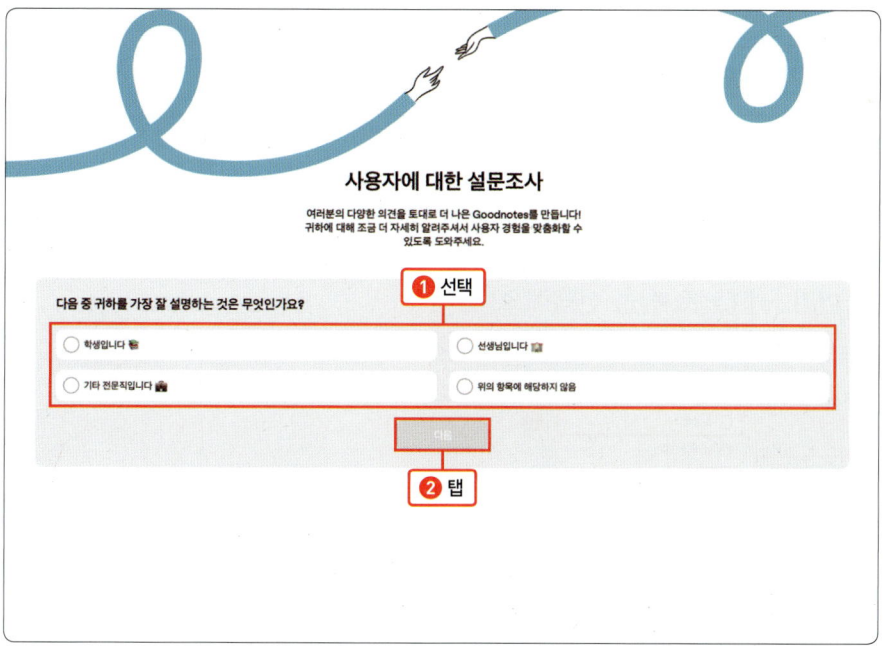

07 [1주일 무료 체험 시작]을 탭하여 설치를 마무리해요.

스마트 팁 체험 기간이 만료되면 자동으로 연간 구독료가 결제돼요. 연간 구독을 원하지 않는다면 체험 기간이 끝나기 전에 무료 체험을 취소하세요.

STEP 03 나만의 노트 만들기

노트 필기를 시작하려면 우선 노트를 준비하고, 노트에 이름을 쓰고, 노트에 사용할 연필과 지우개, 펜을 준비해야 해요. 스마트 노트 정리도 마찬가지랍니다. 태블릿 PC에 앱을 다운로드했다면 이제 나만의 노트를 준비해 봅시다.

01 [문서] 탭에 들어가 [+]-[노트북]을 선택해요.

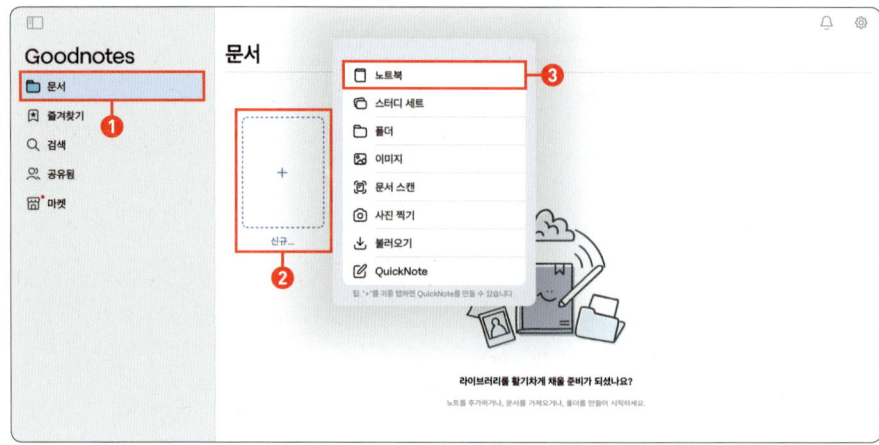

02 '새로운 노트북' 팝업 창이 나타나면 아래 설명을 참고하여 노트북의 이름, 언어, 표지와 종이의 크기, 색상, 템플릿을 설정해요. 선택이 끝나면 [생성]을 탭하여 노트를 만들어요.

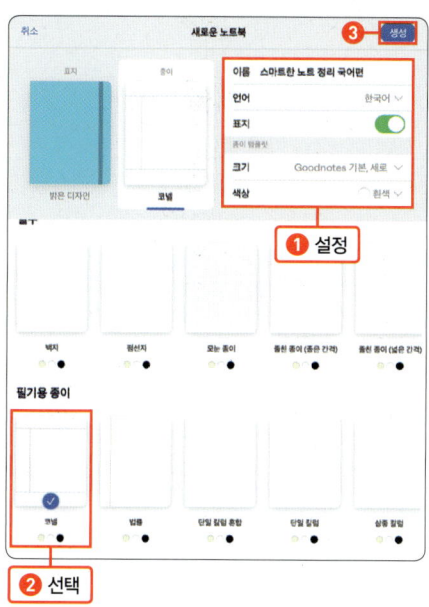

❶ **이름**: 노트에 어울리는 이름을 적어요. 노트의 이름은 언제든지 변경할 수 있어요.

❷ **언어**: 주로 사용할 언어를 선택해요. 우리는 [한국어]를 선택하면 되겠지요?

❸ **표지**: 버튼을 탭하여 초록색으로 활성화하면 표지와 속지를 따로 선택할 수 있어요. 표지가 필요하지 않으면 버튼을 한 번 더 탭하여 회색으로 비활성화 합니다.

❹ **크기**: 기본 설정은 [Goodnotes 기본, 세로]입니다. 정리할 과목에 따라 어울리는 노트의 크기와 방향을 선택합니다.

❺ **색상**: 왼쪽 미리보기에서 [표지]를 선택하면 표지의 색상을 고를 수 있고, [종이]를 선택하면 속지 색상을 고를 수 있습니다.

> **스마트 팁** 필기를 끝낸 다음 노트를 인쇄할 예정이라면 A4 크기로 선택하는 것을 추천해요.

03 나만의 노트가 설정한 대로 잘 생성되었는지 확인해요.

> **스마트 팁** 무료 체험판에서는 휴지통에 있는 노트까지 포함하여 총 3개의 노트를 만들 수 있어요.

04 생성한 노트를 삭제하고 싶다면 '문서' 탭 오른쪽 상단의 ⊙을 탭하고 삭제하고 싶은 노트를 선택한 다음 [휴지통]을 탭해요. 노트가 삭제되면 [완료]를 탭해요.

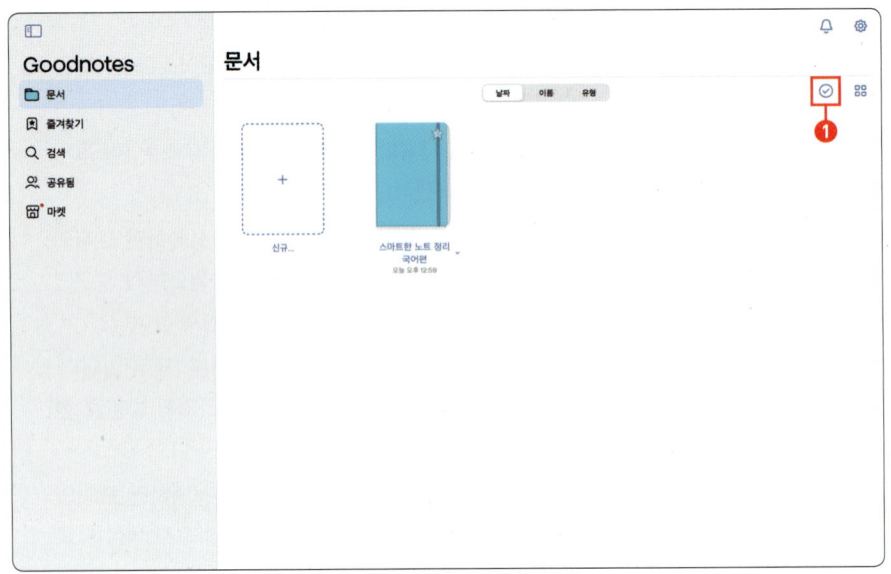

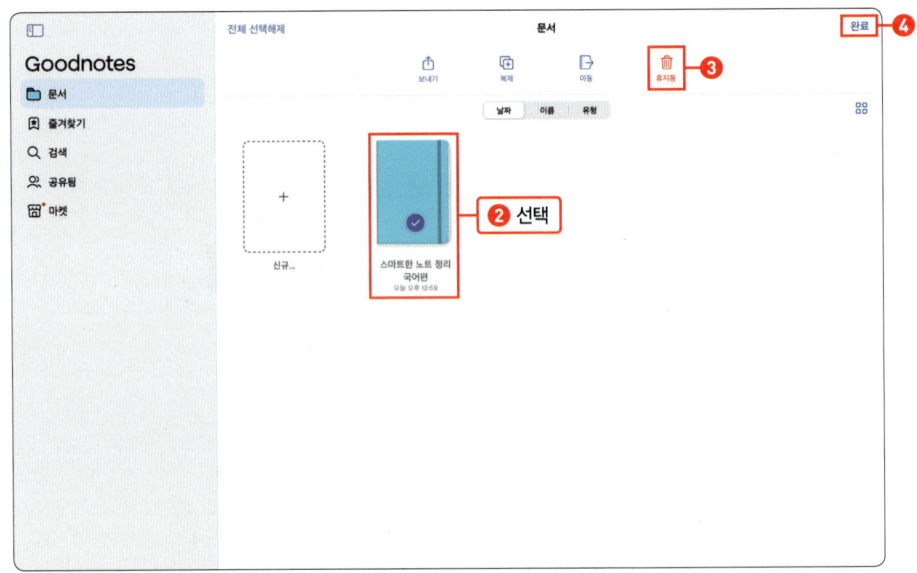

┌─스마트 팁─┐ 삭제한 노트는 ⚙-[휴지통]에서 확인할 수 있어요.

STEP 04 노트 화면 살펴보기

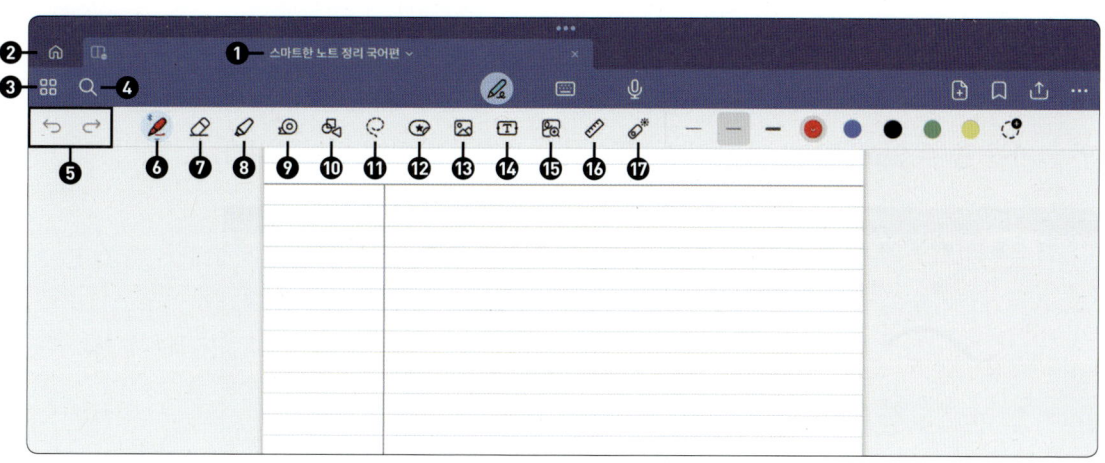

❶ 노트의 이름을 확인할 수 있습니다.

❷ 굿노트 앱의 홈 화면으로 돌아갑니다.

❸ **콘텐츠**: 축소판, 책갈피, 개요를 확인하거나 편집합니다.

❹ 노트의 내용을 검색합니다.

❺ 이전 작업으로 되돌리거나 다시 실행합니다.

❻ **펜 툴**: 글자를 쓰거나 그림을 그립니다. 연필 혹은 펜의 역할을 합니다.

❼ **지우개 툴**: 필기한 내용을 지웁니다.

❽ **하이라이터 툴**: 반투명한 선을 긋습니다. 형광펜의 역할을 합니다.

❾ **테이프 툴**: 특정 부분을 가려서 숨깁니다. 필요할 때 다시 나타나게 할 수 있어서 공부한 내용을 복습할 때 사용하면 좋습니다.

❿ **모양 툴**: 도형을 반듯하게 그립니다. 모양 툴을 선택하고 완성된 도형을 탭하면 도형의 각 모서리를 세심하게 조정할 수도 있습니다.

⓫ **올가미 툴**: 필기한 내용 중 특정 영역을 선택합니다.

⓬ **그래픽 툴**: 굿노트에서 제공하는 기본 스티커 이미지를 노트에 추가합니다. 자주 사용하는 도형이나 문구를 스티커로 추가하여 손쉽게 불러올 수도 있습니다.

⓭ **이미지 툴**: 앨범에서 사진이나 이미지를 불러옵니다.

⓮ **텍스트 툴**: 키보드로 글자를 타이핑합니다.

⓯ **확대 창**: 필기할 부분을 확대하여 세밀하게 필기할 수 있도록 돕습니다.

⓰ **룰러 툴**: 자의 역할을 하는 도구입니다.

⓱ **포인터 툴**: 레이저 포인터처럼 화면에 빨간 점 또는 선을 표시합니다. 빨간 점과 선은 시간이 지나면 사라집니다.

STEP 05 펜 툴, 하이라이터 툴, 지우개 툴 익히기

〉펜 툴 〈

01 굿노트에서 글자를 쓰거나 그림을 그릴 때는 펜 툴을 사용합니다. 펜 툴을 한 번 탭하면 글자를 쓸 수 있고, 한 번 더 탭하면 펜 속성을 설정하는 창이 나타납니다.

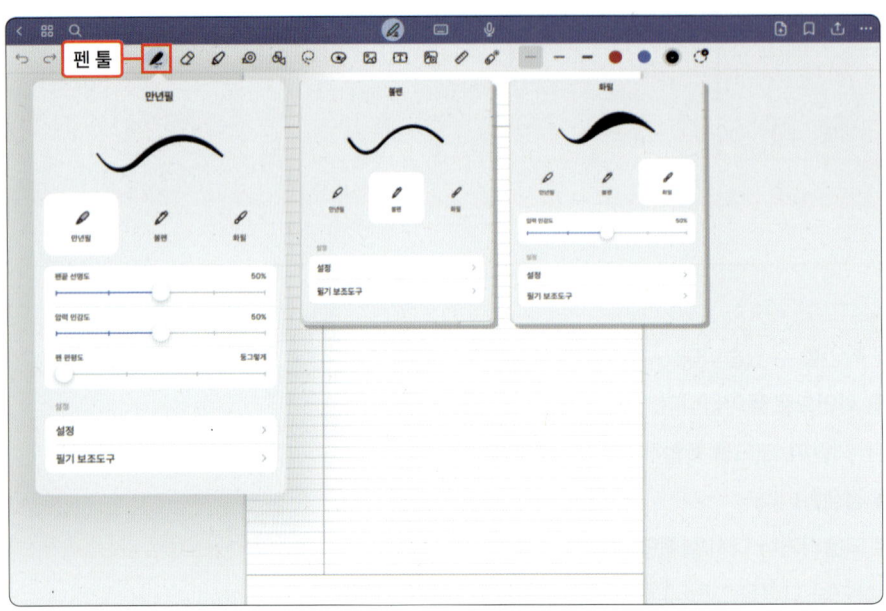

02 펜 툴은 만년필, 볼펜, 화필의 세 가지 옵션이 있어요. 각 펜은 서로 다른 특성이 있고, 펜 끝의 선명도나 펜을 누르는 힘의 민감도를 조정할 수 있어요. 수치를 조금씩 변화시켜서 나에게 가장 알맞은 펜을 찾아봅시다.

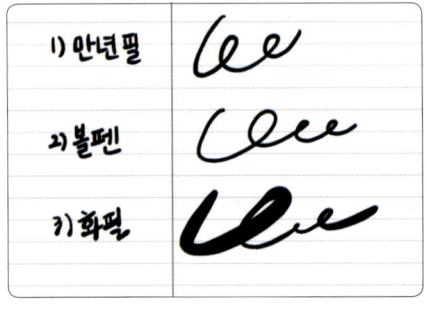

❶ **만년필**: 펜 끝을 뭉툭하게 혹은 날카롭게 조정할 수 있어요. 터치 펜을 누르는 힘에 따라서 선의 굵기가 달라지기 때문에 익숙해진다면 나만의 개성 있는 글씨를 쓸 수 있어요.

❷ **볼펜**: 펜을 누르는 힘과 상관없이 일정한 두께로 글씨를 쓸 수 있어요. 태블릿 PC로 필기하는 것이 익숙지 않다면 볼펜으로 시작하는 것을 추천합니다.

❸ **화필**: 펜을 누르는 힘에 따라 선의 두께감이 다양하게 표현됩니다. 캘리그라피를 할 때 사용하면 좋습니다.

03 펜 툴을 선택하면 나타나는 오른쪽 세부 메뉴를 살펴볼까요? 획 아이콘을 탭하면 '획 설정' 창이 나타나요. 여기서 선의 종류와 펜 두께를 설정할 수 있어요.

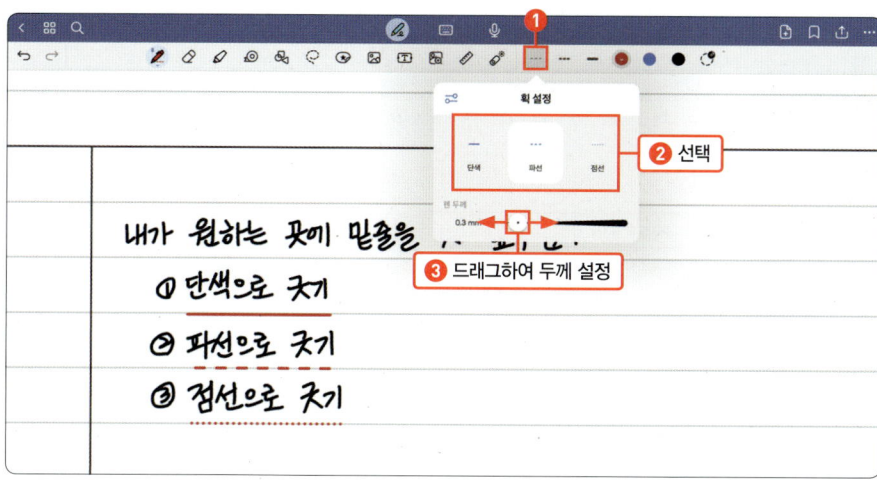

❶ **획 종류**: 끊어지지 않은 단색, 짧게 끊어져 있는 파선, 점으로 이루어진 점선이 있어요.
❷ **펜 두께**: 동그란 점을 좌우로 드래그하여 펜 두께를 설정해요.

> **스마트 팁** 획 종류는 굿노트 6에서만 제공하는 기능이에요.

04 글씨를 강조하려면 색 볼펜이 필요하겠죠? 색상 아이콘을 탭하면 색상을 선택할 수 있는 '펜 색상' 창이 나타나요. 굿노트에서 제공하는 기본색을 사용할 수도 있고, [사용자화]를 탭하여 다양한 색을 사용할 수도 있어요.

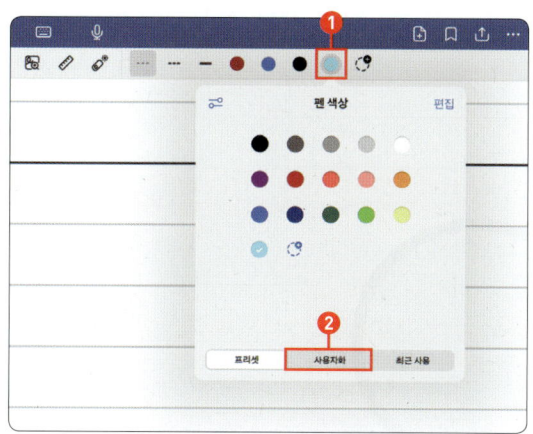
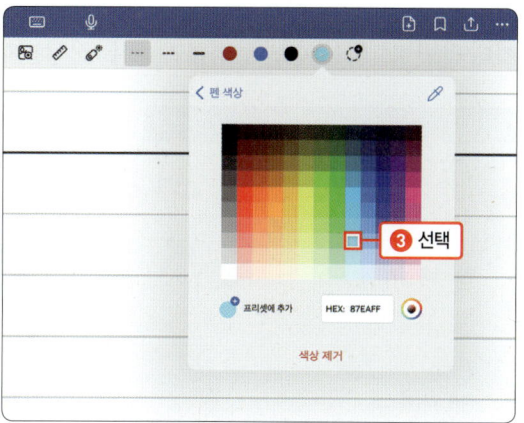

> **스마트 팁** 원하는 색상의 HEX 코드를 입력하고 [프리셋에 추가]를 탭하면 [프리셋]에 색상이 추가됩니다. HEX 코드는 색연필에 적힌 빨강, 노랑 등 색상을 나타내는 이름처럼 온라인에서 색상을 나타낼 때 사용하는 고유한 번호로, 여섯 자리 숫자와 알파벳으로 색상을 표현합니다.

05 이번에는 펜 툴로 도형을 그려볼까요? 펜 툴을 탭한 다음 [펜 설정]-[그리기 후 유지]를 선택해요. [그리기 후 유지]의 버튼을 탭하여 초록색으로 활성화하면 누구나 완벽하게 도형을 그릴 수 있어요.

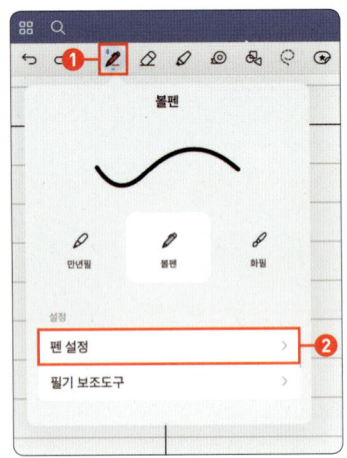
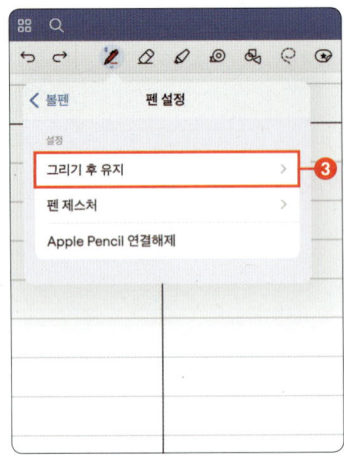
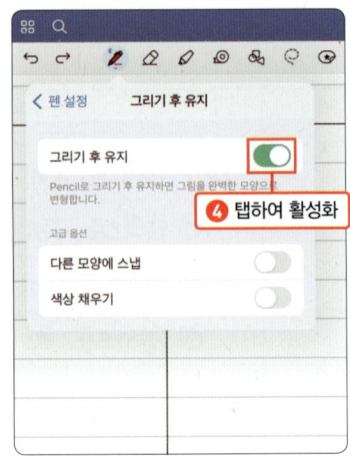

06 내가 그리고 싶은 도형을 그린 후, 터치 펜을 화면에서 떼지 않고 잠시 기다리면 완벽한 형태의 도형으로 바뀌어요.

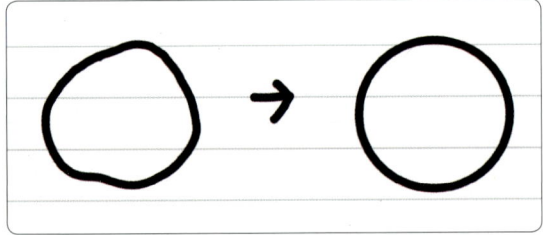

07 [색상 채우기] 기능은 그리기 후 유지로 만들어진 도형의 내부에 자동으로 색이 채워지는 기능이에요. 색상 채우기를 활성화하고 도형을 그린 후, 터치 펜을 화면에서 떼지 않고 기다리면 펜 색상이 반투명하게 채워진답니다.

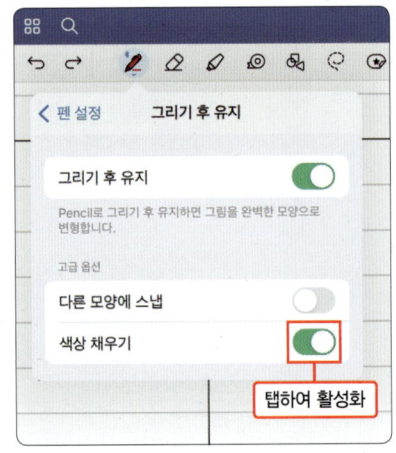
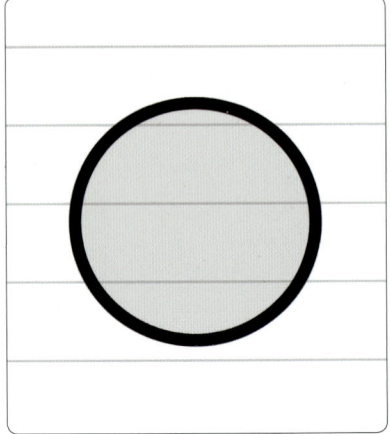

〉하이라이터 툴 〈

01 굿노트에는 중요한 내용을 강조할 때 사용하는 하이라이터 툴이 있어요. 형광펜처럼 반투명한 펜이라고 생각하면 됩니다. 하이라이터 툴도 펜 툴과 마찬가지로 오른쪽 세부 메뉴에서 자주 쓰는 색상이나 두께를 선택할 수 있어요.

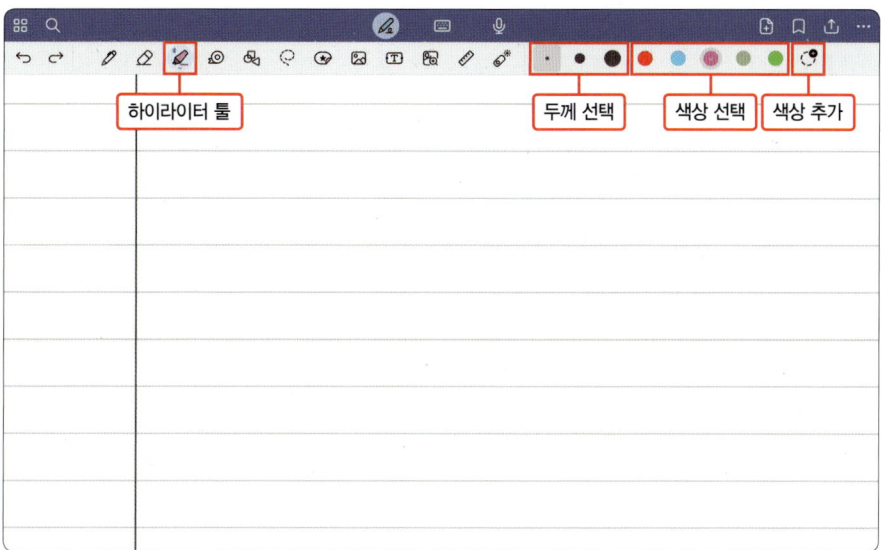

[스마트 팁] 색상 아이콘을 두 번 탭하면 하이라이터 색상을 선택할 수 있습니다. 펜 툴과 마찬가지로 기본색 이외의 색을 사용하고 싶다면 하단의 [사용자화]를 클릭해서 원하는 색상을 선택하거나, HEX 코드를 입력한 다음 [프리셋에 추가]를 누르면 됩니다.

02 터치 펜을 사용하는 데 익숙하지 않으면 하이라이터를 반듯하게 그리기가 어려워요. 이때, '직선으로 그리기' 기능을 사용하면 편리해요. 하이라이터 툴을 탭해서 [직선으로 그리기]를 활성화한 다음 선을 그으면 자동으로 반듯한 직선으로 바뀌어요.

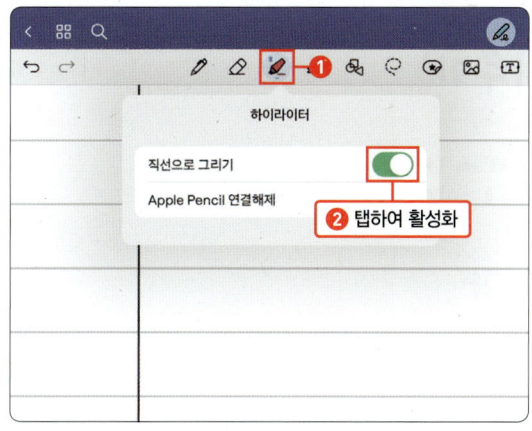

〉지우개 툴 〈

01 펜 툴이나 하이라이터 툴로 적은 글자를 지우고 싶을 때는 지우개 툴을 사용하면 됩니다. 지우개 툴을 한 번 탭하면 지우개가 선택되고, 한 번 더 탭하면 지우개의 종류를 선택하는 팝업 창이 나타나요.

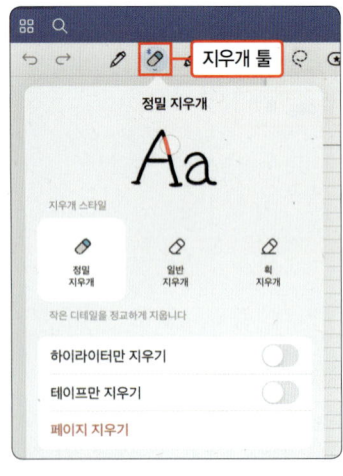 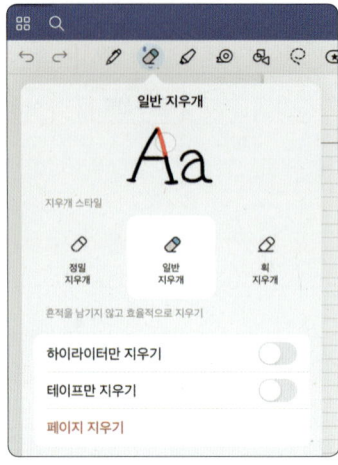 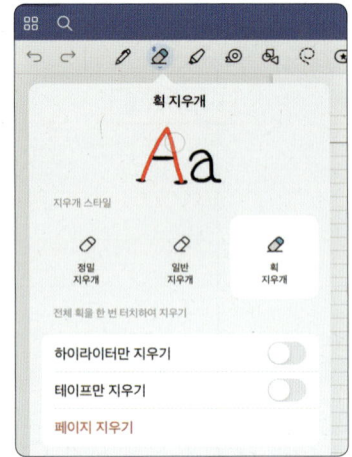

❶ **정밀 지우개**: 원하는 부분만 정확하고 세밀하게 지울 수 있어요.
❷ **일반 지우개**: 정밀 지우개처럼 섬세하게 지울 수는 없지만, 많은 양의 필기를 쉽게 지울 수 있어요.
❸ **획 지우개**: 필기를 획 단위로 지울 수 있어요. 필기를 빠르게 지우고 싶을 때 사용하면 좋아요.

✦ **잠깐만요!** 지우개 종류별 차이점을 조금 더 자세히 알고 싶어요

지우개를 좀 더 자세히 비교해 볼까요? 정밀 지우개로는 획의 아주 조그마한 부분까지도 세밀하게 지울 수 있어요. 일반 지우개로는 정밀 지우개보다 더 넓은 면적을 지울 수 있고요. 획 지우개를 사용하니 글자의 획 전체가 지워졌어요. 용도에 맞게 사용하면 노트 필기 시간을 효율적으로 단축할 수 있겠지요?

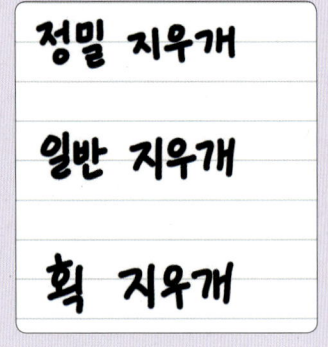 ▶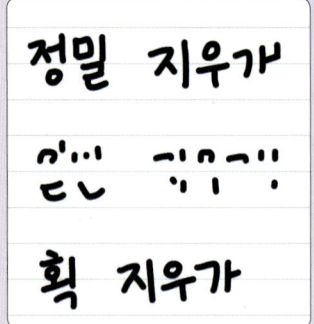

02 펜 툴로 적은 필기는 그대로 두고 형광펜 친 부분만 지우고 싶다면 '하이라이터만 지우기' 기능을 활용하면 돼요. 지우개 툴을 탭하고 [하이라이터만 지우기]를 활성화하면 글자에 칠해진 하이라이터, 즉 형광펜만 깨끗하게 지울 수 있어요.

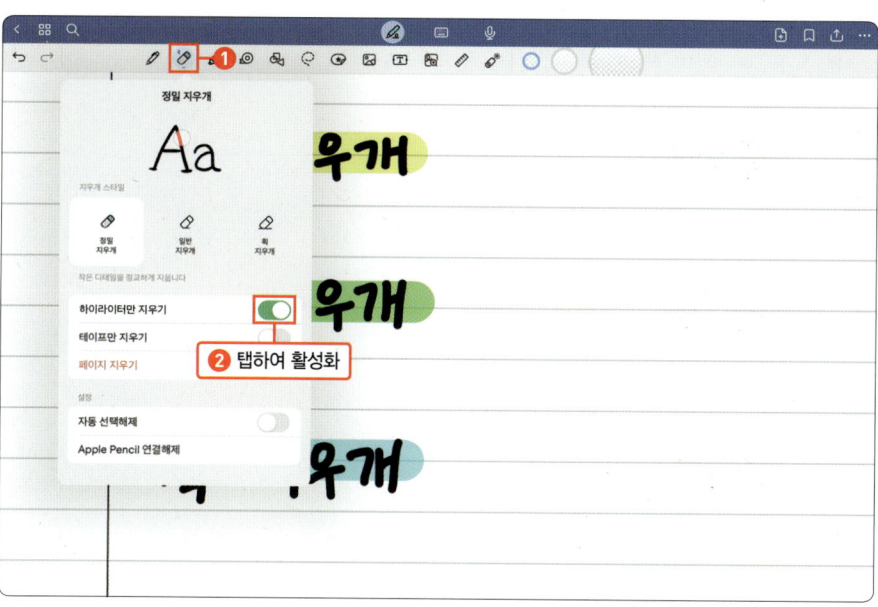

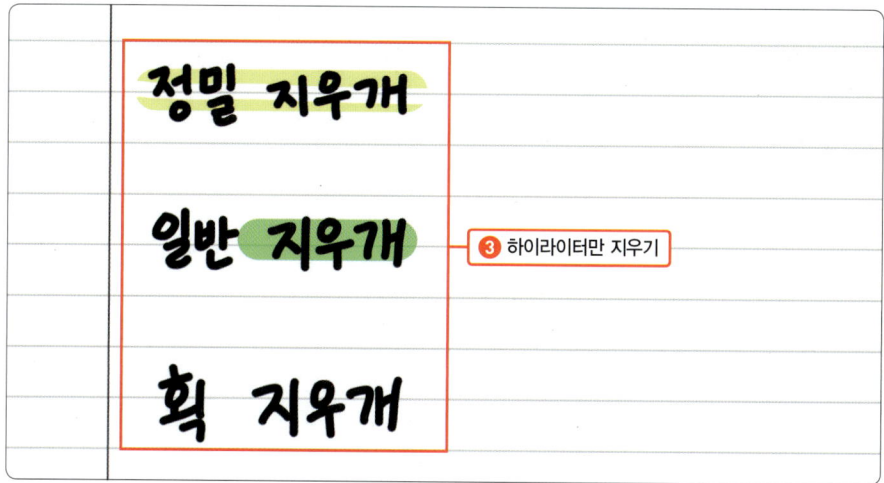

 지우개 크기를 바꾸고 싶다면 오른쪽 세부 메뉴에서 지우개 크기를 선택해요.

03 한 페이지 가득 적어둔 필기를 한꺼번에 지우고 싶을 때는 지우개 툴을 탭하고 [페이지 지우기]를 선택해요. 페이지의 모든 필기가 한 번에 지워집니다. 지워야 할 양이 아무리 많아도 걱정 없어요.

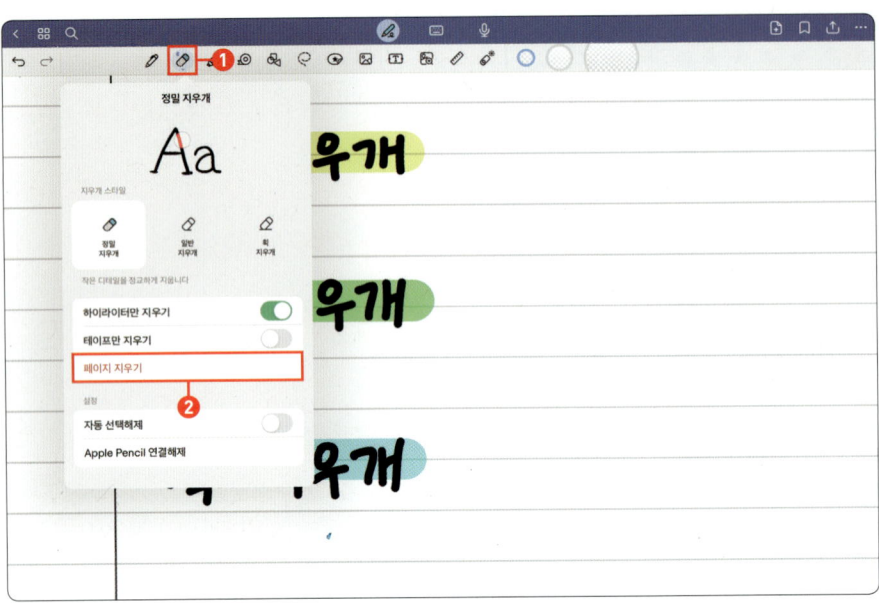

┌ 스마트 팁 ┐ 굿노트를 활용하여 필기하면 간편한 것은 물론, 지우개 가루 걱정 없이 필기를 지울 수도 있답니다.

STEP 06 노트 양식 변경하기

01 노트 정리를 하다 보면 속지의 양식을 바꿔야 할 때가 종종 있습니다. 이럴 때는 화면 오른쪽 상단의 [더 보기(...)]를 탭한 다음 [템플릿 변경]을 선택합니다.

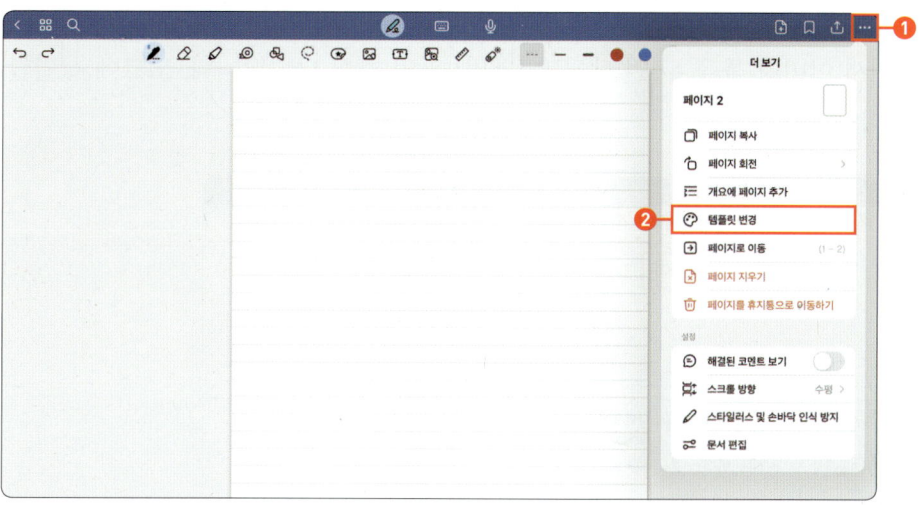

02 템플릿 변경 팝업 창이 나타나면 처음 노트를 생성할 때와 마찬가지로 속지의 크기, 색상, 스타일 등을 선택합니다. 선택이 끝났다면 [적용]을 탭해요. 내가 원하는 양식으로 속지가 변경되었어요.

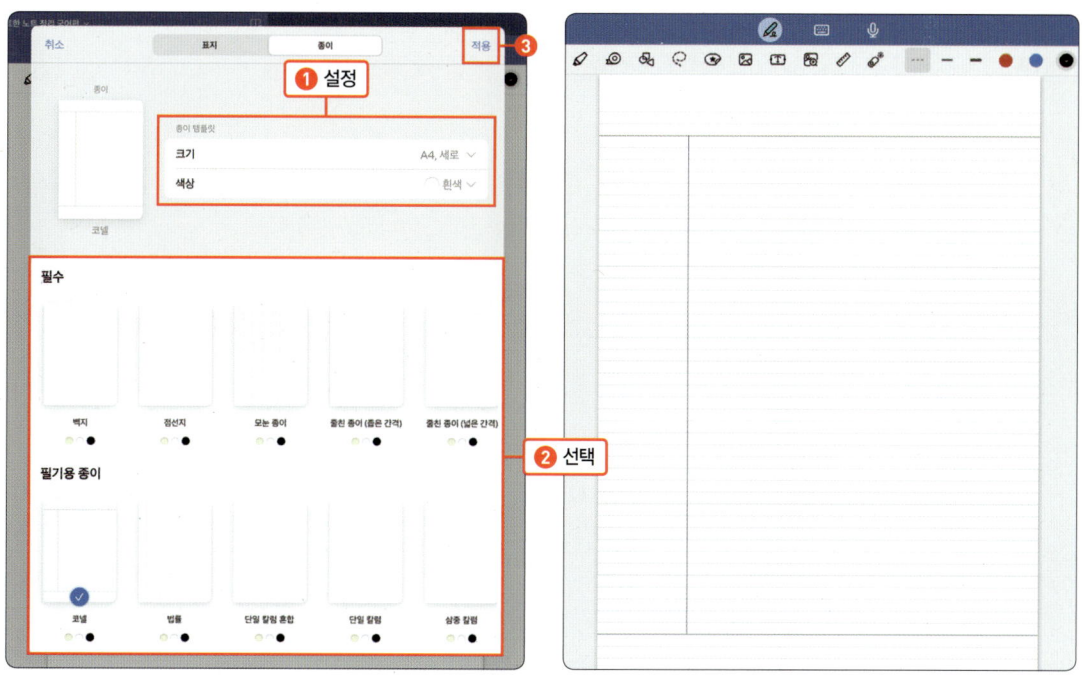

STEP 07 이미지 추가하고 편집하기

노트 정리를 하다 보면 글씨만으로는 부족할 때가 많습니다. 오답 노트를 작성하거나 수학 과목의 도형 부분, 과학 과목의 실험 방법과 결과, 사회 과목의 지리 부분 등 이미지를 첨부해야 할 때가 있는데요. 이럴 때는 굿노트의 이미지 툴을 사용하면 됩니다.

01 상단 메뉴에서 이미지 툴을 두 번 탭하면 [앨범] 팝업 창이 나타납니다. 노트에 삽입할 이미지를 선택합니다.

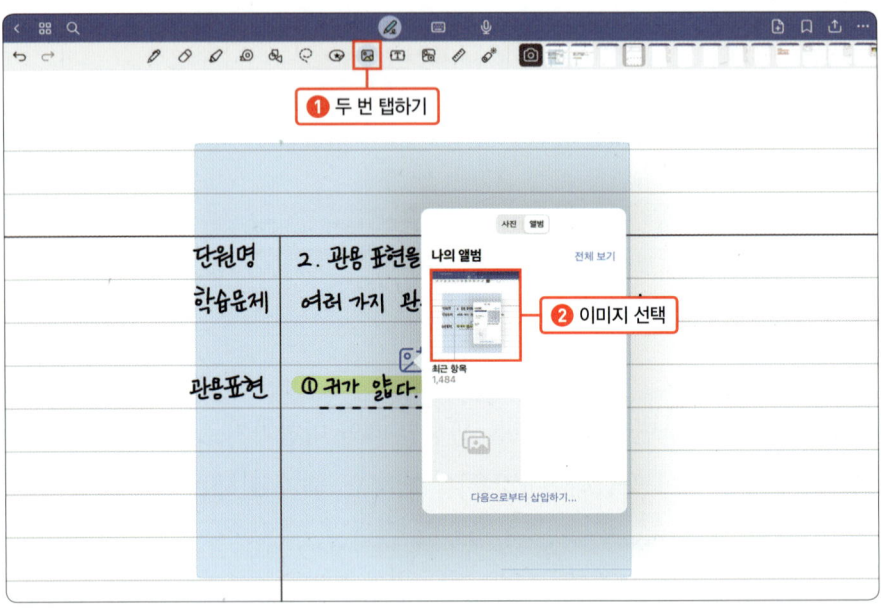

> 스마트팁 → 노트에 넣고 싶은 이미지가 있다면 미리 태블릿 PC의 앨범에 넣어두고 진행하세요.

02 이미지가 삽입되면 테두리에 있는 크기 조정 핸들을 드래그하여 크기를 조정합니다. 모서리에 있는 핸들을 드래그하면 원본 이미지의 비율을 유지하면서 조정할 수 있습니다.

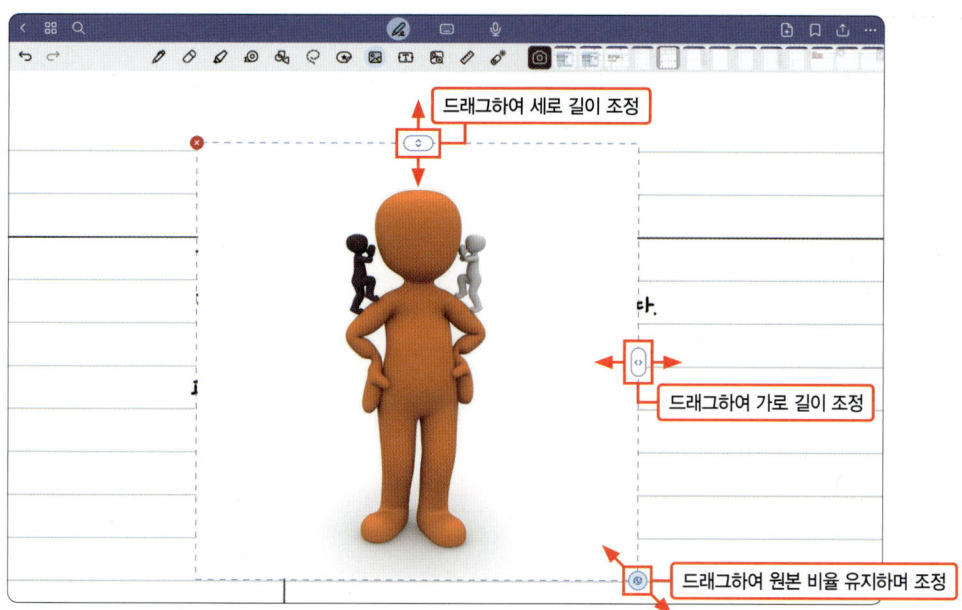

03 크기 조정이 끝났다면 이제 이미지를 필요한 만큼만 잘라봅시다. 이미지를 선택한 상태에서 한 번 더 탭하면 팝업 메뉴가 나타납니다. 그중 [자르기]를 탭합니다.

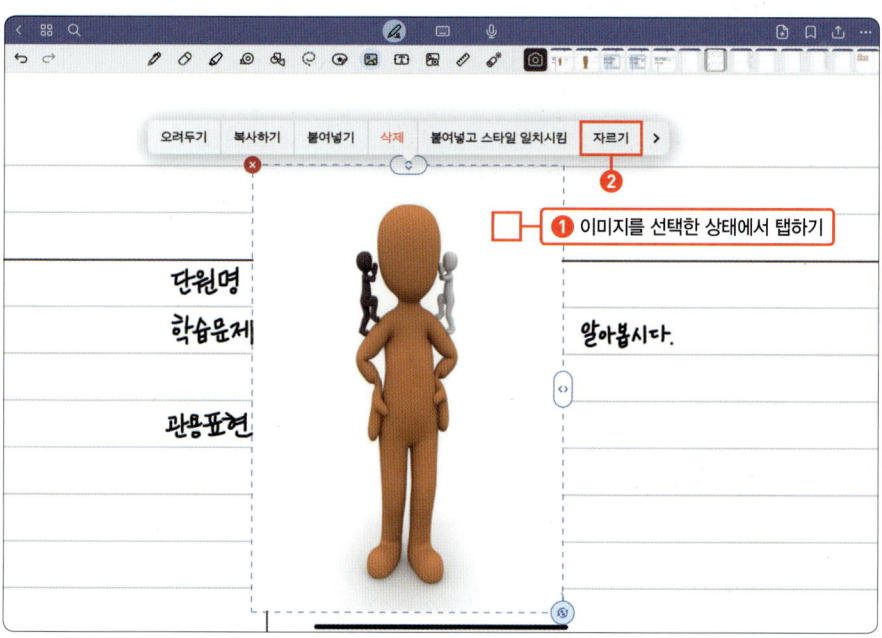

04 이미지 자르기 팝업 창이 나타나면 테두리에 있는 8개의 원 아이콘을 드래그하여 필요한 이미지 영역을 설정하고 [완료]를 탭해요.

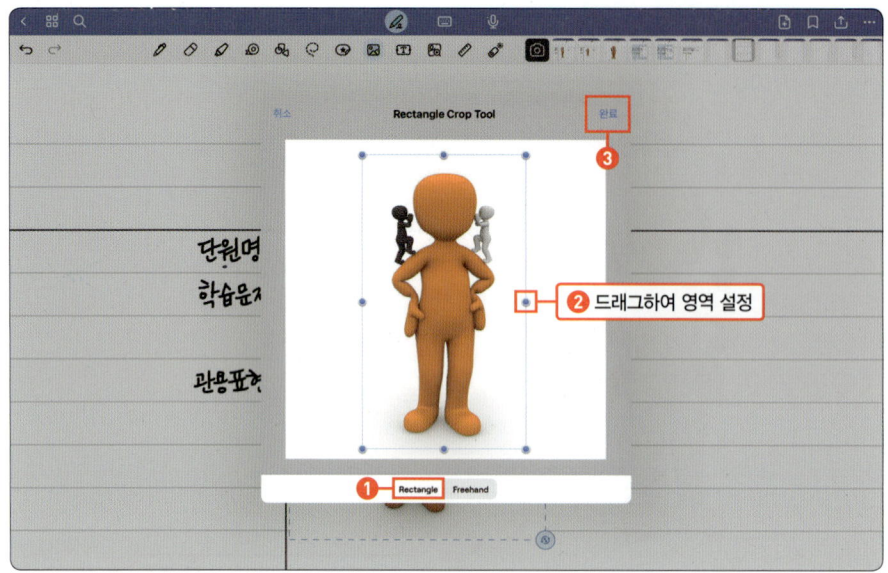

[스마트 팁] 이미지 자르기 팝업 창에서 [Rectangle(직사각형)] 방식을 선택하면 반듯한 사각형 모양으로, [Freehand(손으로 그리기)] 방식을 선택하면 내가 원하는 모양으로 이미지를 자를 수 있어요. 굿노트 사용이 익숙하지 않다면 비교적 간편한 Rectangle 방식을 추천해요.

05 크기 조정과 자르기까지 모두 끝났다면 이제 이미지를 원하는 위치로 옮겨줍니다. 그 다음, 지금까지 배운 기능을 활용하여 이미지 주변에 간단하게 필기합니다.

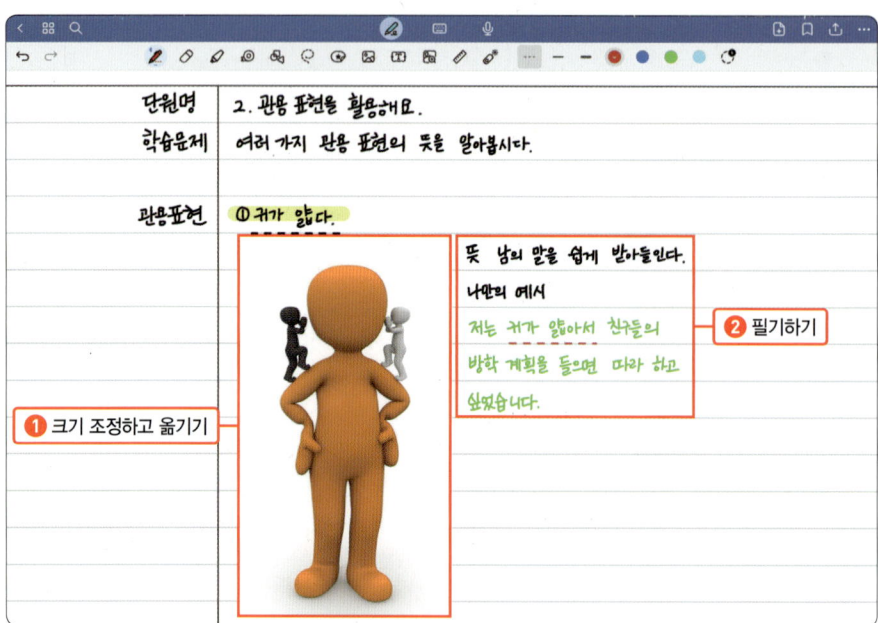

스마트한 국어 정리, 이렇게 해 봐요

수학 개념과 문제가 함께 있는 수학 교과서, 이해하고 외워야 할 개념으로 정리된 사회 및 과학 교과서와 달리 국어 교과서는 대부분 글의 지문으로 채워져 있어요. 국어 과목에서는 어떤 내용을 노트 정리해야 할까요? 나만의 국어 노트 양식을 활용하여 스마트하게 국어 노트를 정리하는 방법을 알아봅시다.

STEP 01 속지 양식 다운로드하기

01 태블릿 PC의 카메라 앱을 실행하여 아래 QR 코드를 스캔해요.

02 QR 코드를 스캔하면 QR 코드와 연결된 URL 주소로 이동할 수 있는 팝업 창이 나타나요. 팝업 창을 탭해요.

03 QR 코드와 연결된 PDF 파일이 사파리 앱으로 열려요. 상단의 [공유(⬆)]를 탭하고 스크롤을 내려 [Goodnotes에서 열기]를 탭해요.

[스마트 팁] → 사파리 외에 다른 브라우저 앱으로 열린 경우에도 같은 방식으로 [Goodnotes에서 열기] 버튼을 찾으면 됩니다.

04 PDF 파일의 이름을 확인한 다음 [새로운 문서로 불러오기]를 탭해요.

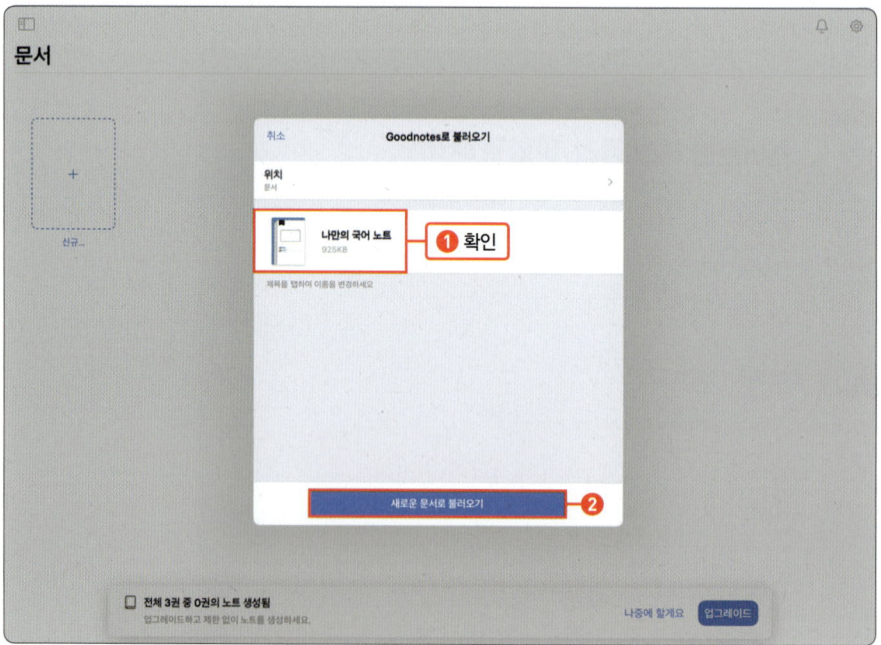

05 나만의 국어 노트 양식을 굿노트로 불러왔어요. 첫 페이지에 국어 노트의 제목과 나의 목표, 공부 기간을 써요.

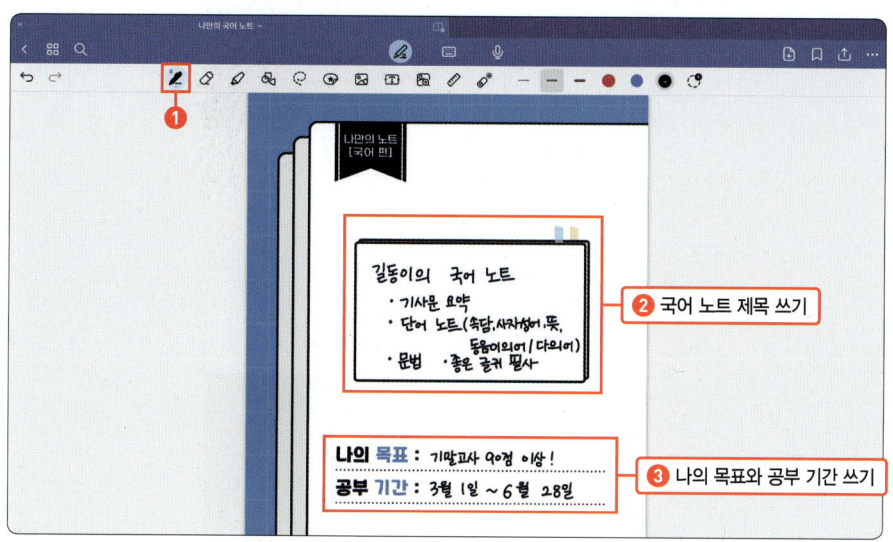

STEP 02 기사문 요약하기

수능 국어 시험지를 살펴보면 지문이 굉장히 길어요. 일정 분량의 글을 요약하는 연습을 꾸준히 하면 지문이 길더라도 무리 없이 내용을 이해할 수 있어요. 요약하기 좋은 기사문을 활용해서 글을 요약하는 연습을 해 봅시다.

01 화면 가장 아랫부분을 위로 살짝 쓸어올리면 독 바가 나타나요. 독 바에서 [크롬] 앱을 탭하고 손가락을 떼지 않은 상태에서 화면 오른쪽으로 드래그해요.

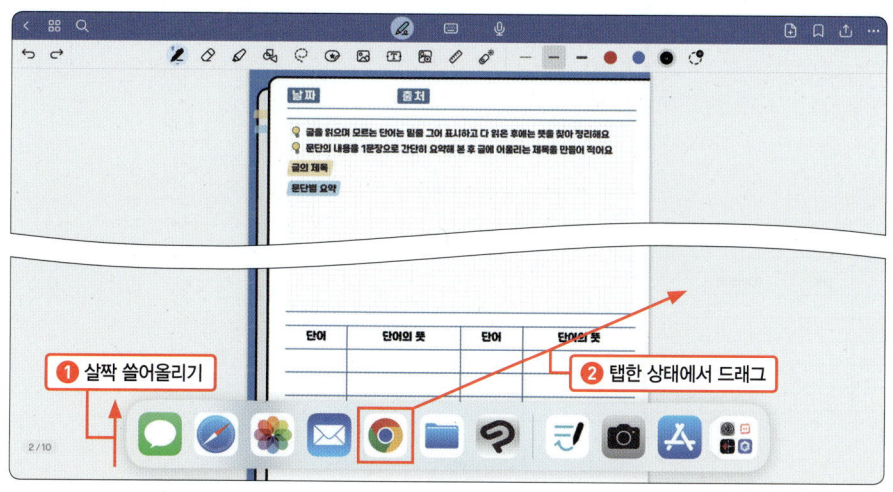

> 스마트 팁 ▶ 독 바는 태블릿 PC 화면 아래에 자주 사용하는 앱을 모아둔 줄을 말해요.

02 아래와 같이 화면이 분할되면 손가락을 떼요.

03 굿노트 앱과 크롬 앱을 동시에 볼 수 있는 분할 화면으로 바뀌었어요. 이러한 화면 분할 방식을 '스플릿 뷰'라고 해요.

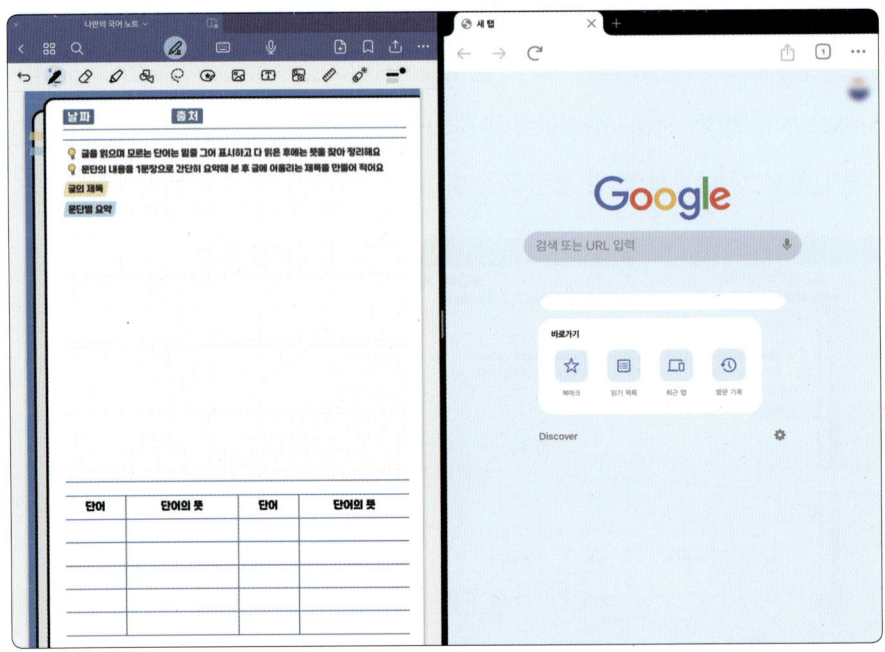

[스마트 팁] 갤럭시 탭에도 같은 기능이 있어요. 갤럭시 탭 하단 바의 ▥ 을 탭하고 실행하고자 하는 앱을 선택해요. [분할 화면으로 열기]를 선택하면 화면이 반으로 갈라지며 두 개의 앱을 동시에 볼 수 있어요. 이 책에서는 이러한 분할 화면을 활용하는 방법이 자주 나와요. 노트 정리를 할 때 매우 유용하게 쓸 수 있는 기능이니 잘 익혀두도록 해요.

04 화면 오른쪽의 크롬 앱에서 요약하려는 주제의 기사를 검색해요.

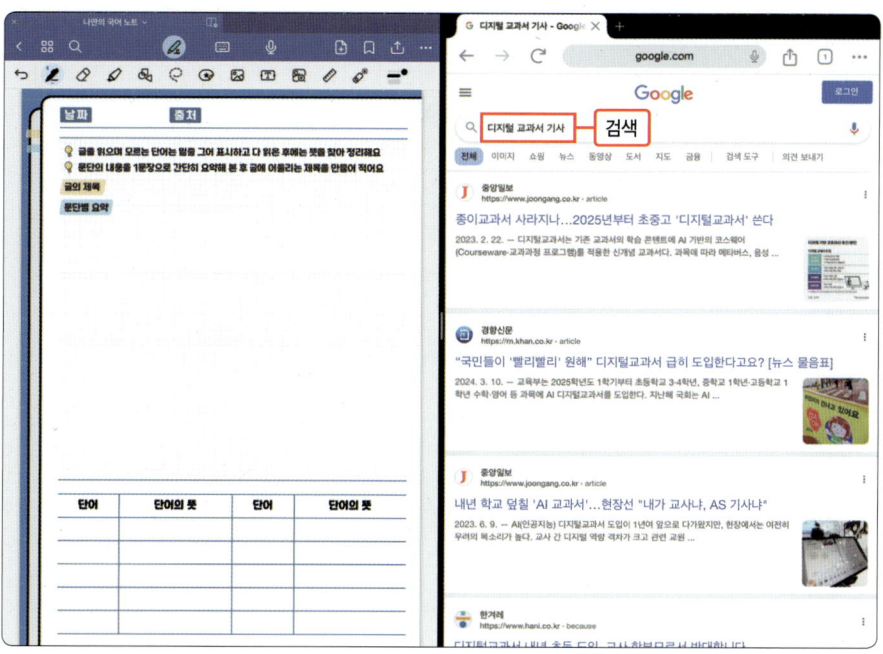

05 마음에 드는 기사를 찾았다면 기사를 읽고 문단별 주요 내용을 중심으로 요약해요. 모르는 단어는 크롬 앱을 통해 국어사전에서 검색한 다음 노트 하단의 표에 정리해요.

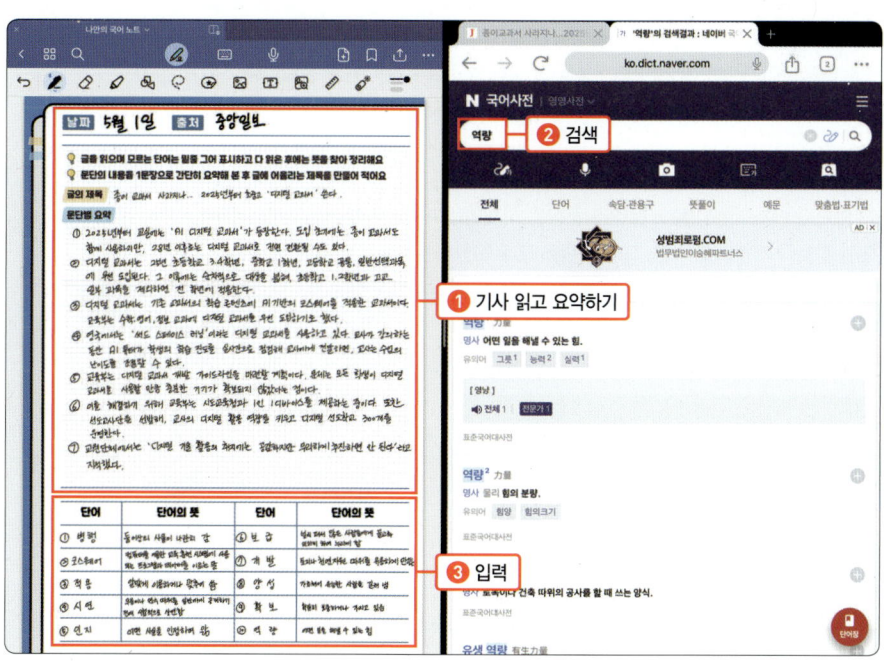

✦ 잠깐만요! 글 요약 페이지를 추가하고 싶어요!

글 요약 페이지를 추가하고 싶다면 굿노트 오른쪽 상단의 [페이지 추가( )]를 탭하고 페이지를 추가할 위치를 선택한 다음 [현재 템플릿]을 탭해요.

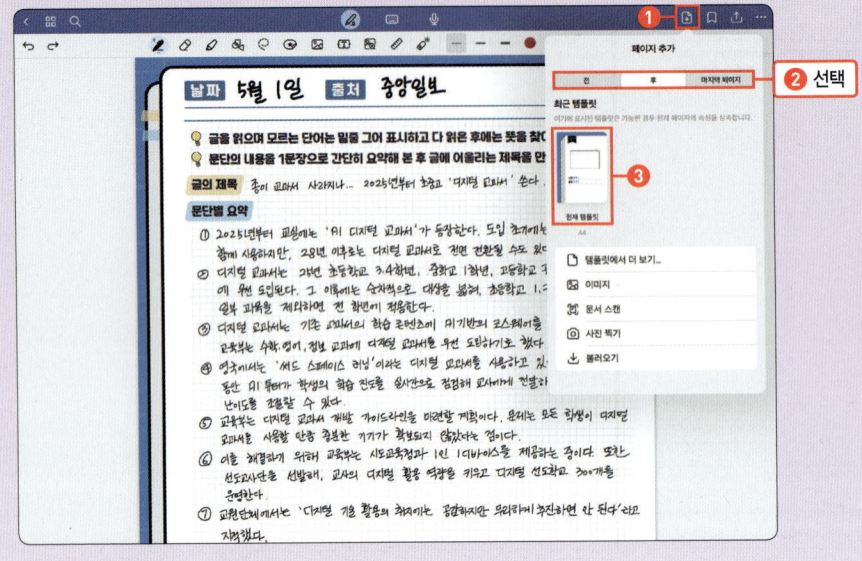

✦ 잠깐만요! 글을 잘 요약하려면 어떻게 해야 하나요?

'요약'이란 글의 중심 내용만 골라서 간단하게 정리하는 것을 말합니다. 요약해야 할 내용은 글의 종류에 따라 다릅니다. **이야기 글**은 인물, 사건, 배경과 같은 구성 요소나 줄거리를 중심으로 요약합니다. **주장하는 글(논설문)**은 글쓴이가 주장하는 내용과 이에 대한 근거를 중심으로 요약합니다. **설명하는 글(설명문)**은 중요한 정보를 중심으로 요약합니다. **신문 기사**는 대부분 논설문 또는 설명문이기 때문에 기사의 내용을 잘 살펴보고 요약할 내용을 정합니다.

글은 여러 문단으로 이루어져 있기 때문에 각 문단의 내용을 먼저 요약해야 합니다. 문단을 요약할 때는 다음과 같은 방법을 사용해 봅시다.

❶ **선택하기**: 문단의 중심 내용이 잘 드러나는 문장을 선택합니다.
❷ **삭제하기**: 중요하지 않거나 반복되는 내용이 들어간 문장을 삭제합니다.
❸ **일반화하기**: 반복되는 정보나 개념이 있다면, 그 단어들을 모두 포함하는 단어로 일반화해서 표현합니다.
❹ **재구성하기**: 문단의 중심 문장이 뚜렷하지 않다면 문단의 내용을 잘 살펴보고 내용을 다시 구성하여 나만의 문장으로 새롭게 표현합니다.

STEP 03　단어 정리하기

국어 교과서의 지문을 읽거나 기사문을 요약하다 보면 다양한 단어를 만나게 돼요. 낯선 단어를 국어사전에 검색하면 단어 옆에 숫자가 붙어있는 경우도 있고, 숫자는 붙어있지 않지만 단어의 뜻이 여러 개인 경우도 있어요.

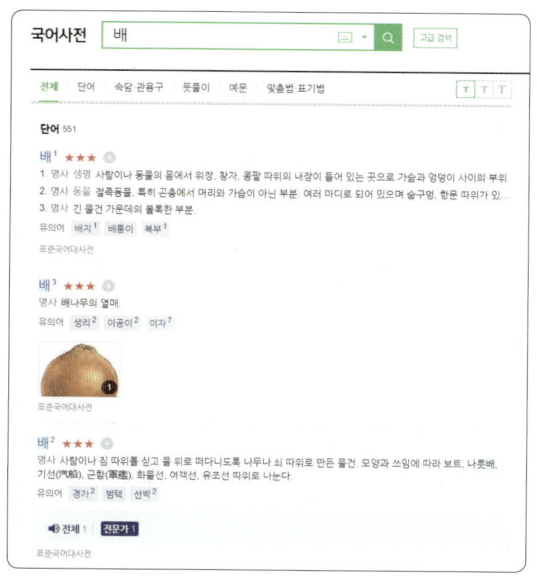

▲ 단어 옆에 숫자가 붙어있는 경우　　　　　　　▲ 단어의 뜻이 여러 개인 경우

위 예시 이미지를 살펴봅시다. 왼쪽의 배¹와 같은 단어를 동음이의어, 오른쪽의 입과 같은 단어를 다의어라고 합니다. **동음이의어는 소리는 같으나 뜻이 다른 단어**를 가리켜요. **다의어는 하나의 단어가 여러 가지 뜻을 가지는 경우**를 말해요.

동음이의어와 다의어는 소리 내서 읽을 때의 발음이 모두 같기 때문에 헷갈릴 수 있어요. 하지만 찬찬히 살펴보면 동음이의어와 다의어 사이에는 큰 차이점이 있어요. 동음이의어는 서로 전혀 다른 뜻을 가진 단어들이에요. 따라서 국어사전에 각각 다른 단어로 실려 있어요. 이와 달리 다의어는 다양한 의미를 가진 하나의 단어예요. 따라서 국어사전에 한 개의 단어로 실려 있어요. 동음이의어와 다의어의 특성을 살려 나만의 국어 노트에 정리해 봅시다.

01 우선 스플릿 뷰를 활용하여 국어사전에서 동음이의어와 다의어를 찾아 정리해 볼게요.

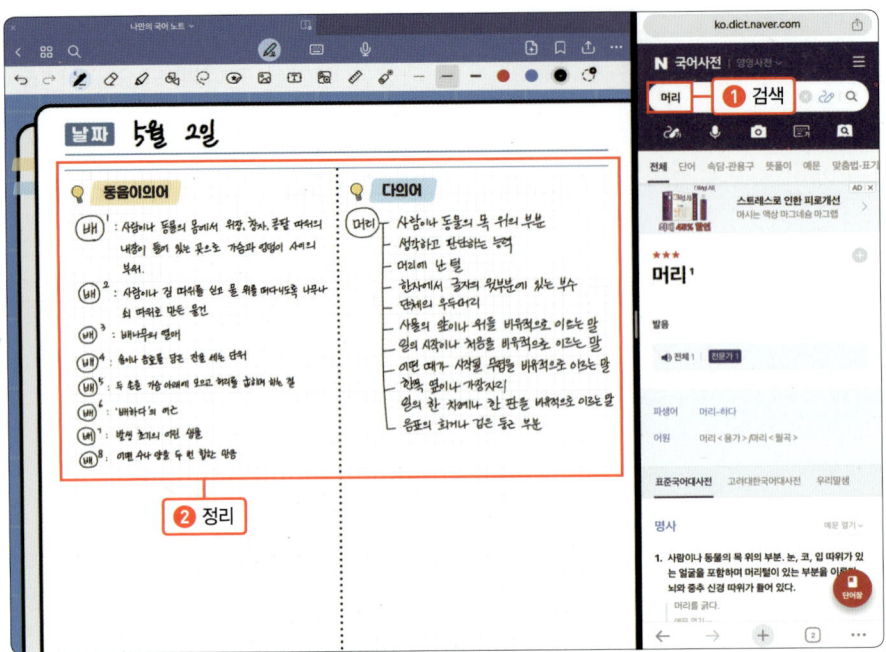

> **스마트 팁** 스플릿 뷰는 화면을 분할하여 사용하는 기능이에요. 114쪽을 참고하여 설정할 수 있어요. 스플릿 뷰의 가운데 막대를 좌우로 드래그하면 양쪽 화면의 비율을 조절할 수 있어요.

02 동음이의어는 여러 개의 단어로, 다의어는 한 개의 단어로 정리해요.

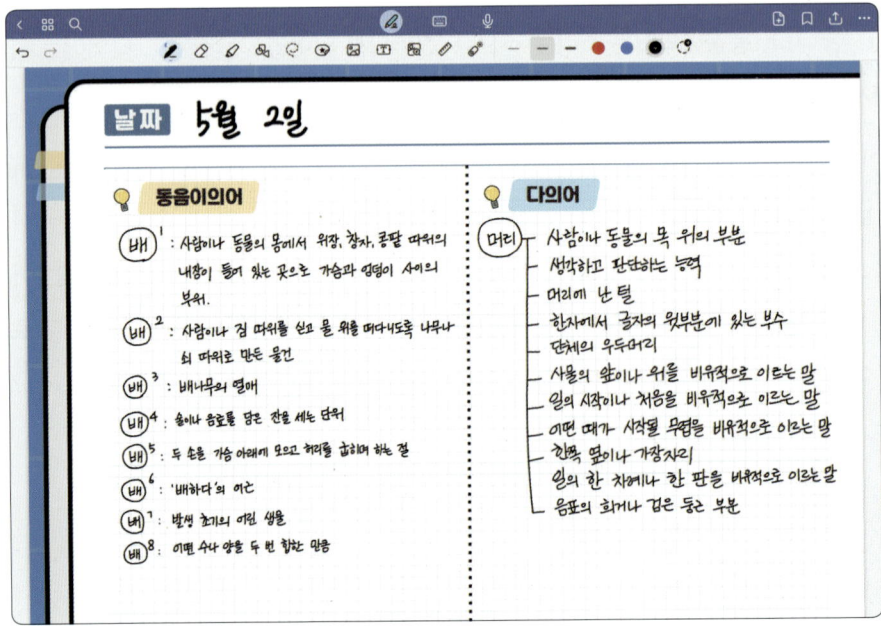

03 중요한 개념은 다음과 같이 좀 더 꼼꼼하게 정리합니다. 점선의 왼쪽에 개념을 적고, 점선의 오른쪽에는 개념의 뜻과 예시 등을 적어요.

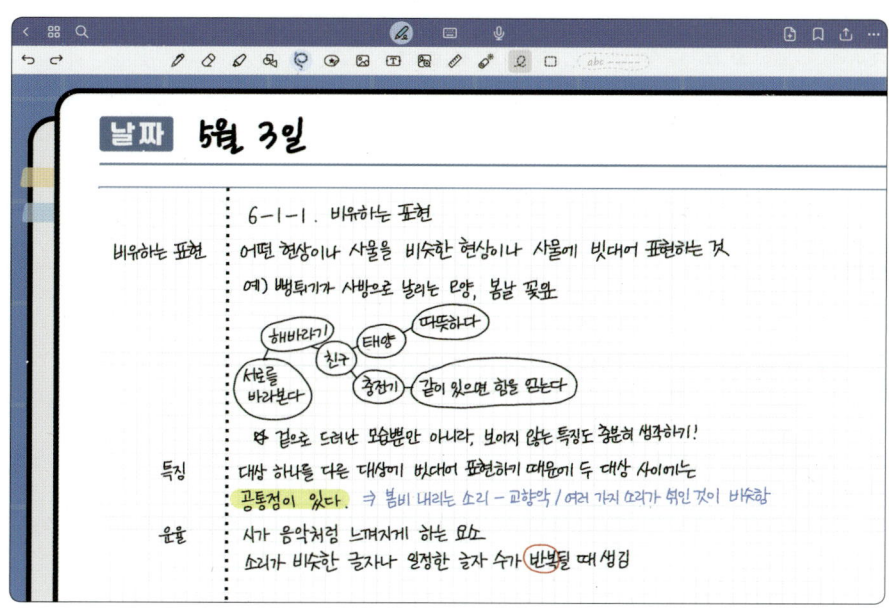

[스마트 팁] 노트 배경을 보면 연한 회색으로 된 가로 선과 세로 선으로 칸이 나누어져 있어요. 이 칸에 맞추어 글씨를 쓰면 문장을 반듯하게 쓸 수 있어요.

04 지문이나 책을 읽으며 모르는 단어가 나오면 뜻과 예문은 물론, 유의어와 반의어도 함께 정리해요.

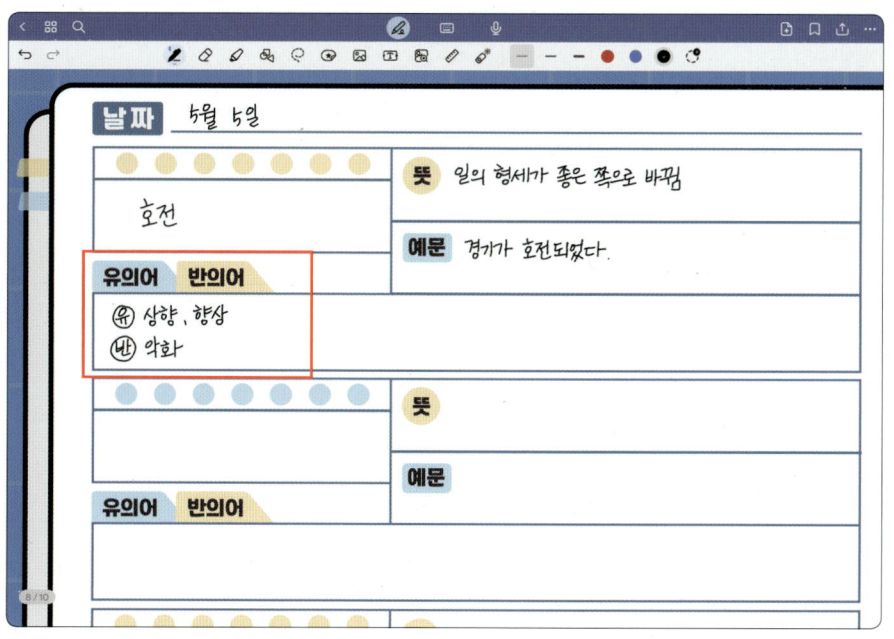

05 단어를 복습할 때는 복습 체크 표를 활용해요. 복습할 때마다 체크 표에 체크나 하트, 별 등 원하는 모양으로 표시하면 이 단어를 얼마나 복습했는지 쉽게 확인할 수 있어요.

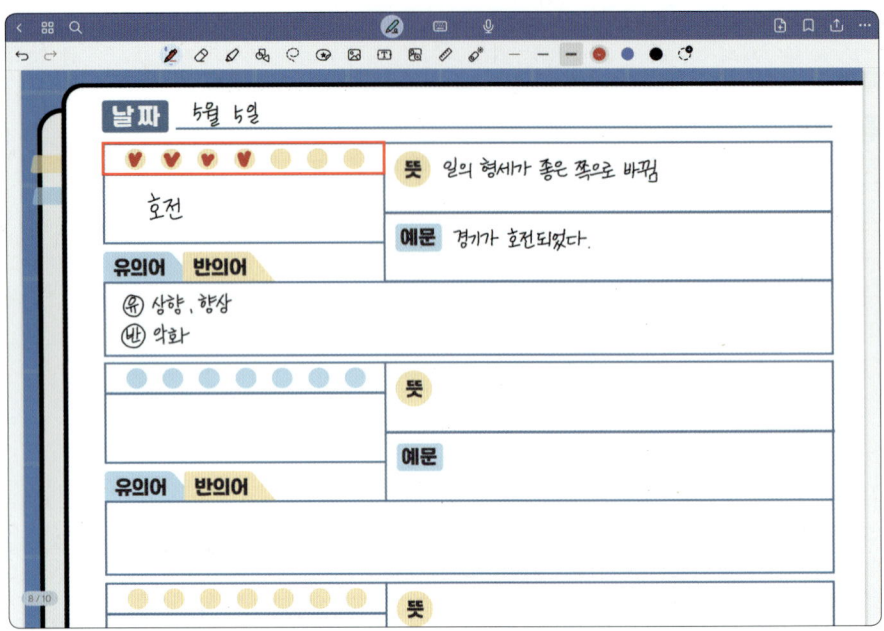

06 사자성어는 한자와 발음, 뜻, 예문을 조사하여 정리해요. 사자성어도 마찬가지로 복습할 때마다 체크 표에 표시하면 좋아요.

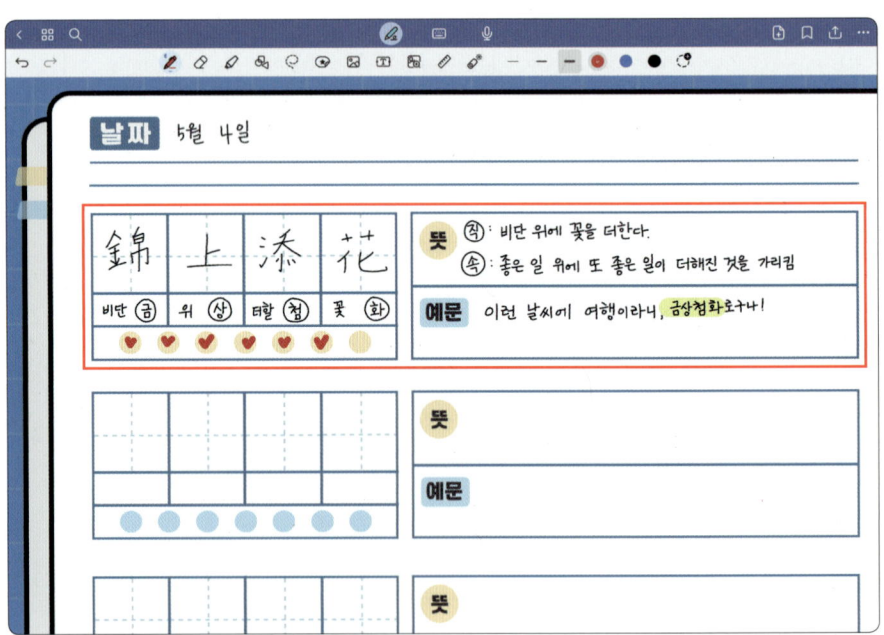

> **스마트 팁** 사자성어의 경우, 한자의 뜻과 음을 함께 정리하면 기억하는 데 도움이 돼요. 사자성어의 한자만으로 의미를 유추한 것은 [직], 숨겨진 속뜻을 정리한 것은 [속]으로 정리해요.

07 속담도 마찬가지로 뜻을 조사하여 정리한 다음, 복습할 때마다 체크 표에 표시해요.

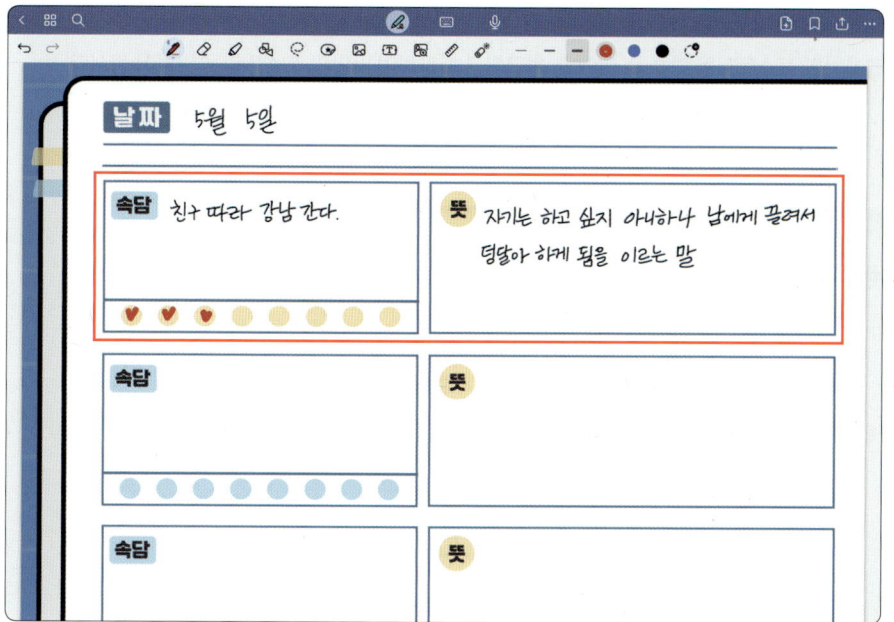

> **선생님의 한마디**
>
> 사자성어와 속담, 왜 중요할까요? 우리 말 명사의 70%는 한자어라고 해요. 일상 속에서 쉽게 쓰는 책, 의자, 냉장고, 탁자와 같은 단어들도 모두 한자어예요. 한자어 중에는 일상에서 자주 쓰이지만 뜻을 일부러 익히지 않으면 낯설게 느껴지는 것들이 있는데요. 바로 네 개의 한자가 모여 하나의 뜻을 이루는 사자성어입니다. 사자성어는 한자를 사용하지 않는 현대에는 낯설게 느껴질 수 있어요. 하지만 수준 높은 국어 실력을 갖추려면 사자성어와 속담을 꼭 익혀야 해요. 사자성어는 한자로 이루어진 단어이기 때문에 한자와 함께 정리하는 것을 추천해요.

| 이런 방법도 있어요 | **굿노트에서 포스트잇 만들기**

굿노트의 텍스트 툴을 활용하면 포스트잇을 만들 수 있어요. 차근차근 따라하며 나만의 포스트잇을 만들어 봅시다.

01 텍스트 툴을 선택한 다음 포스트잇에 적을 내용을 키보드로 타이핑해요.

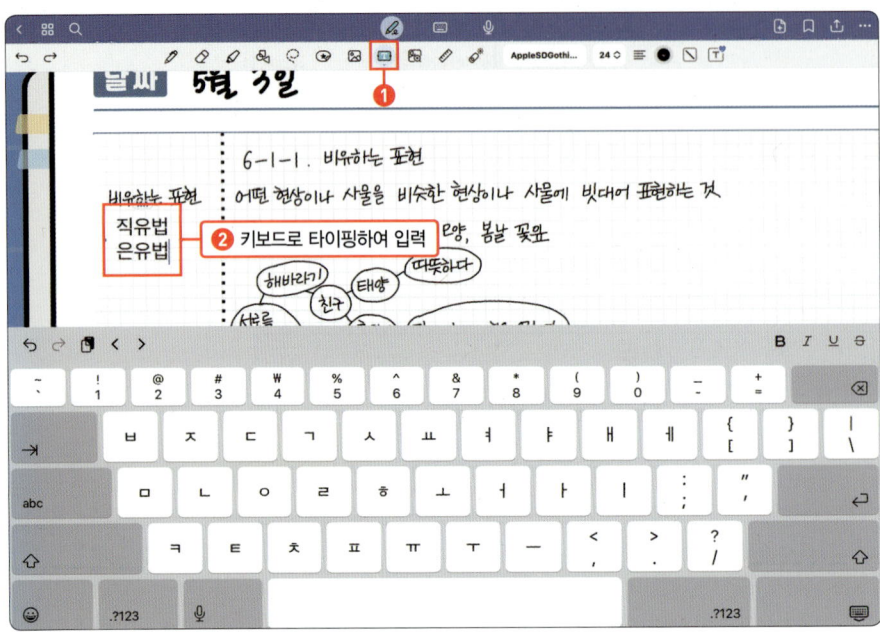

02 내용을 모두 적었다면 [텍스트 상자 스타일(◫)]을 탭하고 [고급] 탭으로 들어가요.

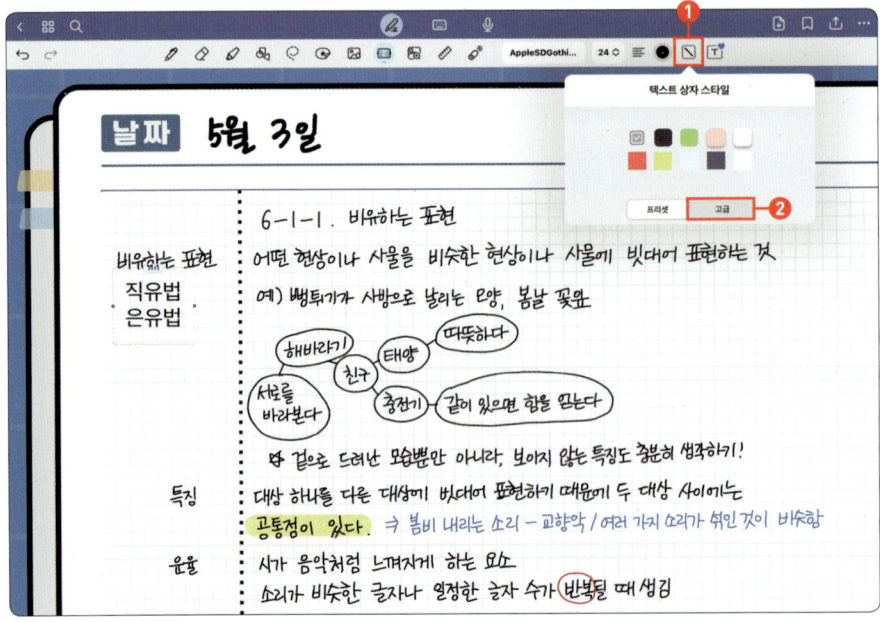

03 [배경 색상]을 탭하여 포스트잇 색상을 선택하고 [뒤로]를 탭해요.

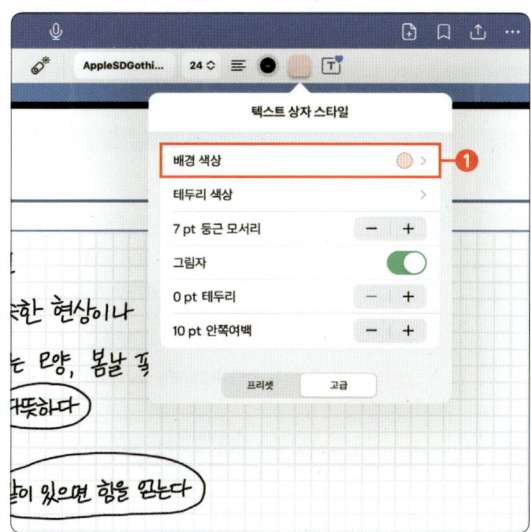 

04 '둥근 모서리' 값을 조절하면 포스트잇 모서리의 모양을 변경할 수 있어요. 값이 커질수록 더 둥글어지고, 값이 작아질수록 각진 모양이 됩니다.

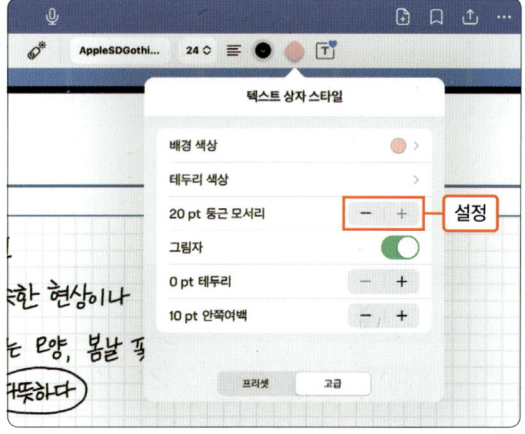

05 '그림자'를 활성화하면 포스트잇의 그림자가 생겨요. 취향에 따라 활성화하거나 비활성화해요.

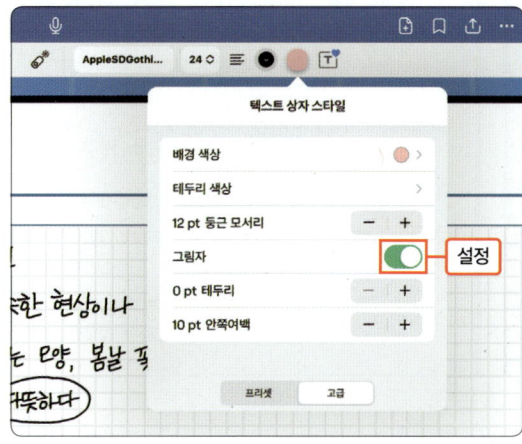

06 스타일을 모두 설정했다면 이번에는 포스트잇 크기를 조정해 볼게요. 키보드에서 [Enter]를 누르면 행갈이가 되며 포스트잇이 아래로 늘어나요.

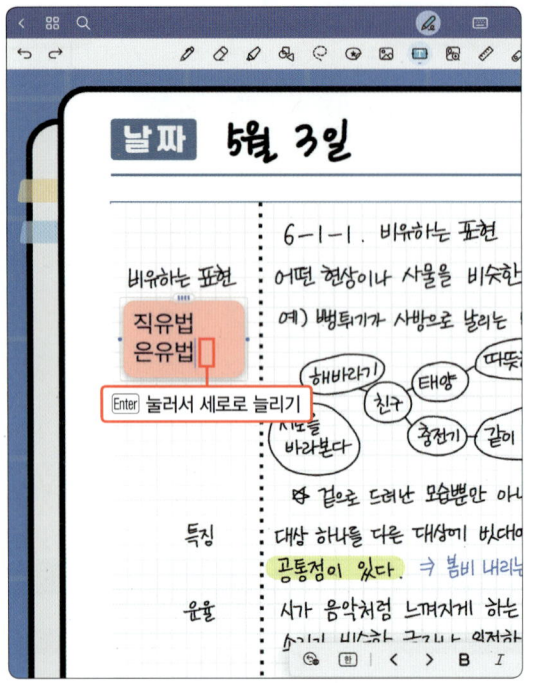 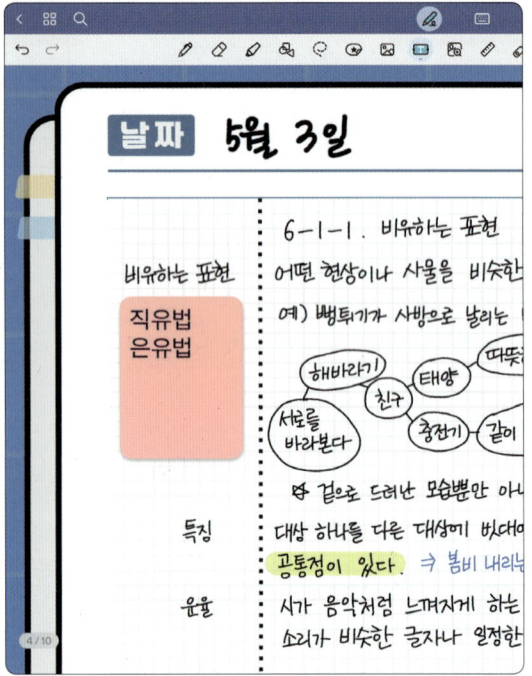

07 펜 툴을 선택하고 포스트잇의 빈 공간에 손글씨로 필기해요.

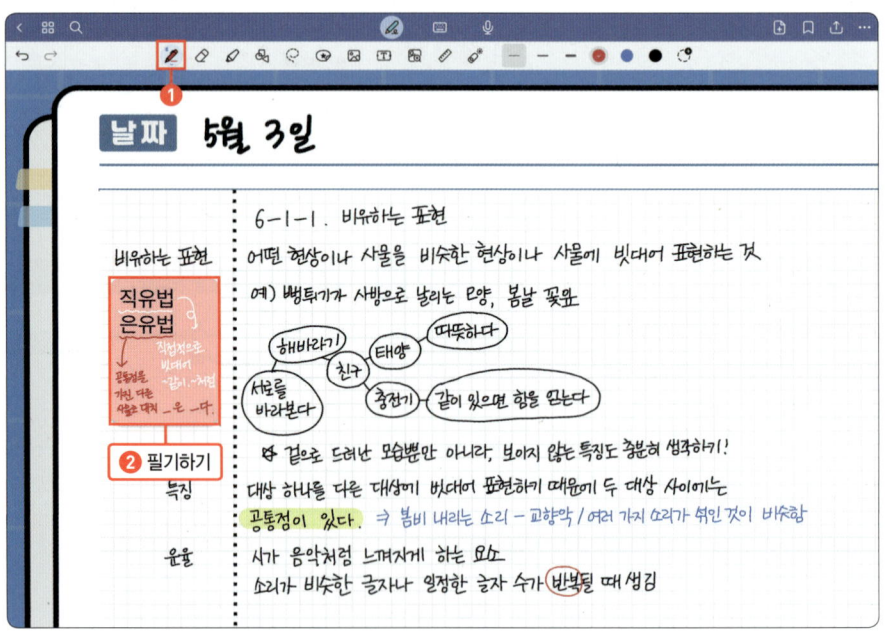

08 빈 포스트잇으로 내용을 가리면 복습할 때 편리해요. **01~05**단계를 반복하여 포스트잇을 만든 다음, 포스트잇의 크기를 조정해요. 포스트잇을 세로로 늘릴 때는 키보드의 Enter 를 누르고, 가로로 늘릴 때는 크기 조정 핸들을 드래그하면 돼요.

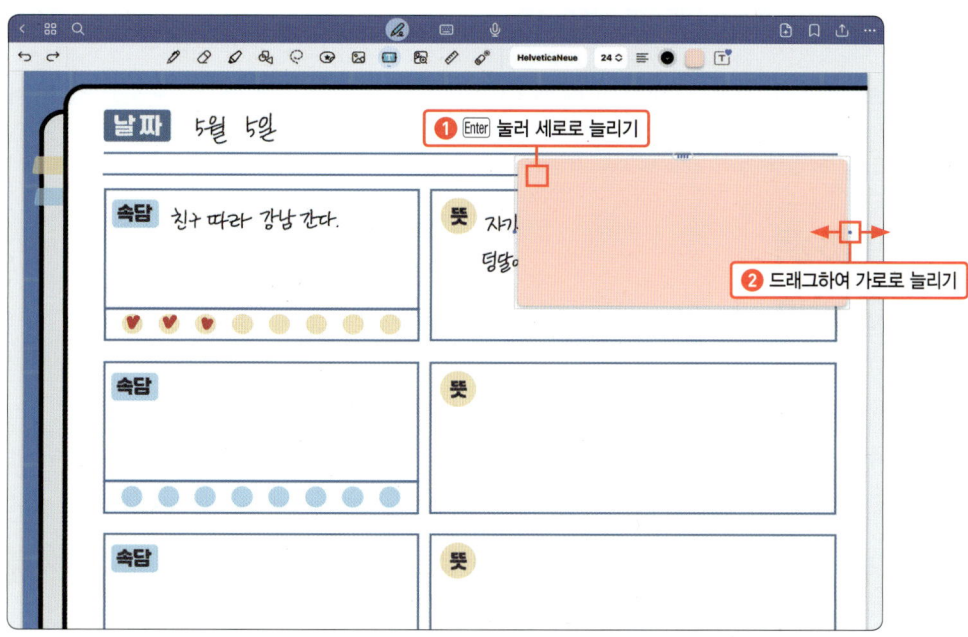

09 원하는 위치에 포스트잇을 올려놓아요. 이렇게 포스트잇으로 필기 내용을 가려서 복습할 때 사용하면 매우 편리해요.

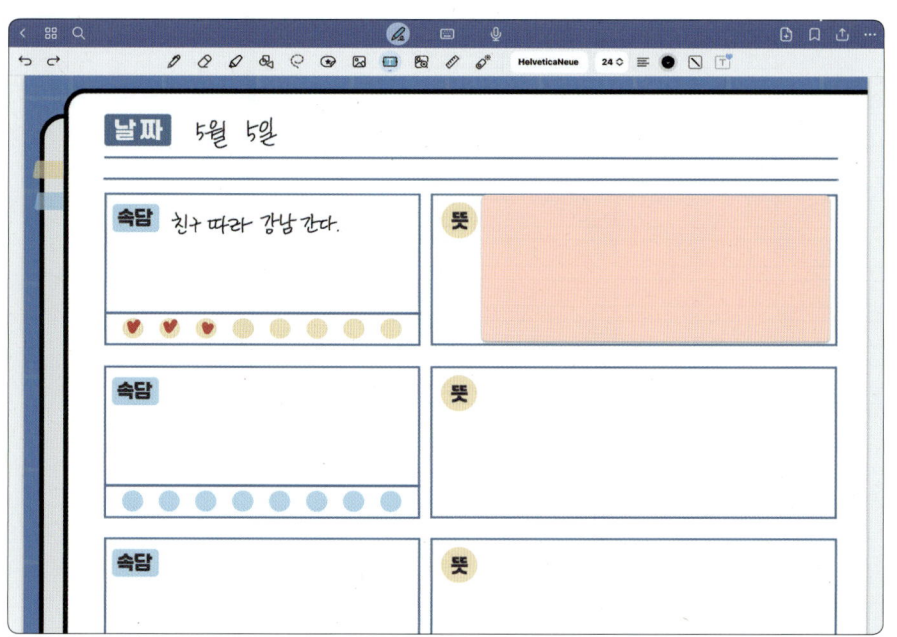

STEP 04 나만의 원고지 활용하기

원고지를 쓰는 방법은 정확하게 통일된 규정이 없기 때문에 참고 자료마다 조금씩 설명이 다를 수 있어요. 이 책에서는 보편적으로 사용되는 원고지 작성 방법을 기준으로 안내할게요.

01 태블릿 PC의 카메라 앱을 실행하여 아래 QR 코드를 스캔해요. 양식을 굿노트로 가져오는 방법은 111~112쪽을 참고하세요.

02 원고지는 여러 개의 세로 '줄'이 있고, 각 줄에는 가로로 배열된 네모난 '칸'이 있어요. 칸 하나는 글자 하나를 쓰는 공간이라고 이해하면 돼요. 나만의 원고지 양식에서 사용하는 원고지는 가장 일반적인 원고지 양식이에요. 20×10, 즉 20칸씩 10줄이 있어서 총 200자를 쓸 수 있어요.

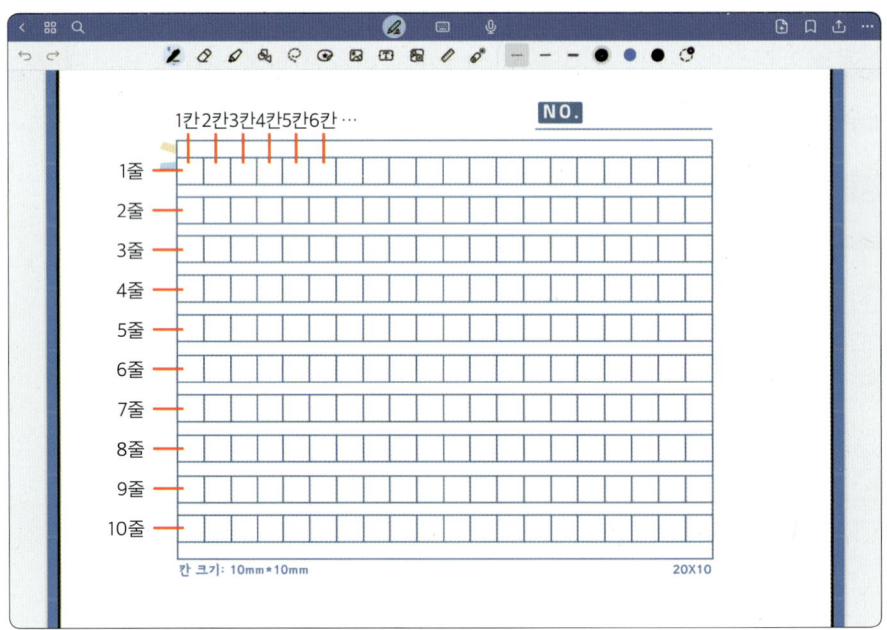

03 우선 글의 종류를 적어볼게요. 글의 종류는 1줄 2칸에 적어요.

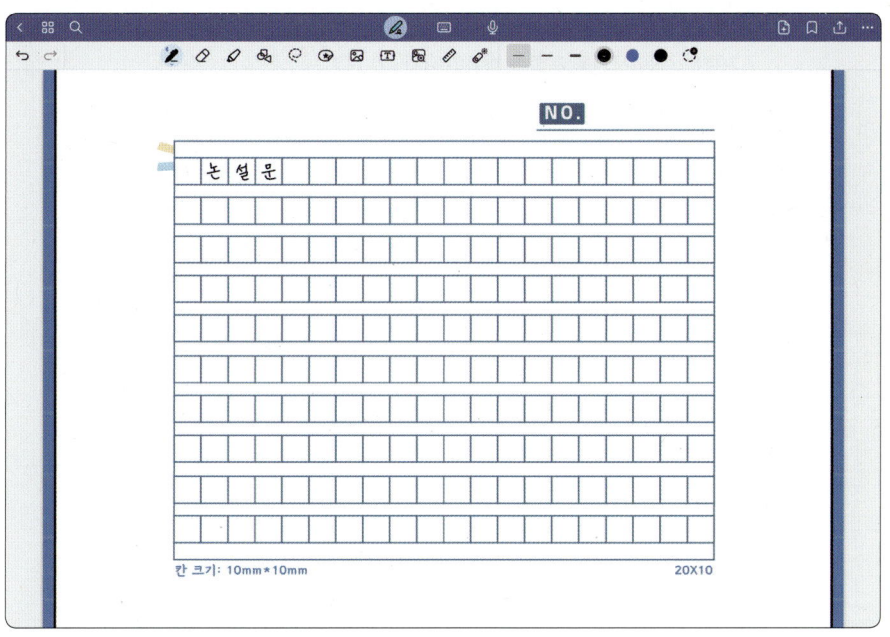

> **스마트 팁** '1줄 2칸'이라고 하면, 첫 번째 줄의 두 번째 칸을 가리켜요. 글의 종류는 생략할 수도 있어요. 이 책에서 원고지에 사용한 펜 굵기는 0.4mm예요.

04 2줄 정중앙에 글의 제목을 적어요. 글의 제목에는 마침표(.), 물음표(?), 느낌표(!)와 같은 종결 부호를 사용하지 않아요.

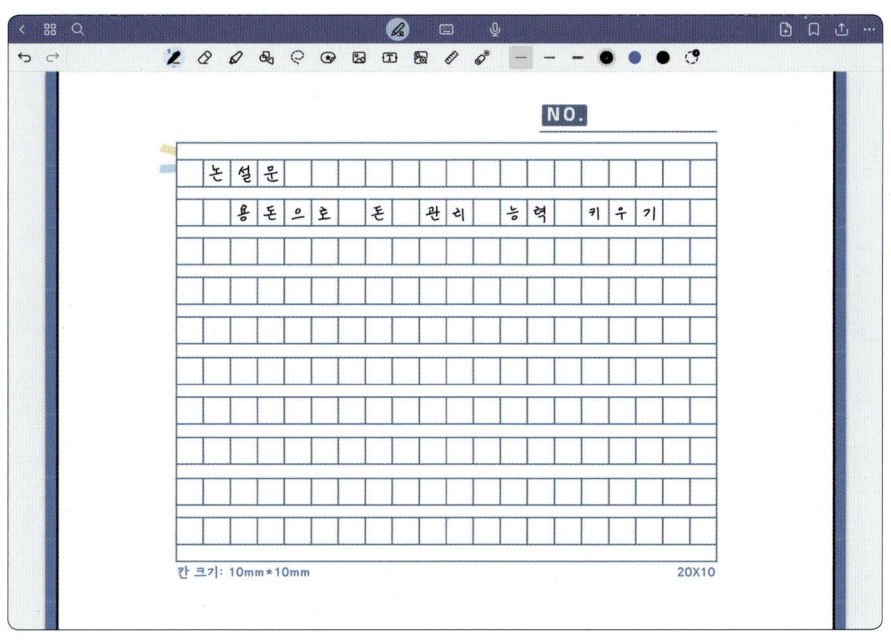

◆ **잠깐만요!** 제목을 2줄의 정중앙에 쓰려면 어떻게 해야 하나요?

> { 20칸 - (띄어쓰기를 포함한 제목의 글자 수) } ÷ 2

전체 20칸에서 제목이 차지하는 칸 수, 즉 띄어쓰기를 포함한 제목의 글자 수를 뺍니다. 그리고 2로 나눕니다. 이 계산식의 결괏값만큼 칸을 띄우고 제목을 적으면 제목이 줄의 정중앙에 옵니다. **제목의 글자 수가 홀수일 경우**에는 어떨까요? 예를 들어 '강릉으로 가족여행 간 일'이라는 제목을 쓴다면, 위 계산식으로 계산했을 때 3.5칸을 띄워야 합니다. 이럴 때는 소수점 이하를 버리고 3칸만 띄우면 됩니다.

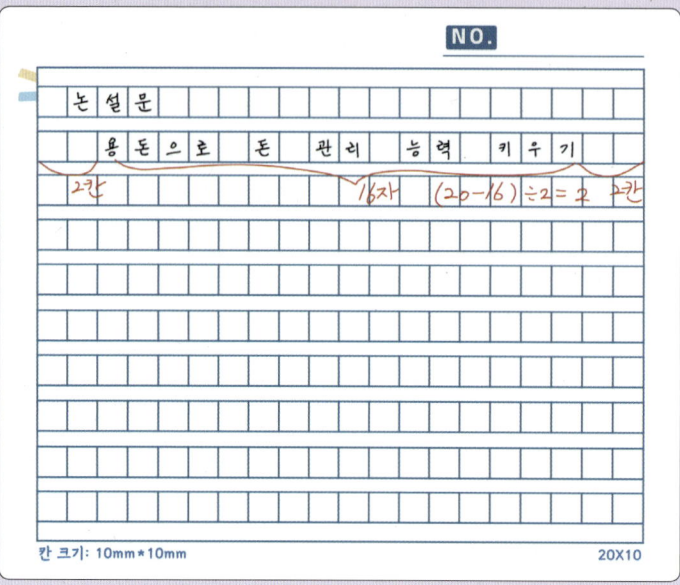

▲ 제목의 글자 수가 짝수일 경우

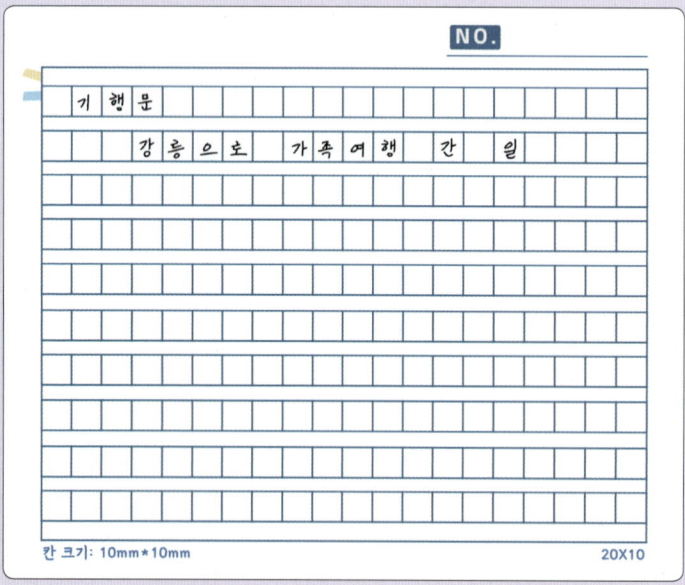

▲ 제목의 글자 수가 홀수일 경우

05 제목 아래에 한 줄을 비우고 그다음 줄에 소속과 이름을 씁니다. 예를 들어, 한국초등학교에 다니는 학생이라면 나의 소속은 한국초등학교입니다. 소속은 뒤에서 3칸을 비우고 쓰고, 이름은 뒤에서 2칸을 비우고 씁니다.

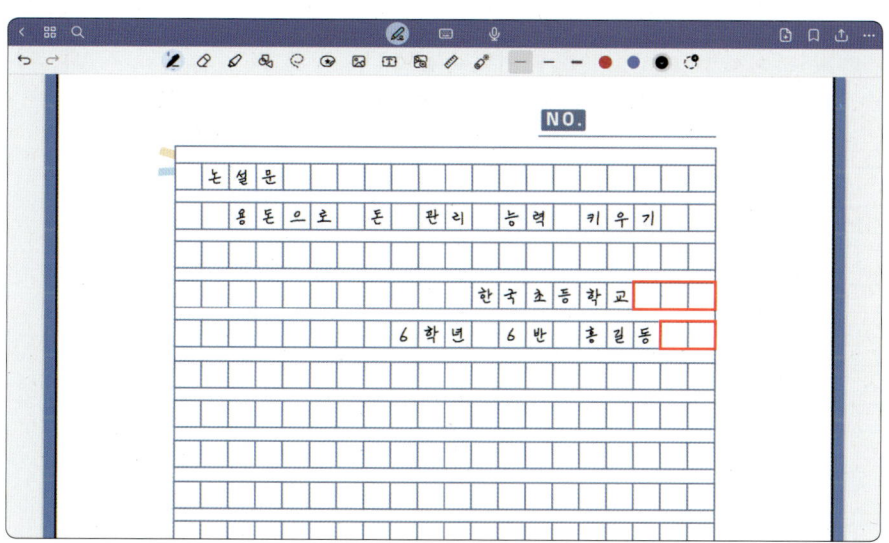

[스마트 팁] 소속과 이름은 보통 제목이 있는 줄에서 한 줄을 띄고 씁니다. 제목 바로 아랫줄에 써도 되지만, 좀 더 눈에 잘 들어오도록 한 줄을 띄고 써 봅시다.

06 이제 본격적으로 본문을 써 봅시다. 본문은 소속과 이름 아래 한 줄을 비우고 그다음 줄부터 씁니다. 본문을 쓸 때는 꼭 들여쓰기를 합니다.

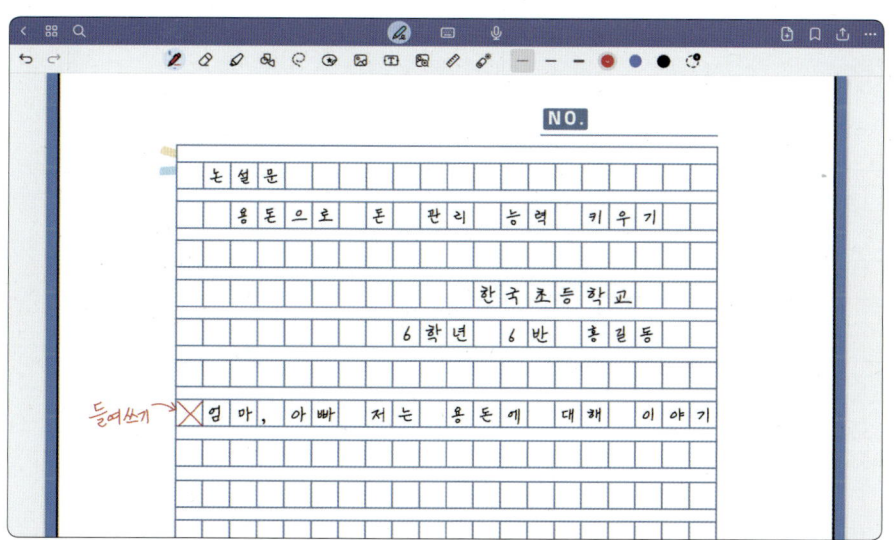

[스마트 팁] 들여쓰기란 문단이 시작되거나 문단이 달라졌을 때 맨 왼쪽의 첫 칸을 비워서 문단을 명확히 구분하는 것을 말해요. 들여쓰기하지 않고 글을 쓰게 되면 문단의 시작 부분을 쉽게 구분할 수 없어 가독성이 떨어집니다.

07 문단이 달라지지 않았는데도 들여쓰기를 할 때가 있습니다. 바로 대화문을 쓸 때입니다. 대화문이 시작되면 줄을 바꾼 다음 첫 칸을 띄웁니다. 본문과 구분하기 위해 비우는 것이기 때문에 대화문이 끝나기 전까지는 첫 칸을 계속 비워야 합니다.

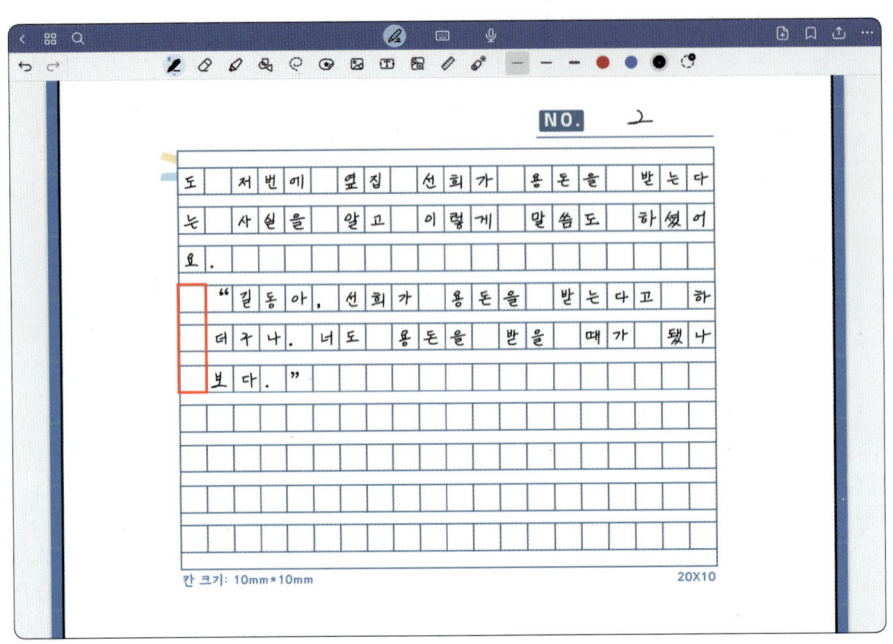

> **잠깐만요!** 띄어쓰기 때문에 첫 칸을 비우게 됐어요. 이렇게 쓰는 게 맞나요?
>
> 원고지의 첫 칸은 들여쓰기할 때 외에는 비우면 안 됩니다. 하지만 원고지에 글을 쓰다 보면 띄어쓰기 때문에 첫 칸을 비워야 하는 경우가 종종 있는데요. 이럴 때는 첫 칸을 비우는 대신 칸 옆의 여백에 띄어쓰기를 나타내는 문장 부호 V를 표시합니다. 아래 예시를 참고하세요.

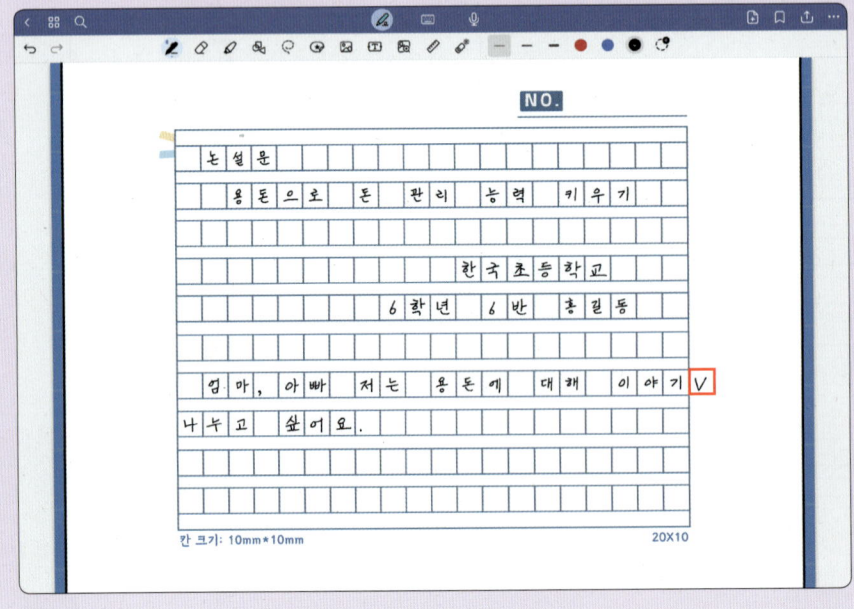

✦ **잠깐만요!** 따옴표 사용법, 조금 더 자세히 알아봐요!

따옴표는 대화문에 사용하는 큰따옴표(" ")와 생각, 마음, 다른 사람의 말을 인용할 때 사용하는 작은따옴표(' ')가 있으며, 칸의 오른쪽이나 왼쪽 상단에 적습니다. 따옴표를 사용할 때는 줄을 바꾸고 따옴표가 끝날 때까지 왼쪽 첫 칸을 모두 비워두는 것이 일반적이지만, 짧은 문장이나 인용문의 경우에는 줄을 바꾸지 않고 그대로 이어서 쓰기도 해요.

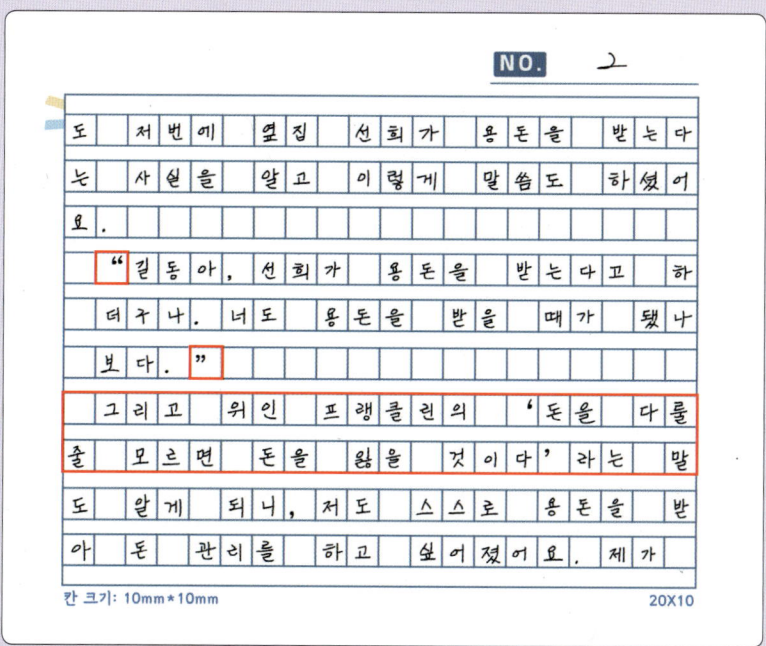

대화문을 끝낼 때, 마침표와 큰따옴표를 함께 써야 하는 경우가 있어요. 이럴 때는 마침표와 닫는 큰따옴표를 한 칸에 같이 씁니다. 닫는 작은따옴표도 마찬가지입니다. 마침표(.)와 쉼표(,)는 원고지의 반 칸만 차지하기 때문에 따옴표와 한 칸에 모두 넣을 수 있어요.

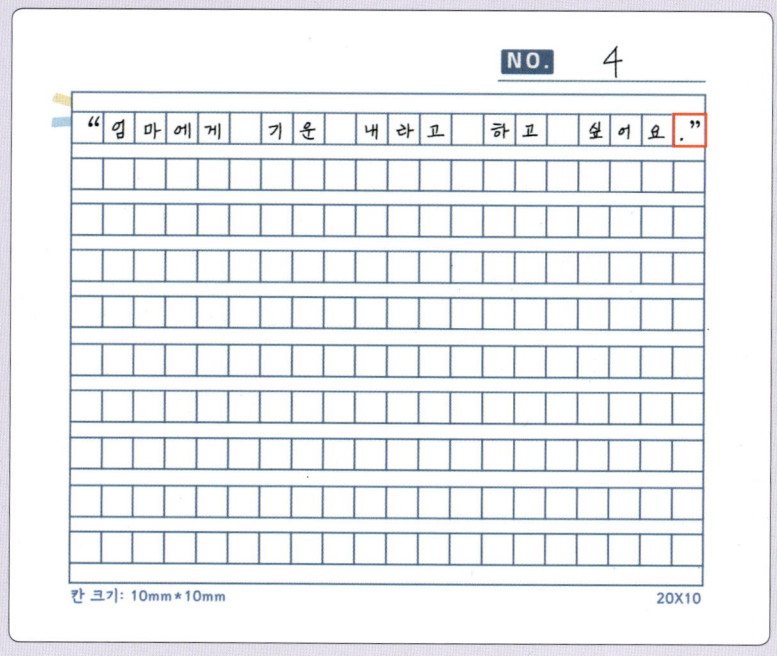

08 첫째, 둘째, 셋째와 같이 항목을 나열할 때도 왼쪽의 첫 칸을 비워요.

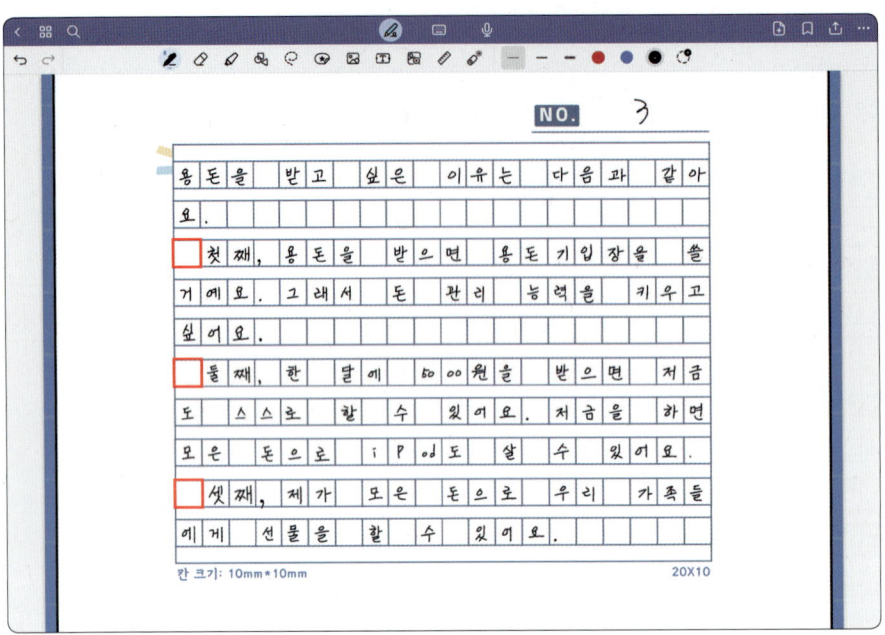

09 숫자나 알파벳 소문자를 쓸 때는 한 칸에 두 글자씩 써요. 단, 알파벳 대문자는 한 칸에 한 개만 쓸 수 있어요.

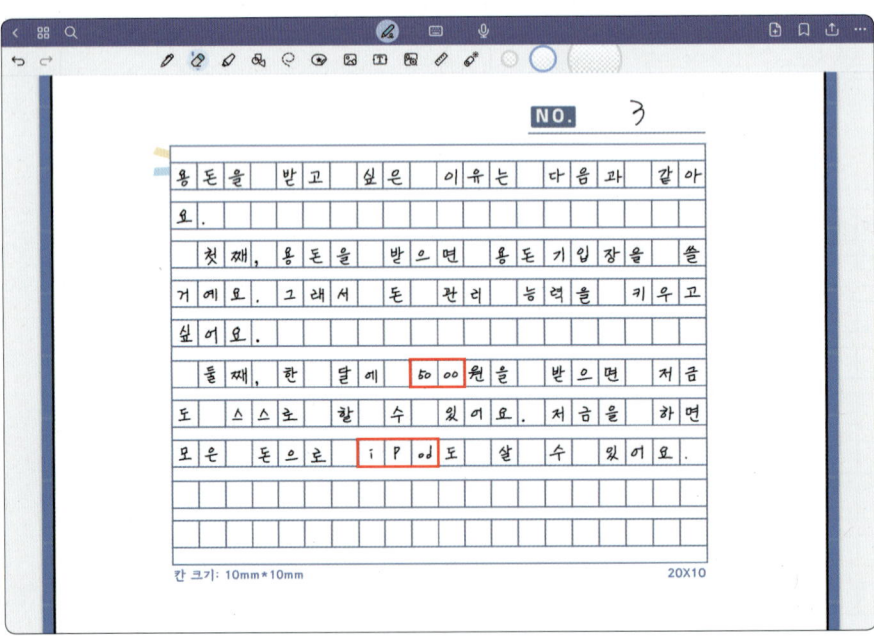

10 마침표(.)와 쉼표(,)는 반 칸만 차지하기 때문에 칸의 왼쪽 하단에 표시해요.

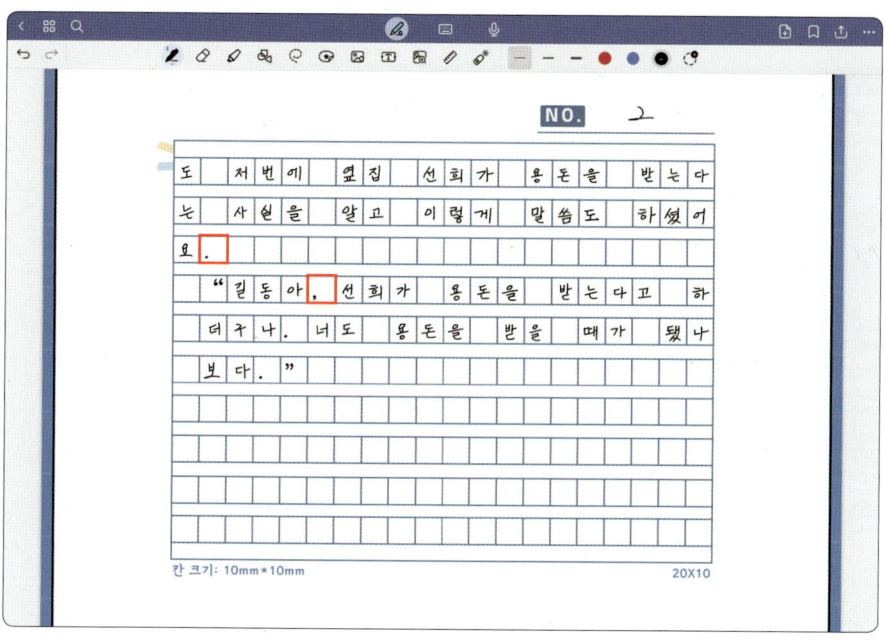

스마트팁 → 마침표(.)와 쉼표(,)는 반 칸만 사용하기 때문에 다음 칸은 비우지 않아요.

11 느낌표(!)와 물음표(?)는 한 칸을 차지하기 때문에 칸의 가운데에 쓰고, 다음 한 칸을 비운 다음 내용을 이어서 씁니다.

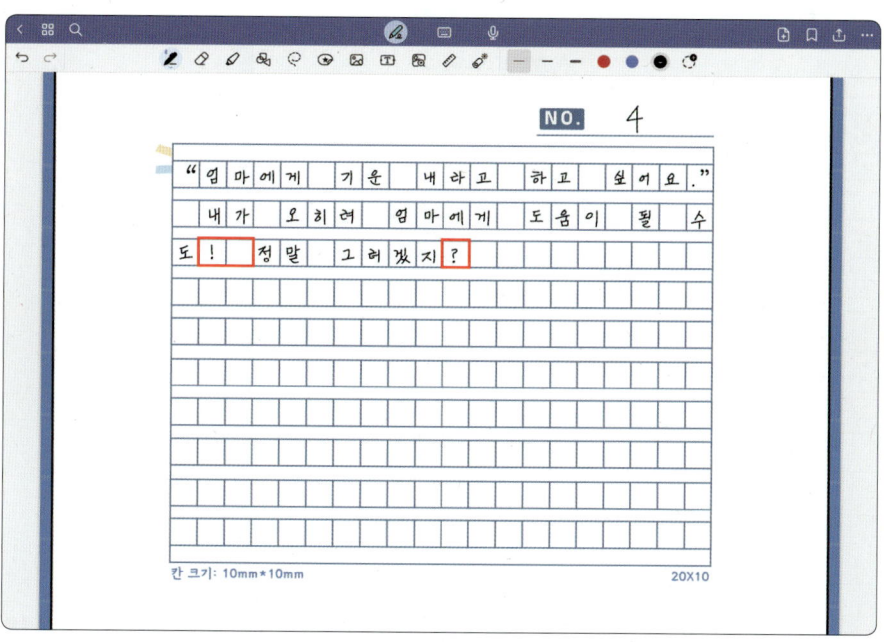

12 글을 쓰다 보면 칸이 모자라 문장 부호를 다음 줄로 넘겨야 하는 경우가 있어요. 이럴 때는 칸 옆의 여백에 문장 부호를 씁니다. 다음 줄로 문장 부호를 넘기지 않아요.

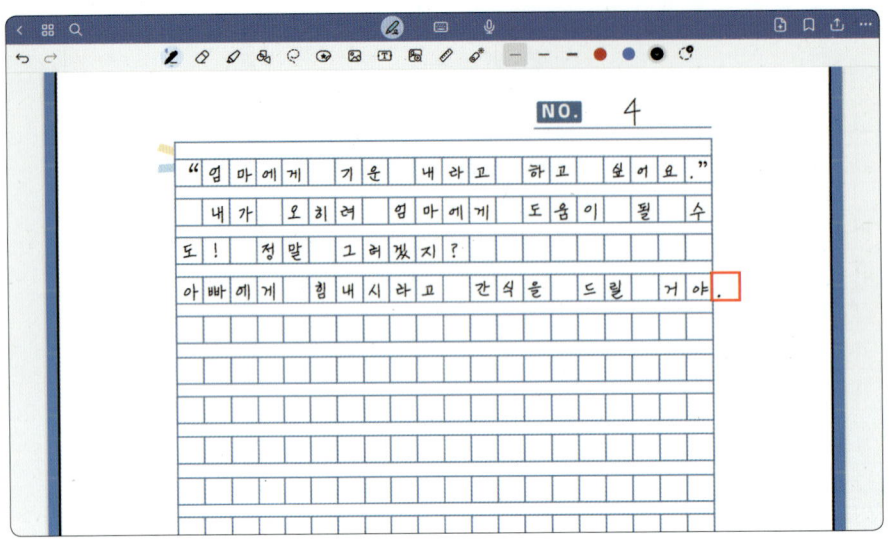

13 말줄임표(……)는 한 칸에 세 개씩, 칸의 가운데에 찍어요. 점을 칸의 아래쪽에 찍거나, 세 개로 줄여서 찍어도 됩니다. 말줄임표 다음에 마침표를 찍어서 문장을 끝내고 싶은 경우, 말줄임표의 다음 칸에 마침표를 표시해요.

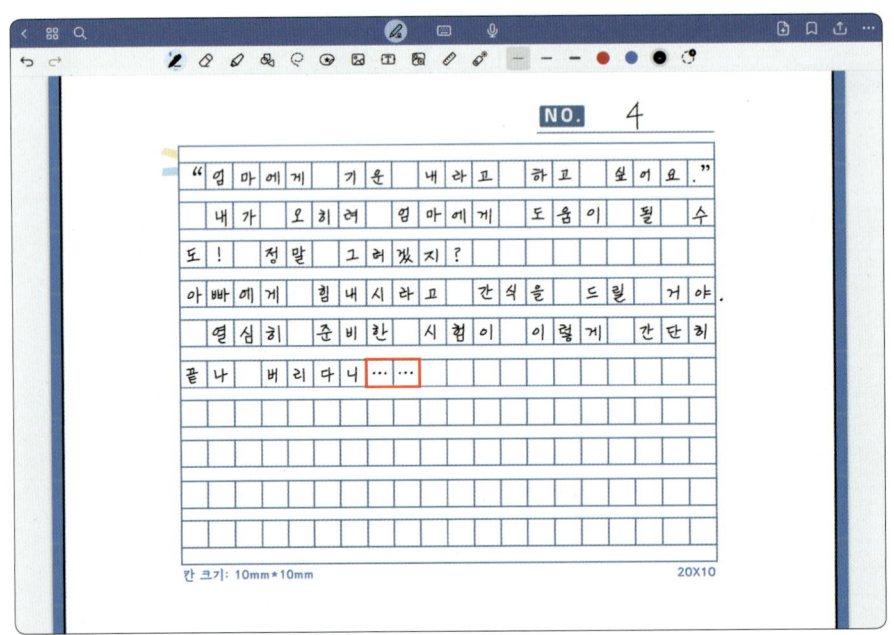

> **스마트 팁** 2015년 1월 1일부터 시행된 '한글 맞춤법 일부 개정안' 고시에서는 말줄임표 사용법에 대해 다음과 같이 안내하고 있습니다. "줄임표는 가운데에 여섯 점을 찍는 것이 원칙이나 아래에 여섯 점을 찍는 것도 허용된다. 줄임표는 여섯 점을 찍는 것이 원칙이나 세 점을 찍는 것도 허용된다. 가운데에 세 점을 찍거나 아래에 세 점을 찍어서 나타낼 수 있다."

✧ 잠깐만요! 원고지에 잘못 쓴 글을 수정하고 싶어요!

원고지는 칸에 맞춰 작성하기 때문에 글을 다 쓰고 난 다음 오류를 발견하면 수정하기가 어렵습니다. 이런 경우에는 교정 부호를 사용해서 글을 수정할 수 있습니다. 다양한 교정 부호 중 많이 쓰이는 몇 가지를 알아봅시다.

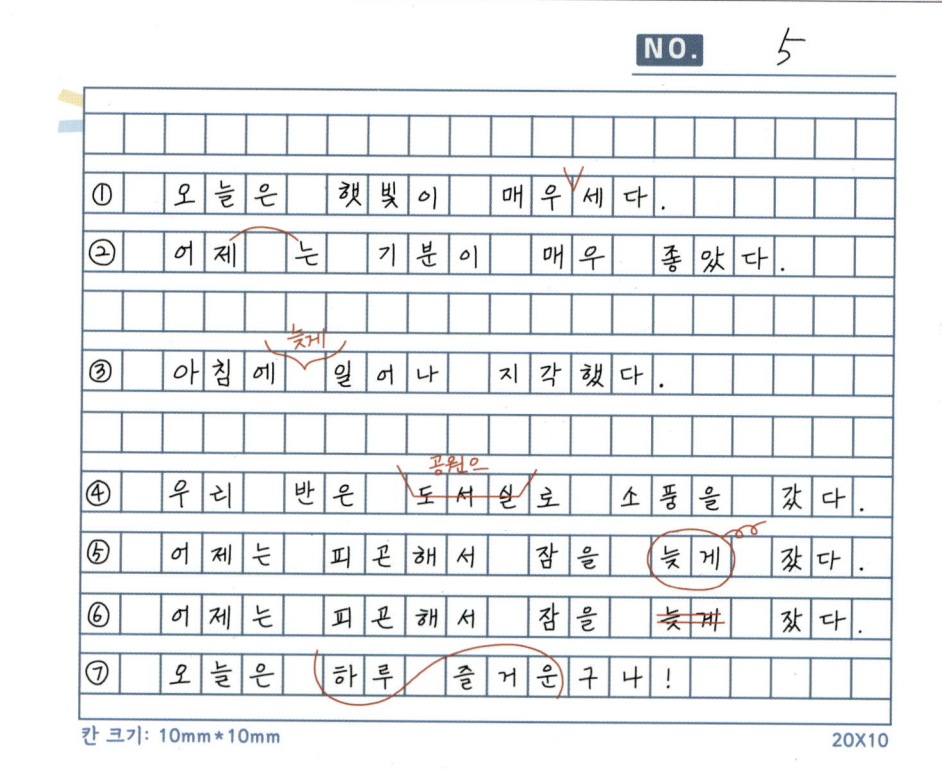

❶ **띄움표**: 띄어쓰기를 깜빡했을 때 사용해요.
❷ **붙임표**: 띄어쓰기를 하지 않아야 할 곳을 띄어 썼을 때 사용해요.
❸ **넣음표**: 글자를 빠트렸을 때 사용해요.
❹ **고침표**: 글자를 교체할 때 사용해요.
❺ **뺌표**: 필요 없는 글자를 없애야 할 때 사용해요.
❻ **지움표**: 지워야 할 내용이 있을 때 두 줄로 그어 사용해요.
❼ **자리 바꿈표**: 글자나 단어의 앞뒤 순서를 바꿀 때 사용해요.

원고지 교정 부호도 원고지 작성 방법처럼 정확하게 통일된 규정이 없어서 참고 자료마다 내용이 조금씩 다를 수 있어요. 여기서는 일반적으로 많이 사용되는 교정 부호를 기준으로 안내했어요.

스마트한 수학 정리, 이렇게 해 봐요

입체 도형, 그래프, 비례식, 분수의 나눗셈 등 수학에는 다양한 영역이 있습니다. 이런 영역들을 효과적으로 노트 정리하려면 자나 색 볼펜 등 여러 도구들이 필요할 때가 많아요. 태블릿 PC와 굿노트 앱을 활용하면 더욱 스마트하게 수학 과목을 공부할 수 있답니다.

STEP 01 문제 풀고 채점하기

> 굿노트로 문서 스캔하기 <

01 굿노트 앱을 실행해요.

02 [+]를 탭하고 [문서 스캔]을 선택해요.

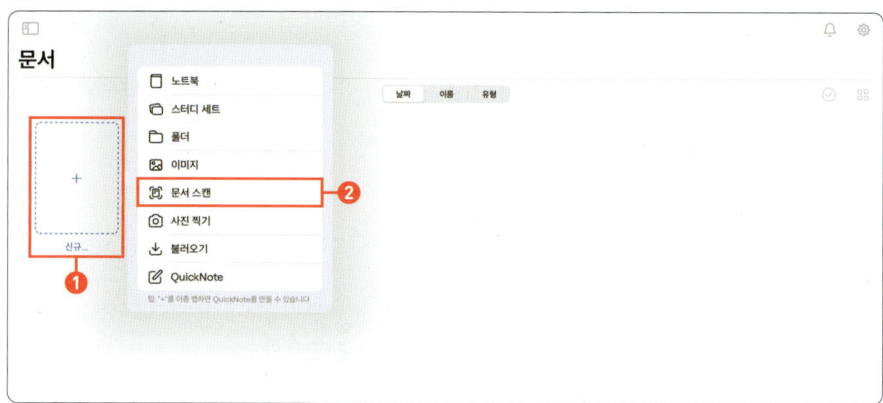

> **스마트 팁** 스캔을 할 때는 스캔하려는 페이지에 알맞게 태블릿 PC를 가로 또는 세로로 돌려서 촬영해요. 책이나 학습지를 스캔할 때는 보통 세로로 돌려 스캔해요.

03 스캔하려는 페이지를 펼쳐 책을 스캔해요. 필요한 만큼 여러 장을 한 번에 스캔할 수 있어요. 필요한 페이지를 모두 스캔했다면 [저장]을 탭해요. 잠시 기다리면 스캔한 페이지들이 굿노트의 새로운 노트로 만들어져요.

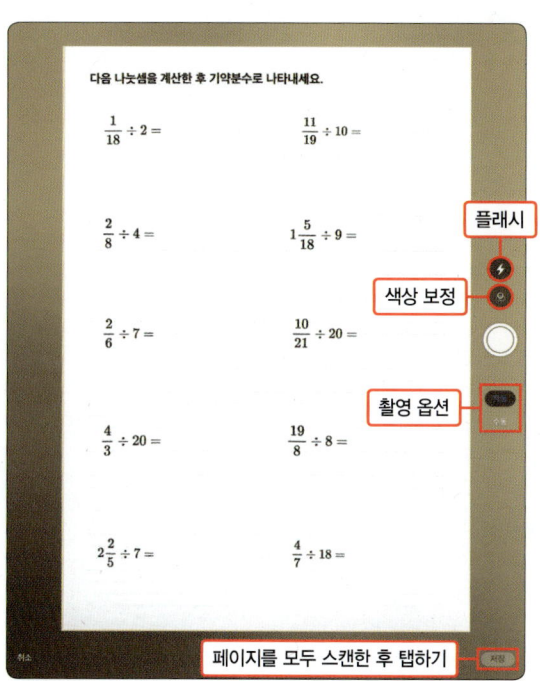
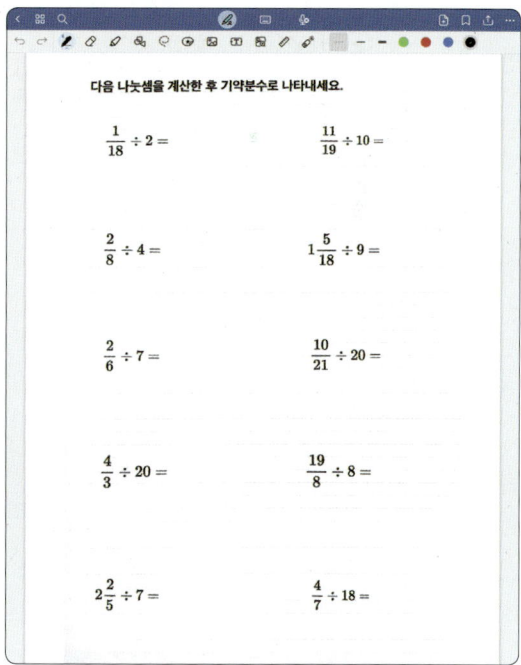

> **스마트 팁** 문서 스캔 기능에는 [자동]과 [수동] 촬영 옵션이 있습니다. [자동] 촬영은 카메라가 알아서 스캔할 부분을 인식해 촬영하는 방식입니다. [수동] 촬영은 촬영자가 직접 스캔할 부분을 정해 셔터를 눌러 스캔하는 방식이에요. 스캔할 페이지가 많을 경우 [자동] 촬영 옵션을 선택하면 편해요. 셔터 위쪽에 있는 ⚡은 플래시, ◉은 색상 보정 기능이에요.

04 노트 이름을 탭하면 나타나는 팝업 창에서 노트 이름을 바꿀 수 있어요. 적절한 이름으로 변경해요.

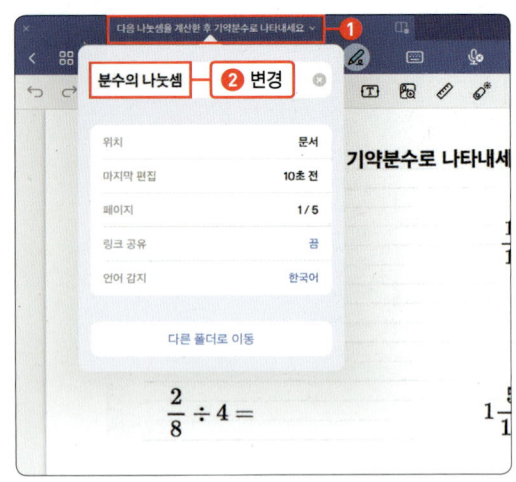

> 스플릿 뷰로 정답지 띄워서 채점하기 <

01 모든 준비가 끝났으니 이제 문제를 풀어볼까요? 펜 툴을 선택하여 문제를 풀어요. 문제를 모두 풀었다면 화면 가장 아랫부분을 위로 살짝 쓸어올려요. 독 바의 사진 앱을 탭한 상태에서 화면 오른쪽으로 드래그해요.

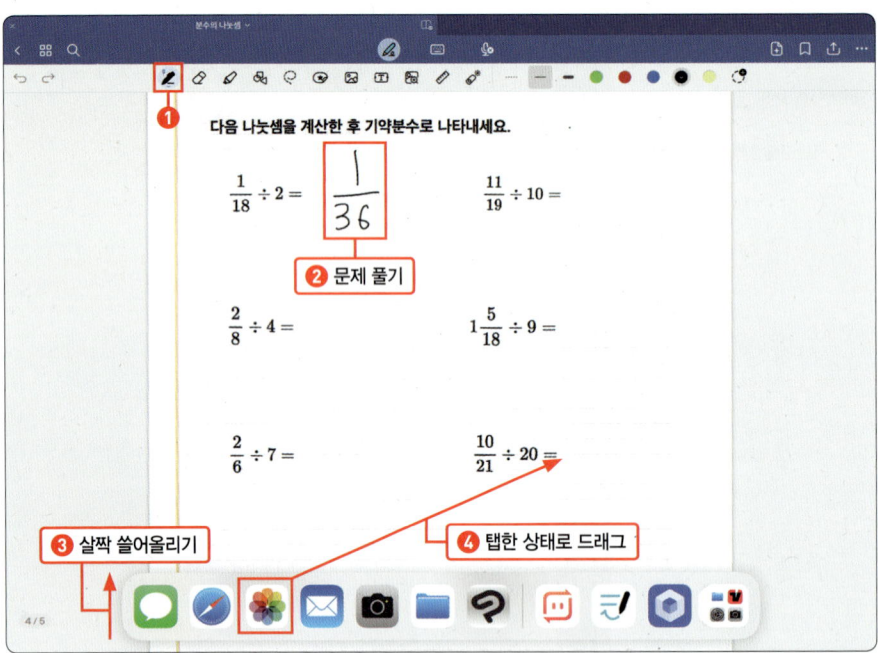

02 화면이 반으로 나누어지며 굿노트 앱과 사진 앱이 동시에 보여요. 114쪽에서 설명했던 스플릿 뷰가 되었어요. 사진 앱에 미리 정답지를 저장해 두면 문제를 다 푼 후에 스플릿 뷰로 정답지를 띄워 쉽게 채점할 수 있어요.

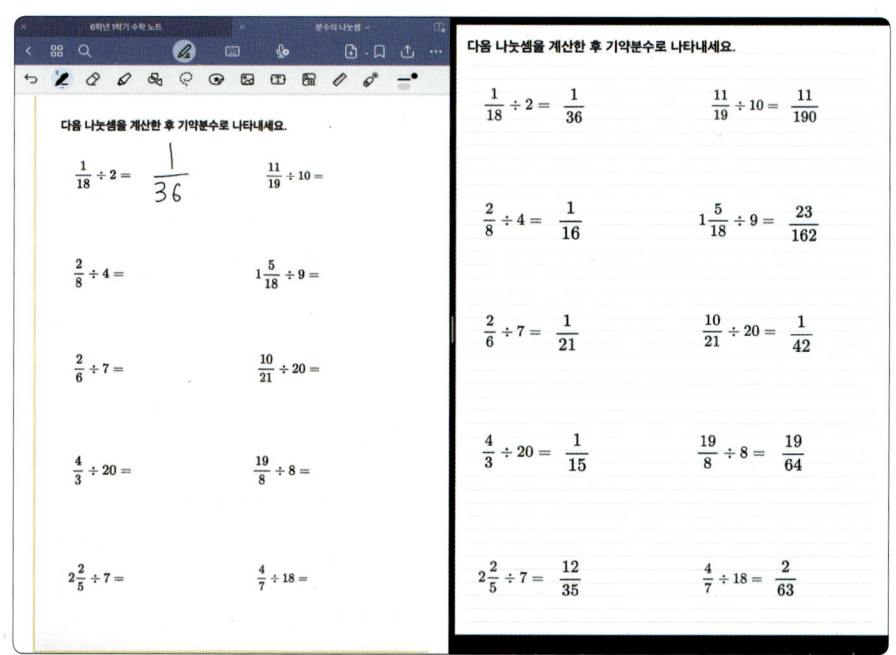

✧ 잠깐만요! 스캔한 페이지를 수정할 수 있나요?

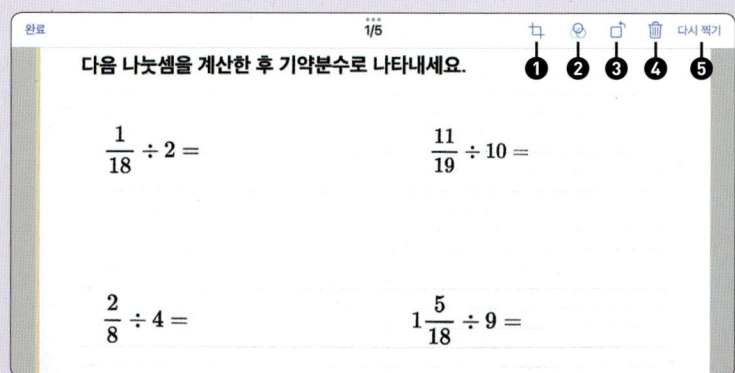

여러 장의 페이지를 스캔하면 화면 아래쪽에 스캔한 페이지들이 나타나요. 확인하고 싶은 페이지가 있다면 탭하여 잘 스캔이 되었는지 볼 수 있고, 페이지를 수정할 수도 있어요. 원하는 대로 수정했다면 왼쪽 상단에 있는 [완료]를 탭해요.

❶ ⏹ : 스캔한 페이지를 자르는 기능이에요. 영역을 지정하고 [완료]를 탭해요.
❷ ◐ : 스캔한 페이지의 색상을 보정하는 기능이에요. [색상], [흑백 음영], [흑백], [사진]의 네 가지 보정 옵션이 있으며, 각 옵션을 클릭하여 미리 보기를 할 수 있어요.
❸ ◻ : 스캔한 페이지를 회전시키는 기능이에요.
❹ 🗑 : 스캔한 페이지를 지우는 기능이에요.
❺ **다시 찍기**: 스캔한 페이지가 마음에 들지 않을 때, 다시 스캔하는 기능이에요.

> ✦ **잠깐만요!** 가지고 다니기 너무 무거운 책들, 태블릿 PC로 전부 스캔하면 안 되나요?
>
> "공표된 저작물을 영리를 목적으로 하지 아니하고 개인적으로 이용하거나 가정 및 이에 준하는 한정된 범위 안에서 이용하는 경우에는 그 이용자는 이를 복제할 수 있다." 저작권법 제30조에 적혀있는 내용이에요. 저작권법에서는 이러한 복제 행위를 '사적 이용을 위한 복제' 또는 '사적 복제'라고 하며 허용하고 있습니다.
>
> ❶ 내가 구매한 도서를 내 태블릿이나 핸드폰으로 스캔하거나 사진을 찍어, 내가 가지고 있는 기기로 읽는 것
> ❷ 내가 구입한 책에 필기를 하기 위해 책을 복사하는 것
> ❸ 도서관에서 빌린 책을 스캔하거나 사진을 찍어 내 핸드폰에 저장하는 것
>
> 위와 같은 사례는 사적 복제이기 때문에 저작권 침해에 해당하지 않습니다. **하지만 사적 이용을 위한 복제일지라도 이를 불특정 다수의 사람에게 공유하는 것은 저작권 침해 행위가 될 수 있습니다.** 돈을 벌기 위한 목적이 아니더라도 사적 복제의 영역을 벗어났기 때문입니다. 나의 기기로 스캔한 자료는 절대 다른 사람에게 공유하면 안됩니다.

STEP 02 나만의 수학 노트 만들기

01 굿노트 앱을 실행하고 [+]-[노트북]을 탭해요.

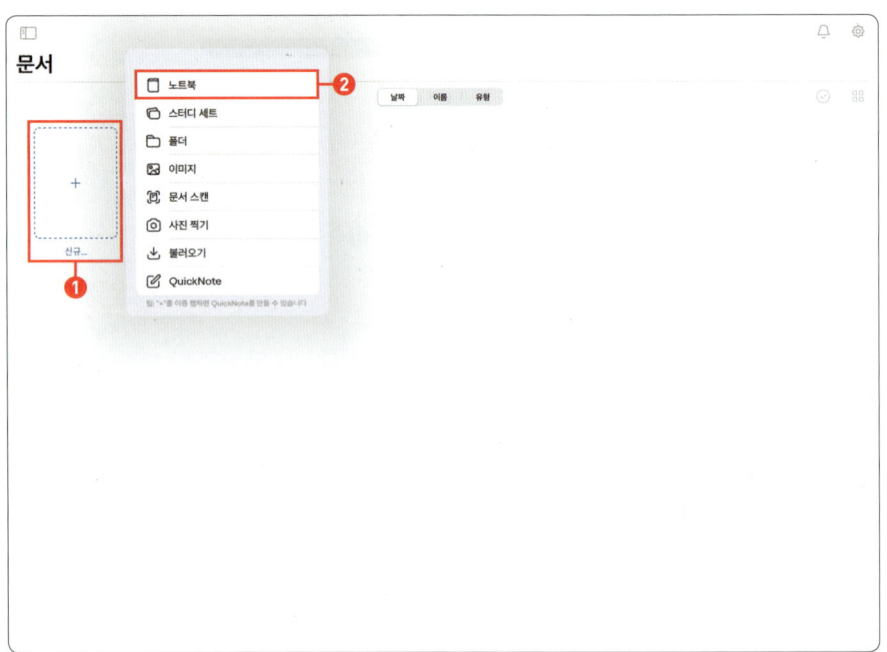

02 '새로운 노트북' 창에서 노트의 옵션을 설정해요. 여기서는 [단일 칼럼], [A4, 세로] 크기를 선택했어요. 노트의 이름을 입력한 후 [생성]을 탭해요.

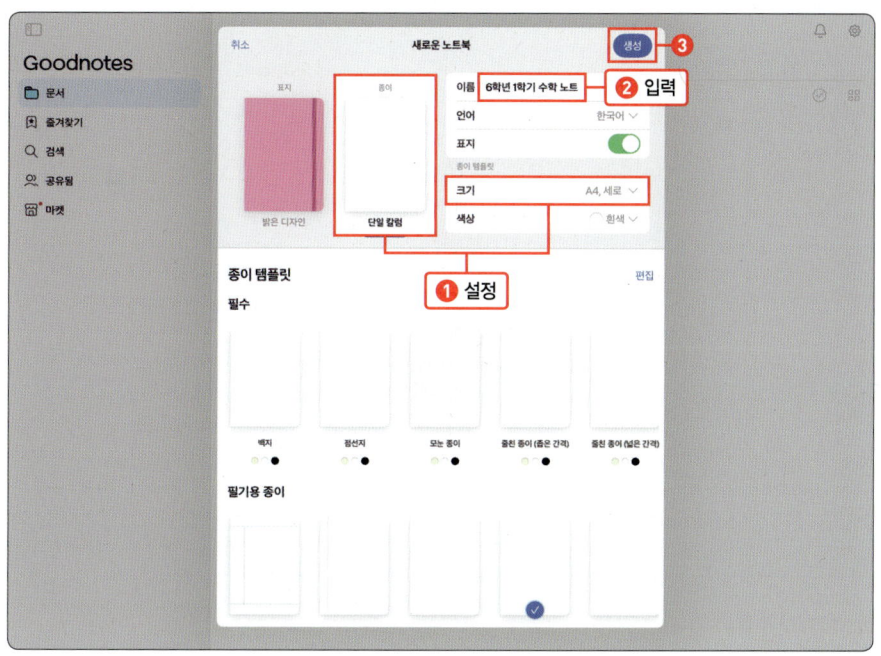

03 펜 툴을 선택하고 획을 설정해요. 여기서는 획 종류는 [점선]으로, 펜 두께는 [0.5mm]로 설정했어요.

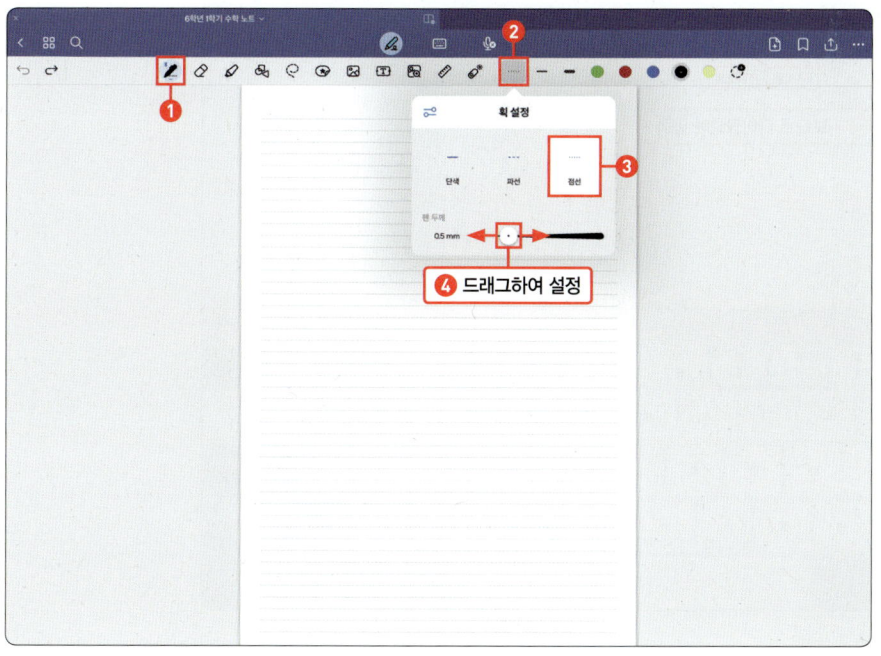

04 노트 정중앙에 점선을 그어서 공간을 나누어요.

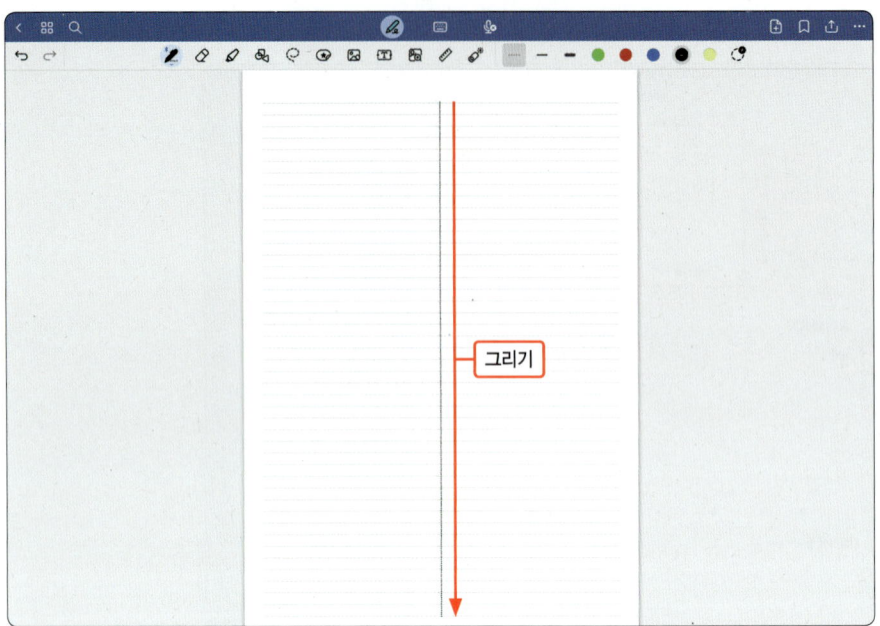

> 스마트 팁 ▶ 선을 그은 상태에서 펜을 떼지 않고 잠시 기다리면 점선이 반듯한 직선으로 변해요.

05 상단의 타이핑 모드(▭)를 탭하고 정리하려는 단원의 이름을 키보드로 타이핑하여 입력해요. 이렇게 하면 본문의 손글씨와 쉽게 구분됩니다.

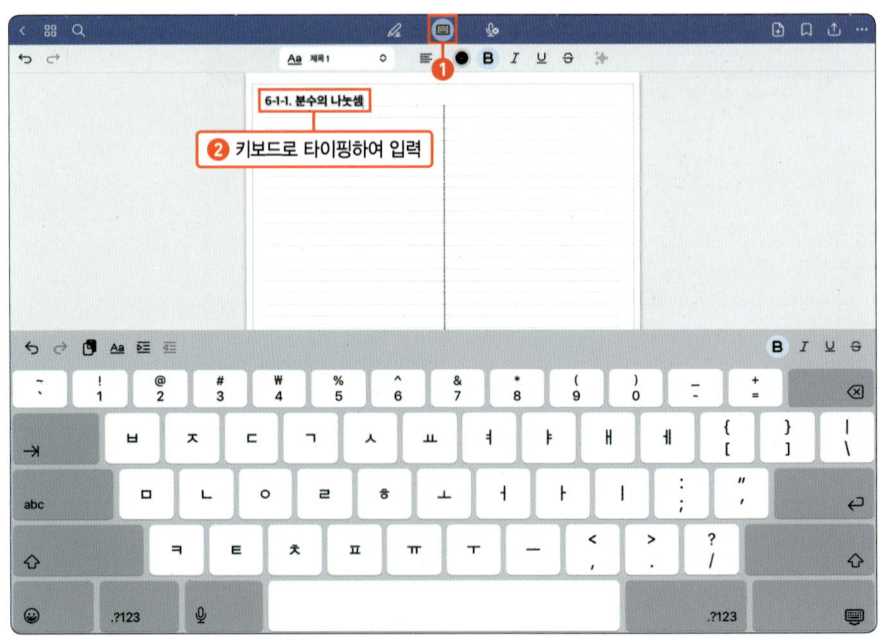

> 스마트 팁 ▶ 타이핑 모드로 글자를 입력하면 글자가 자동으로 노트 칸 안에 들어가서 깔끔하게 필기할 수 있어요.

06 본격적으로 필기를 해 봅시다. 상단에서 필기 모드( )를 탭하고 펜 툴을 선택해요. 획 설정을 점선에서 [단색]으로 바꾼 다음 공부한 내용을 손글씨로 정리해요.

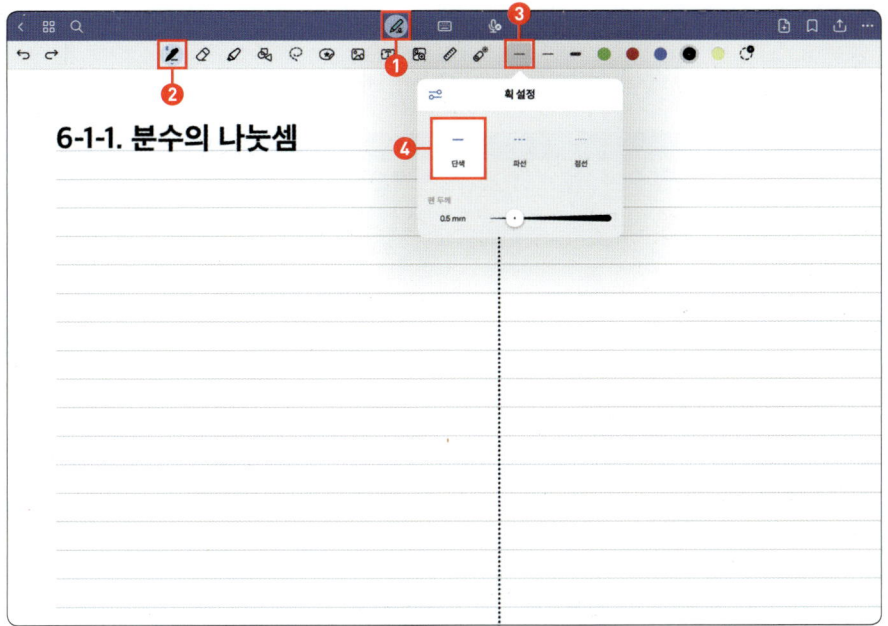

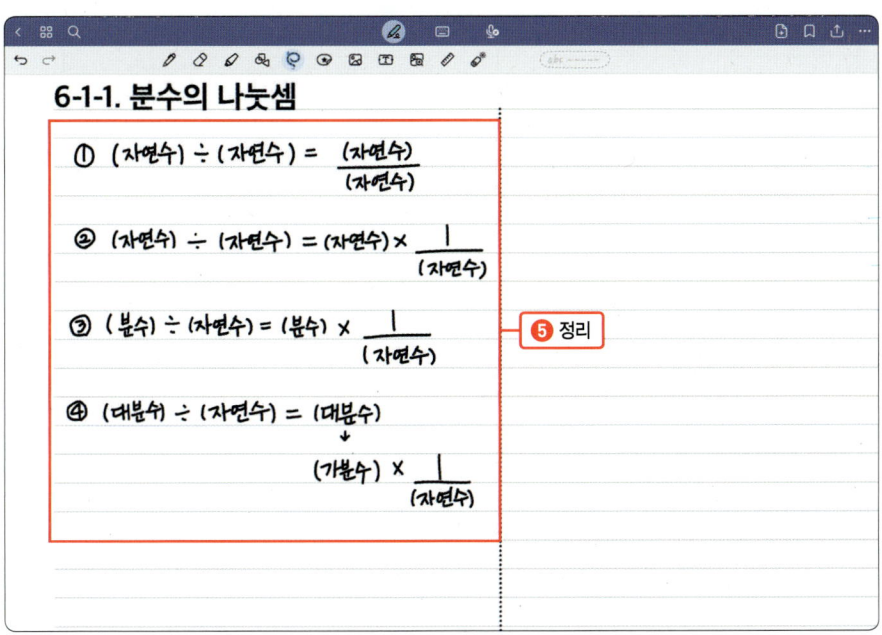

❯ 확대 창으로 세밀하게 필기하기 ❮

01 공부를 하다 보면 기존 필기 사이에 내용을 추가해야 할 때가 있어요. 이때 확대 창을 활용하면 좁은 공간에 내용을 쉽게 추가할 수 있어요. 상단 메뉴 바에서 확대 창을 탭하면 파란색 상자와 확대 창이 나타납니다. 파란색 상자를 드래그하여 내용을 추가할 위치로 옮깁니다.

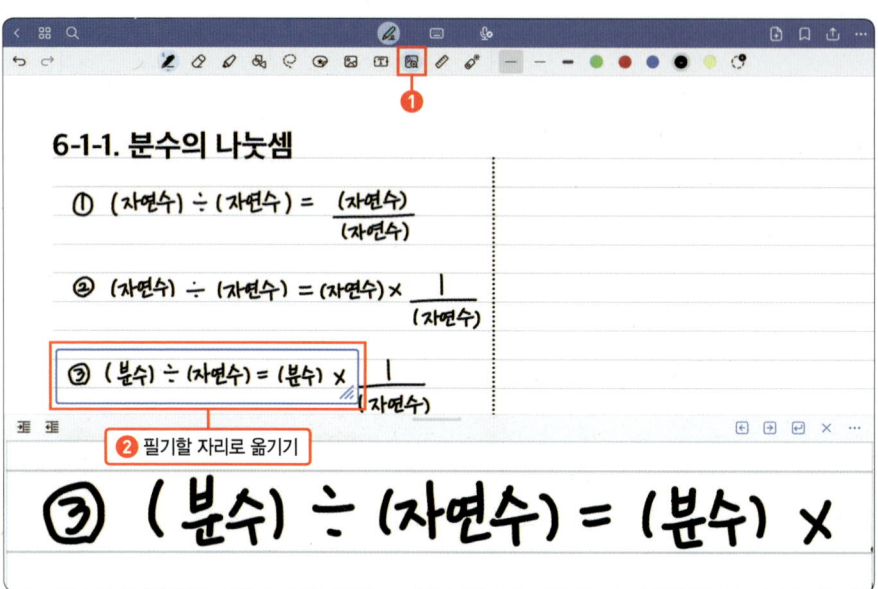

02 하단의 확대 창에 추가할 내용을 작성해요. 파란색 상자에 넣어둔 부분이 확대되어 보이기 때문에 편하게 내용을 추가할 수 있습니다.

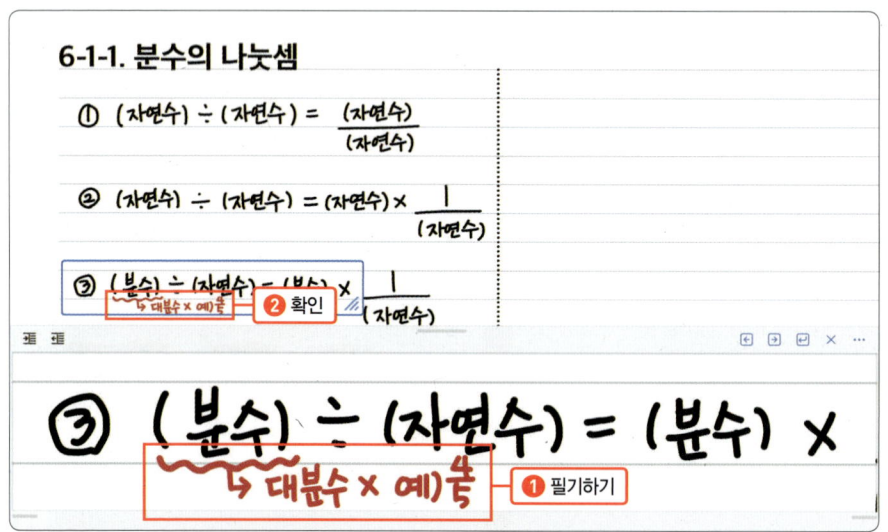

> **스마트 팁** 추가할 내용을 모두 적었다면 상단 메뉴 바에서 확대 창을 한 번 더 탭하여 끕니다. 확대 창을 끄더라도 필기한 내용은 그대로 남아있습니다.

〉 올가미 툴로 필기 편집하기 〈

01 우선 올가미 툴을 활용하여 필기한 내용을 옮겨봅시다. 상단 메뉴 바에서 올가미 툴을 선택하고 옮기고 싶은 내용 주위로 올가미를 그립니다. 파란색 점선으로 올가미가 그려졌다면 내용이 잘 선택된 것입니다.

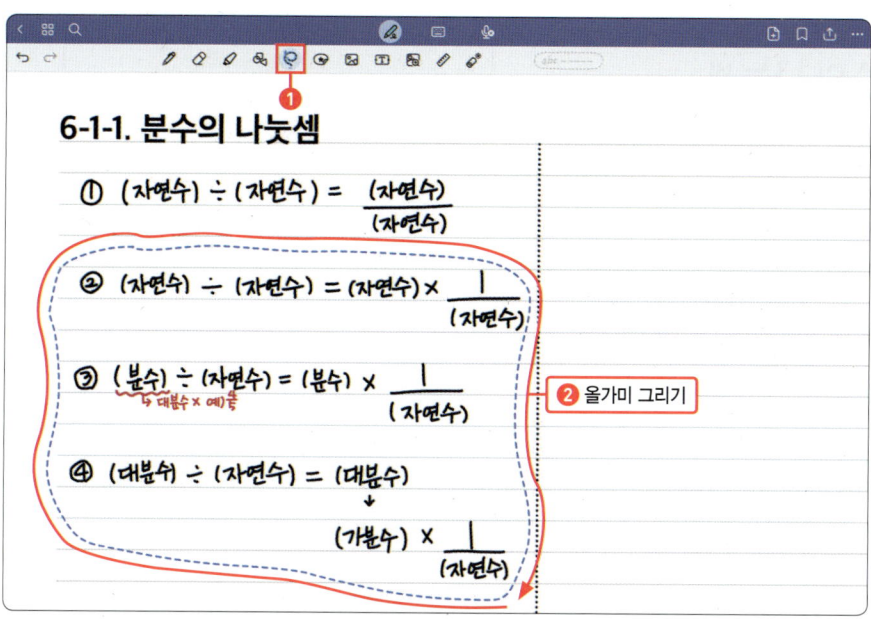

스마트 팁 ➔ 올가미 툴은 특정 영역을 선택하여 옮기거나 편집할 수 있는 도구예요.

02 올가미로 선택한 영역을 탭한 상태에서 드래그하면 위치를 옮길 수 있어요.

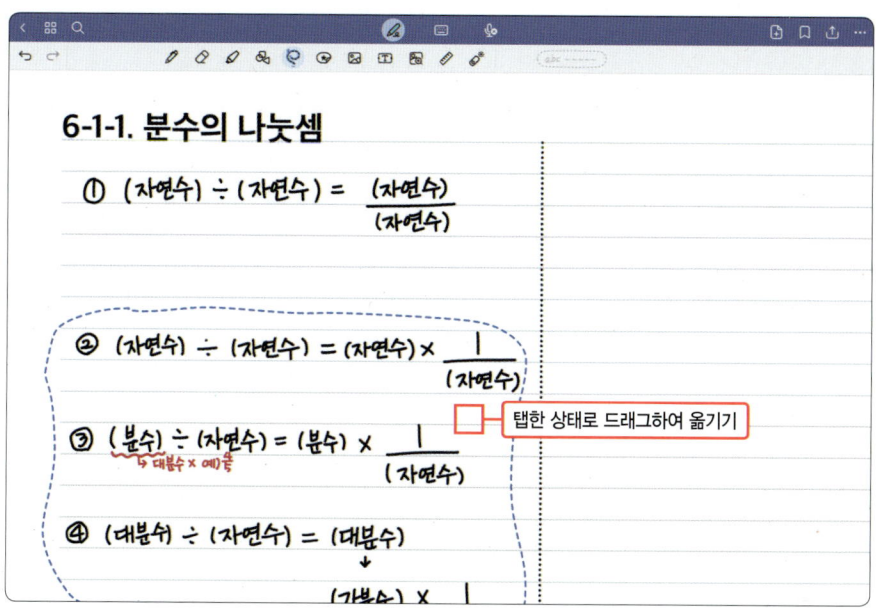

03 이번에는 올가미 툴로 글자의 색상을 바꿔봅시다. 상단 메뉴 바에서 올가미 툴을 선택한 다음, 색상을 바꾸고 싶은 글자 주위에 올가미를 그려요. 선택한 영역을 탭하면 팝업 메뉴가 나타납니다. 그중 [색상]을 탭해요.

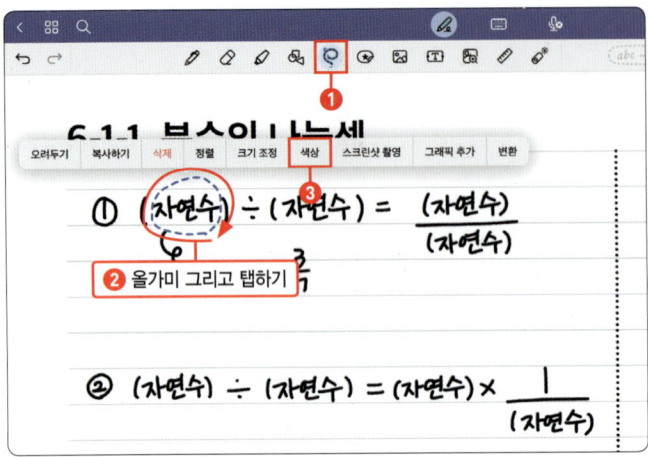

04 '색상 변경' 팝업 창이 나타나면 원하는 색상을 선택해요. 올가미로 선택한 부분의 글자 색이 바뀌었어요.

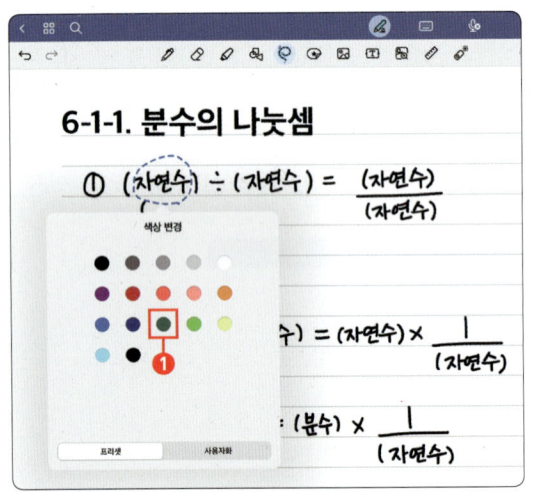
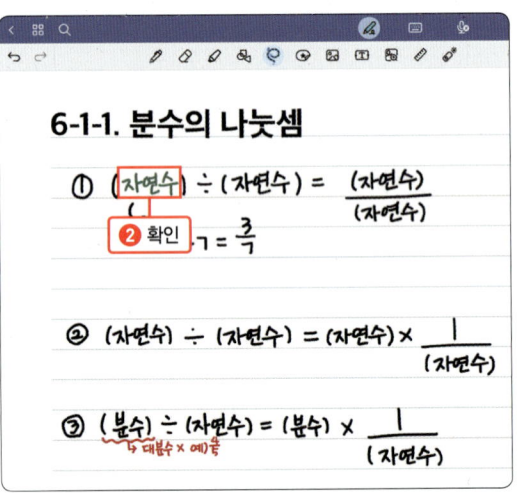

스마트 팁 ▶ 필기한 내용에서 중요한 부분을 강조할 때, 이렇게 색을 바꿔주면 좋겠지요?

05 이번에는 손글씨로 적은 필기를 수식으로 변환해 봅시다. 손글씨로 적은 식을 올가미 툴로 선택한 다음 탭해요. 팝업 메뉴가 나타나면 [변환]을 선택해요.

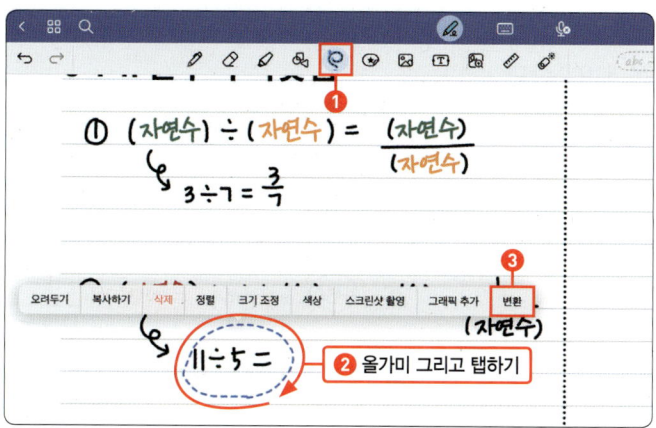

06 텍스트로 변환할 것인지, 수학식으로 변환할 것인지 선택하는 팝업 메뉴가 나타나요. [수학]을 탭하면 손글씨로 쓴 식이 수식으로 바뀌어요.

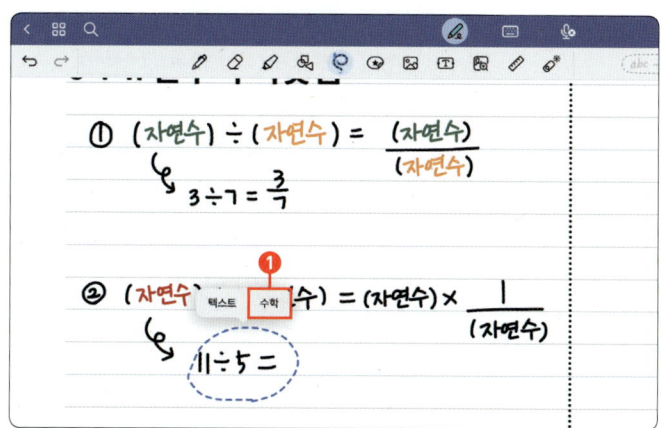

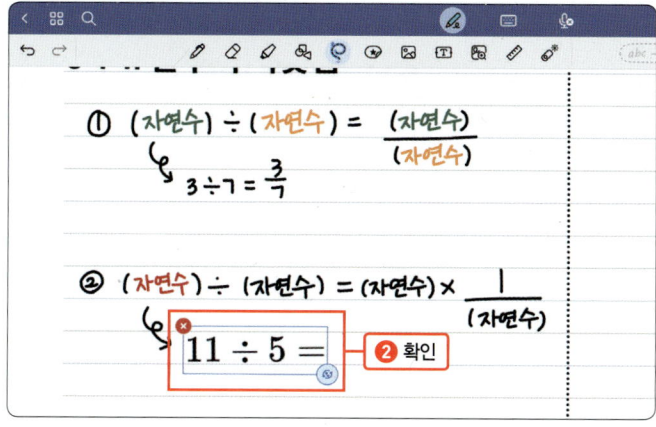

> 이런 **방법**도 있어요   **펜 툴로 글자 색 바꾸기**

01 이번에는 올가미 툴을 선택하지 않고, 펜 툴을 선택한 상태에서 글자 색을 바꿔볼게요. 상단 메뉴 바에서 펜 툴을 선택하고 색상을 변경하고 싶은 글자 주위로 원을 그려요.

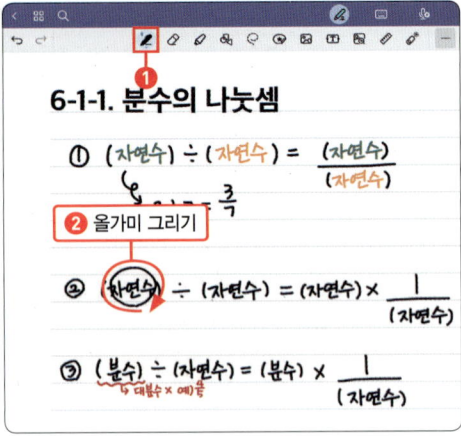

02 원의 테두리를 탭한 상태에서 꾹 누르면 파란색 올가미로 바뀌며 팝업 메뉴가 나타나요. [색상]을 선택해요.

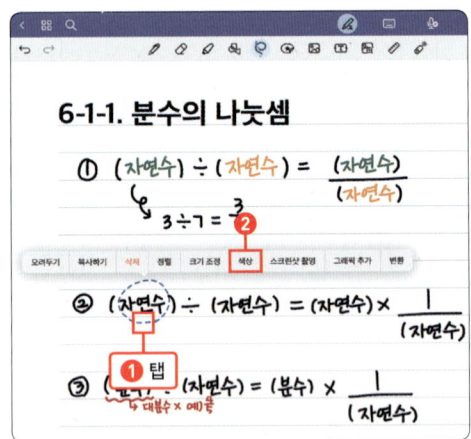

03 원하는 색을 선택하면 글자 색이 바뀌어요.

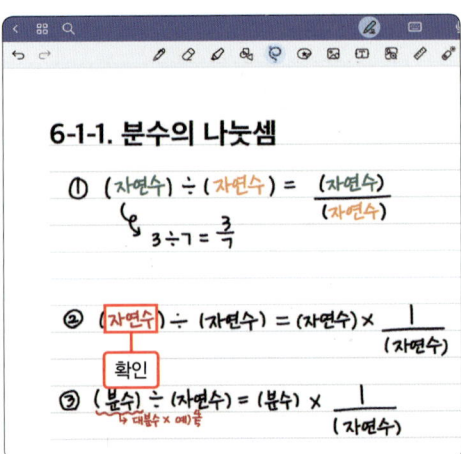

이런 방법도 있어요 | 펜 툴로 글씨 지우기

01 이번에는 지우개 툴을 선택하지 않고 글자를 지워볼게요. 우선, 펜 툴을 선택하고 필기해요. 앗, 잘못 입력한 부분이 있네요!

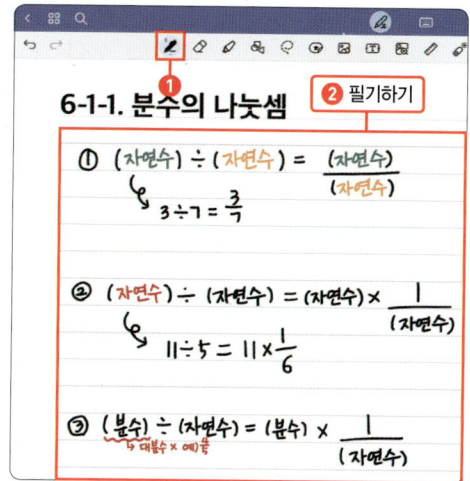

02 그대로 펜 툴을 선택한 상태에서 지우고 싶은 부분을 낙서하듯이 문질러요.

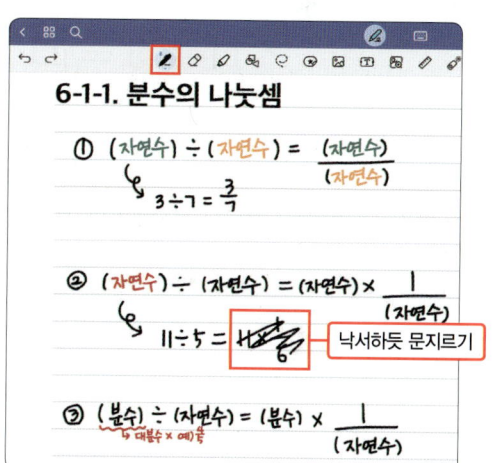

03 문지른 부분이 지우개 툴로 지운 것처럼 깔끔하게 지워져요.

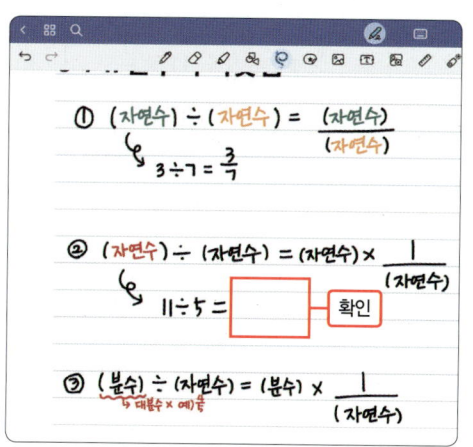

STEP 03 펜 툴로 도형과 선분 그리기

01 102쪽을 참고하여 펜 툴의 [그리기 후 유지]와 [색상 채우기] 기능을 활성화해요. 초록색 버튼으로 바뀌면 활성화된 것입니다.

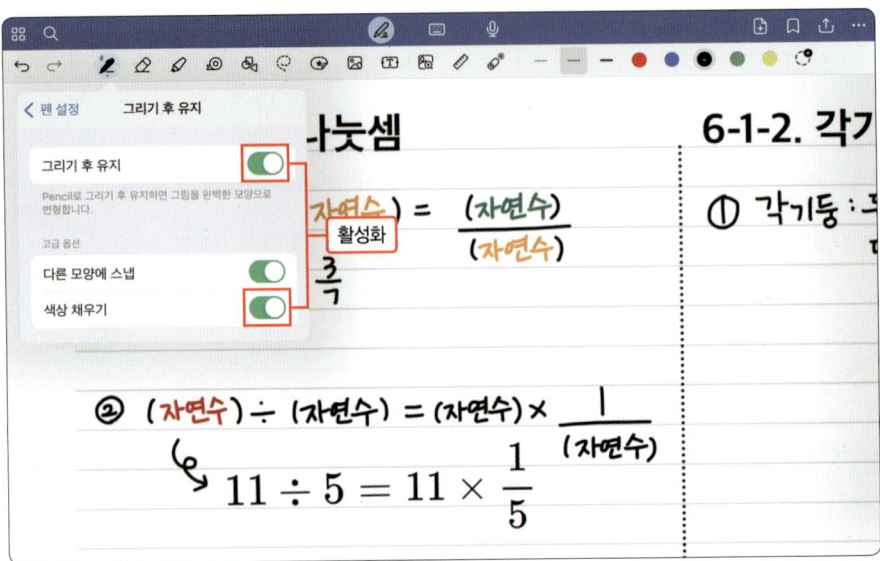

02 펜 색상을 필기 내용과 구분되는 다른 색으로 바꿔요.

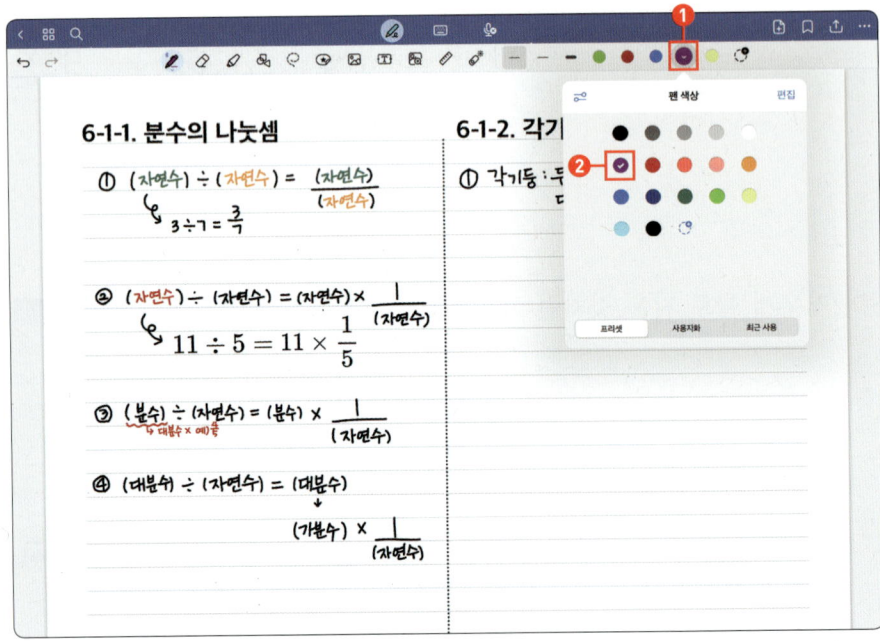

03 자, 이제 도형을 그려봅시다. 도형을 그리고 터치 펜을 화면에서 떼지 않은 상태로 잠시 기다리면 반듯한 도형이 그려지고 색상도 자동으로 채워집니다.

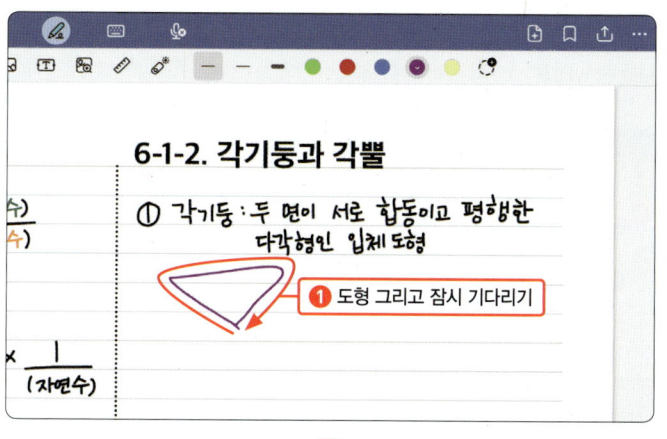

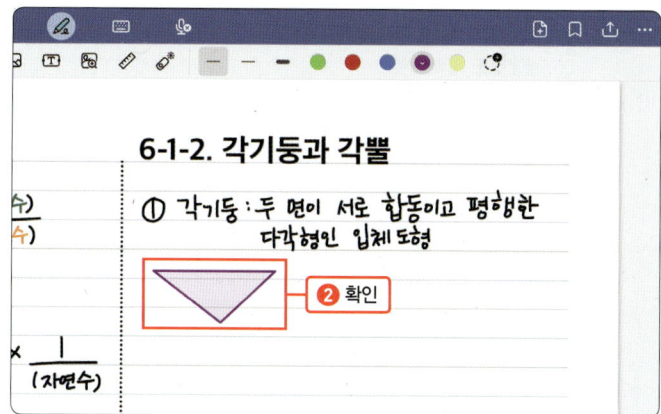

스마트 팁 → 여기서는 각기둥의 밑면을 그렸어요.

04 두 밑면을 이어주는 선분을 그려봅시다. 꼭짓점을 이어주는 선을 내리그은 다음, 터치 펜을 화면에서 떼지 않고 잠시 기다리면 반듯한 직선이 그려져요.

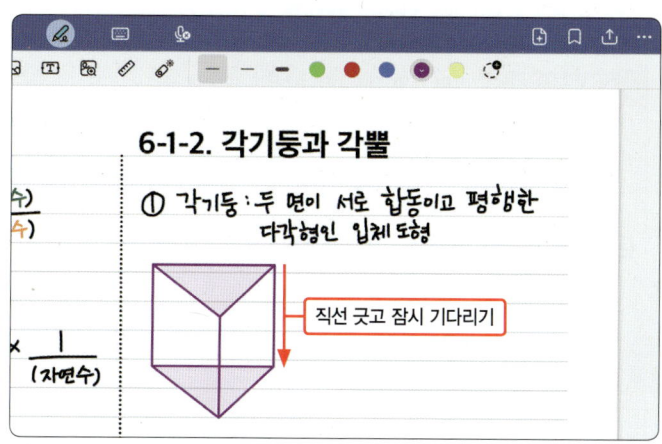

STEP 04 룰러 툴로 반듯한 선 그리기

01 이번에는 룰러 툴을 활용하여 각뿔의 높이를 그려 봅시다. 상단 메뉴 바에서 룰러 툴을 선택하면 화면에 일자 형태의 자가 나타납니다.

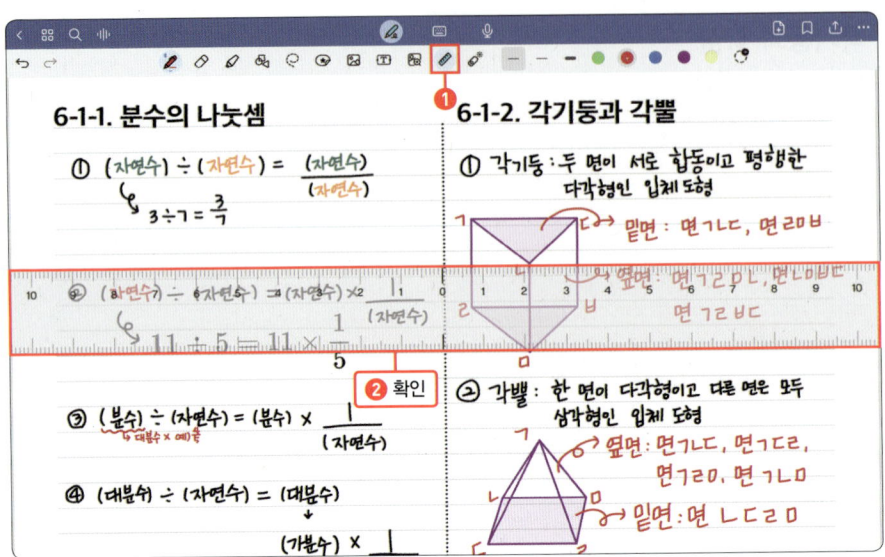

> **스마트 팁** 룰러 툴은 굿노트 6에서만 사용할 수 있어요.

> **스마트 팁** 자를 탭한 상태로 드래그하면 원하는 위치로 이동시킬 수 있어요.

02 자를 탭하면 팝업 메뉴가 나타납니다. 그중 [각도 설정]을 선택해요.

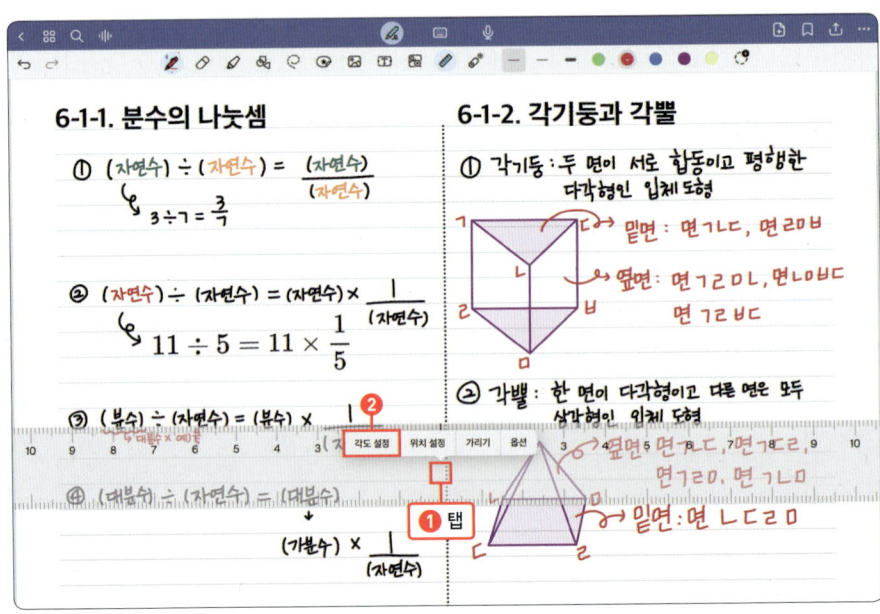

03 '새로운 각도 설정' 팝업 창이 나타나면 [90]을 입력하고 [확인]을 탭해요.

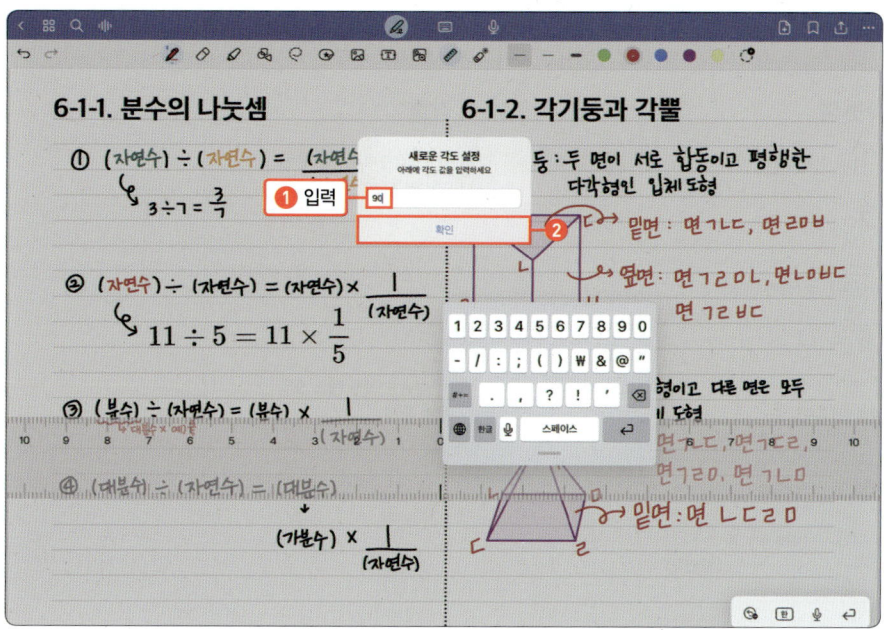

04 자가 기존의 위치에서 90도 회전하여 수직으로 세워졌어요.

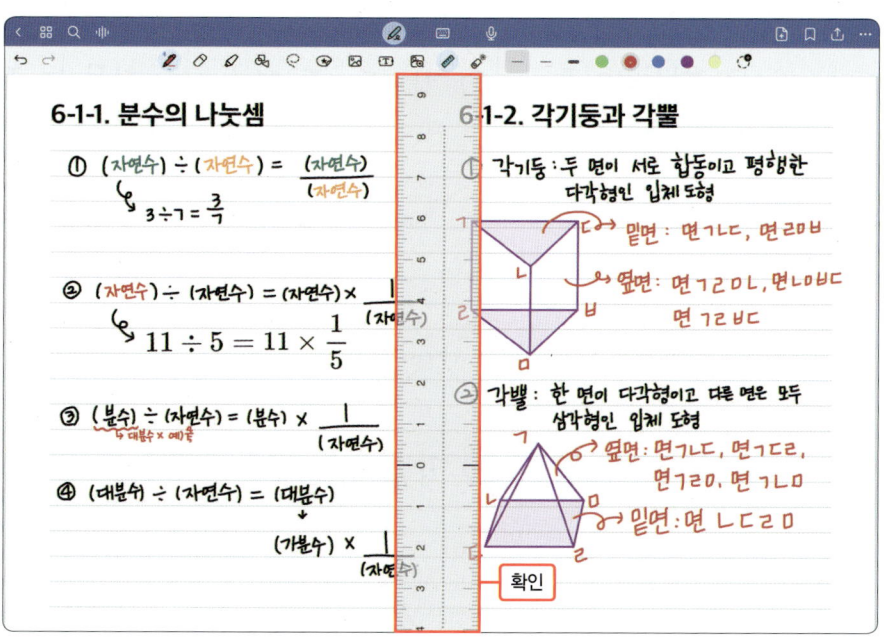

05 자를 탭한 상태에서 드래그하여 원하는 위치로 옮겨요.

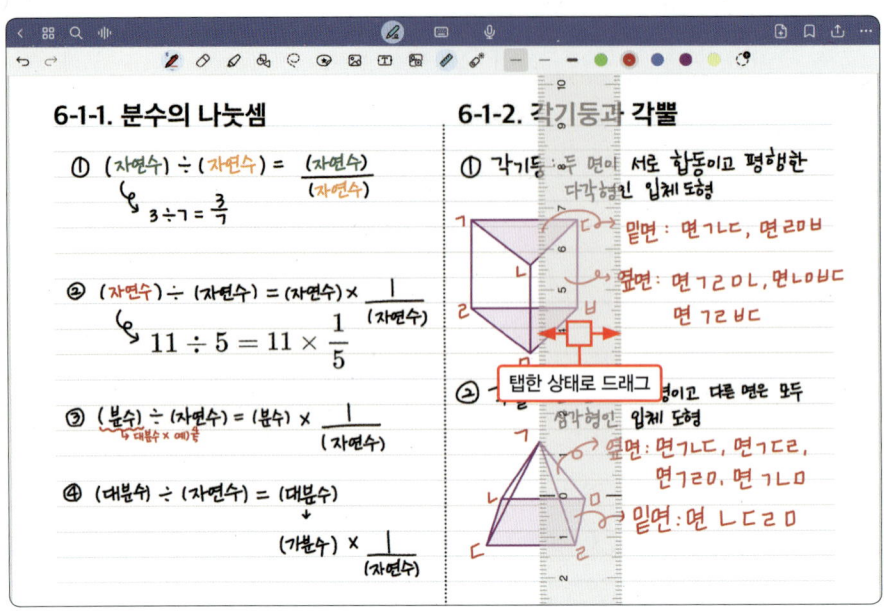

06 원하는 길이만큼 선분을 그으면 마치 공책에 자를 대고 선을 긋는 것처럼 반듯한 직선이 그려져요.

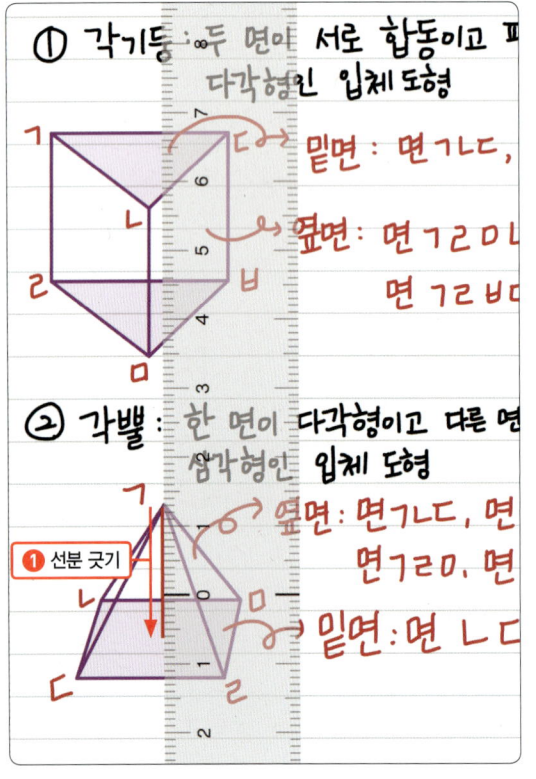
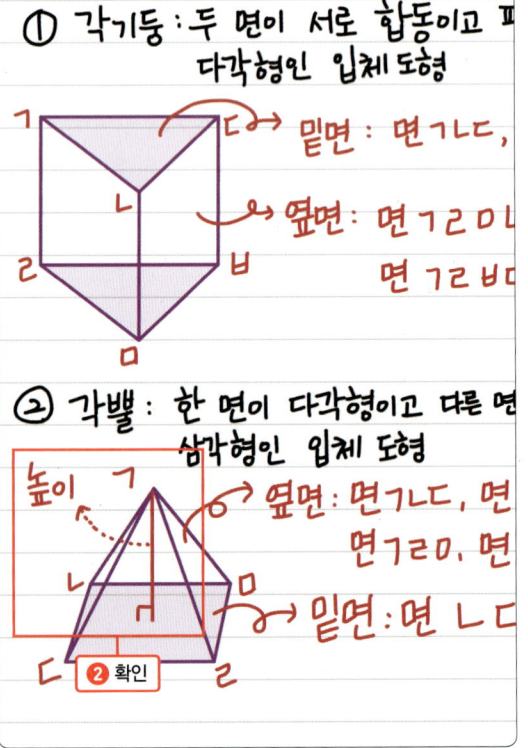

〉 룰러 툴, 한 걸음 더 활용하기 〈

01 룰러 툴을 두 손가락으로 탭하고 좌우로 비틀면 자의 각도를 간편하게 바꿀 수 있어요.

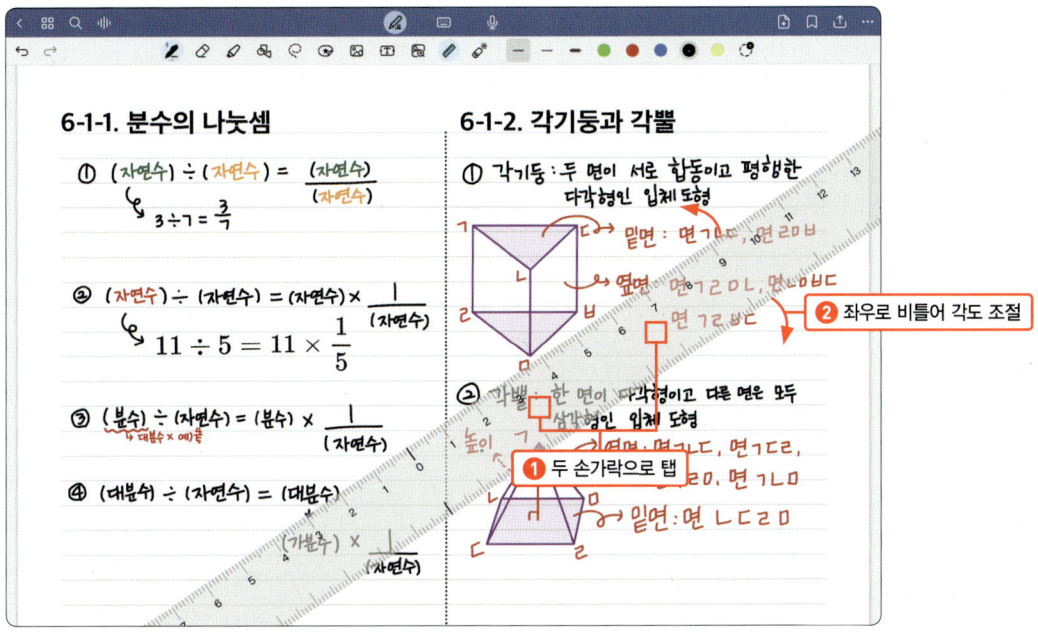

02 자를 탭하고 팝업 메뉴의 [옵션]-[숫자 가리기]를 탭하면 자에 적힌 숫자가 사라져요.

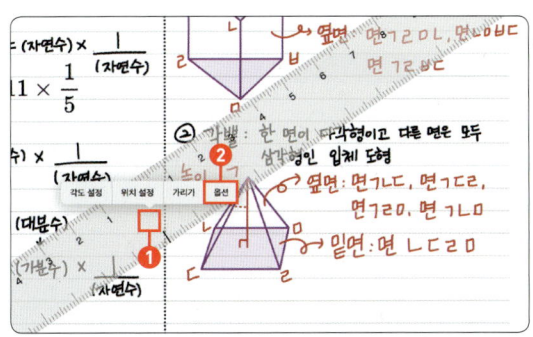
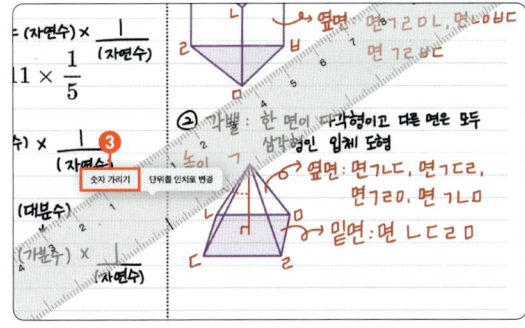

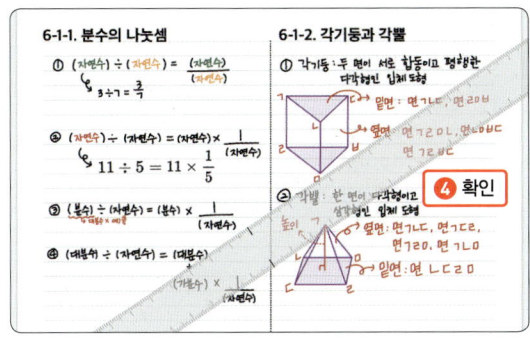

03 자를 탭하고 팝업 메뉴의 [옵션]-[단위를 인치/센티미터로 변경]을 탭하면 자의 단위를 인치 혹은 센티미터로 바꿀 수 있습니다.

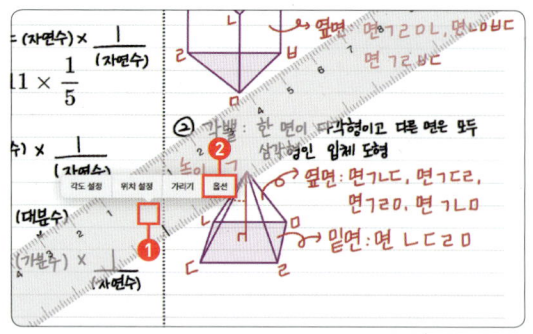
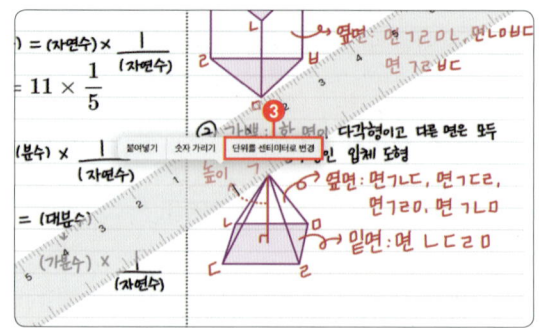
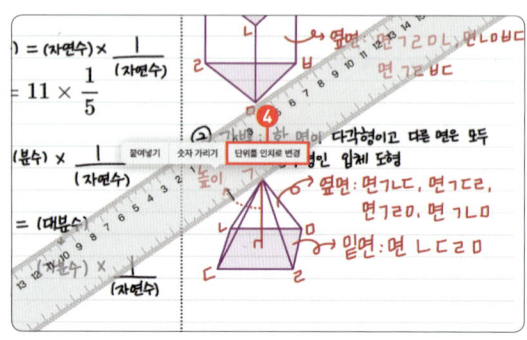

[스마트 팁] 우리가 일상적으로 쓰는 자는 센티미터(cm)를 기준으로 하기 때문에 굿노트 룰러 툴 또한 센티미터(cm)로 사용하는 것을 추천해요.

04 자를 탭하고 팝업 메뉴의 [가리기]를 탭하면 자가 사라져요.

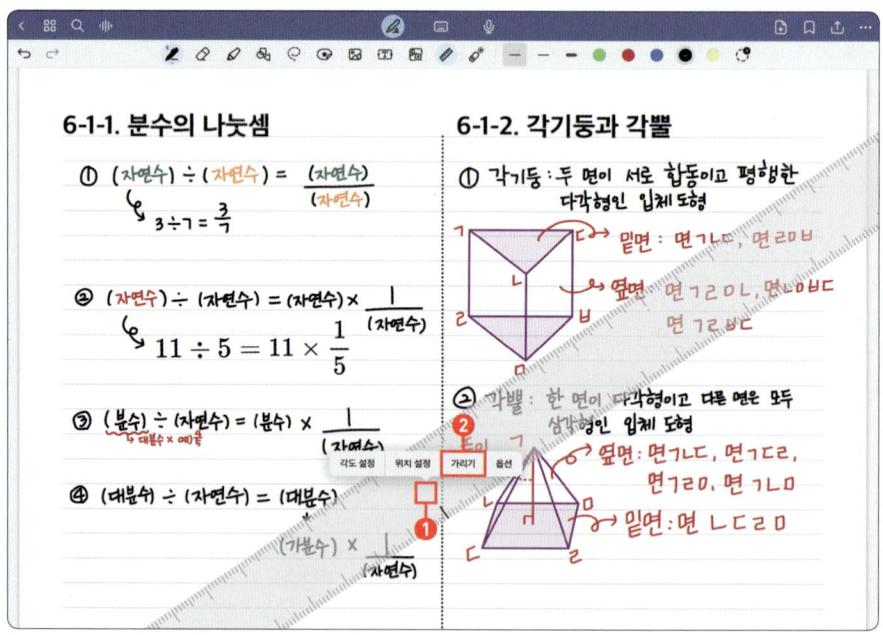

STEP 05　AI 수학 도우미 활용하기

01　굿노트 앱을 실행해요. [마켓] 탭에 들어가 [교육]을 선택해요.

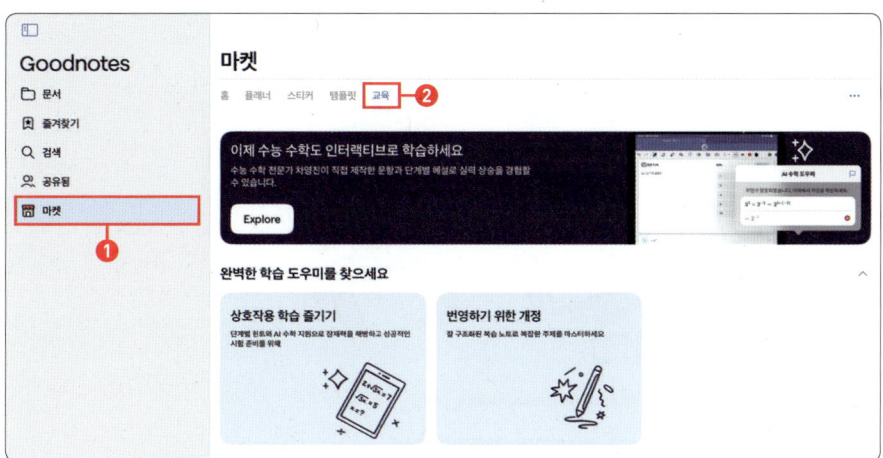

스마트 팁　굿노트 마켓은 굿노트 6에서만 사용할 수 있어요.

02　스크롤을 쭉 내려보면 'Interactive Exam Prep' 항목이 보일 거예요. 여기서 [수능에 대비하세요]를 탭해요.

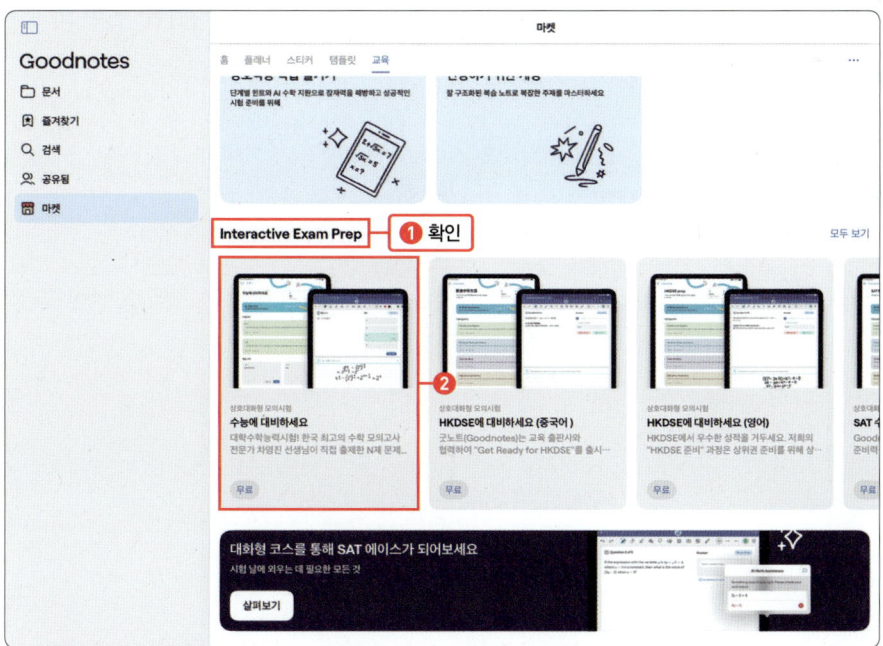

스마트 팁　수능 수학 외에도 중국어, 영어, SAT 수학 등을 준비할 수 있는 다양한 항목이 있어요. 나에게 필요한 과정을 선택하여 학습해요.

03 [받기]를 탭하여 다운로드해요.

스마트 팁 ▶ 버전에 따라 [받기]가 아닌 [무료] 버튼으로 보이는 경우가 있어요. 이럴 때는 [무료] 버튼을 탭하여 다운로드하면 됩니다.

04 'Goodnotes로 불러오기' 팝업 창이 나타나면 [새로운 문서로 불러오기]를 탭해요.

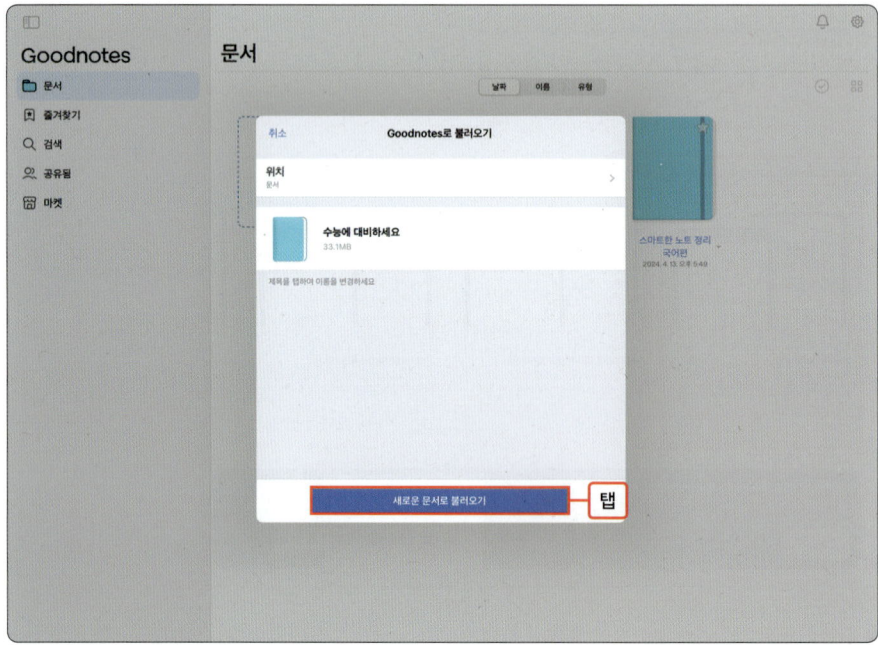

05 새롭게 생성된 노트북을 탭하고 '카테고리'에서 원하는 과목을 선택해요. 여기서는 [수 I]을 선택했어요.

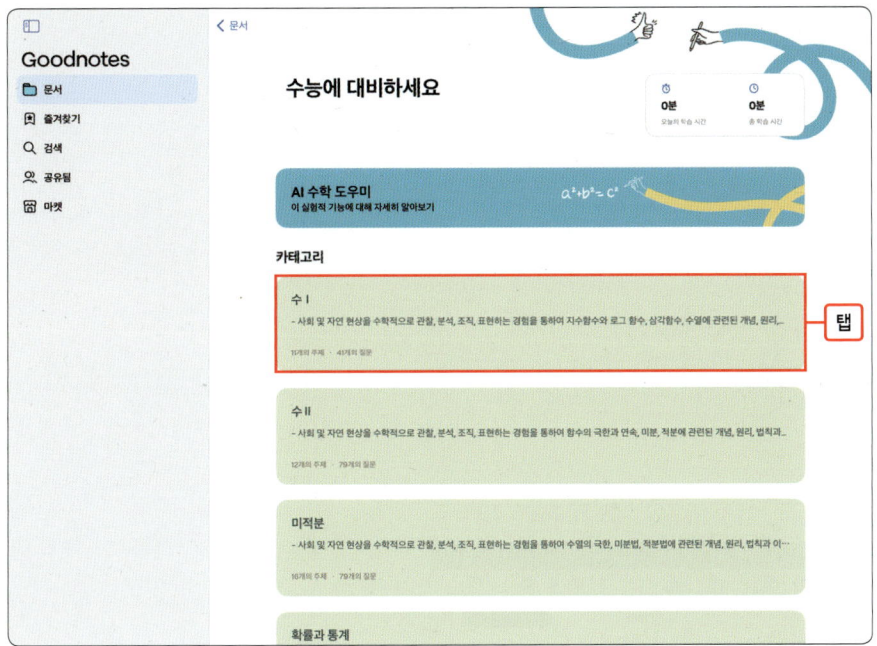

06 원하는 주제와 난이도를 선택하고 [연습]을 탭해요.

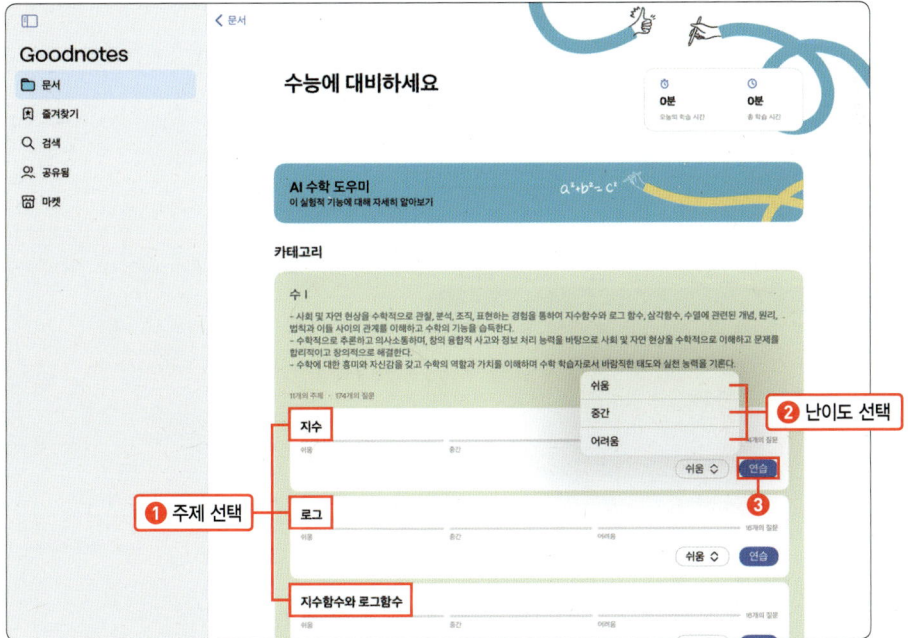

07 선택한 과목과 난이도에 맞게 문제가 나타나요. 하단 노트에 풀이 과정을 적으며 문제를 풀고 답변을 입력해요. 문제가 어렵다면 오른쪽 상단의 [힌트 보기]를 탭하여 참고해요.

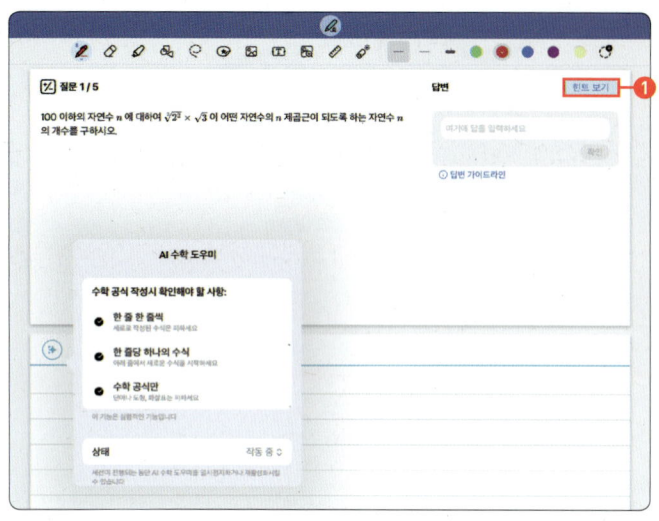

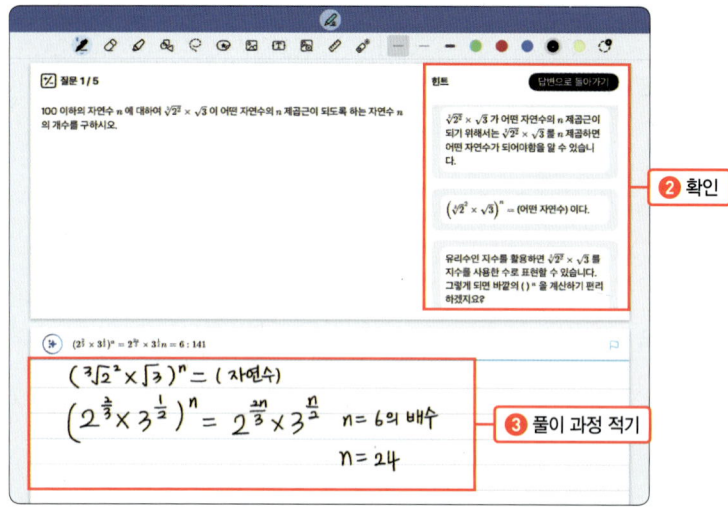

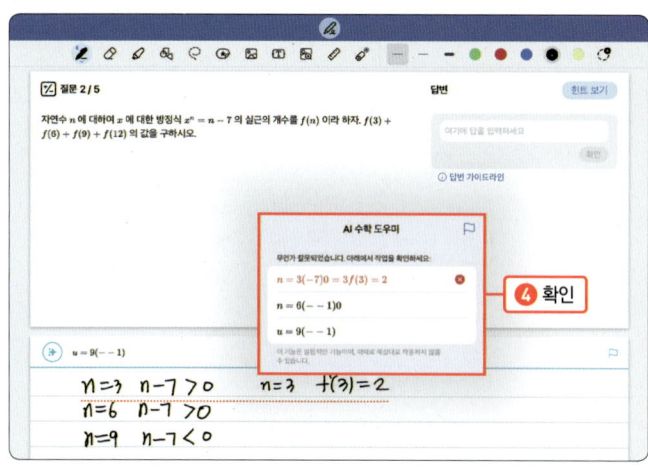

스마트 팁 풀이 과정 중 수식을 잘못 적으면 수식 아래에 빨간색 밑줄이 생기며 잘못되었다는 것을 알려줘요.

WEEK 14 스마트한 사회 정리, 이렇게 해 봐요

사회 과목은 지리, 정치, 경제, 사회, 역사 등 다양한 분야가 섞여 있어 이해하기 어렵고 외울 것이 많은 과목이라는 인식이 있어요. 하지만, 사회 교과는 한 사회의 구성원으로서 꼭 알아야 하는 필수적인 지식을 담고 있는 과목이에요. 이번 장에서는 사회의 여러 영역 중에서 가장 외울 것이 많은 역사 노트 정리 방법을 알아볼게요.

STEP 01 나만의 문화재 노트 만들기

01 굿노트 앱을 실행하고 [+]-[노트북]을 탭해요.

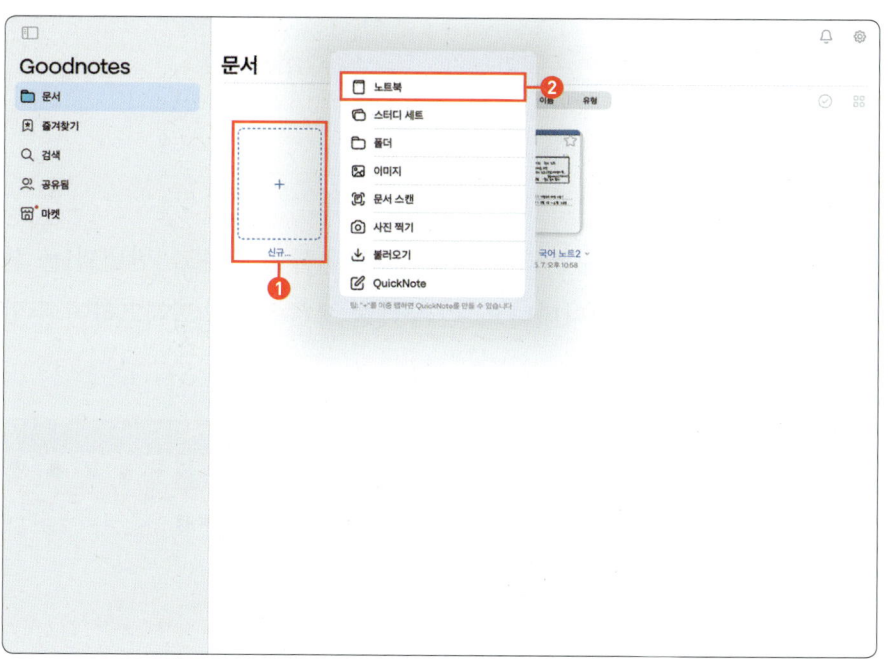

02 노트의 이름을 입력하고 표지, 크기, 템플릿을 선택한 다음 [생성]을 탭해요.

> **스마트 팁** 문화재 노트는 인쇄해서 들고 다니며 수시로 보면 좋아요. 나중에 인쇄할 것을 고려하여 크기는 [A4, 세로], 색상은 [흰색], 종이 템플릿은 [백지]로 설정하는 것을 추천해요.

03 정리하려는 단원의 이름을 본문과 구분되게 써 볼게요. 펜 툴을 탭하고 [만년필]을 선택해요. 획을 탭하면 '획 설정' 팝업 창이 나타나요. 펜 두께를 오른쪽으로 드래그하여 두껍게 설정해요.

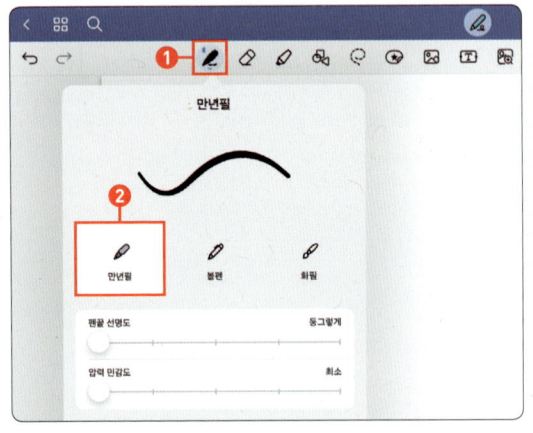 

04 노트 가장 위에 단원 이름을 크게 적어요. 이처럼 단원 이름을 크고 두껍게 적으면 본문과 구분할 수 있어요.

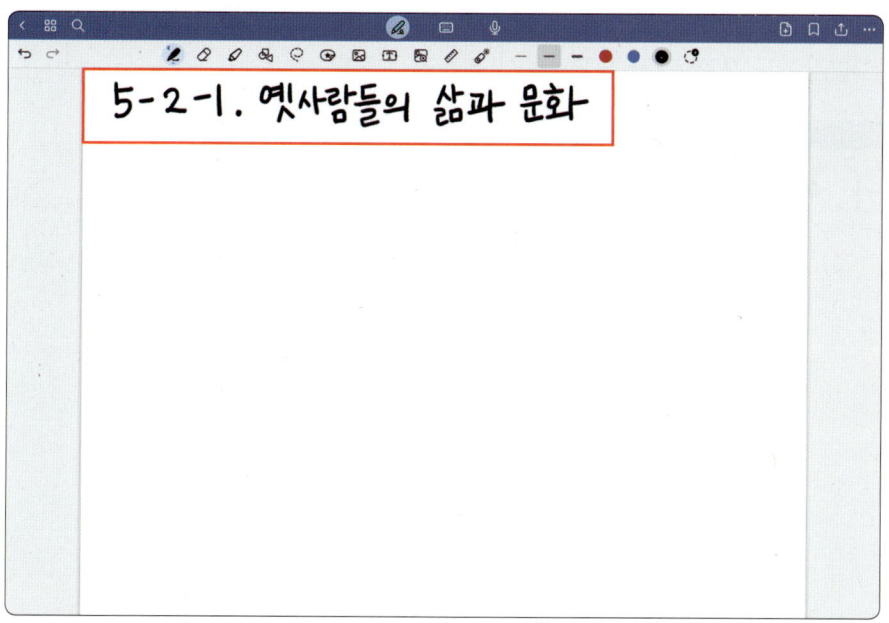

[스마트 팁] 여기서는 펜은 [만년필]로, 만년필의 펜 끝 선명도와 압력 민감도는 [최소]로 설정했어요. 획 설정은 [단색]으로, 펜 두께는 [0.9mm]로 설정했어요.

05 본문은 제목보다 얇은 펜 두께로 비교적 작게 써요.

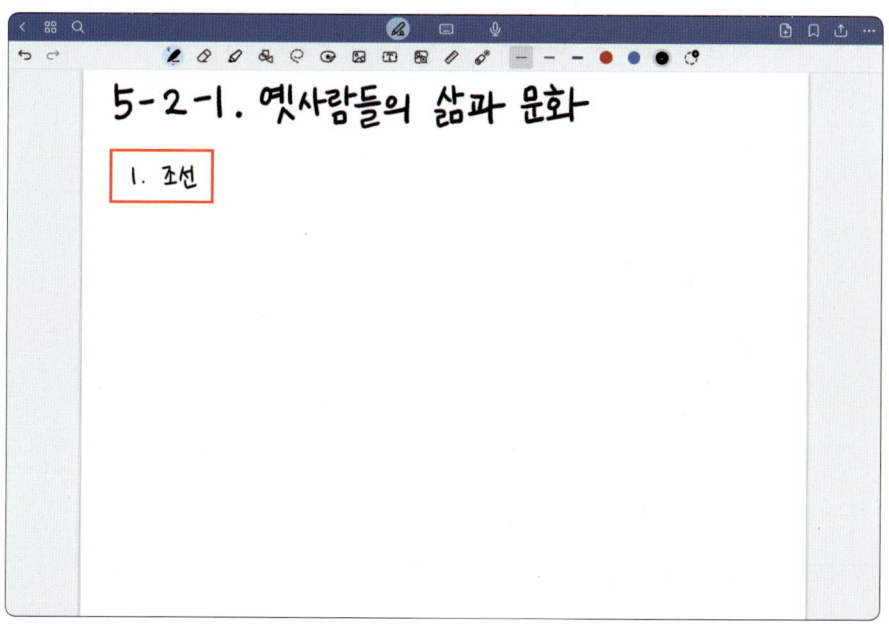

[스마트 팁] 펜은 제목과 동일한 [만년필], [단색]이에요. 펜 두께만 [0.5mm]로 바꿨어요.

06 필기한 내용과 어울리는 이미지를 찾아 넣어볼게요. 화면 가장 아랫부분을 위로 살짝 쓸어올리면 독 바가 나타나요. 독 바의 크롬 앱을 탭한 상태에서 화면 오른쪽으로 드래그해요. 이때 오른쪽 끝까지 드래그하지 않고 중간쯤에서 떼면 크롬 앱이 팝업 창 형태로 띄워져요. 이러한 방식을 '슬라이드 오버'라고 해요.

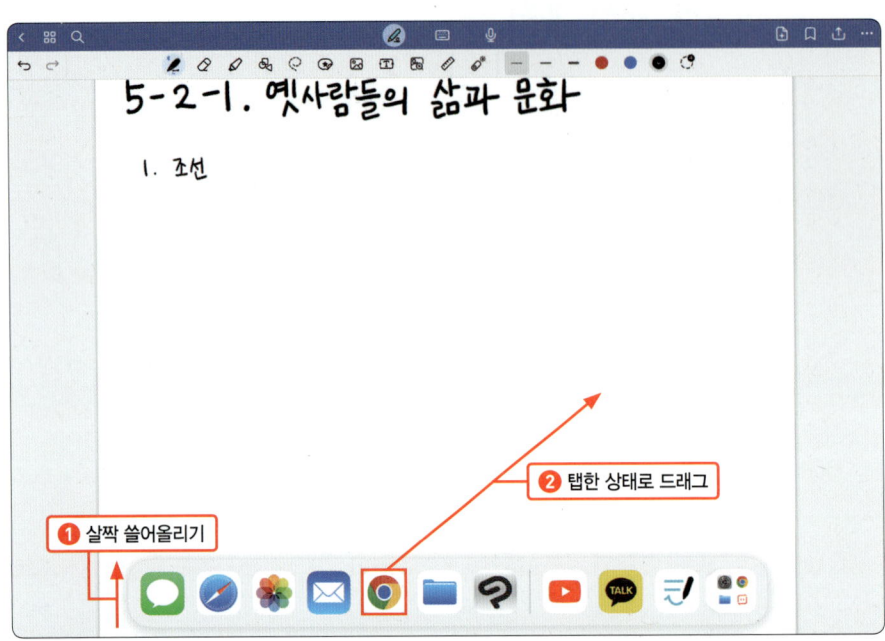

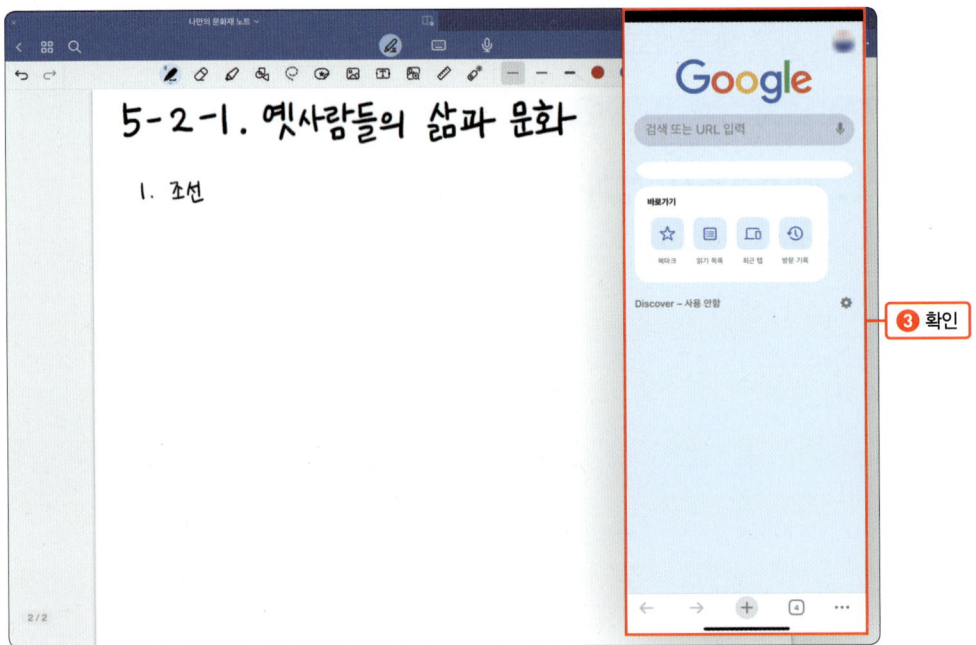

스마트 팁 114쪽에서 살펴본 스플릿 뷰는 화면을 좌우로 나누어 두 개의 앱을 실행하는 방식이고, 슬라이드 오버는 하나의 앱은 전체 화면으로, 또 하나의 앱은 팝업 창으로 띄워 실행하는 방식이에요. 팝업 창으로 띄운 앱은 옆으로 살짝 슬라이드하여 숨겨둘 수 있어요.

07 필기에 필요한 이미지를 검색해요. 검색 결과 중 마음에 드는 이미지를 골라요.

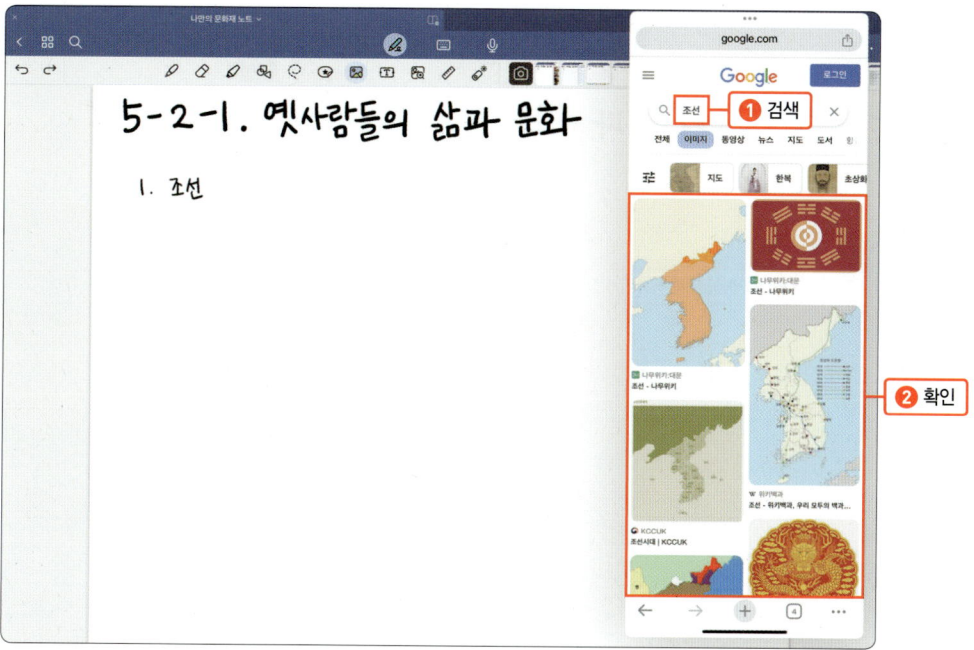

[스마트 팁] 원하는 이미지가 나오지 않는다면 검색 키워드를 조금씩 변경해 보세요. 다양한 키워드로 검색하다 보면 원하는 이미지를 발견할 수 있을 거예요.

08 이미지를 탭한 상태에서 노트로 드래그해요. 노트에 이미지가 추가되었어요. 이 방법을 이용하면 이미지를 따로 저장하거나 복사하지 않아도 노트에 추가할 수 있어요.

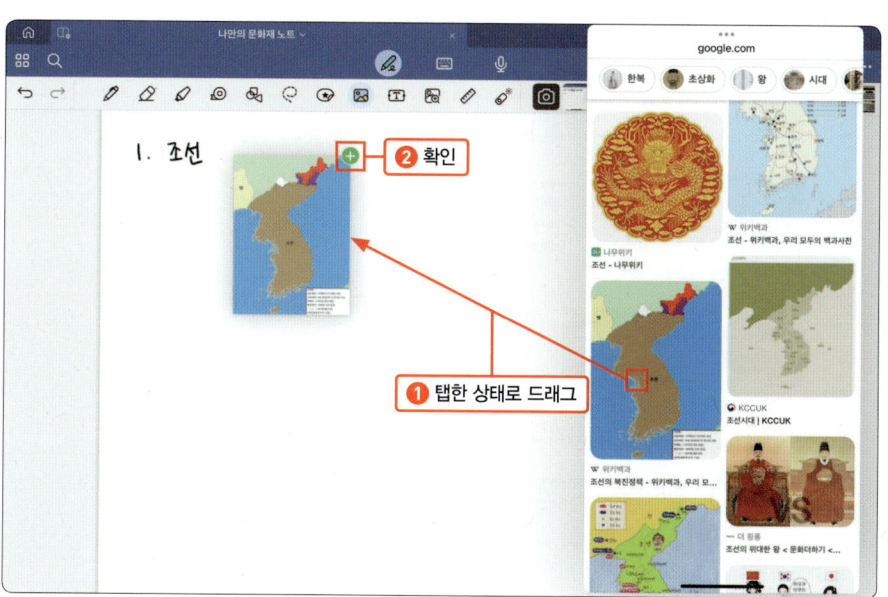

09 이미지 크기를 조정한 다음 원하는 위치에 배치해요.

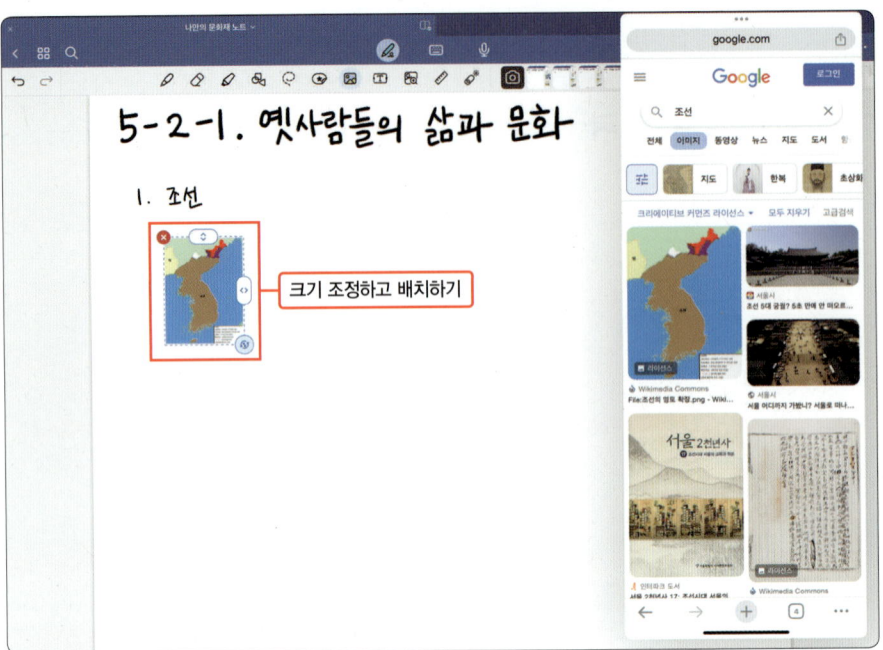

> **스마트 팁** 이미지 크기를 조정하는 방법은 109쪽을 참고해요.

10 이미지를 모두 추가했다면 이미지에 어울리는 내용을 필기하여 마무리해요.

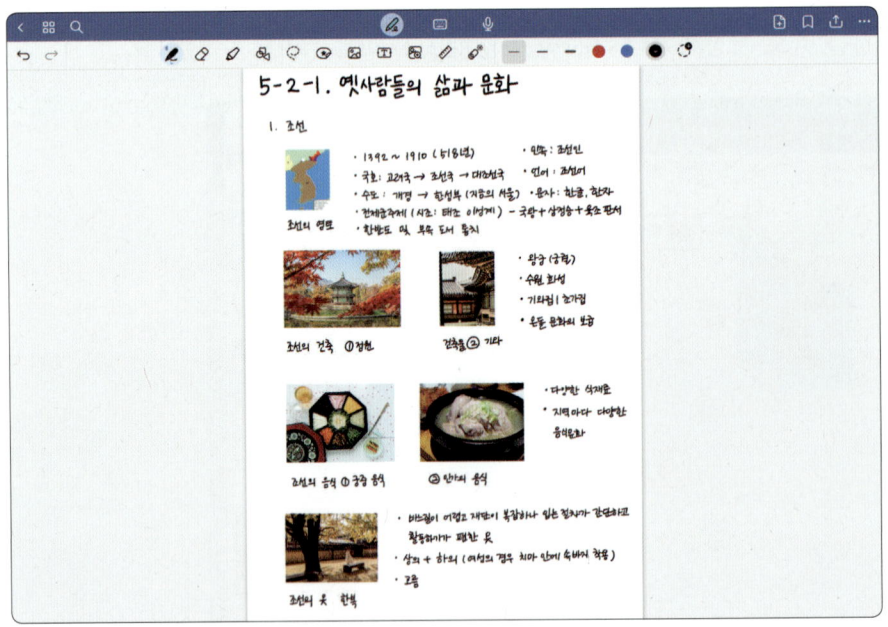

> **스마트 팁** 이 정리 방법이 손에 익으면 사회 과목의 다른 영역에도 응용해서 사용해 보기를 추천해요.

이런 방법도 있어요 이미지를 가져오는 또 다른 방법

크롬 검색을 통해 이미지를 가져올 수도 있지만, 사진 앱과 카메라 앱을 통해 이미지를 가져오는 방법도 있습니다. 하나씩 살펴볼까요?

〉사진 앱에서 이미지 가져오기 〈

01 상단 메뉴 바에서 이미지 툴을 선택해요. 이미지를 넣고 싶은 곳을 터치 펜으로 탭해요. 사진 앱 팝업 창이 나타나면 불러오고자 하는 이미지를 선택해요.

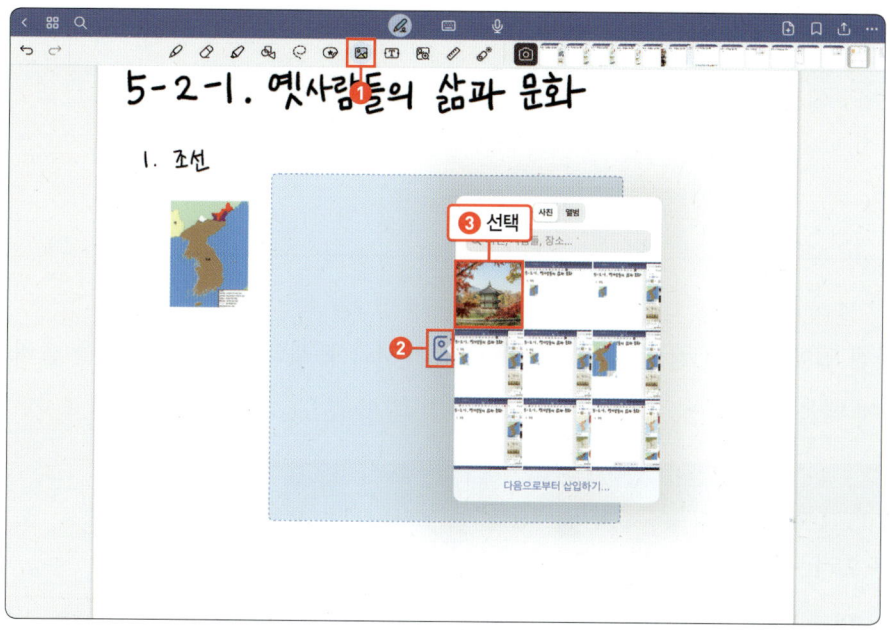

스마트팁 → 이 방법을 사용하려면 노트에 추가하고자 하는 이미지를 미리 사진 앱에 저장해 두어야겠지요?

02 이미지가 추가되었어요. 크기를 조정한 다음 원하는 곳으로 위치를 옮겨요.

03 이번에는 사진 앱에서 여러 장의 이미지를 빠르게 가져와 봅시다. 우선 사진 앱을 슬라이드 오버로 화면에 띄웁니다.

> **스마트 팁** 앱을 슬라이드 오버로 실행하는 방법은 164쪽을 참고하세요.

04 원하는 이미지를 탭한 상태에서 굿노트 화면으로 끌어다 놓습니다.

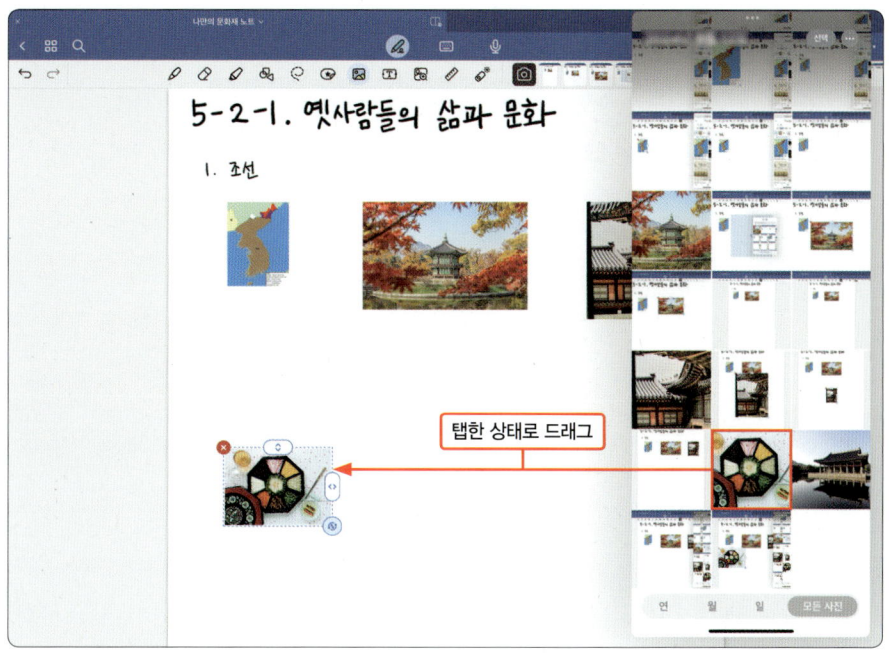

⌜스마트 팁⌝→ 이미지를 잘못 넣었다면 해당 이미지를 선택한 상태에서 왼쪽 상단에 있는 ❌ 아이콘을 탭하여 삭제합니다.

05 원하는 이미지들을 같은 방법으로 계속 추가합니다.

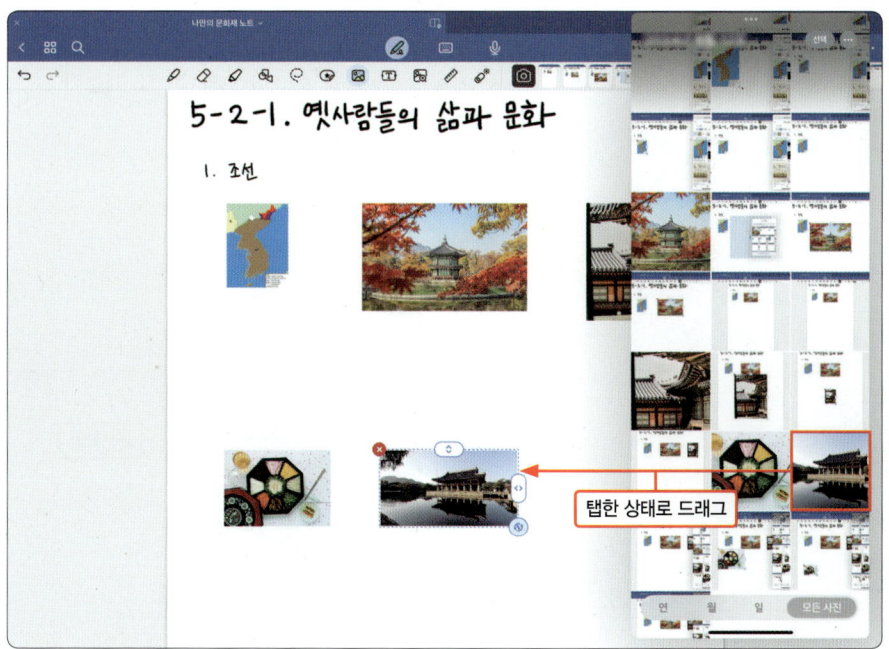

〉 이미지를 카메라로 촬영해 가져오기 〈

01 상단 메뉴 바에서 이미지 툴을 선택하고 카메라 아이콘을 탭해요.

02 카메라 앱이 실행되면 사진을 찍어요. 그다음 화면 오른쪽 하단의 [사진 사용]을 탭해요. 촬영한 사진이 굿노트에 첨부되어요.

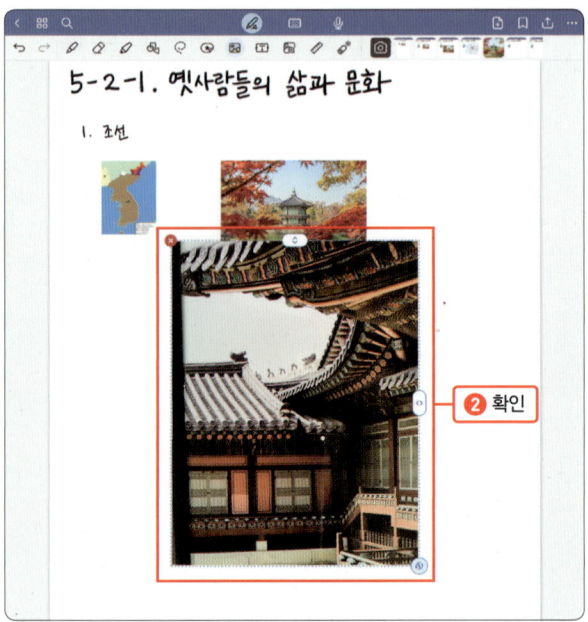

STEP 02   노트를 컴퓨터로 전송하고 인쇄하기

태블릿 PC를 활용하는 스마트 노트 정리는 일반 노트 정리와 달리 준비물이 적다는 장점이 있지만, 한 가지 아쉬운 점이 있습니다. 일반 노트 정리는 인쇄할 필요 없이 원할 때 노트만 바로 펴면 되지만, 굿노트로 작성한 노트를 인쇄하려면 컴퓨터로 PDF 파일을 전송해야 한다는 점입니다.

파일 전송이 무엇이길래 문제냐고요? 아이폰이나 아이패드, 맥북과 같은 경우에는 '에어드롭'이라는 무선 파일 공유 시스템을 통해 이미지, 동영상, PDF 등의 파일을 쉽게 주고 받을 수 있습니다. 하지만 파일을 보내는 기기와 받는 기기의 제조사가 다를 경우, 에어드롭 기능을 사용할 수 없어요. 기기의 운영체제가 서로 다르기 때문이에요.

> **스마트 팁** 갤럭시 스마트폰과 갤럭시 탭은 안드로이드 운영체제, 컴퓨터나 노트북은 윈도우 운영체제, 아이폰은 iOS, 아이패드는 iPadOS 운영 체제를 기반으로 합니다. iOS와 iPadOS는 애플의 운영체제이기 때문에 서로 에어드롭을 주고 받을 수 있습니다.

〉 센드애니웨어란? 〈

운영체제가 다른 기기들끼리 다양한 종류의 파일을 무선으로 쉽고 빠르게 주고받고 싶다면 어떻게 해야 할까요? 이때 아주 유용한 앱이 있습니다. 인터넷만 연결되어 있다면 어떤 운영체제든 쉽게 파일을 주고받을 수 있는 센드애니웨어(Send Anywhere) 앱입니다.

센드애니웨어 앱은 다음과 같은 장점이 있습니다. 첫째, 무료로 사용할 수 있어요. 둘째, 별다른 설정 없이 홈페이지에 접속하거나 앱을 설치하면 바로 사용 가능해요. 즉, 사용이 간편해요. 셋째, 다양한 기기에서 사용할 수 있어요. 넷째, 손상이나 변경 없이 원본 파일 그대로 주고받을 수 있어요. 다섯째, 유료 사용자가 아니어도 여섯 자리 숫자 키를 활용하면 용량 제한 없이, 링크 공유는 10GB까지 파일을 주고받을 수 있어요.

〉센드애니웨어로 태블릿 PC에서 컴퓨터로 파일 전송하기 〈

01 아이패드라면 [APP STORE] 앱을, 그 밖의 안드로이드 태블릿 PC라면 [Play 스토어] 앱을 실행하여 [센드애니웨어]를 앱을 설치해요.

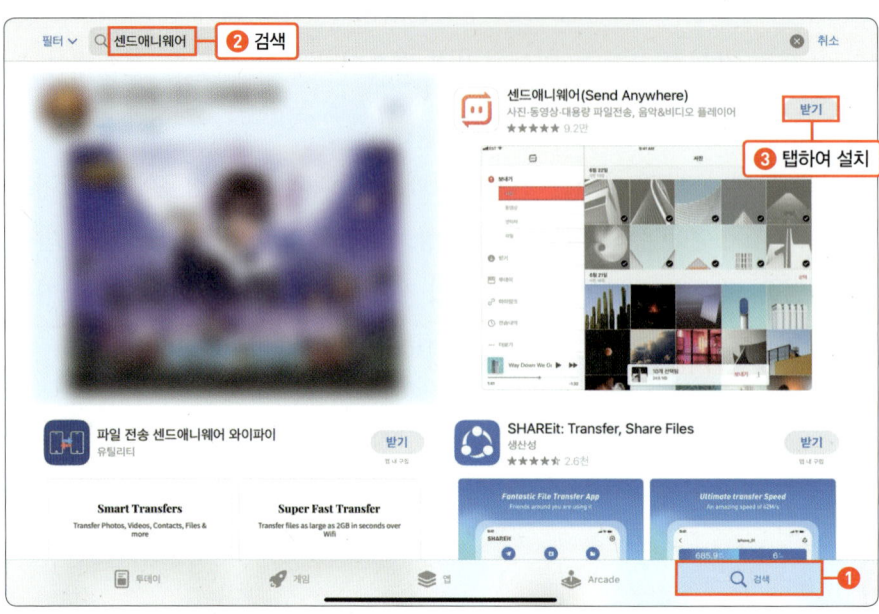

02 굿노트 앱을 실행하고 인쇄할 노트 파일을 열어요. 오른쪽 상단의 [공유(⬆)]를 탭하고 [이 페이지 보내기]를 선택해요.

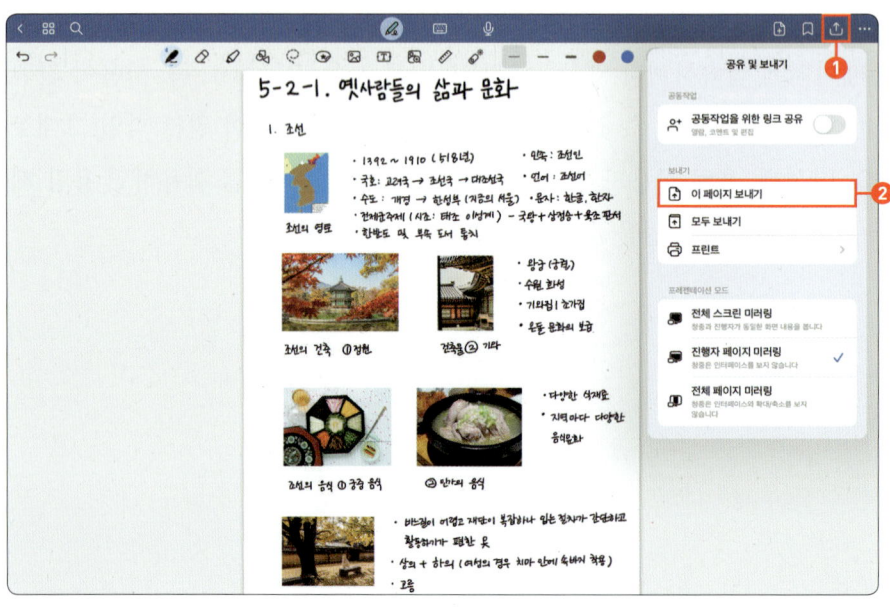

[스마트 팁] [모두 보내기]를 선택하면 표지를 포함한 모든 페이지를 보낼 수 있어요. 나의 상황에 맞게 선택해요.

03 '선택한 페이지 보내기' 창이 나타나면 [PDF]를 선택하고 [보내기]를 탭해요.

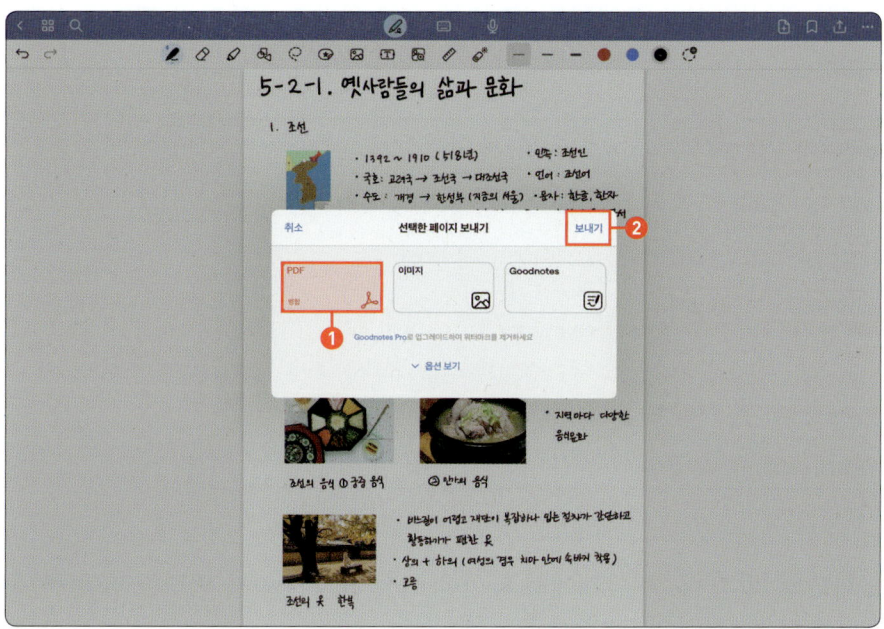

> **스마트 팁** [이미지] 옵션을 선택해도 됩니다. [PDF]와 [이미지] 중 내가 사용하는 프린터에 적절한 양식을 고르면 됩니다.

04 [Send Anywhere] 앱을 선택하면 여섯 자리 숫자가 적힌 팝업 창이 하나 더 나타나요. 팝업 창에 적힌 여섯 자리 숫자를 확인해요.

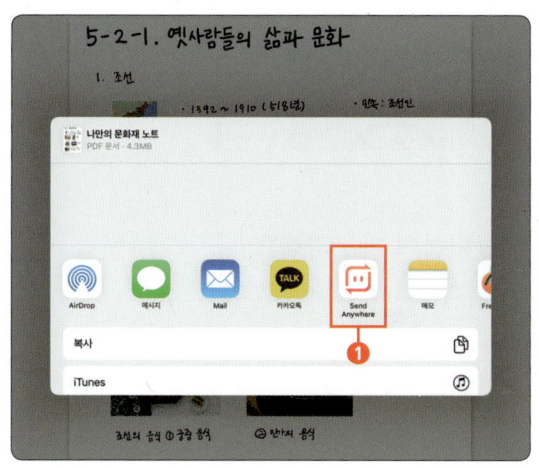 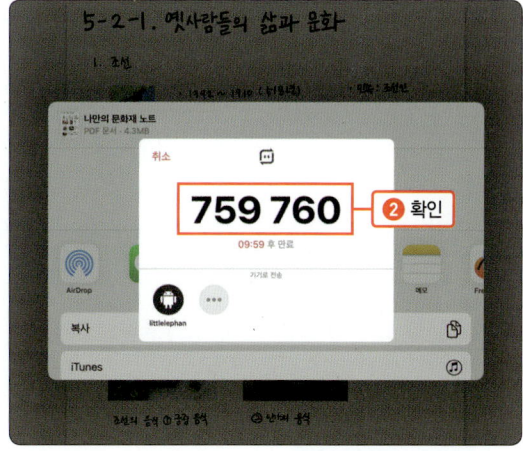

05 이제 PDF 파일을 다운로드할 컴퓨터로 이동해 봅시다. 구글(google.com)에 접속한 다음 검색 창에서 [센드애니웨어]를 검색해요. 첫 번째 검색 결과를 클릭하여 센드애니웨어 홈페이지에 접속해요.

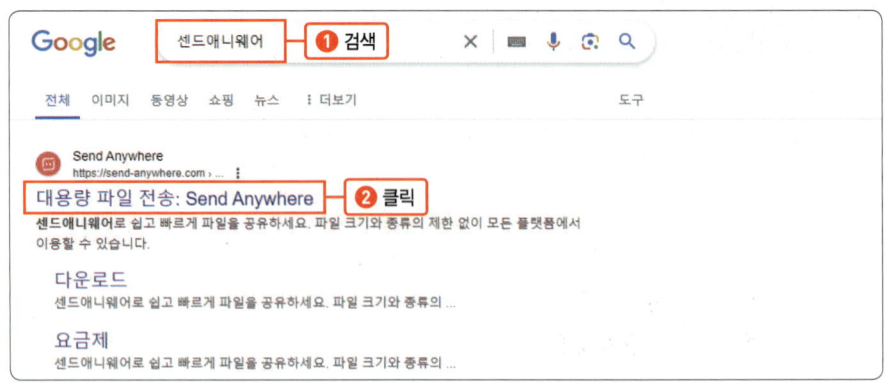

06 홈페이지 첫 화면의 '받기'에 **04**단계에서 확인한 여섯 자리 숫자를 입력한 다음 [다운로드(⬇)]를 클릭해요.

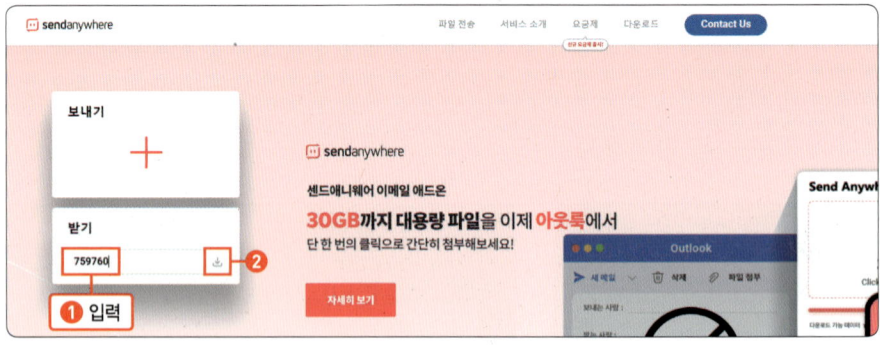

07 잠시 기다리면 파일이 전송됩니다. [확인]을 클릭하여 마무리해요.

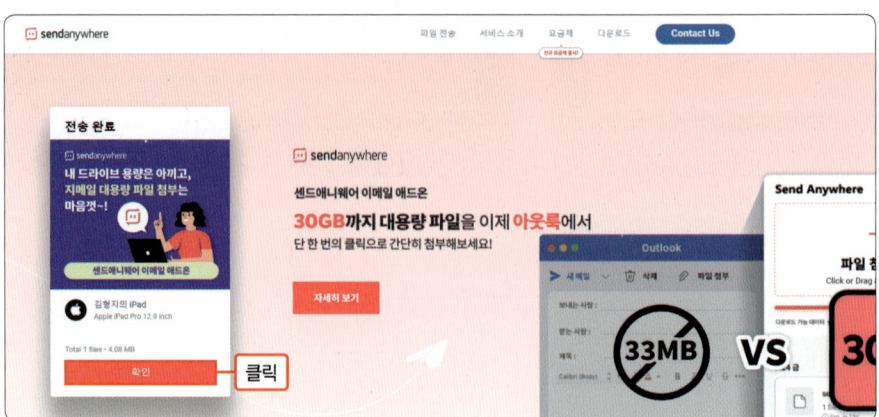

08 컴퓨터의 다운로드 폴더에서 다운로드 된 PDF 파일을 확인할 수 있어요. 태블릿 PC에서도 '전송 완료' 팝업 창을 확인할 수 있어요.

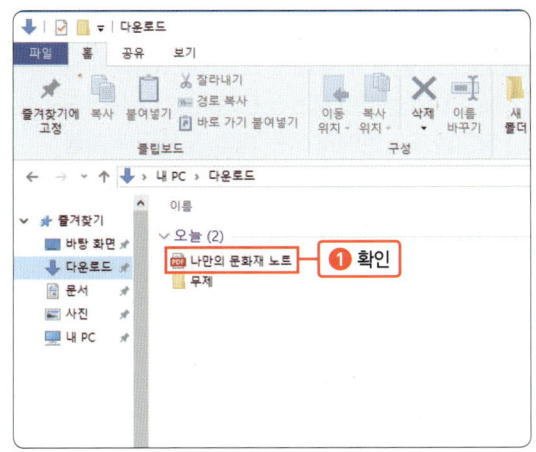
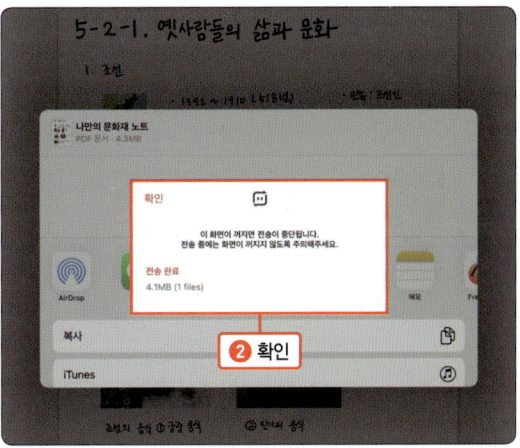

09 컴퓨터에서 다운로드된 PDF 파일을 더블클릭한 다음 인쇄 혹은 프린트 아이콘을 클릭하여 인쇄 매수, 레이아웃, 페이지, 색, 양면 인쇄를 설정하고 인쇄해요. 이렇게 출력한 나만의 문화재 노트는 가지고 다니며 암기할 수 있어요.

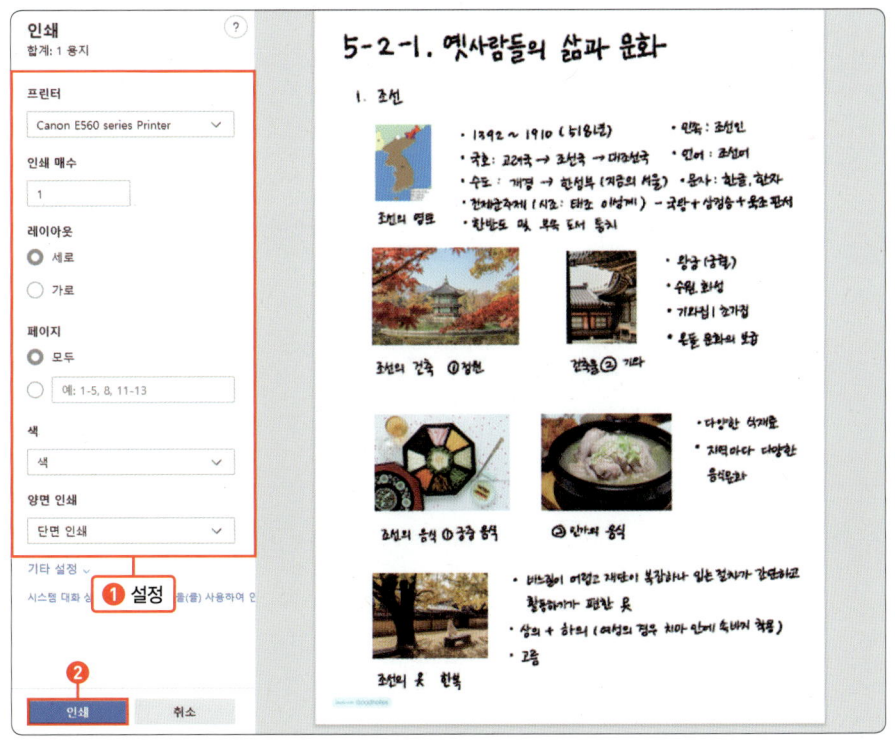

> **스마트 팁** 같은 방식으로 태블릿 PC에서 스마트폰으로 파일을 보낼 수도 있어요. 이때, 태블릿 PC와 스마트폰 모두 센드애니웨어 앱이 설치되어 있어야 합니다.

WEEK 15 스마트한 과학 정리, 이렇게 해 봐요

노트를 정리하다 보면 다양한 자료를 한 곳에 합쳐야 할 때도 있고, 여러 종류의 노트를 분야별로 분류해야 할 때도 있습니다. 이번 장에서는 노트 정리할 때 알아두면 좋은 여러 팁과 PDF 형식이 아닌 파일을 굿노트에서 여는 방법, 노트의 목차를 설정하는 방법, 폴더를 사용해서 노트를 분류하는 방법을 알아보겠습니다.

STEP 01 나만의 과학 노트 만들기

01 굿노트 앱을 실행하고 [+]-[노트북]을 선택해요.

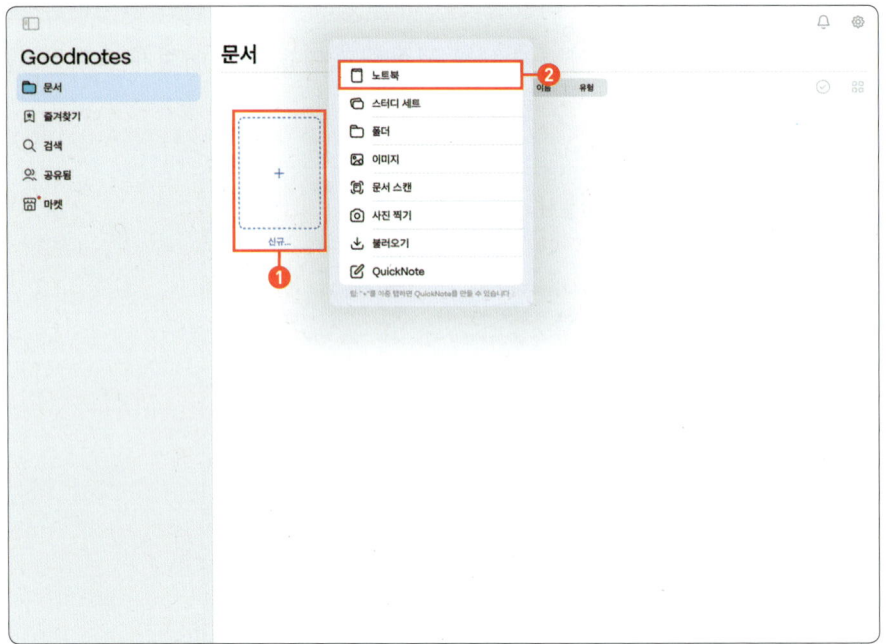

02 노트의 표지와 종이 템플릿을 선택해요. 노트 이름을 쓴 다음 [생성]을 탭해요.

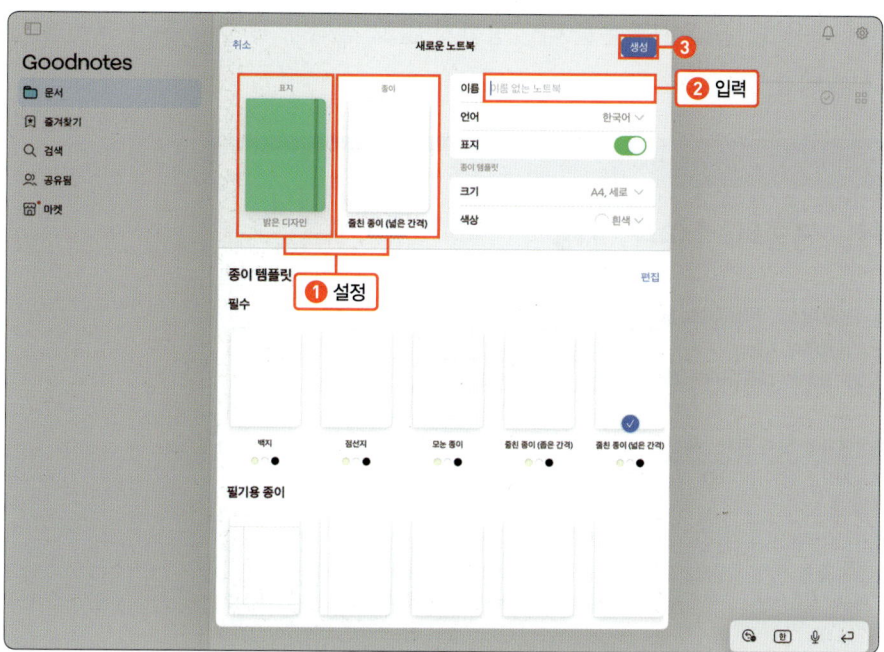

03 과학 교과서와 프린트 등을 참고해 노트 정리를 해요.

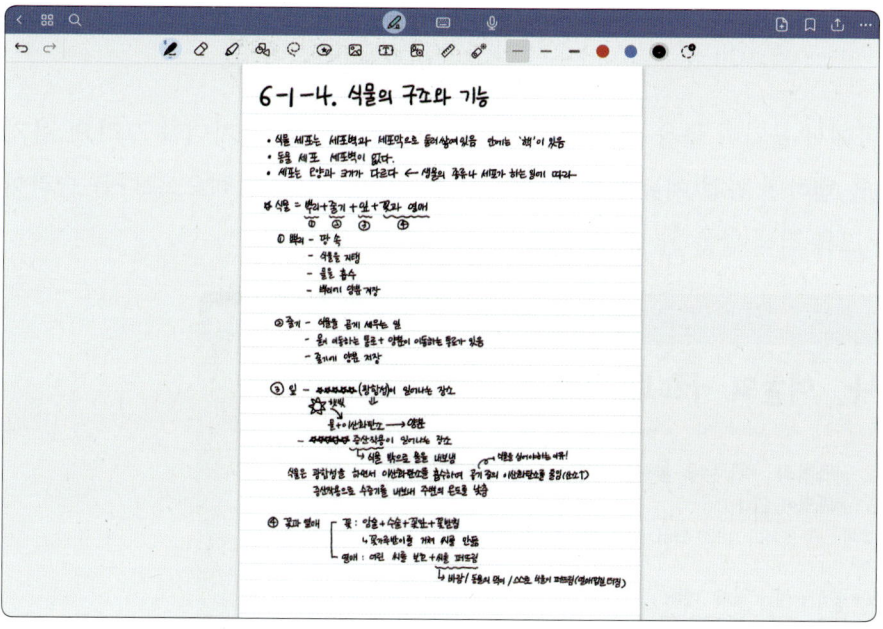

〉 정리한 내용 손쉽게 검색하기 〈

01 노트에 정리한 내용 중 궁금한 부분을 타이핑하지 않고 검색해 볼게요. 우선 크롬 앱을 슬라이드 오버로 실행해요.

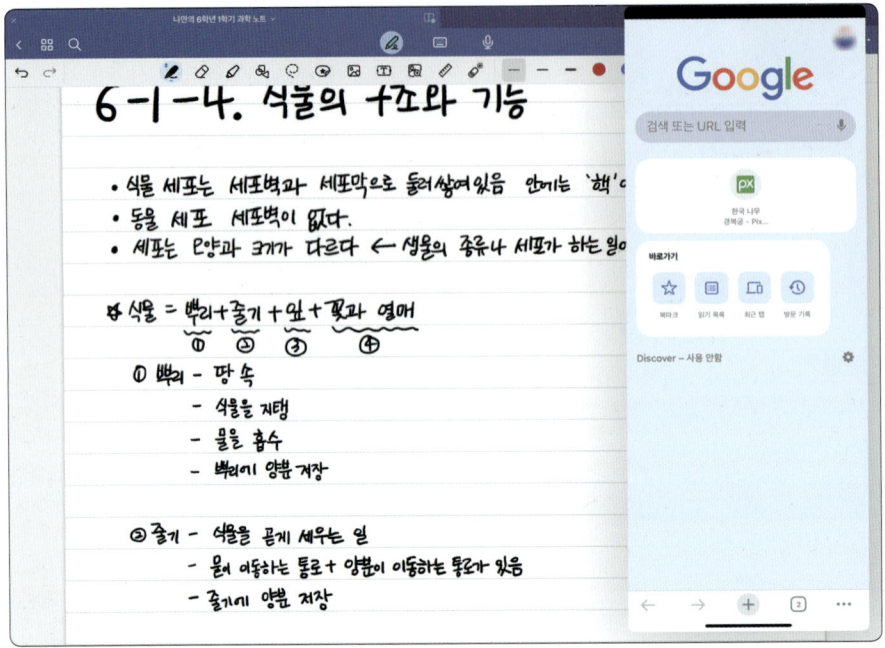

📌 스마트 팁 ➡ 앱을 슬라이드 오버로 실행하는 방법은 164쪽을 참고하세요.

02 상단 메뉴 바에서 올가미 툴을 선택하고 검색하고 싶은 단어에 올가미를 그려요. 올가미로 선택된 단어를 탭하면 팝업 메뉴가 나타나요. 그중 [복사하기]를 탭해요. 그다음 슬라이드 오버로 띄워둔 크롬 검색 창을 한 번 탭해요.

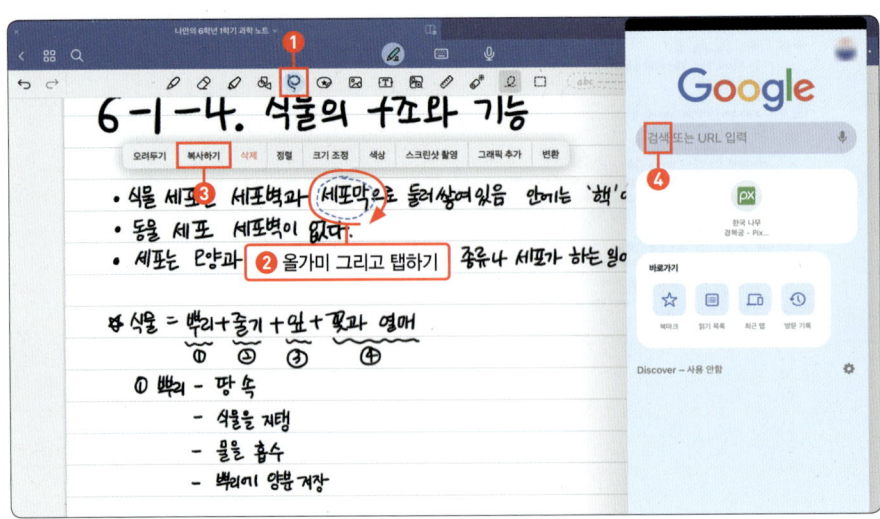

178

03 검색 창을 한 번 더 탭한 상태로 꾹 누르면 팝업 메뉴가 나타나요. [붙여넣기]를 탭하여 단어를 붙여넣어요. 검색 결과를 확인해요.

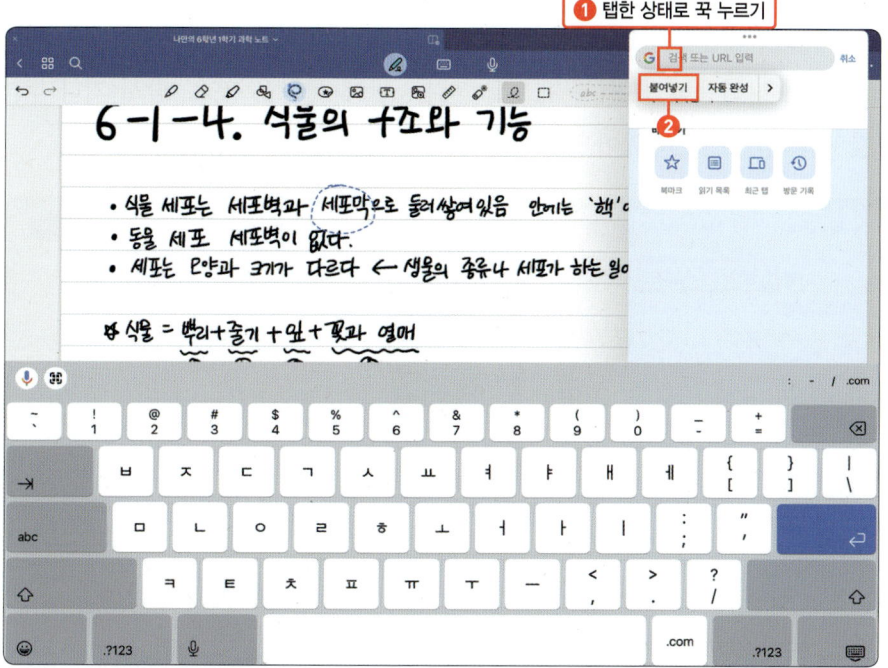

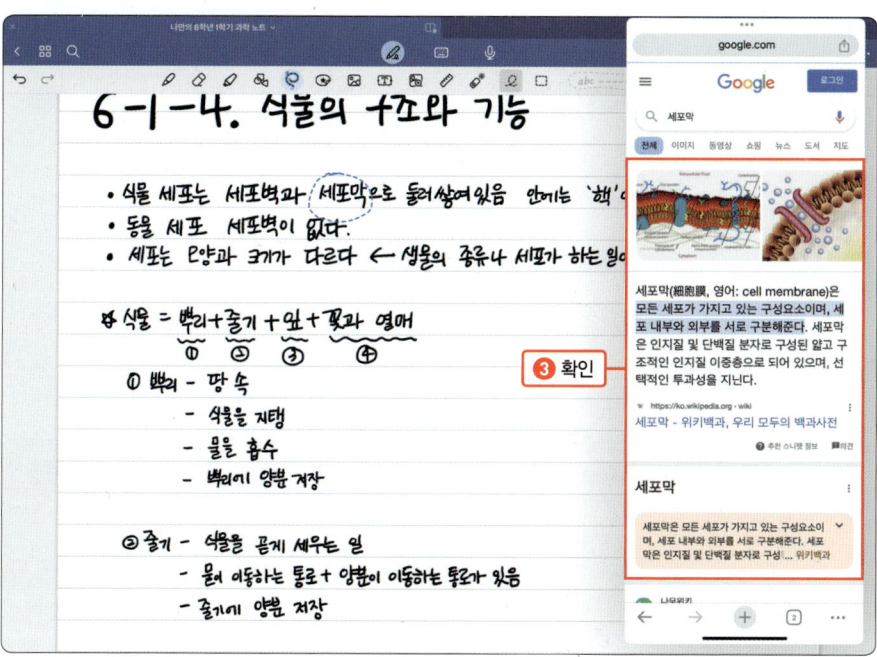

이런 방법도 있어요   터치 펜으로 노트 이름 쓰고 수정하기

01 이번에는 키보드로 타이핑하지 않고 터치 펜을 활용해 노트 이름을 써 볼게요. 굿노트를 실행하고 [+]-[노트북]을 선택해요. 터치 펜으로 '이름' 란에 이름을 써요. 잠시 기다리면 글자가 타이핑한 것처럼 자동으로 바뀌어요.

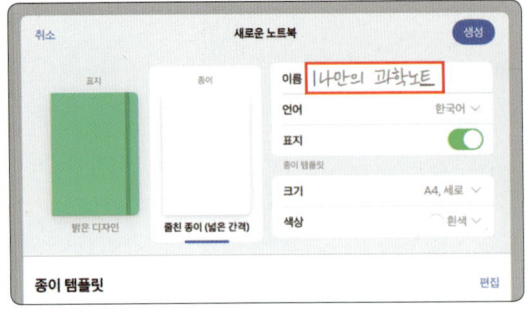 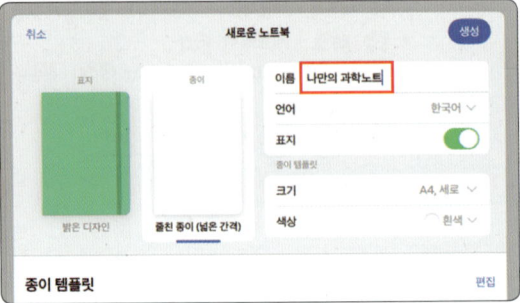

02 띄어 쓰고 싶다면 띄어 쓸 위치를 한 번 탭하고, 커서가 깜박이면 위에서 아래로 한 번 내리그어요. 자동으로 띄어쓰기가 되었어요. 그 상태에서 한 번 더 내리그으면 글자가 다시 붙어요.

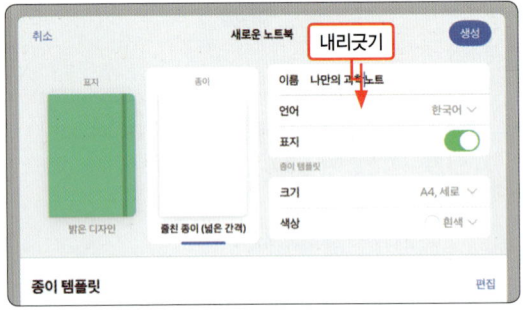 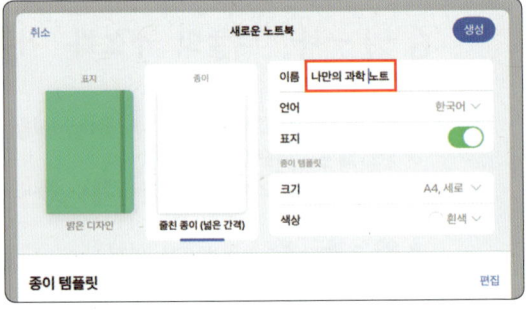

▲ 터치 펜으로 글자 띄어쓰기

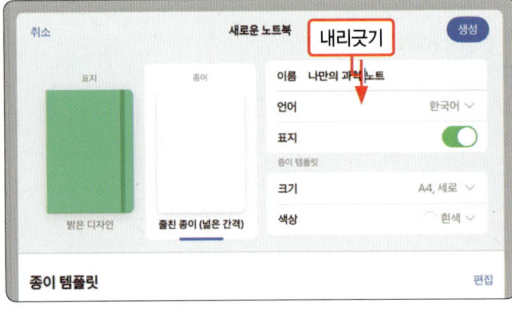 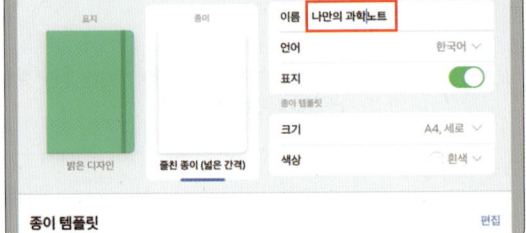

▲ 터치 펜으로 글자 붙이기

03 이번에는 글자 사이에 내용을 추가해 볼게요. 내용을 추가하고 싶은 곳을 터치 펜으로 탭한 상태로 꾹 누르면 회색 네모 칸이 나타나요.

04 네모 칸 위에 추가할 내용을 적어요. 잠시 기다리면 글자가 타이핑한 것처럼 자동으로 바뀌어요.

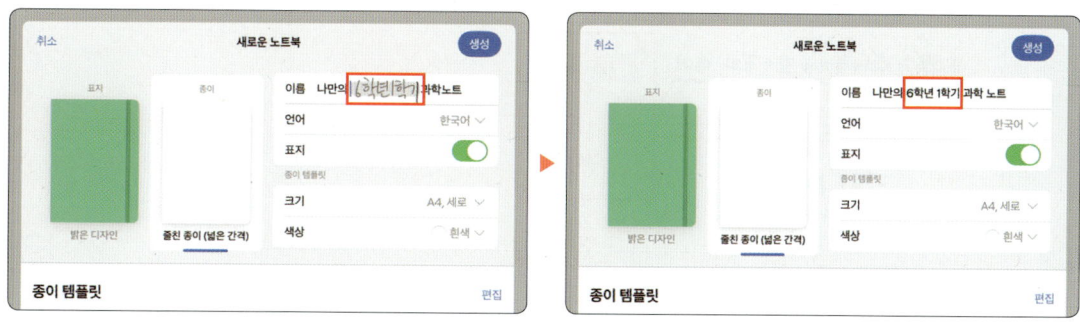

05 지우고 싶은 내용이 있다면 그 내용을 터치 펜으로 낙서하듯 문질러요. 잠시 기다리면 문지른 부분의 글자들이 삭제돼요.

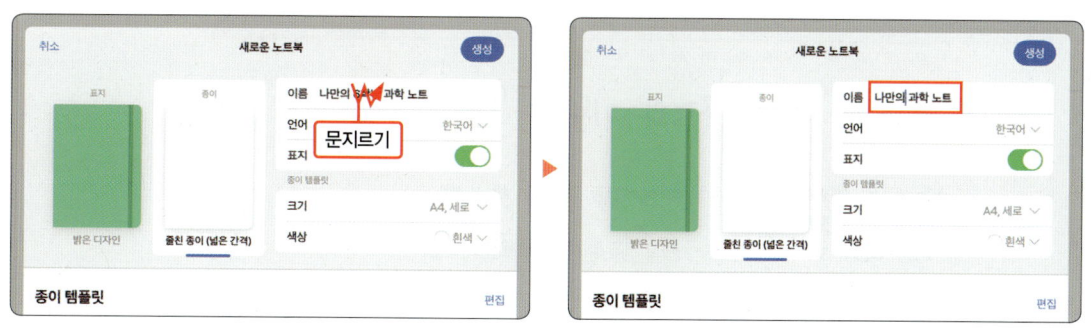

[스마트 팁] 이 기능은 아이패드의 '손글씨 입력 기능으로 텍스트 입력하기'라는 기능이에요. 노트 이름뿐만 아니라 키보드로 글자를 타이핑하는 모든 영역에서 활용할 수 있어요.

STEP 02 이미지 자르고 편집하기

108쪽에서 이미지를 불러와 노트에 추가하는 방법을 살펴봤지요? 이번에는 이미지를 자유롭게 자르거나 이미지의 배경을 없애는 방법을 알아봅시다.

〉 내가 원하는 모양으로 이미지 자르기 〈

01 상단 메뉴 바에서 이미지 툴을 선택하고 사진 앱에서 원하는 이미지를 불러와요.

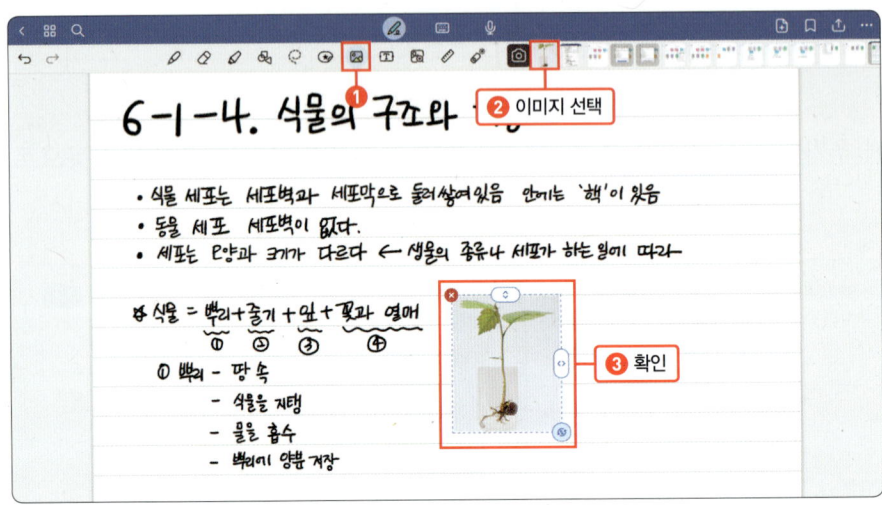

스마트 팁 노트에 추가할 이미지를 미리 사진 앱에 넣어두어야 해요.

02 불러온 이미지를 선택한 상태에서 한 번 탭하면 팝업 메뉴가 나타나요. [자르기]를 선택해요.

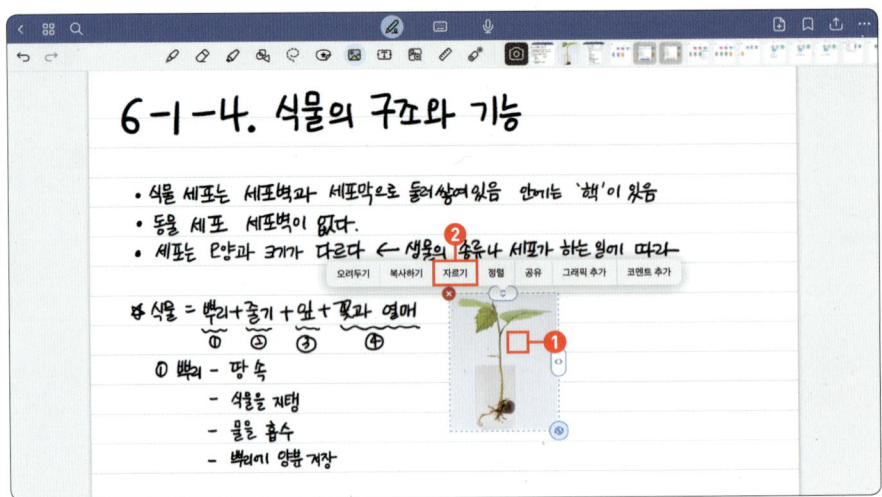

03 이미지를 사각형 모양으로 자르는 [Rectangle(직사각형)]과 원하는 형태를 직접 그려서 자르는 [Freehand(손으로 그리기)] 옵션이 나타나요. [Freehand] 옵션을 선택해요.

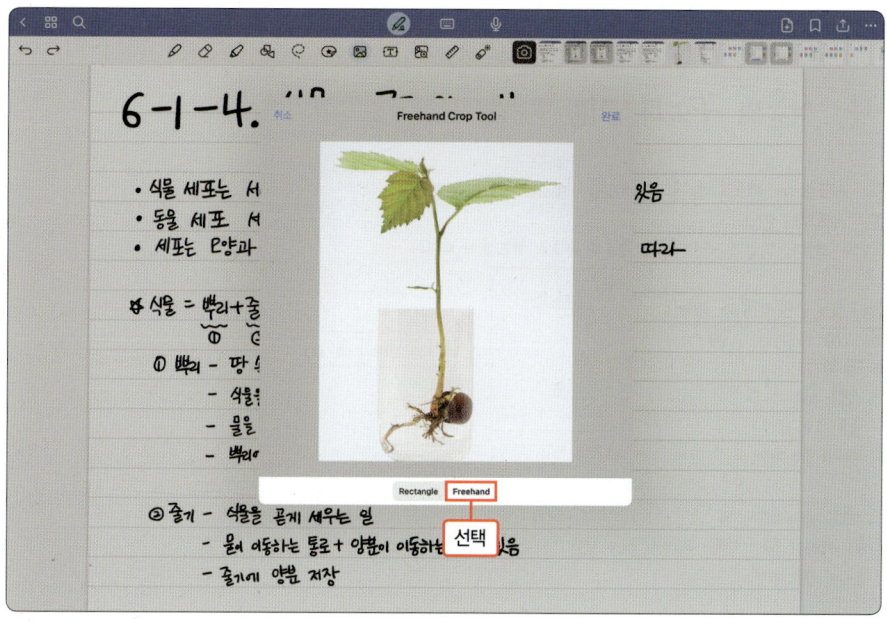

> 스마트 팁 [Rectangle(직사각형)] 옵션을 선택하여 이미지를 자르는 방법은 110쪽에서 살펴보았어요.

04 터치 펜으로 잘라낼 부분을 직접 그려요. 145쪽에서 살펴본 올가미 툴의 사용법과 비슷해요. 영역을 모두 선택했다면 [완료]를 탭해요.

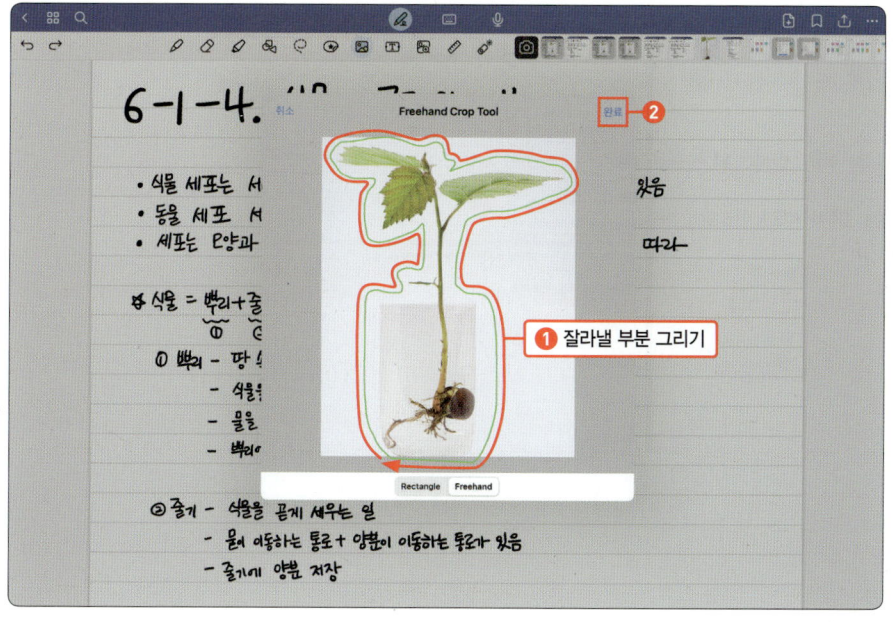

05 설정한 영역대로 이미지가 잘린 것을 확인할 수 있어요. 크기를 적절하게 조정하고 원하는 위치로 옮겨요.

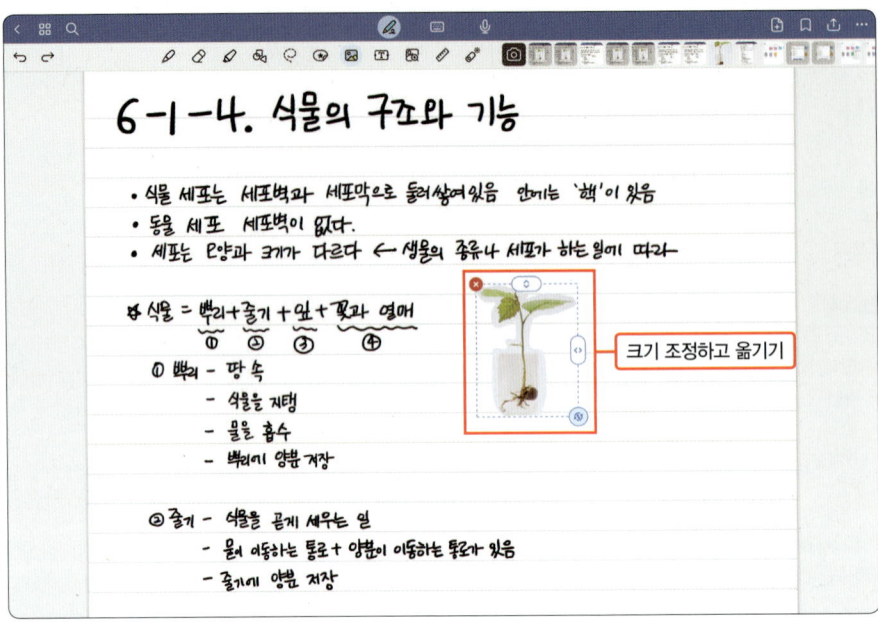

> 이미지 배경 제거하기 <

01 이번에는 이미지의 배경을 깔끔하게 제거하여 노트에 넣어 볼게요. 스플릿 뷰로 크롬 앱을 실행하고, 크롬 검색 창에 [remove.bg]라고 검색해요. 가장 위에 있는 검색 결과를 탭해요.

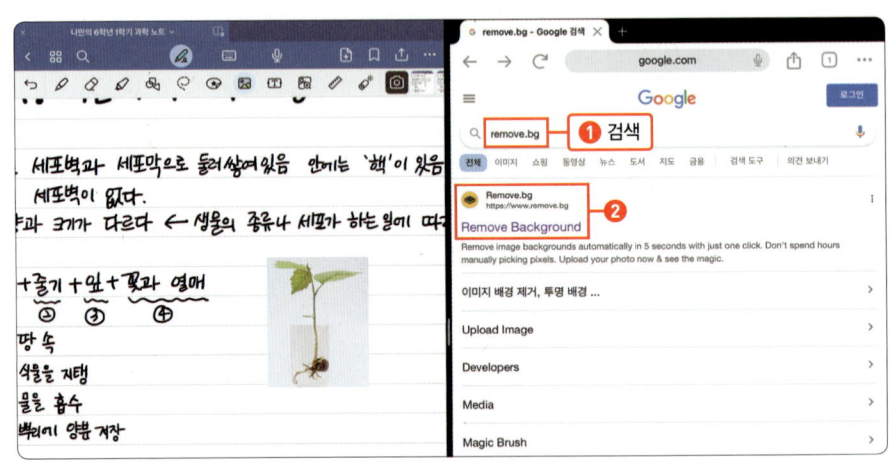

[스마트 팁] 스플릿 뷰로 화면을 분할하는 방법은 114쪽을 참고하세요.

[스마트 팁] 크롬 앱의 주소 입력 창에 웹 사이트 URL 주소 [remove.bg]을 직접 입력하여 접속해도 됩니다.

02 remove.bg는 이미지의 배경을 깔끔하게 제거해 주는 무료 웹 사이트입니다. 이곳에 이미지를 업로드해 볼게요. [Upload Image]를 탭하고 [사진 보관함]을 선택해요.

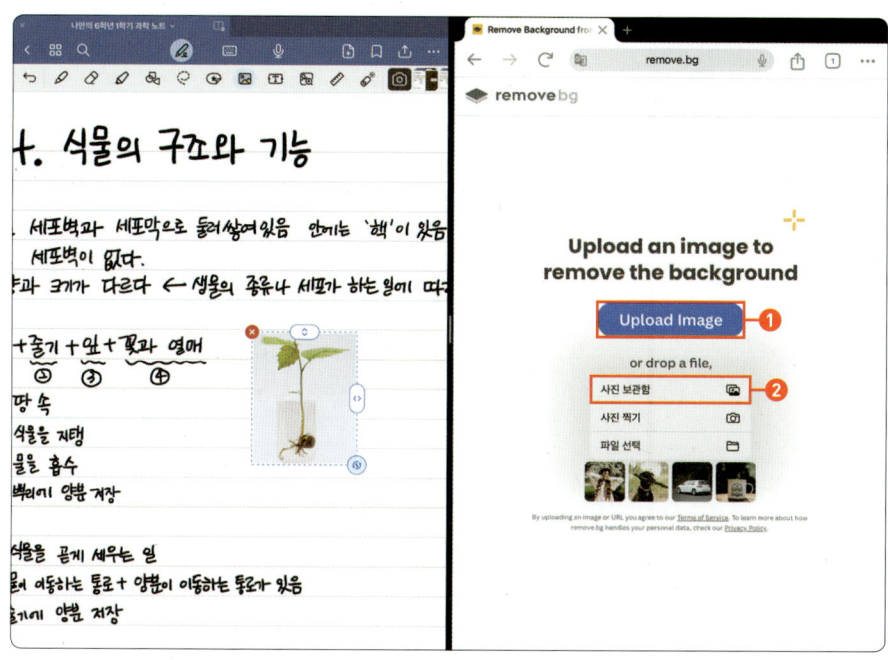

03 사진 앱에서 원하는 사진을 선택하고 [완료]를 탭해요.

04 잠시 기다리면 배경이 깔끔하게 제거된 결과물을 확인할 수 있어요. 결과물을 노트에 넣어볼게요. [Download(다운로드)]를 탭해요.

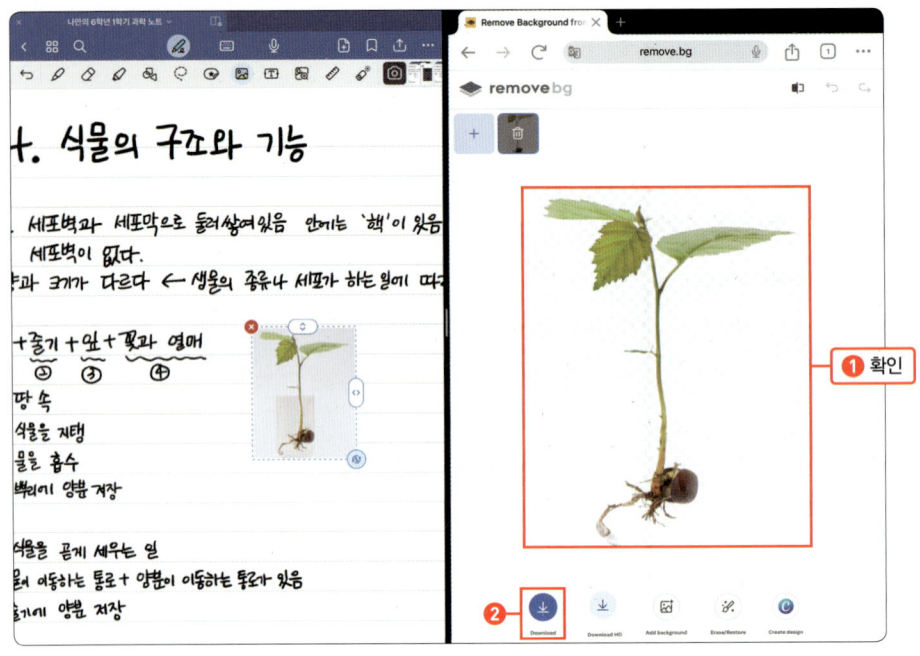

┌─ 스마트 팁 ─┐ 결과물의 배경을 자세히 보면 회색 격자 무늬가 연하게 들어가 있지요? 이미지에서 배경이 투명한 상태를 표현하는 방법이랍니다.

05 [복사]를 선택해요.

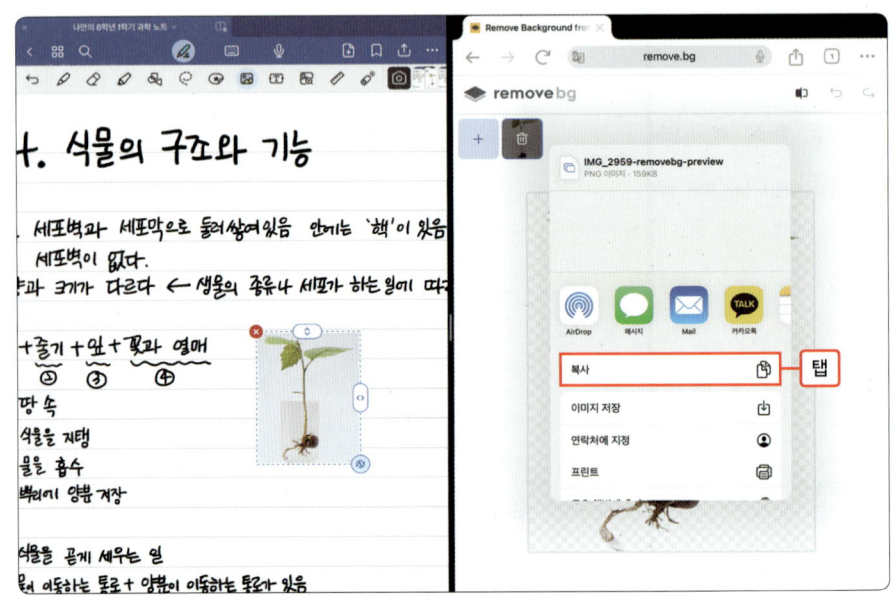

┌─ 스마트 팁 ─┐ [이미지 저장]을 선택하면 결과물이 사진 앱에 저장됩니다.

06 이제 굿노트에 이미지를 붙여넣어 봅시다. 노트의 빈 공간을 터치 펜으로 탭한 상태에서 꾹 눌러요. 팝업 메뉴가 나타나면 [붙여넣기]를 선택해요. 배경이 제거된 이미지가 노트에 추가되었어요.

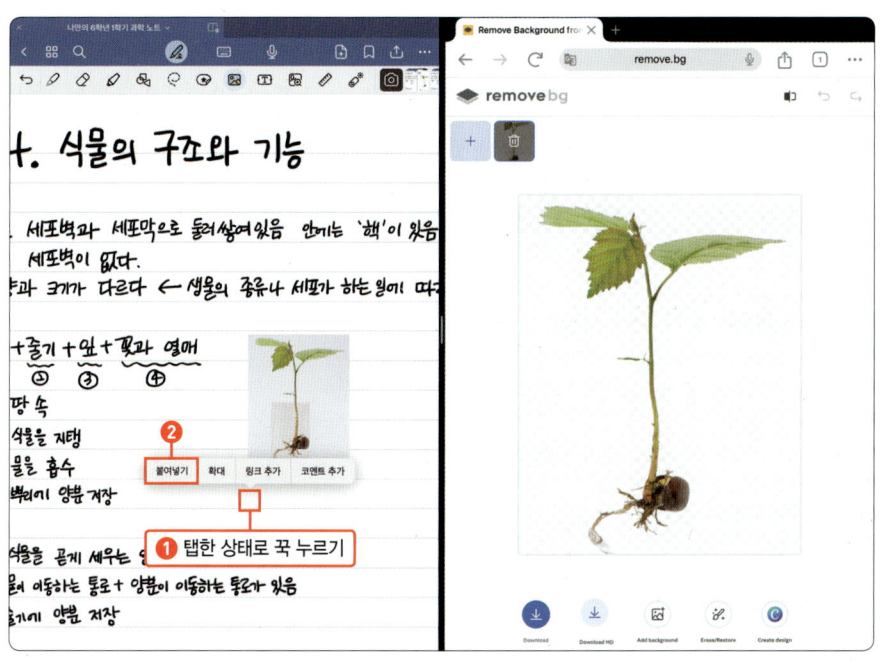

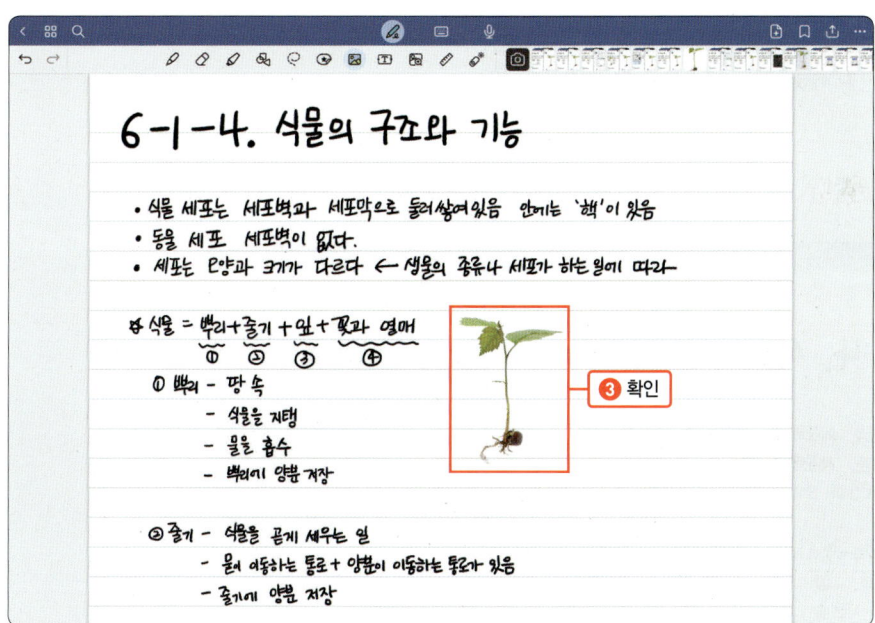

스마트 팁 이 방법을 활용하여 이미지의 배경을 제거하면 노트를 훨씬 더 깔끔하게 정리할 수 있어요.

STEP 03 스포이트로 펜 색상 설정하기

자, 이제 중요한 부분에 색 볼펜으로 밑줄을 그어볼까요? 스포이트 기능을 활용하면 필기한 내용에서 펜 색상을 뽑아와서 지정할 수 있어요.

01 상단 메뉴 바에서 펜 툴을 선택하고 세부 메뉴 중 가장 오른쪽에 있는 [펜 색상 추가 (🎨)]를 탭해요. '펜 색상' 팝업 창이 나타나면 [펜 색상 추가(🎨)]를 한 번 더 탭해요.

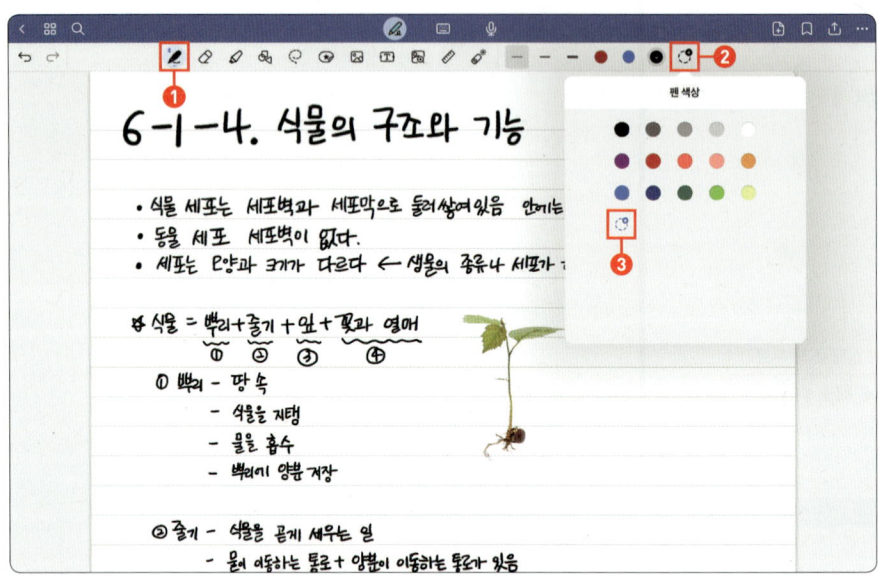

02 팝업 창 오른쪽 위에 있는 [스포이트(✐)]를 탭해요.

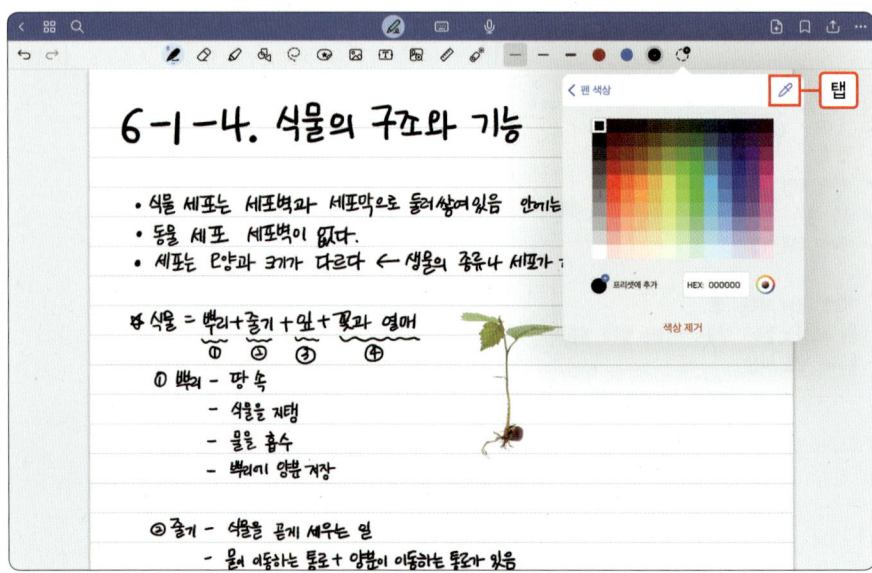

03 화면에 스포이트 원이 나타났어요. 스포이트 원을 드래그하여 원하는 색상 위로 옮겨 놓아요. 여기서는 식물 뿌리의 갈색 부분으로 드래그했어요.

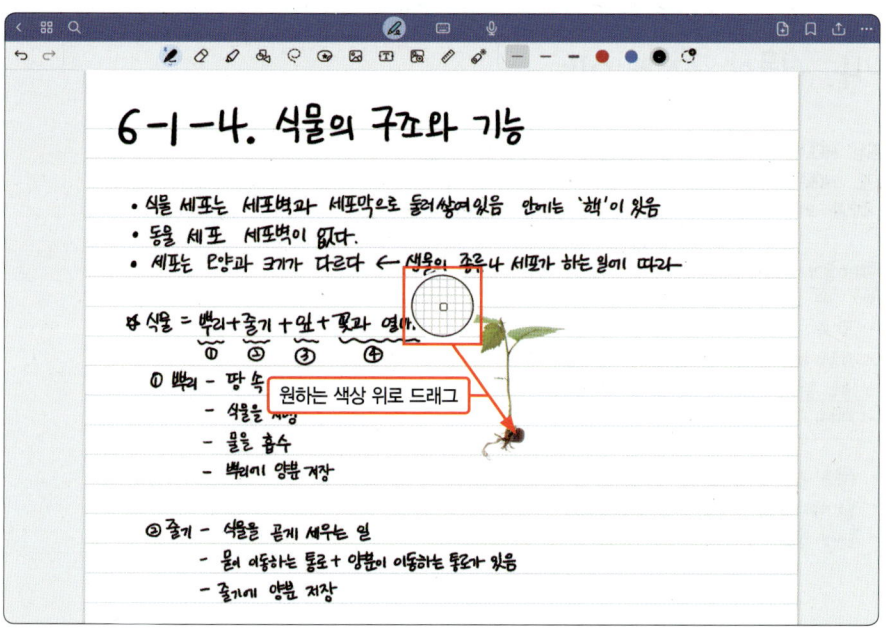

04 뿌리의 갈색이 추출되었어요. [프리셋에 추가]를 탭하여 상단 바의 세부 메뉴에 색을 추가해요.

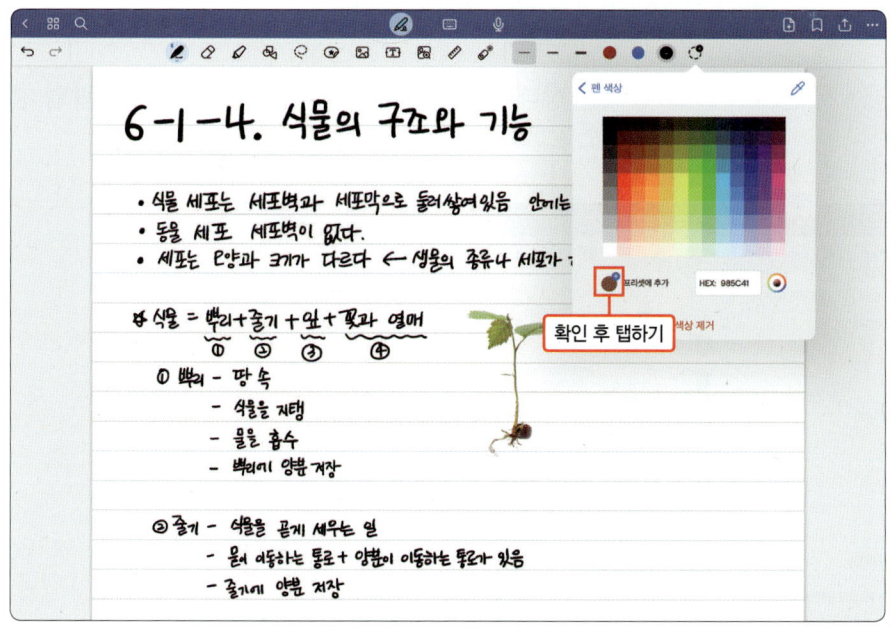

05 추출한 색상으로 펜 색상을 설정하여 필기해요.

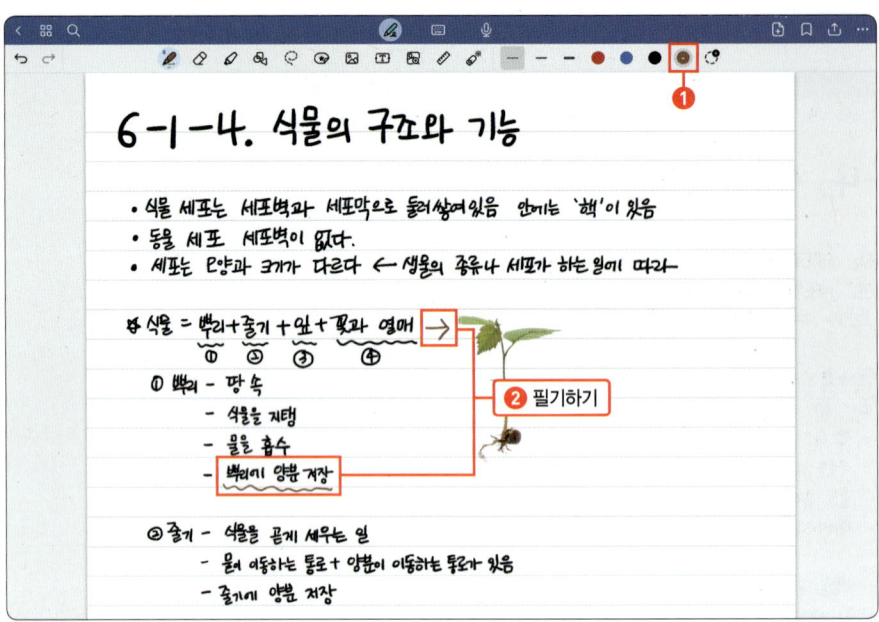

STEP 04 올가미 툴로 원하는 부분만 캡처하기

굿노트의 올가미 툴을 활용하면 원하는 부분만 스크린 샷으로 캡처해서 사용할 수 있어요. 특히 오답 노트를 정리할 때 사용하면 정말 유용해요. 필요한 문제만 캡처해서 노트에 추가할 수 있기 때문이에요.

01 상단 메뉴 바에서 올가미 툴을 선택한 상태에서 한 번 더 탭하면 '올가미 도구' 팝업 창이 나타나요.

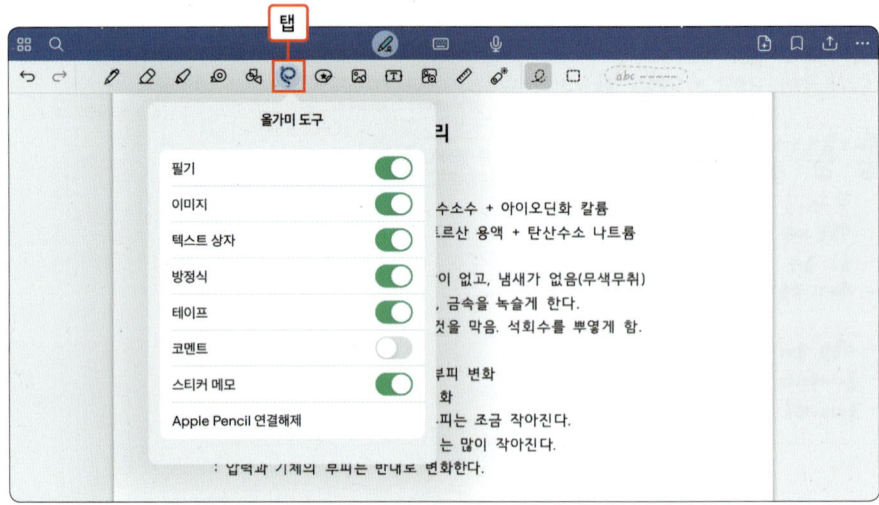

02 팝업 창의 모든 옵션을 비활성화해요.

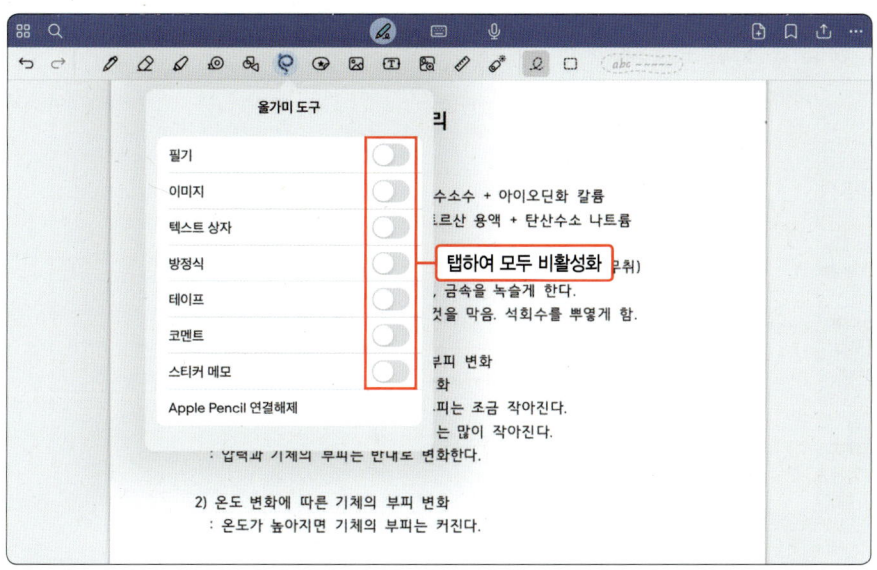

┌─ 스마트 팁 ─┐ 각 항목 오른쪽에 있는 버튼이 초록색이면 활성화된 상태이고, 회색이면 비활성화된 상태예요. 버튼을 탭하여 활성화하거나 비활성화할 수 있어요.

03 올가미 툴로 캡처하고 싶은 영역을 선택해요. 선택한 영역을 탭하고 [스크린샷 촬영]을 탭해요.

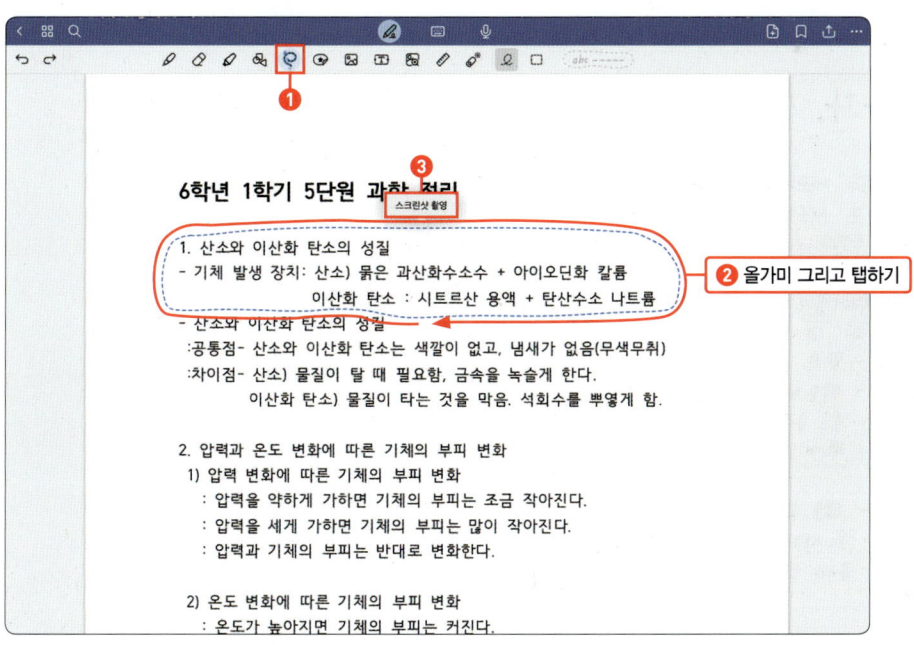

04 '스크린샷' 팝업 창이 나타나면 [공유(⬆)]를 탭하고 [복사]를 선택해요.

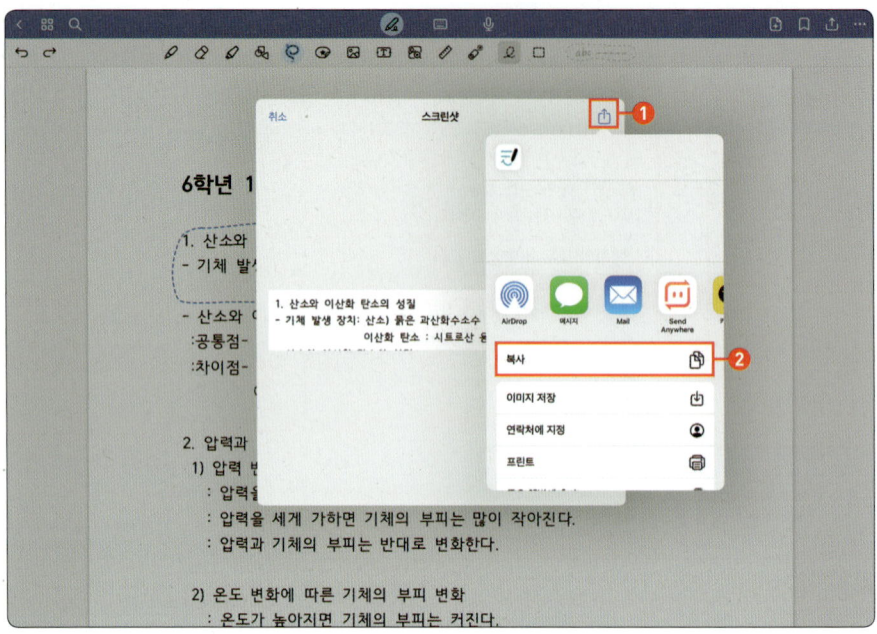

05 캡처한 내용을 붙여넣어 볼게요. 원하는 위치에 터치 펜을 탭한 상태에서 꾹 눌러요. 팝업 메뉴가 나타나면 [붙여넣기]를 탭해요.

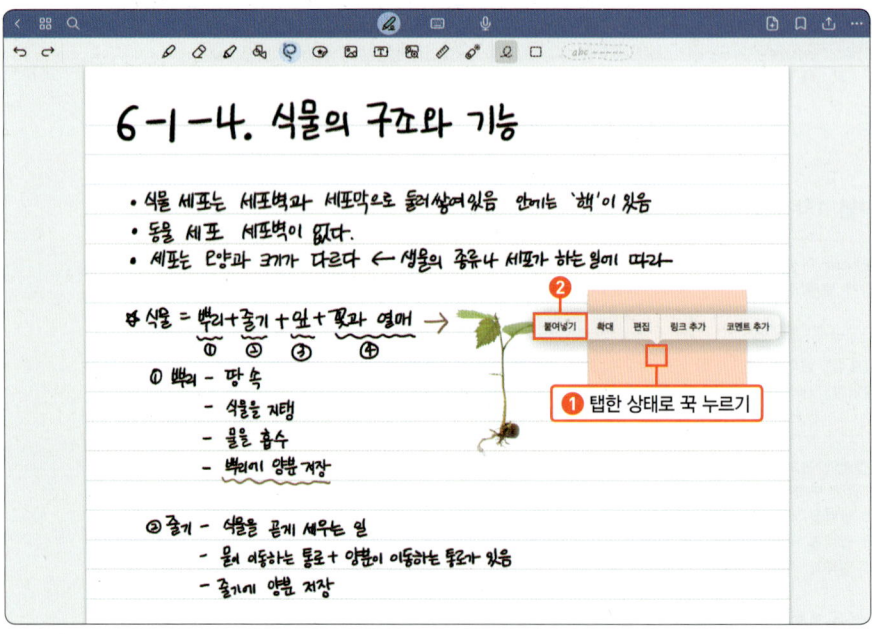

06 캡처한 이미지가 노트에 추가되었어요. 크기를 조정하고 원하는 위치로 옮겨요.

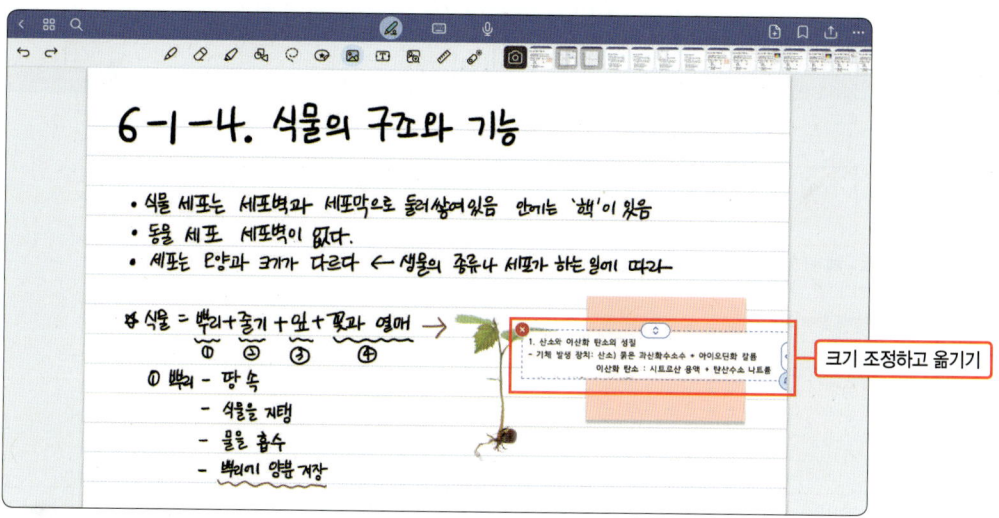

STEP 05 레이저 포인터로 암기하기

굿노트의 레이저 포인터 툴을 활용하면 배운 내용을 더 효율적으로 암기할 수 있어요.

01 상단 메뉴 바에서 레이저 포인터 툴을 선택해요. 레이저 포인터에는 [점 레이저 포인터(·)]와 [선 레이저 포인터(∼)]가 있어요. 필기한 내용을 암기할 때는 글씨를 쓸 수 있는 [선 레이저 포인터]를 선택하는 것이 좋아요.

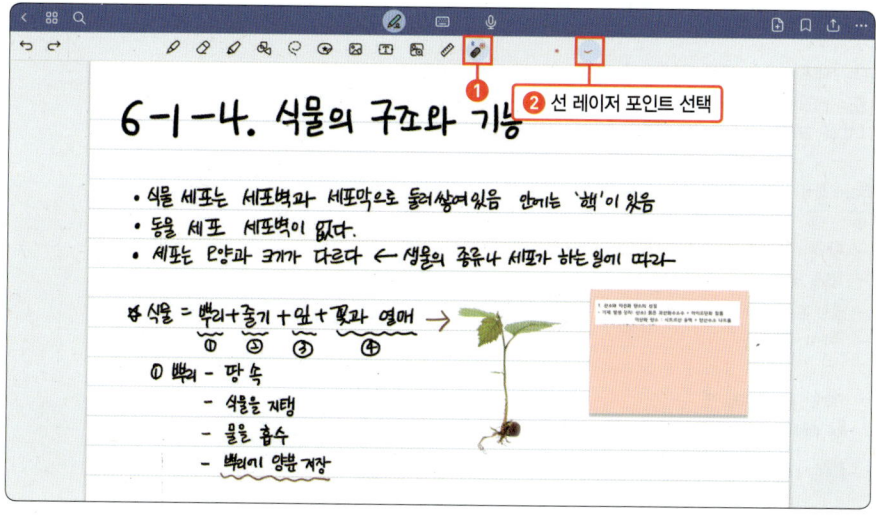

02 선 레이저 포인터로 글씨를 쓰면 1~2초 뒤에 글씨가 자동으로 사라져요. 지우개 툴로 따로 지우지 않아도 계속해서 필기할 수 있기 때문에 암기할 때 사용하면 좋아요.

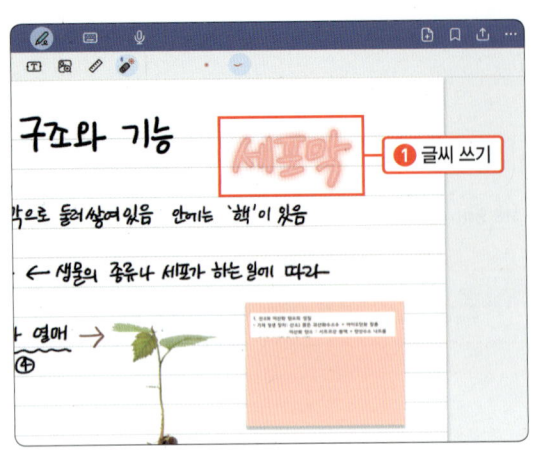
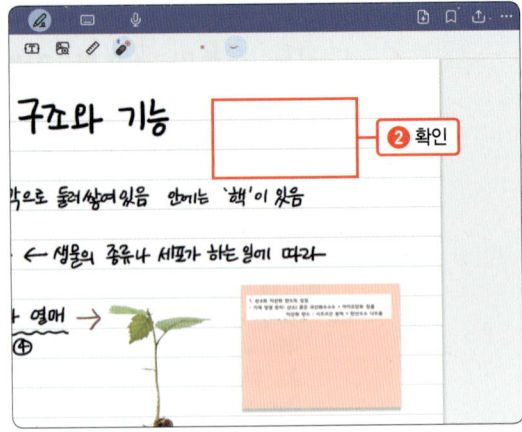

STEP 06 하이퍼링크로 영상 연결하기

01 공부한 내용과 관련된 참고 영상이 있다면 하이퍼링크를 활용해서 노트에 영상을 연결할 수 있어요. 우선 화면 아랫부분을 위로 살짝 쓸어올려요. 독 바가 나타나면 유튜브 앱을 탭한 상태에서 화면 오른쪽으로 드래그해요.

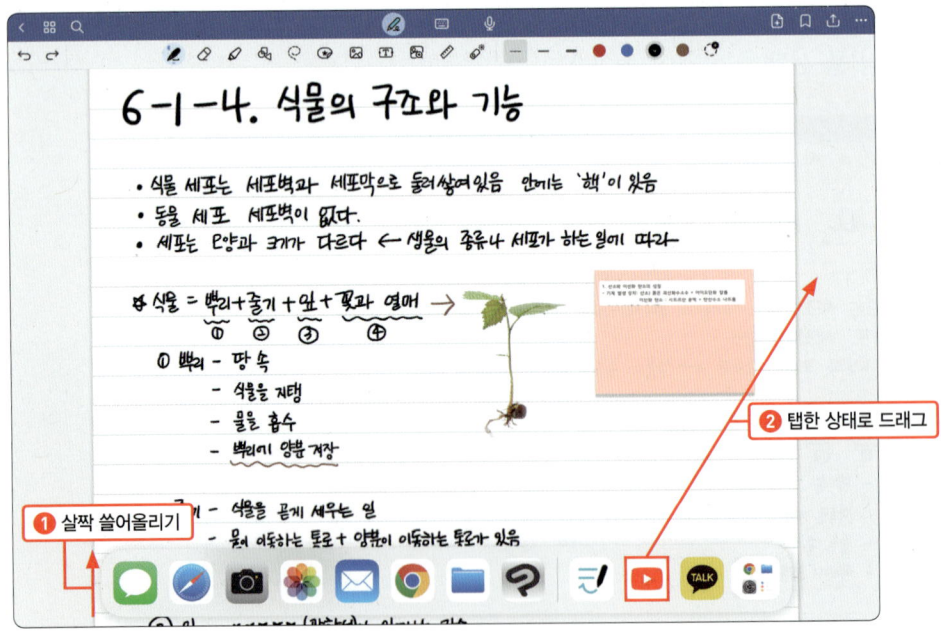

> **스마트 팁** 하이퍼링크는 컴퓨터나 태블릿 PC, 스마트 기기에서 사용되는 특별한 링크예요. 하이퍼링크가 설정된 글자나 그림을 클릭하면 연결된 URL 주소로 이동할 수 있어요.

02 스플릿 뷰로 화면이 나눠졌어요. 유튜브 앱에서 정리한 내용과 관련된 영상을 검색해요.

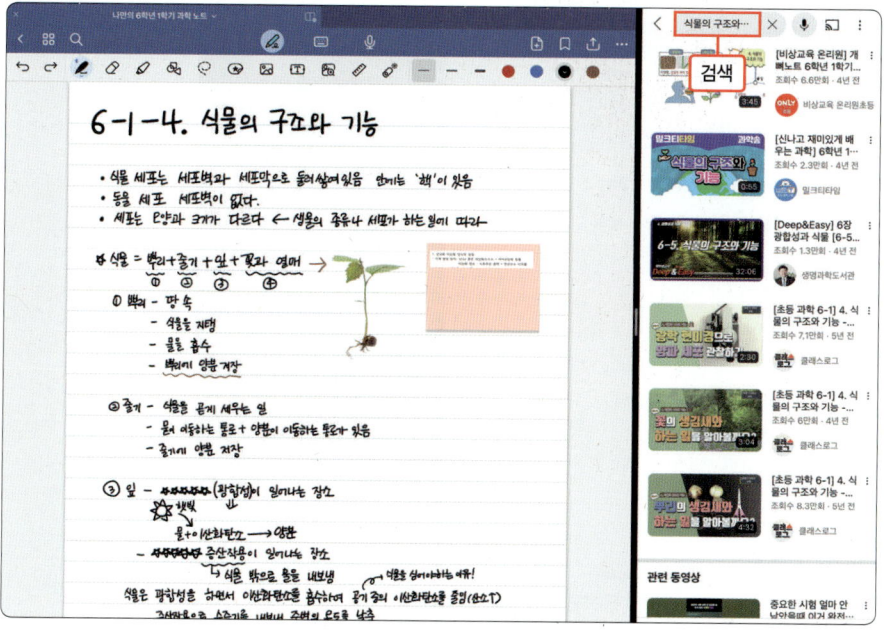

03 적절한 영상을 찾았다면 [공유]를 탭해요.

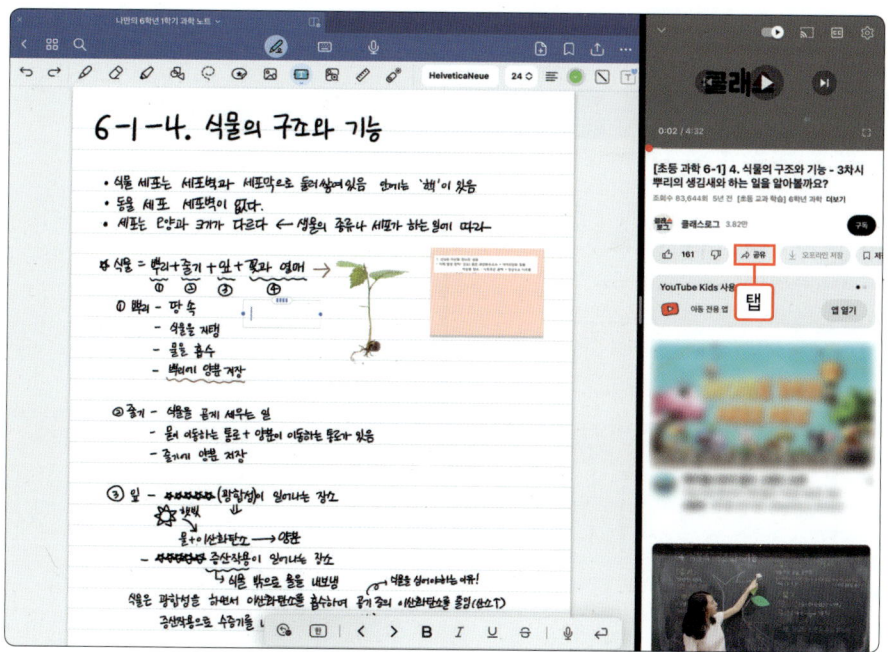

04 [링크 복사]를 탭해요.

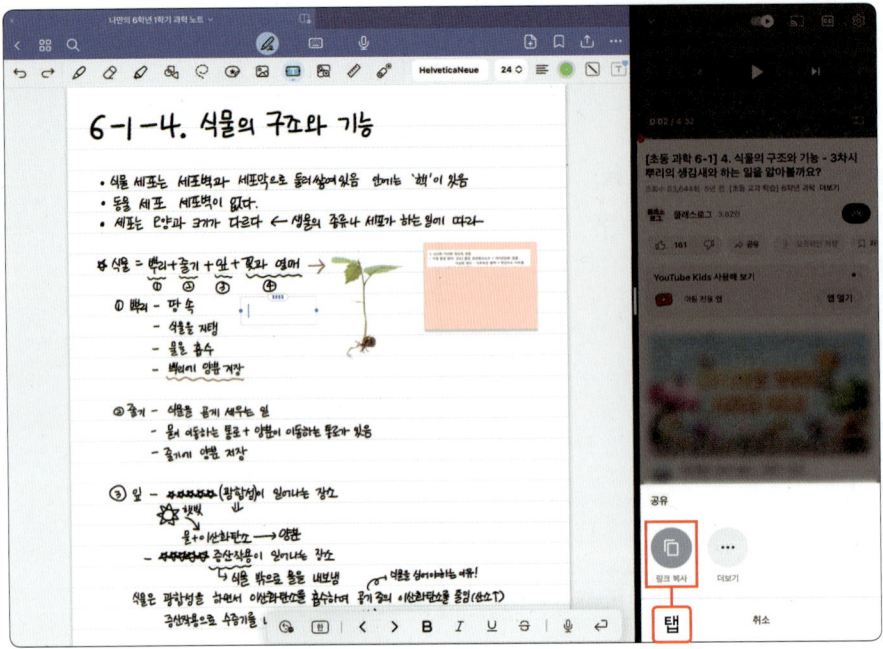

05 굿노트 상단 메뉴 바에서 텍스트 툴을 선택해요. 노트의 빈 곳을 탭한 상태로 꾹 눌러요. 팝업 메뉴가 나타나면 [붙여넣기]를 탭하여 영상의 URL 주소를 붙여넣어요.

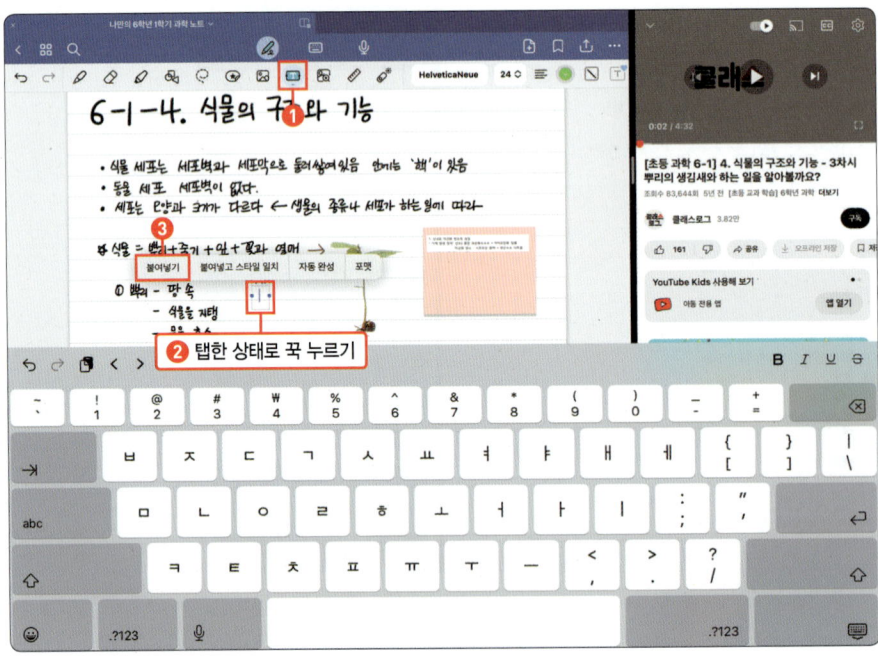

06 영상의 URL 주소를 확인해요. 주소 아래에 점선이 그어져 있어요. 하이퍼링크가 연결되어 있다는 뜻이에요.

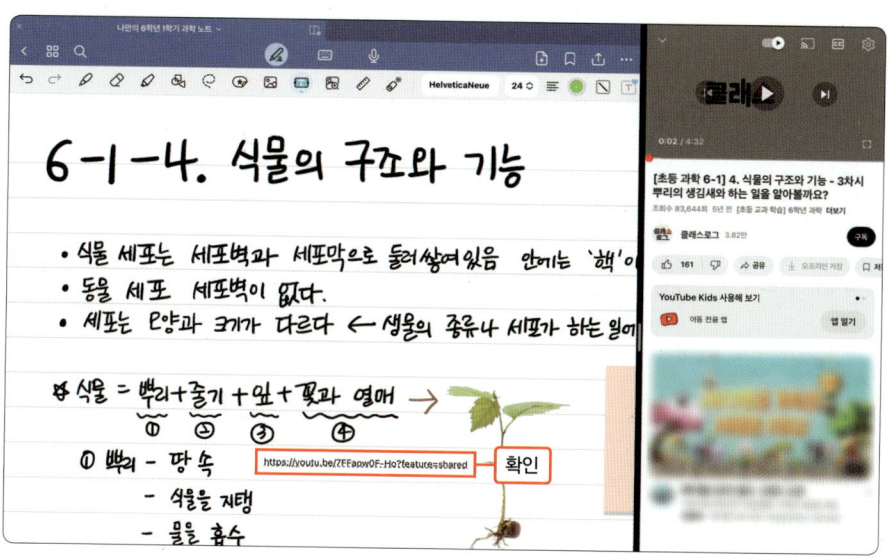

> **스마트 팁** 주소 아래 점선이 자동으로 나타나지 않는다면 URL 주소를 선택하고 텍스트 크기를 조정해 보세요. 점선이 나타나며 하이퍼링크가 연결될 거예요.

07 이제 하이퍼링크가 잘 설정되었는지 확인해 볼까요? 굿노트 상단의 [필기 모드(✏️)]를 탭하여 비활성화해요.

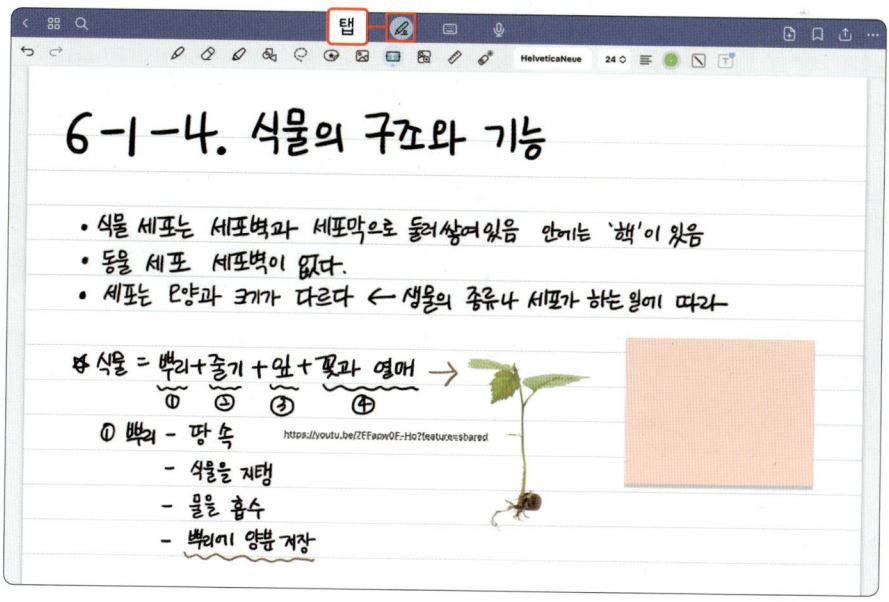

08 필기 모드를 비활성화하면 자동으로 읽기 모드로 바뀌어요. 작업 툴을 선택할 수 있었던 상단 메뉴 바가 사라지면 읽기 모드로 바뀐 것이에요.

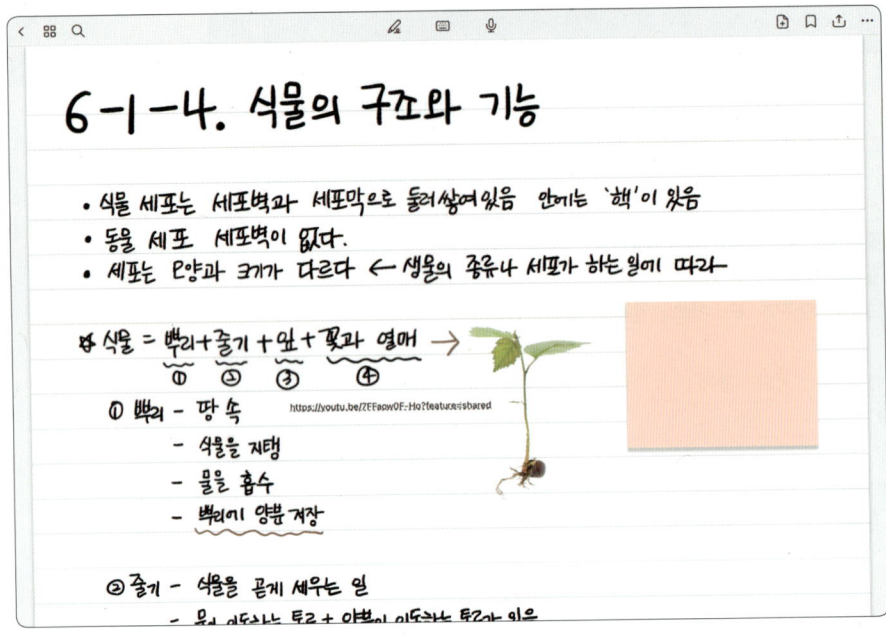

09 URL 주소를 탭하면 '외부 링크' 팝업 창이 나타나요. [네]를 탭하면 연결해둔 URL 주소로 이동하여 영상을 볼 수 있어요.

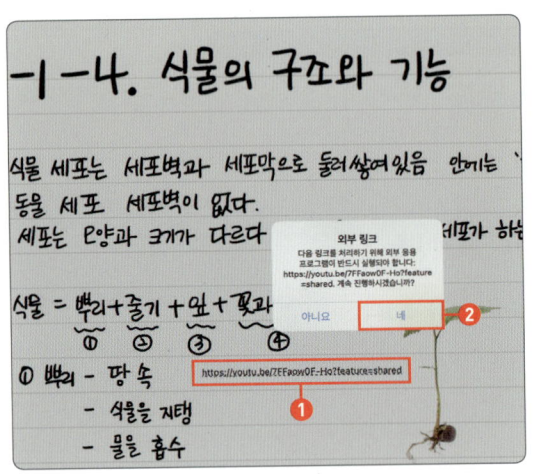
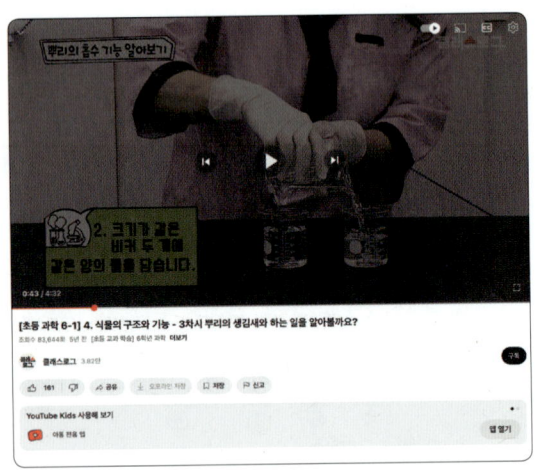

> 스마트 팁 → 필기 모드나 타이핑 모드에서 하이퍼링크를 탭하면 URL 주소로 바로 이동하지 않고 어떤 동작을 수행할지 선택하는 팝업 창이 나타나요. 팝업 창에서 [링크 열기]를 선택하면 돼요.

> **이런 방법도 있어요** **글자에 하이퍼링크 연결하기**

01 이번에는 특정 글자에 하이퍼링크를 연결해 볼게요. 우선 194쪽의 **01~04**단계를 반복하여 유튜브 영상의 URL 주소를 복사해요.

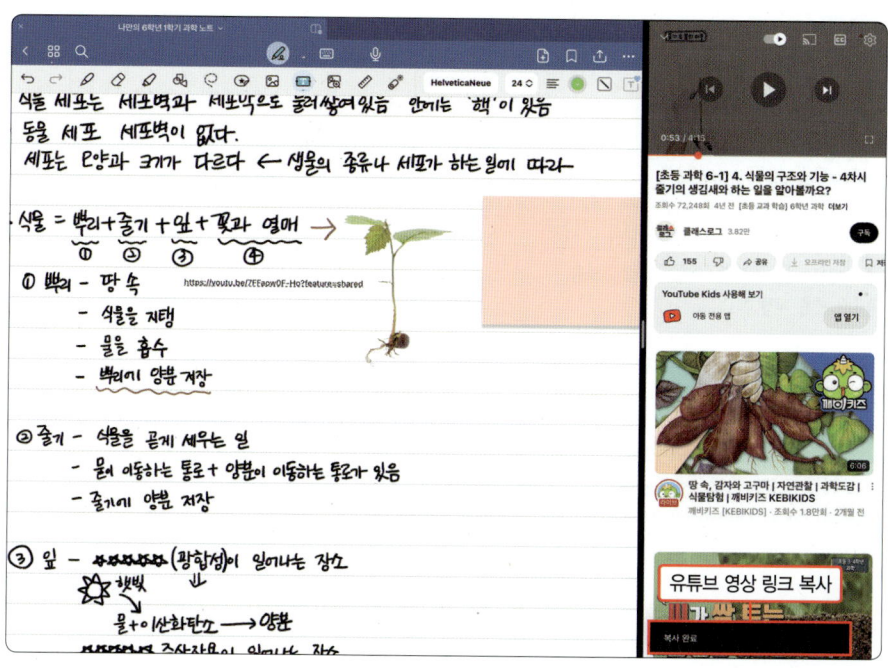

02 굿노트 상단 메뉴 바에서 텍스트 툴을 선택해요. 영상의 내용을 요약한 단어를 키보드로 타이핑해요.

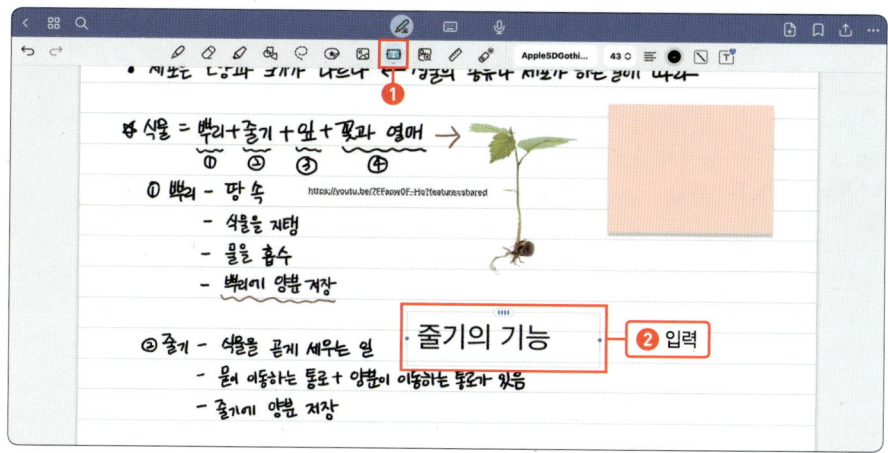

03 텍스트 상자 바깥의 빈 공간을 탭해서 텍스트 입력 모드를 해제하고 다시 글자를 탭해요. 팝업 메뉴가 나타나면 [링크 추가]를 선택해요.

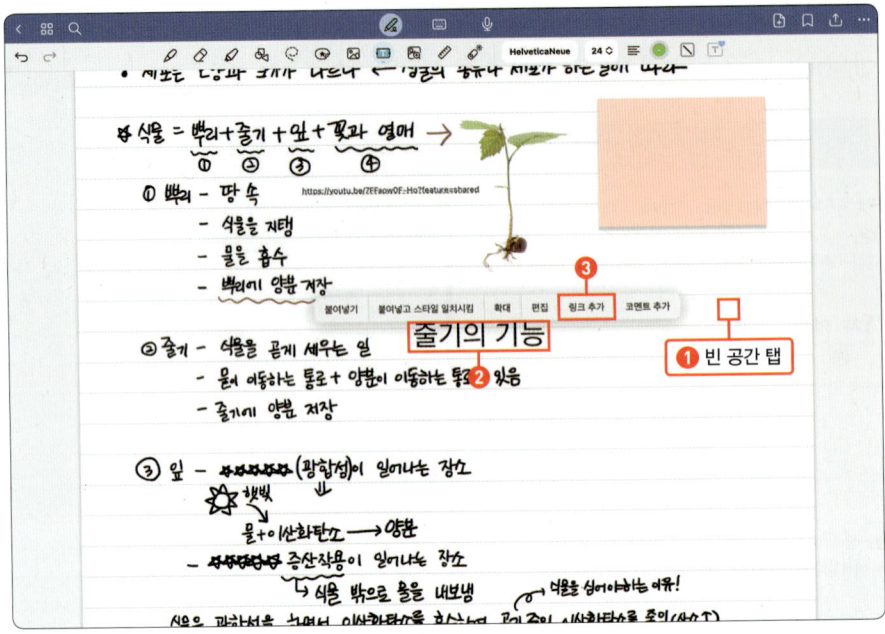

04 '링크 편집' 팝업 창이 나타나면 '다음으로 연결'을 문서에서 [웹사이트]로 변경해요.

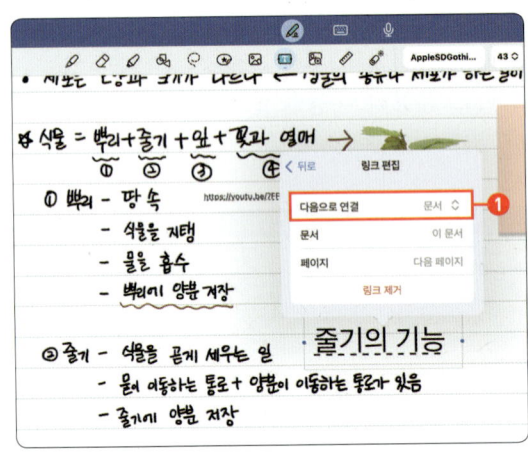 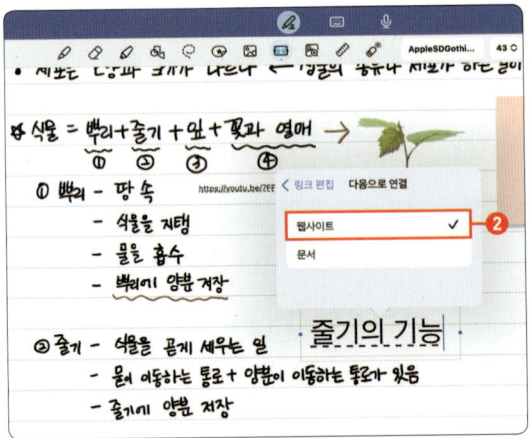

05 '링크'를 탭하고 복사한 주소를 붙여넣어요.

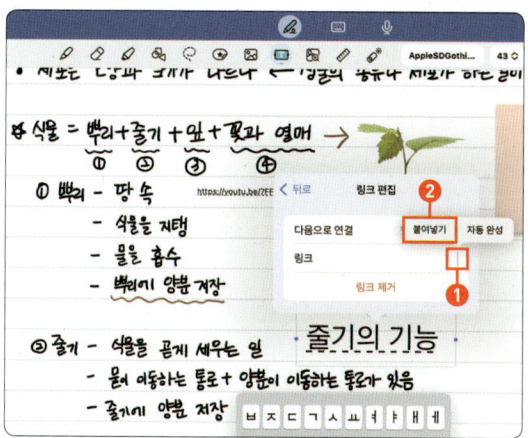 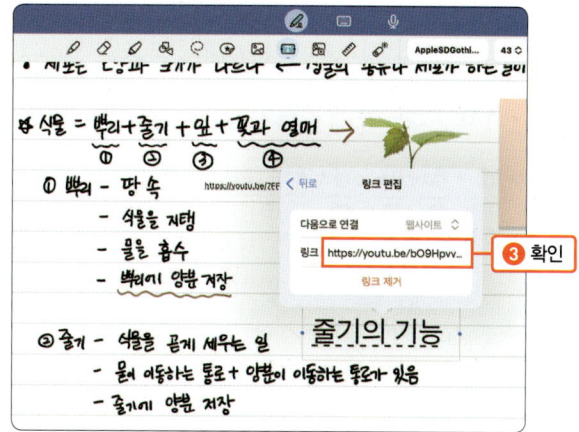

06 글자 밑에 점선이 생겼다면 하이퍼링크가 제대로 설정된 것이에요.

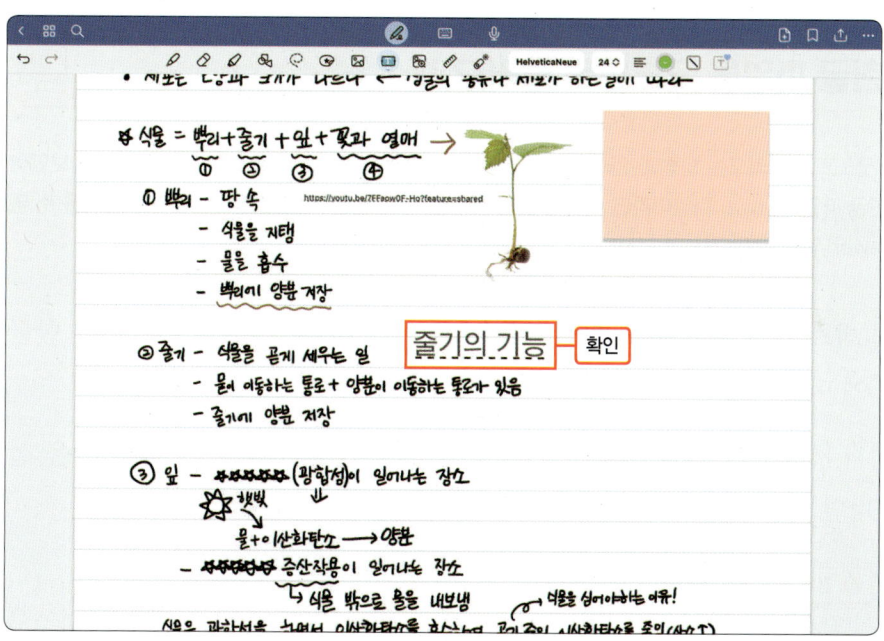

07 하이퍼링크가 잘 연결되었는지 확인해 볼게요. 아까와 마찬가지로 읽기 모드에서 하이퍼링크를 연결한 글자를 탭해요. 연결된 URL 주소로 이동하여 영상을 볼 수 있어요.

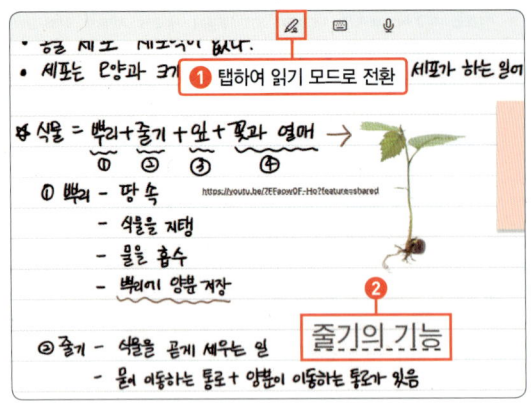
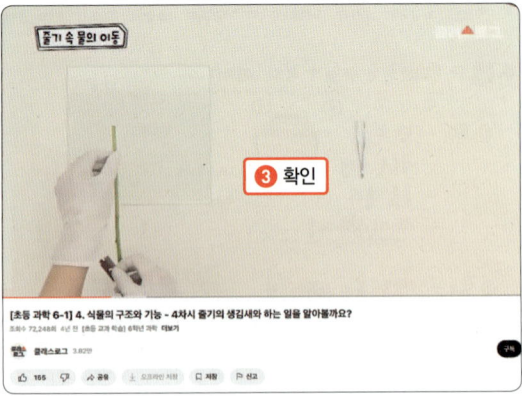

> **스마트 팁** 이 방법을 활용하면 URL 주소를 직접 입력하는 것보다 훨씬 더 깔끔하게 노트 정리를 할 수 있어요.

STEP 07 한글 파일을 굿노트로 불러오기

지금까지 PDF 파일을 굿노트로 불러오는 방법과 인쇄물을 스캔 혹은 촬영하여 굿노트로 불러오는 방법을 알아보았어요. 만약 공부 자료가 한글 파일, 즉 hwp 파일이라면 어떻게 불러와야 할까요? 한글 파일은 굿노트로 바로 불러올 수 없으므로 '한컴오피스 Viewer' 앱을 한 번 거쳐야 합니다.

01 네이버 마이 박스, 구글 클라우드, 메일, 카카오톡, 센드애니웨어 등을 활용하여 한글 파일을 태블릿 PC에 미리 다운로드해 두어요.

02 앱 스토어에서 [한컴오피스]를 검색해요. 검색 결과 중 [한컴오피스 Viewer] 앱을 설치해요. 설치가 끝나면 앱을 실행해요.

> **스마트 팁** 갤럭시 탭을 사용하고 있다면 Play 스토어 앱에서 [한컴오피스]를 검색하고 설치해요.

03 한컴오피스 Viewer 앱이 실행되면 폴더(📁) 탭-[내 iPad에서]를 선택해요.

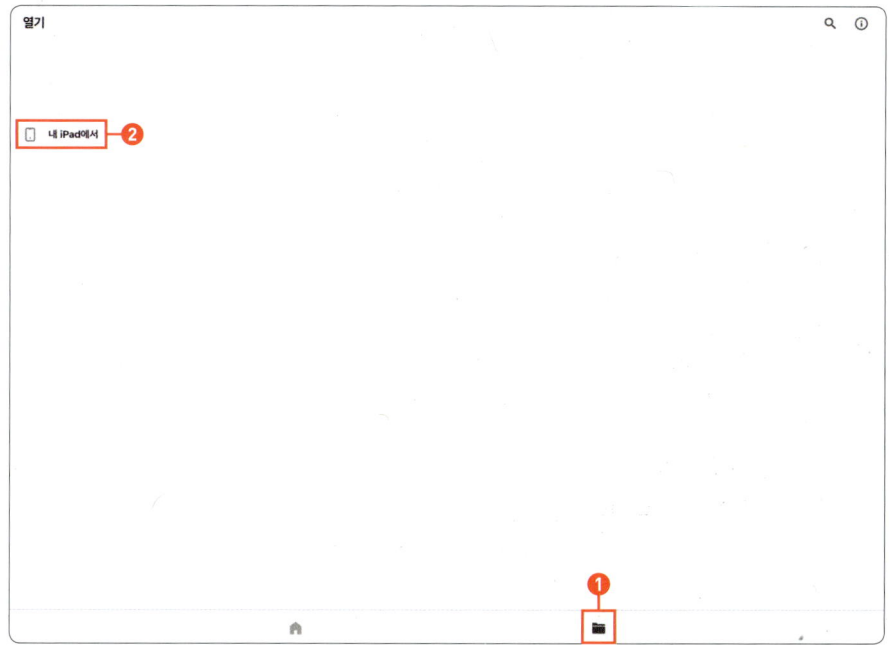

> **스마트 팁** 갤럭시 탭에서는 폴더 아이콘 대신 [디바이스 저장소]라고 보여요.

04 미리 다운받아 둔 한글 파일이 저장된 폴더에 들어가 파일을 선택해요.

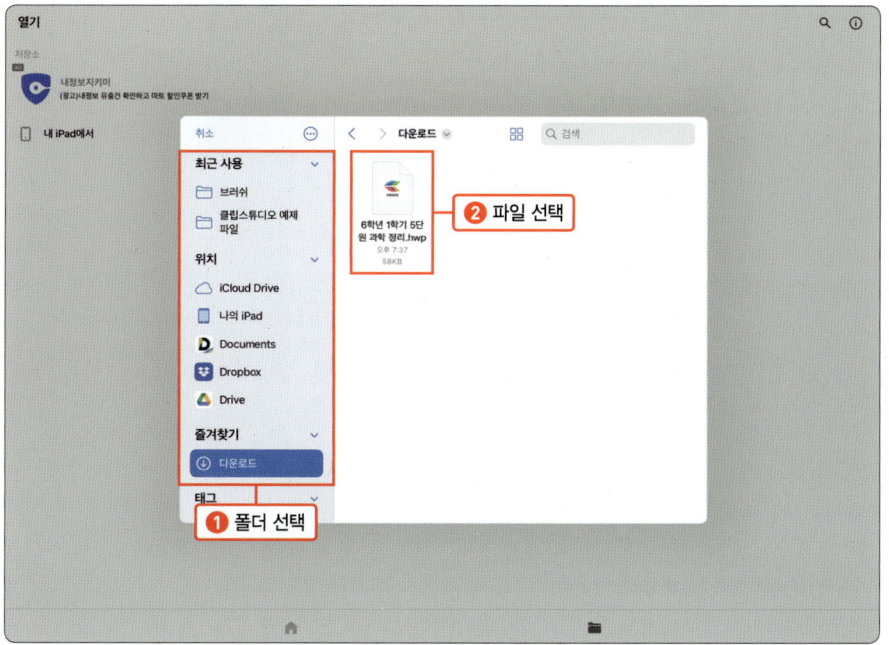

05 한컴오피스 Viewer 앱으로 한글 파일이 열려요. 이제 이 파일을 굿노트로 보낼게요. 상단 메뉴 바의 [인쇄]를 탭해요.

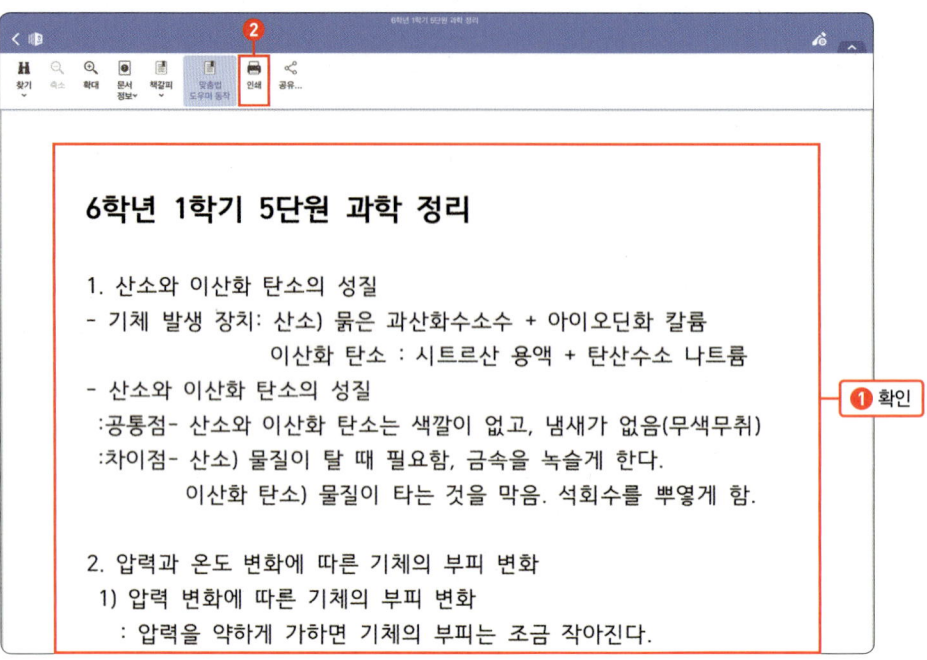

06 '옵션' 팝업 창이 나타나면 [공유(⬆)]-[Goodnotes에서 열기]를 선택해요.

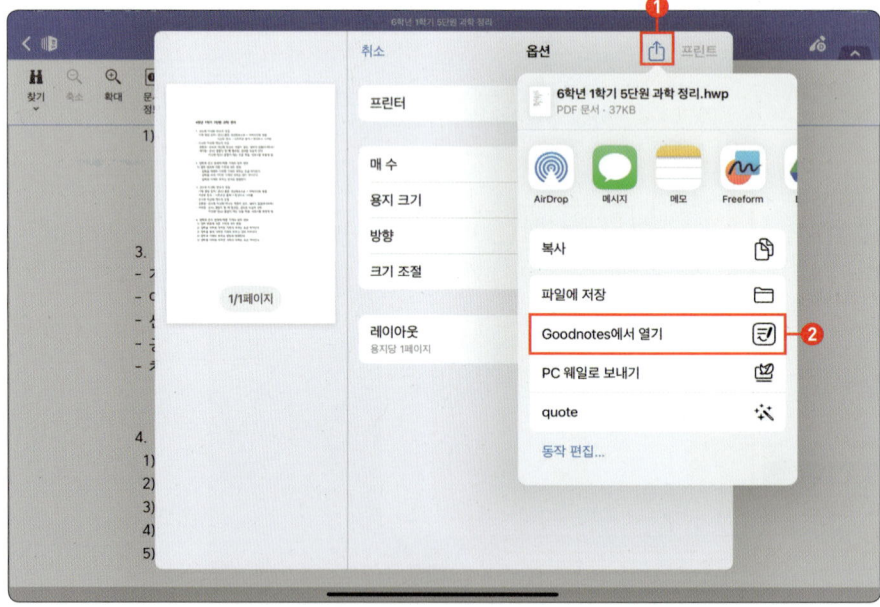

07 기존에 사용하고 있던 과학 노트에 한글 파일을 이어 붙이려면 [현재 문서로 불러오기]를 선택하고, 새로운 문서로 열고 싶다면 [새로운 문서로 불러오기]를 선택해요.

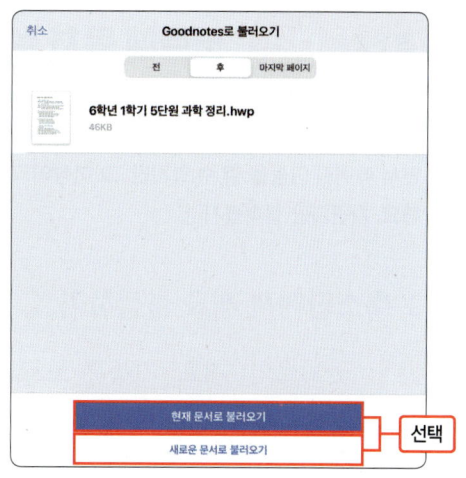

08 한글 파일을 굿노트로 불러왔어요.

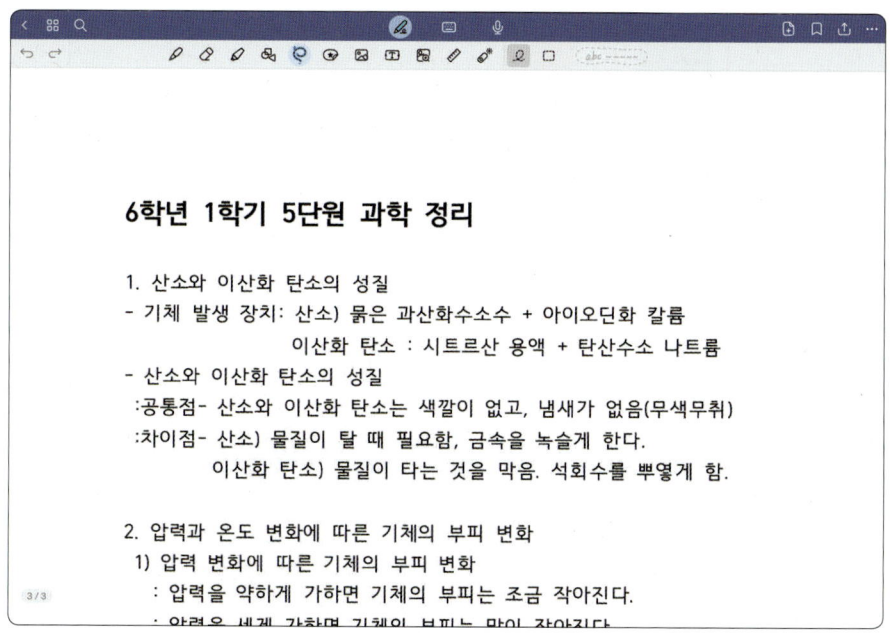

[스마트 팁] 파워포인트 파일(PPT 파일)도 같은 방법으로 변환해서 굿노트로 불러올 수 있어요.

[스마트 팁] 굿노트 무료 계정을 사용할 경우, 파일의 용량이 5MB를 초과하면 굿노트로 불러올 수 없어요.

STEP 08 노트에 목차 설정하기

노트를 정리하다가 원하는 페이지로 이동하려면 어떻게 해야 할까요? 노트의 분량이 10페이지 이하일 때는 앞뒤로 넘기면서 페이지 이동을 할 수 있지만, 그 이상이 되면 페이지 이동이 쉽지 않아요. 이럴 때는 축소판과 개요를 활용하면 편리해요. 차근차근 살펴봅시다.

〉 축소판에서 개요 설정하기 〈

01 굿노트의 '개요' 기능은 노트의 구조를 한눈에 파악하고 쉽게 탐색할 수 있도록 도와줘요. 목차처럼 사용할 수 있고, 페이지를 빠르게 이동할 수도 있습니다. 우선 개요를 설정할 노트를 열어요.

02 왼쪽 상단의 [콘텐츠(품)]를 탭해요.

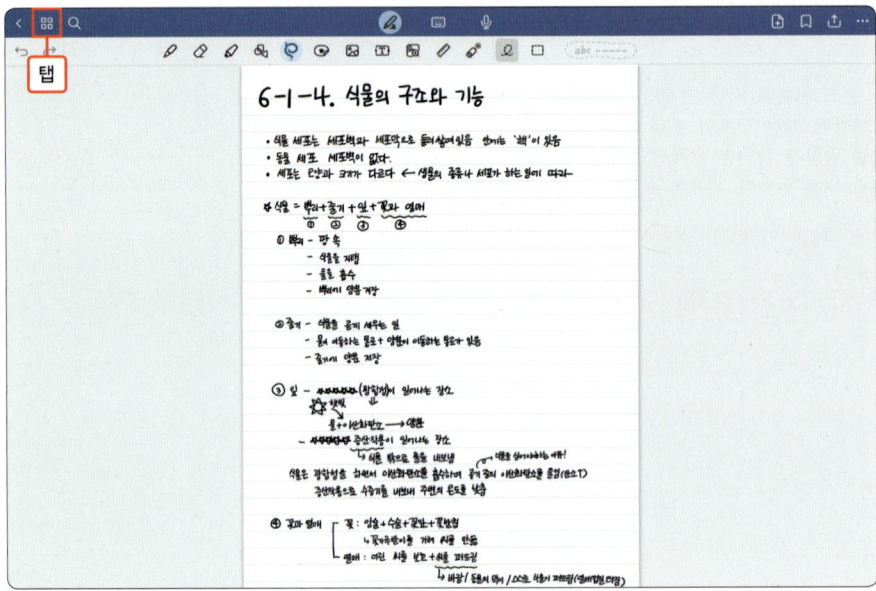

03 '콘텐츠' 창이 나타나면 [축소판] 탭을 선택해요. 개요에 추가하고 싶은 페이지를 선택하고 페이지 번호 오른쪽에 있는 ⌵를 탭해요. 팝업 메뉴가 나타나면 [개요에 페이지 추가]를 탭해요.

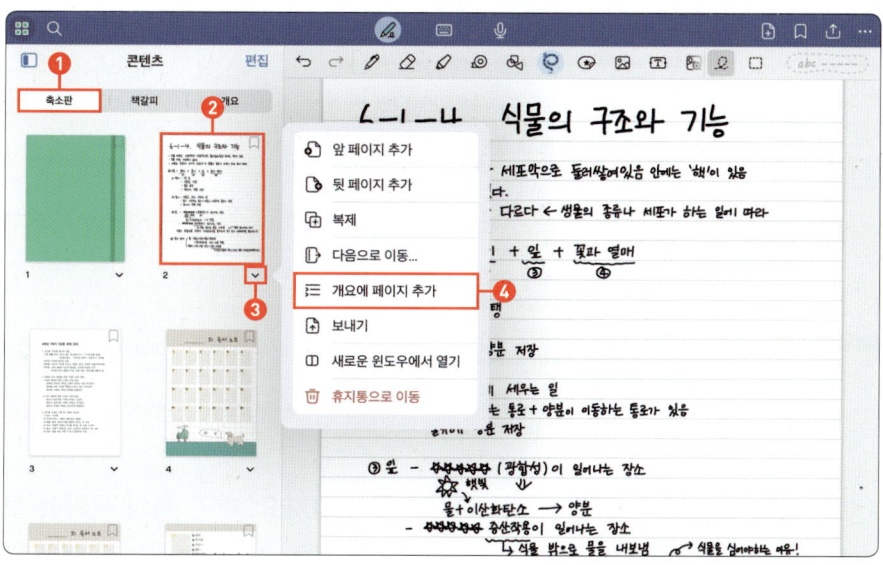

04 '개요에 페이지 추가' 팝업 창이 나타나면 개요의 제목을 쓰고 '추가'를 탭해요.

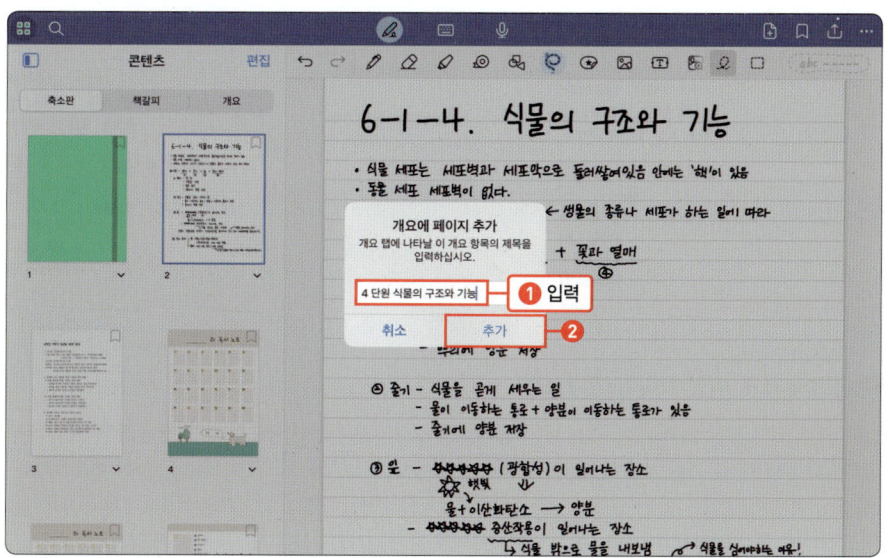

05 페이지 아래에 개요 제목이 추가된 것을 확인할 수 있어요.

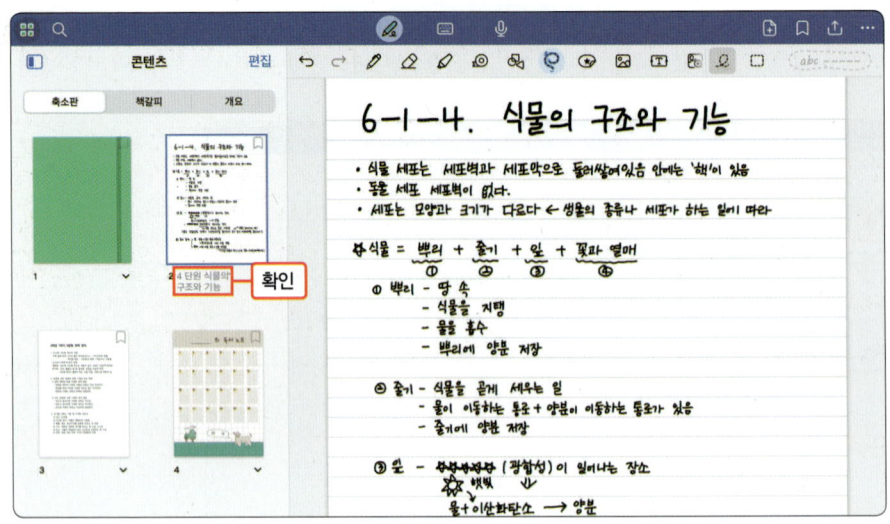

06 [개요] 탭에 들어가면 설정한 개요가 리스트 형식으로 나타나요. 마치 책의 목차를 보는 것 같지요? 개요를 탭하면 해당 페이지로 바로 이동할 수 있어서 편리해요.

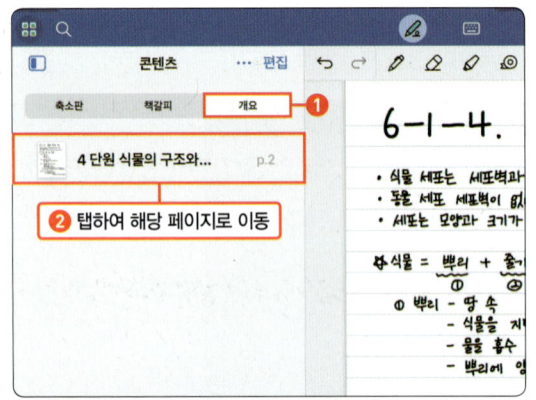 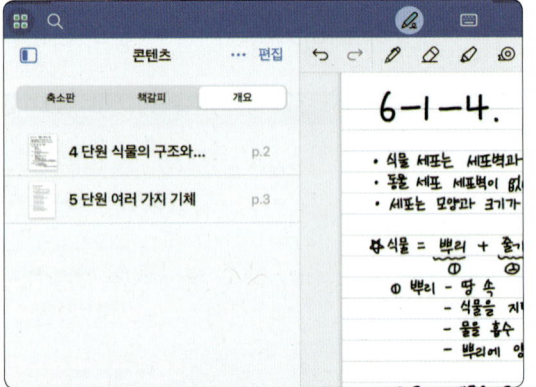

> **잠깐만요!** 하이퍼링크와 개요, 어떤 차이가 있나요?
>
> 194쪽에서 살펴봤던 하이퍼링크는 특정 웹 사이트, 문서, 문서 내의 페이지로 이동하는 기능으로, 다양한 종류의 연결이 가능하다는 장점이 있습니다. 이와 달리, 개요는 문서 내의 페이지로만 이동할 수 있어요. 하이퍼링크보다 범용성이 적지만, 개요만의 장점도 있습니다.
> 첫째, 개요는 사용하기 쉽습니다. 특정 페이지를 개요로 설정하는 것부터 이름 변경, 개요 삭제까지 모두 쉽게 할 수 있어요.
> 둘째, 다양한 종류의 문서에 모두 사용 가능해요. 하이퍼링크를 문서 내의 페이지에 걸어주기 위해서는 페이지마다 일일이 설정해야 해서 시간이 오래 걸려요. 그래서 보통 공유되거나 판매되는 속지에는 이미 하이퍼링크 기능이 설정되어 있습니다. 이미 설정된 하이퍼링크를 편집하거나 새로 만들기는 번거로워요. 반면, 개요는 어떤 종류의 문서든 굿노트에 불러오면 자유롭게 설정할 수 있습니다.

〉 페이지에서 개요 추가하기 〈

01 이번에는 페이지에서 바로 개요를 추가해 볼게요. 개요에 추가하고 싶은 페이지로 이동한 다음, 오른쪽 상단의 [더 보기(...)]를 탭하고 [개요에 페이지 추가]를 선택해요.

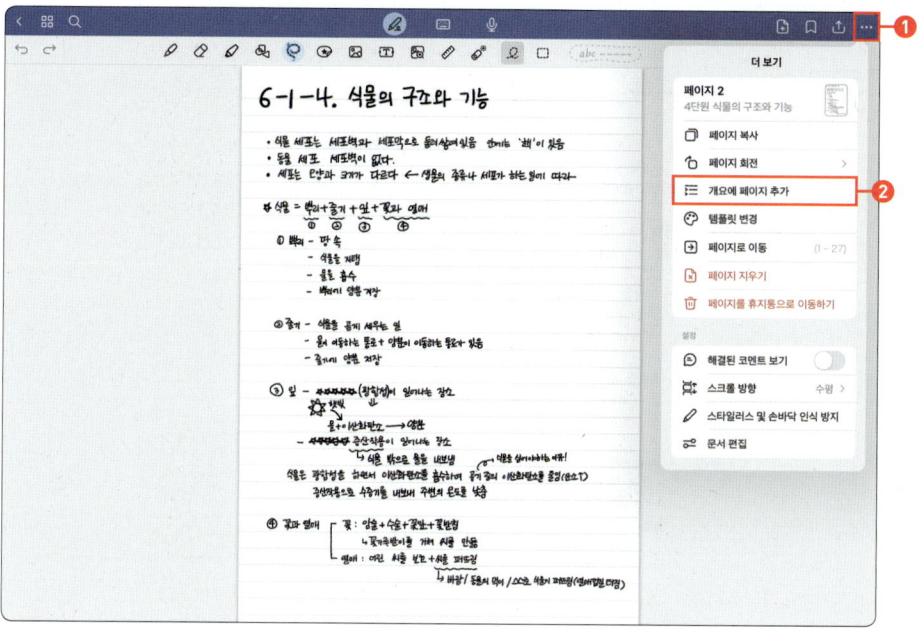

02 개요의 제목을 쓰고 [추가]를 탭해요.

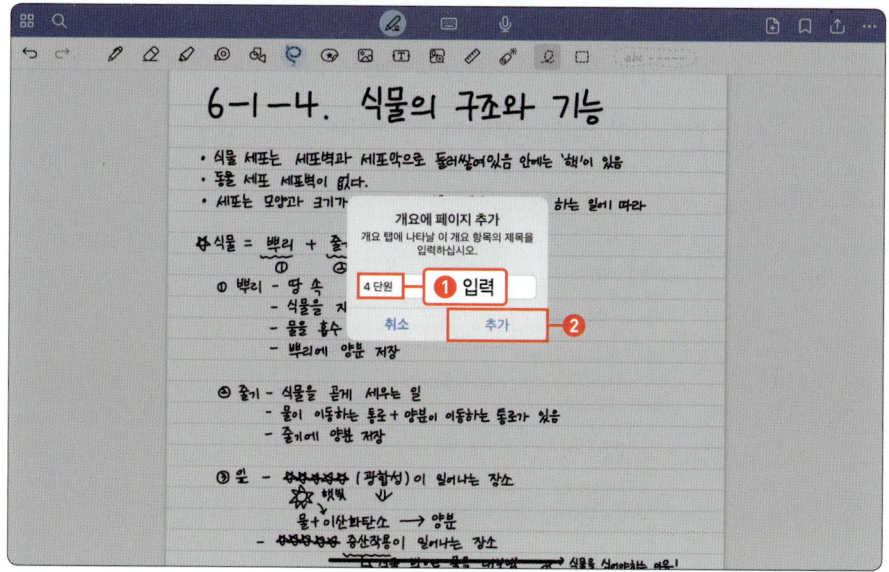

03 [콘텐츠(⌘)]-[개요] 탭에 들어가면 같은 페이지에 두 개의 개요가 설정된 것을 확인할 수 있어요. 이처럼 같은 페이지에 여러 개의 개요를 걸 수도 있어요. 개요를 편집하고 싶다면 [편집]을 탭해요.

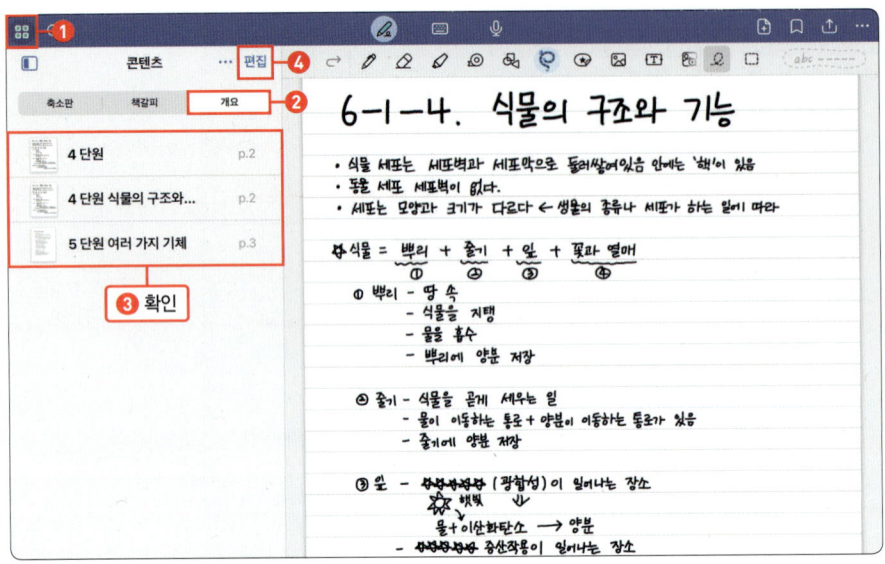

04 개요 제목 옆에 있는 [수정(✏️)]을 탭하면 제목을 수정할 수 있어요. 삭제하고 싶은 개요를 선택하고 [삭제]를 탭하면 개요가 지워집니다.

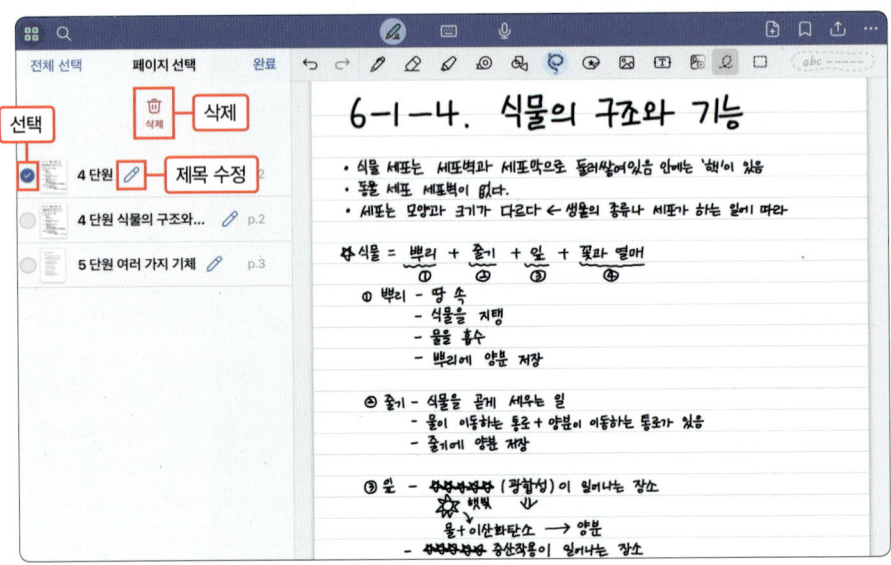

이런 방법도 있어요 콘텐츠 한 걸음 더 활용하기

01 [콘텐츠(▦)]-[책갈피]에는 자주 살펴봐야 하는 중요한 페이지를 즐겨찾기해 둘 수 있습니다. 즐겨찾기할 페이지로 이동한 다음, 오른쪽 상단의 [책갈피 추가(🔖)]를 탭하면 책갈피에 해당 페이지가 추가됩니다.

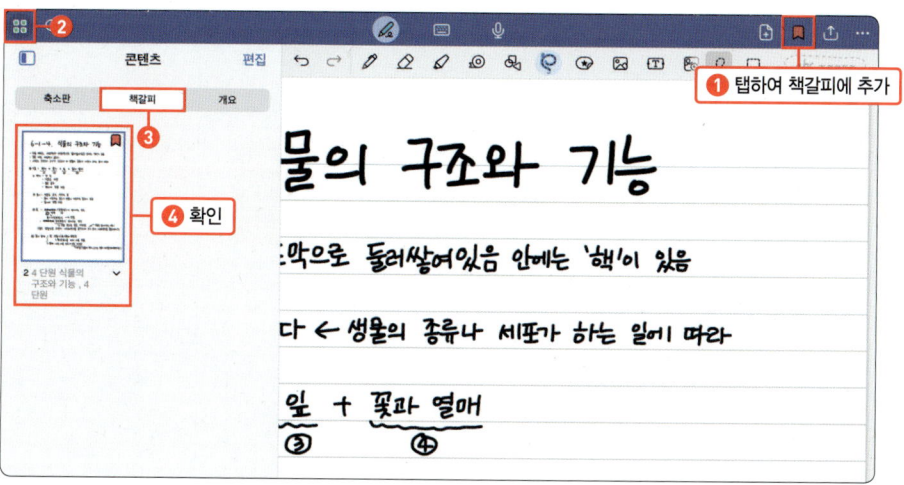

02 [콘텐츠(▦)]-[축소판] 탭에서 [편집]을 누르면 다양한 편집 메뉴가 나타납니다. 선택한 페이지를 복사하거나 회전시킬 수 있고, 다른 문서로 이동하기, 공유하기, 삭제하기 등을 할 수도 있습니다.

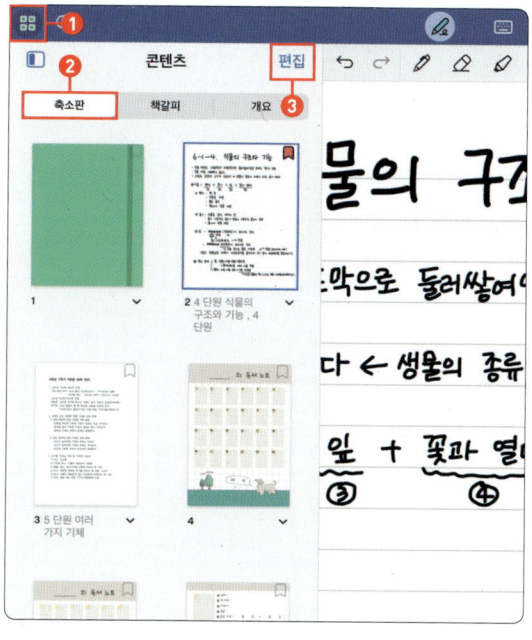
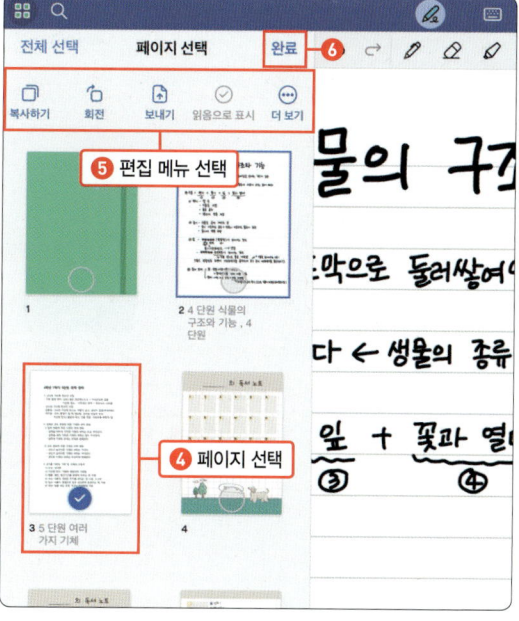

STEP 09 노트를 폴더로 분류하기

노트를 정리하다 보면 노트의 개수가 늘어나서 '문서' 탭이 복잡해지는데요. 이때 굿노트의 폴더 기능으로 노트를 분류하면 알아보기 쉽고 관리하기도 편합니다. 폴더를 활용해 노트를 관리해 봅시다.

01 굿노트 앱을 실행하고 [+]-[폴더]를 선택해요.

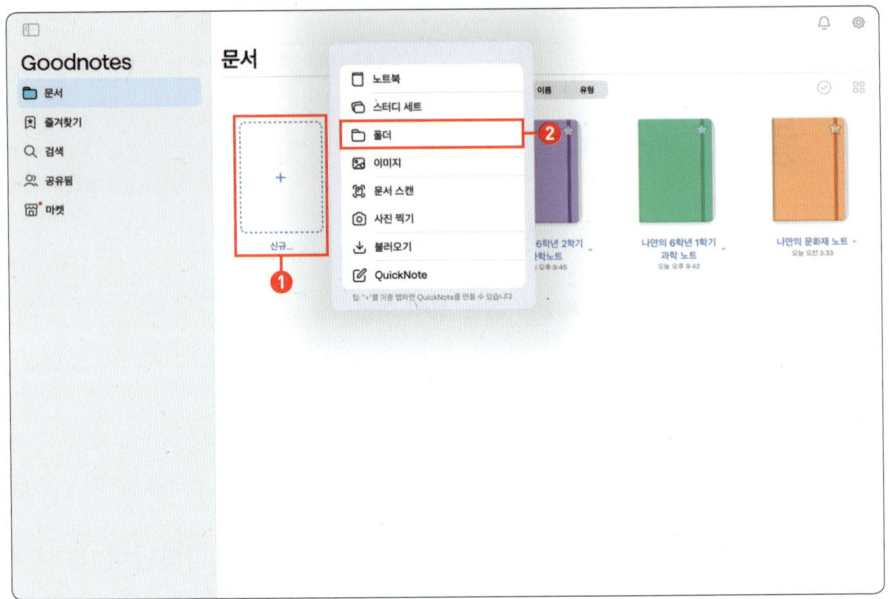

02 폴더의 이름을 쓰고 색상을 선택해요.

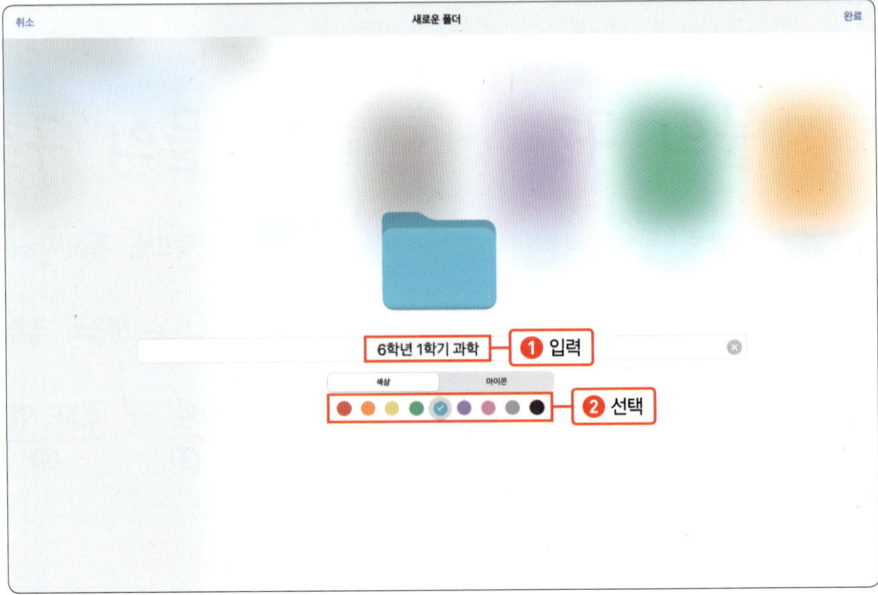

03 폴더의 특징에 맞춰 아이콘도 선택해요. 설정이 끝났다면 [완료]를 탭해요.

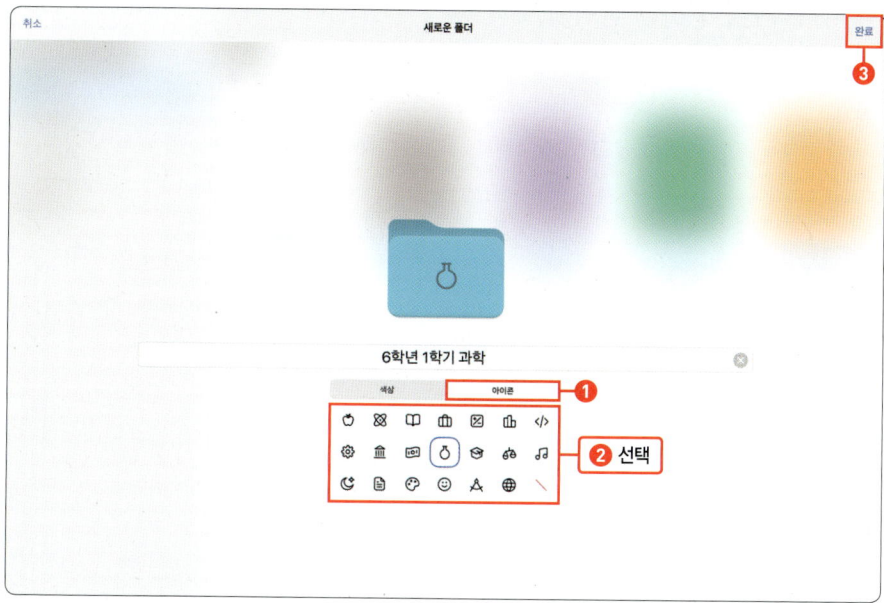

04 새 폴더가 만들어졌어요. 같은 방법으로 필요한 폴더를 여러 개 만들어요. 여기서는 과목을 기준으로 폴더를 만들었어요.

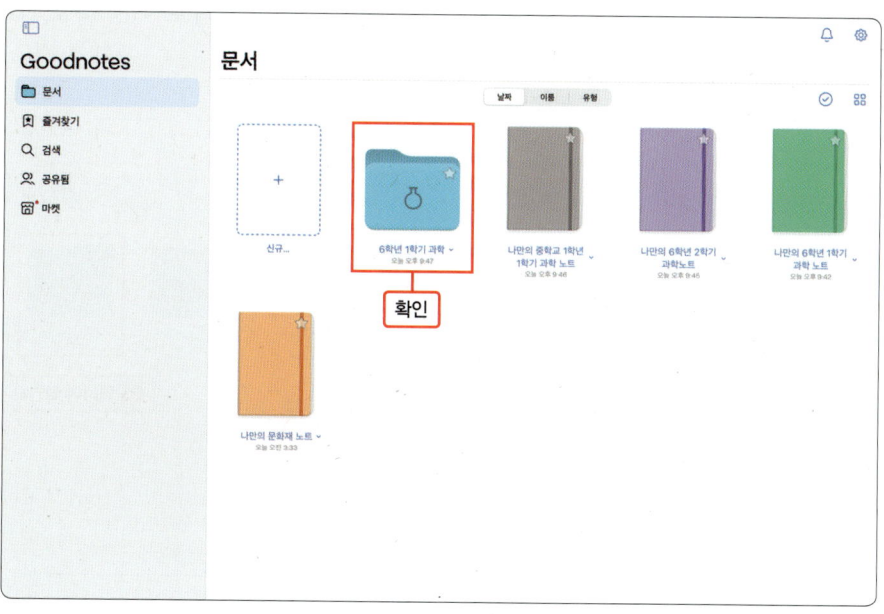

05 이제 노트를 폴더에 넣어볼게요. 폴더에 넣고자 하는 노트의 제목 오른쪽에 있는 ⌵ 를 탭해요. 팝업 메뉴가 나타나면 [이동]을 선택해요.

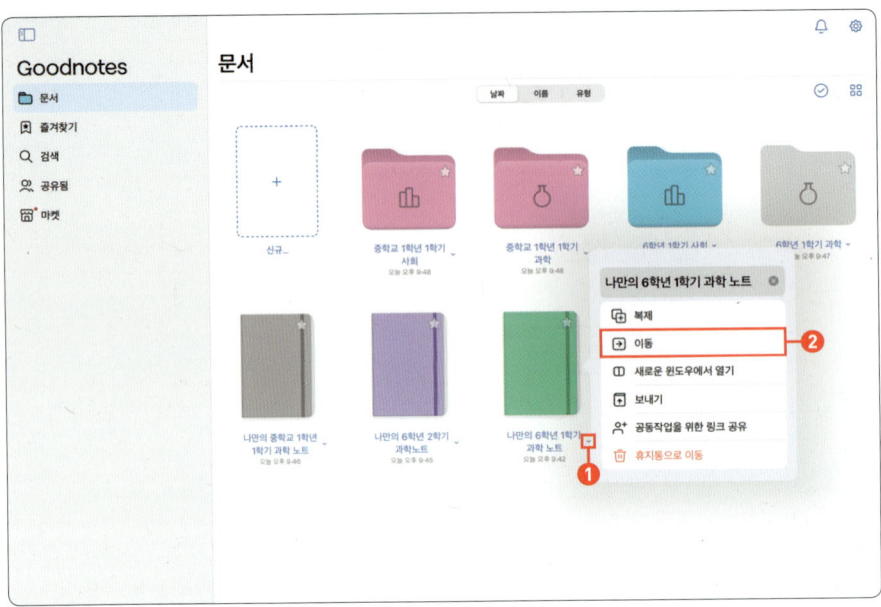

06 '위치 선택' 팝업 창이 나타나면 폴더를 선택해요. 여기서는 '6학년 1학기 과학' 폴더를 선택했어요. [6학년 1학기 과학으로 이동]을 탭하면 노트가 선택한 폴더로 이동돼요. '6학년 1학기 과학' 폴더에 들어가면 노트를 확인할 수 있어요.

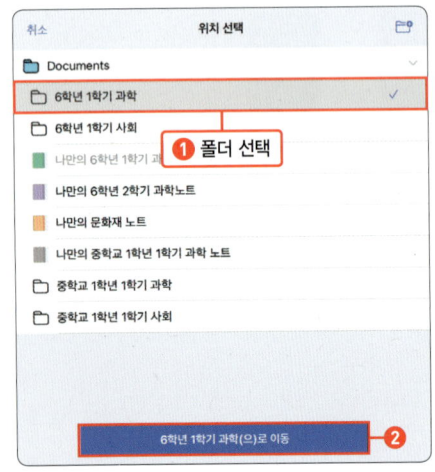

┌─ 스마트 팁 ─┐ 폴더 색상을 활용하면 더 직관적으로 폴더를 분류할 수 있어요. 여기서는 6학년 1학기는 하늘색으로, 중학교 1학년 1학기는 분홍색으로 설정하여 학년에 따라 폴더 색상을 구분해 두었어요. 이처럼 같은 카테고리의 경우 폴더 아이콘은 다르게 하되, 폴더 색상은 통일하는 것이 좋아요.

WEEK 16 스마트한 영어 정리, 이렇게 해 봐요

많은 친구가 영어 공부를 하며 단어 암기에 시간을 쏟습니다. 굿노트에는 퀴즈 형태로 영어 단어를 외울 수 있는 도구가 있어요. 바로, '스터디 세트'라는 일종의 플래시 카드예요. 스터디 세트를 활용해 나만의 영어 단어장을 만들어 봅시다.

STEP 01 나만의 스터디 세트 만들기

01 굿노트 앱을 실행한 다음 [+]-[스터디 세트]를 선택해요.

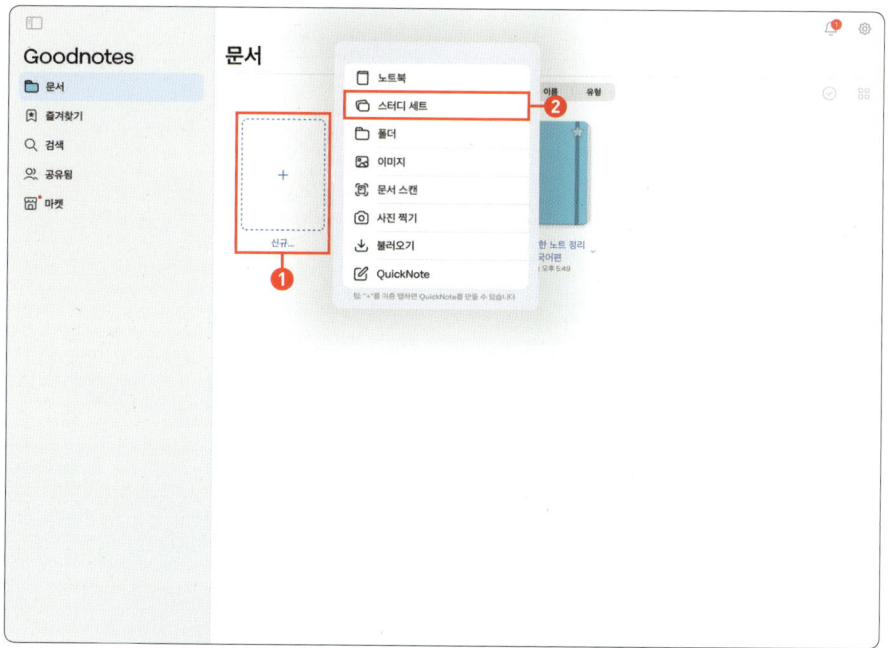

02 스터디 세트의 제목, 언어, 섬네일 색상을 정하고 생성을 탭해요.

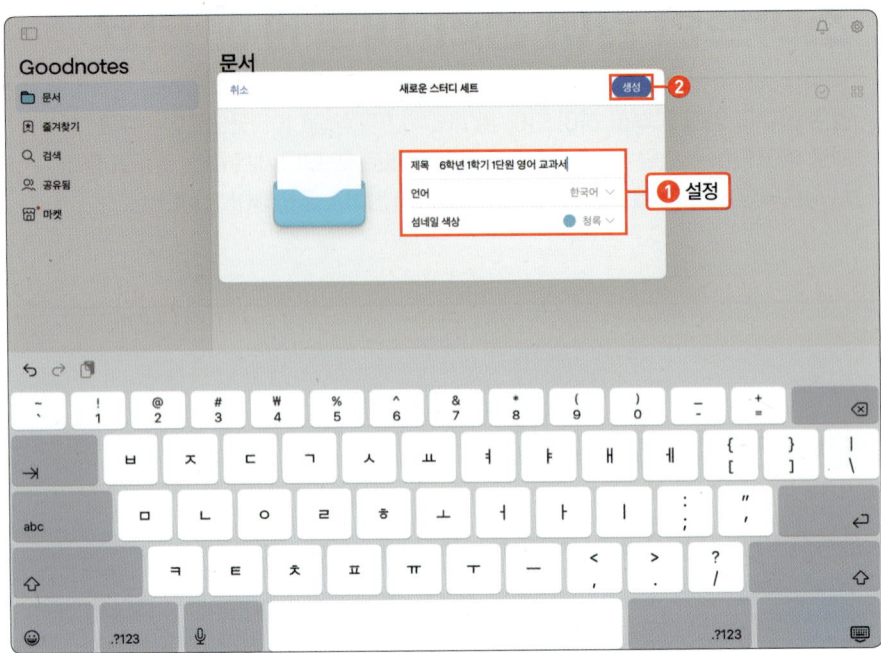

> **스마트 팁** 스터디 세트의 제목에 학년, 학기, 과목, 단원, 출처를 적으면 좋아요. 출처는 교과서인지 문제집인지 구분하기 위해 적어줘요.

03 스터디 세트가 생성되었어요. 스터디 세트를 탭해요.

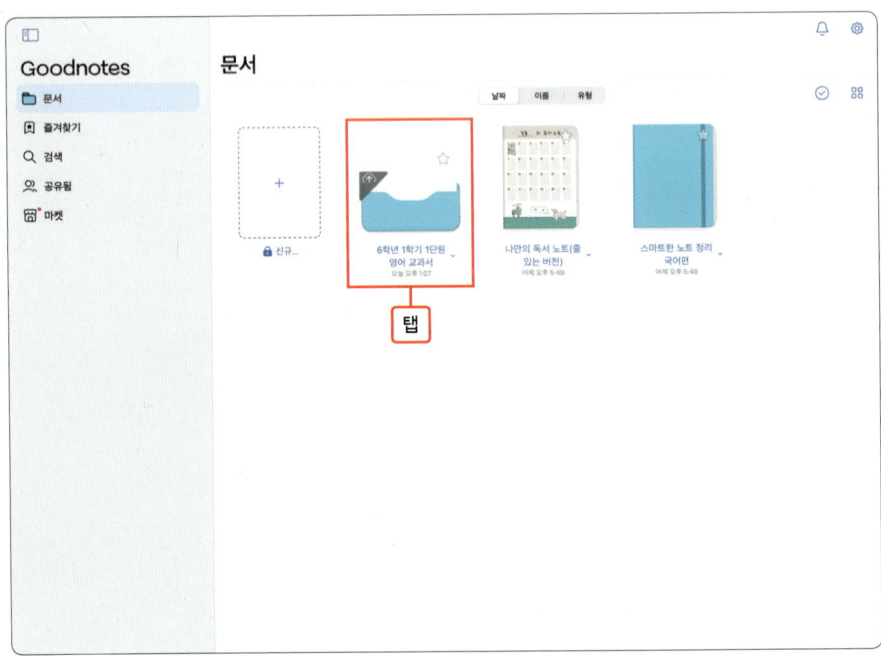

⟩ 질문과 답변 생성하기 ⟨

01 스터디 세트는 질문 카드와 답변 카드로 이루어져 있어요. 먼저 질문 카드를 생성해 봅시다. 카드의 오른쪽 상단을 보면 입력 방식을 선택하는 세 가지 아이콘이 있어요. 하나씩 자세히 살펴봐요.

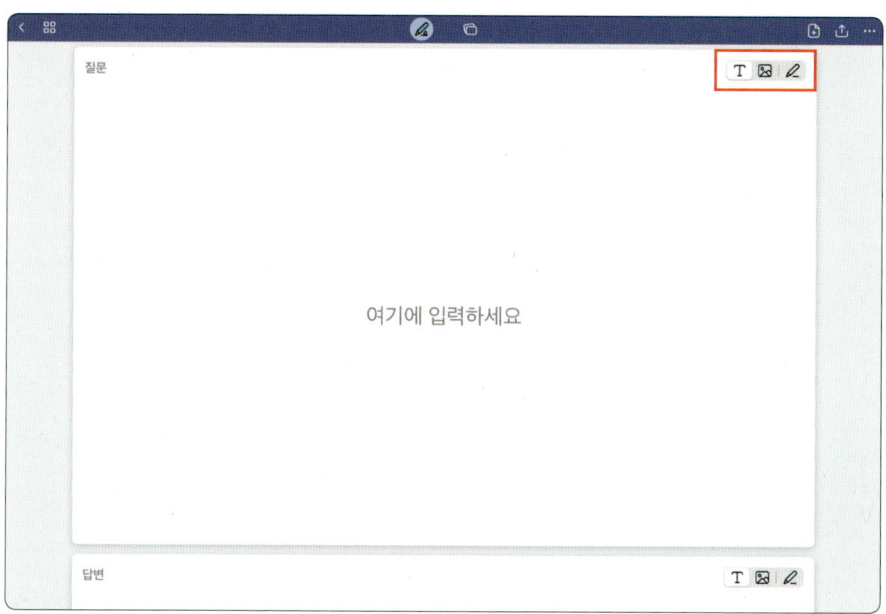

02 [텍스트(T)]를 선택하면 키보드로 타이핑하여 질문을 입력할 수 있어요. 질문 카드에 영어 단어를 적어볼게요.

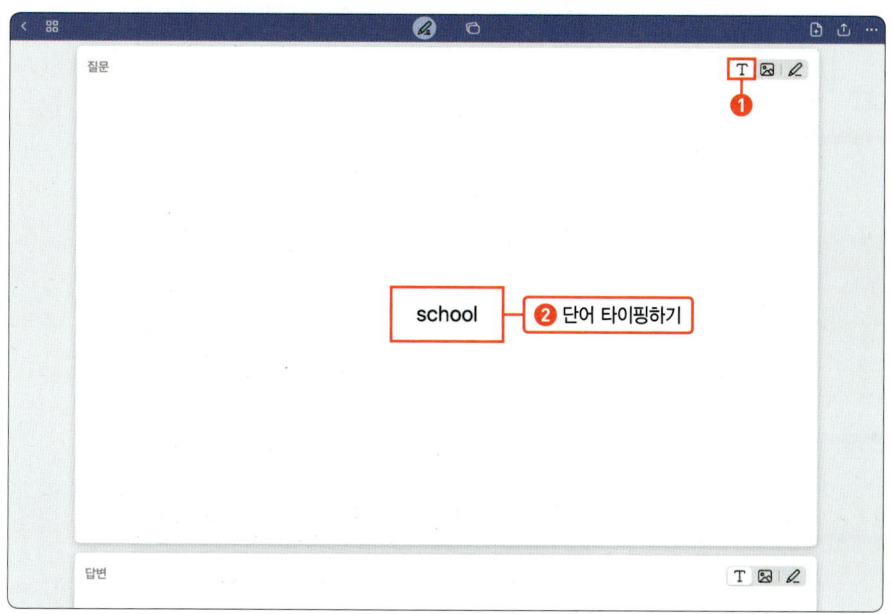

03 [이미지(🖼)]를 선택하면 질문 카드에 이미지를 넣을 수 있어요. [탭하여 이미지 추가]를 탭하면 두 가지 옵션이 나타나요. 사진을 찍어서 넣으려면 [카메라]를, 미리 저장해둔 이미지를 넣으려면 [사진 보관함]을 선택해요. 여기서는 [사진 보관함]을 선택했어요.

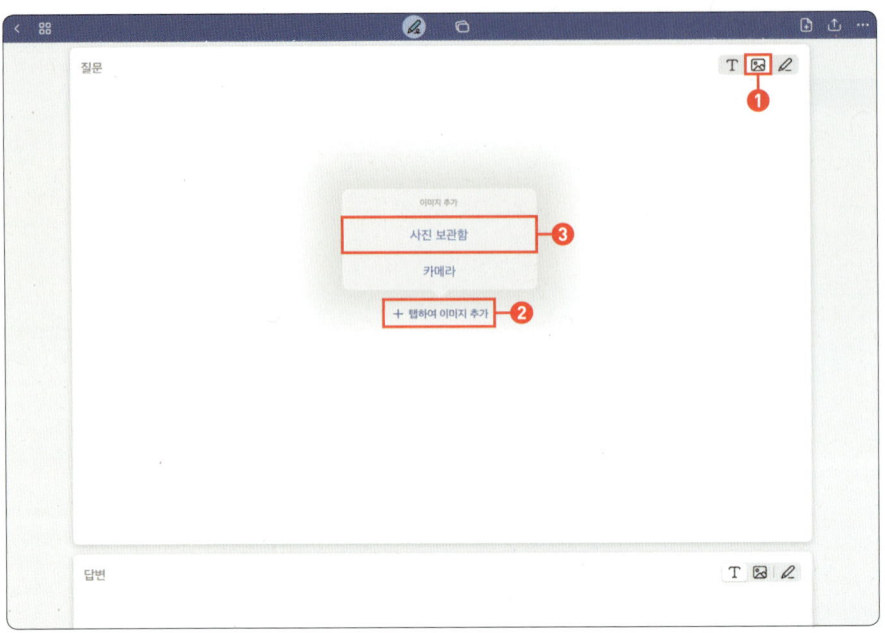

04 '사진' 팝업 창이 나타나면 원하는 이미지를 선택해요. 크기를 적절하게 조정한 다음 [사용]을 탭해요.

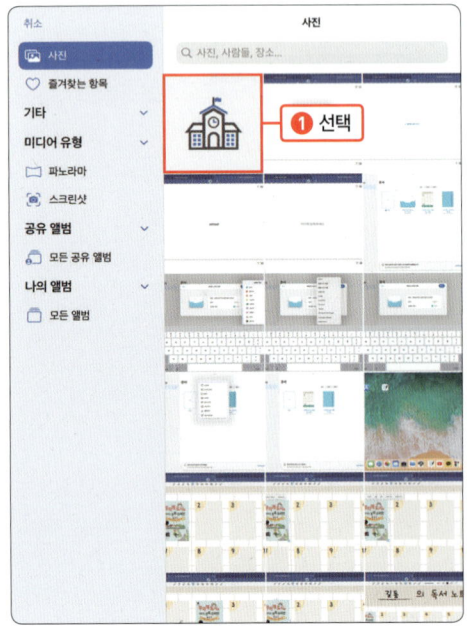 

05 질문 카드에 이미지가 추가되었어요. 이미지를 삭제하고 싶다면 [지우기]를 탭해요.

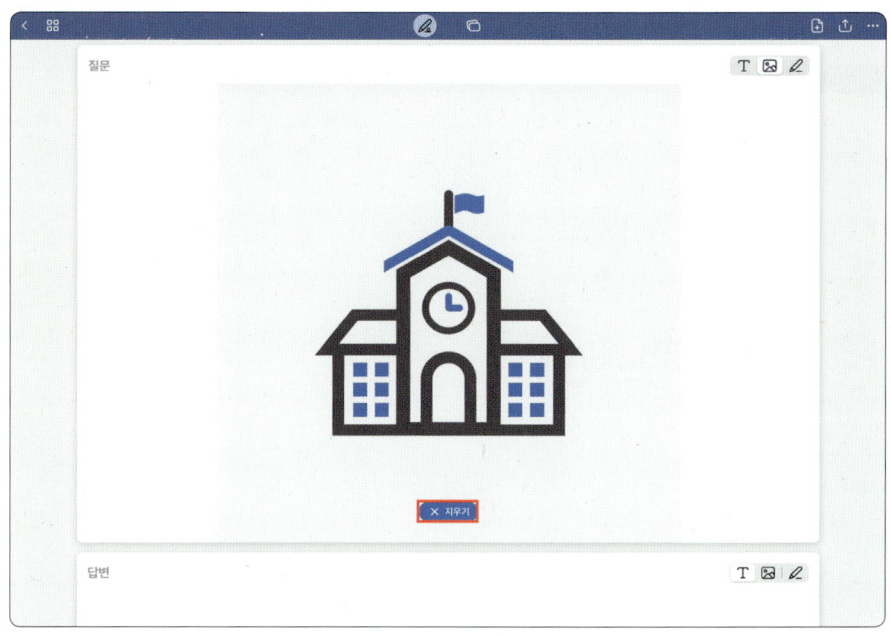

06 입력 방식을 변경하면 기존에 입력해 둔 내용이 지워져요. **05**단계에서 추가한 이미지를 그대로 둔 상태에서 [펜(🖉)]을 탭해요. '콘텐츠를 폐기하시겠습니까?' 팝업 창이 나타나면 [콘텐츠 폐기]를 선택해요.

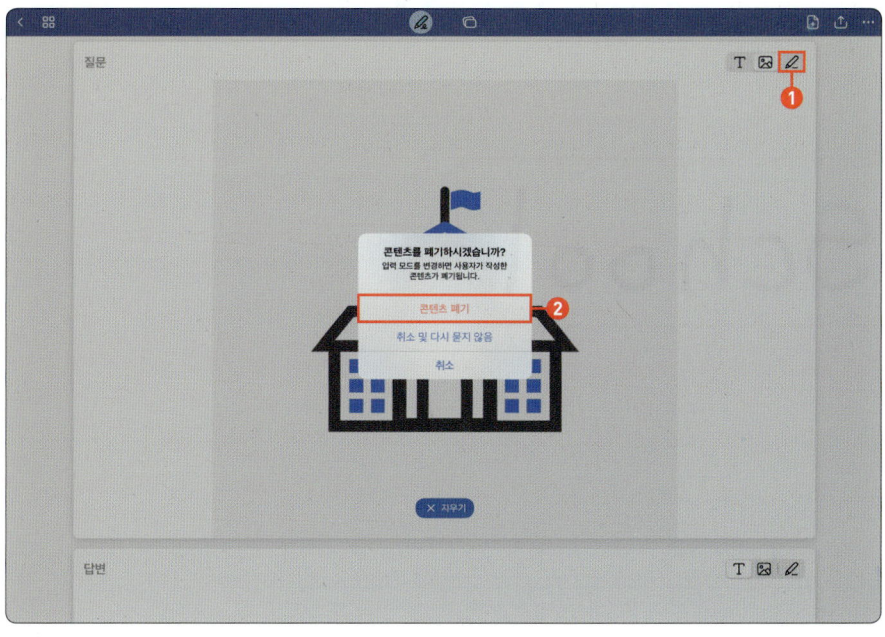

07 질문 입력 창이 초기화되고 [펜(✏️)]이 선택되었어요. 이제 터치 펜으로 질문을 직접 쓸 수 있어요. [탭하여 편집]을 탭해요.

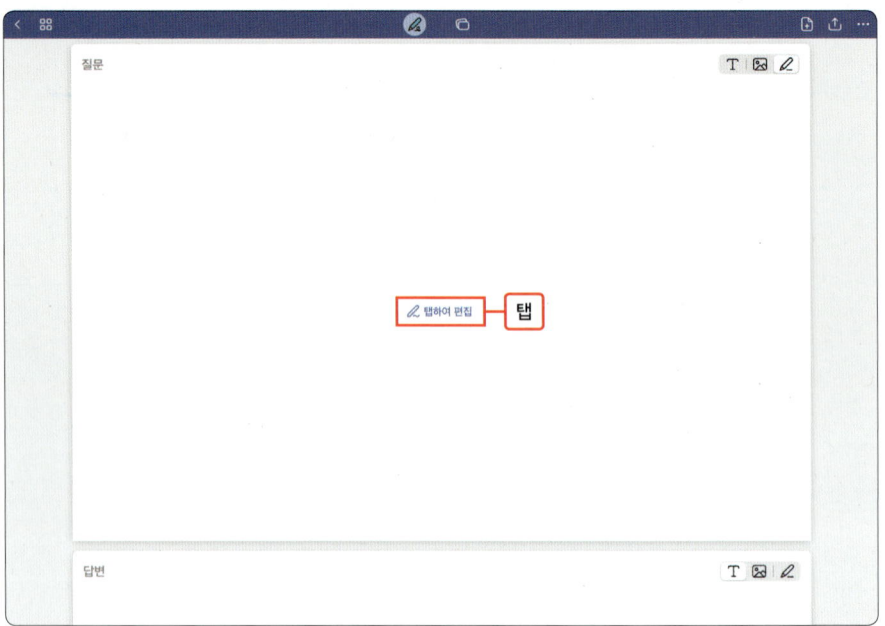

08 질문을 작성하는 화면이 나타나요. 터치 펜으로 단어를 쓰고 [완료]를 탭해요.

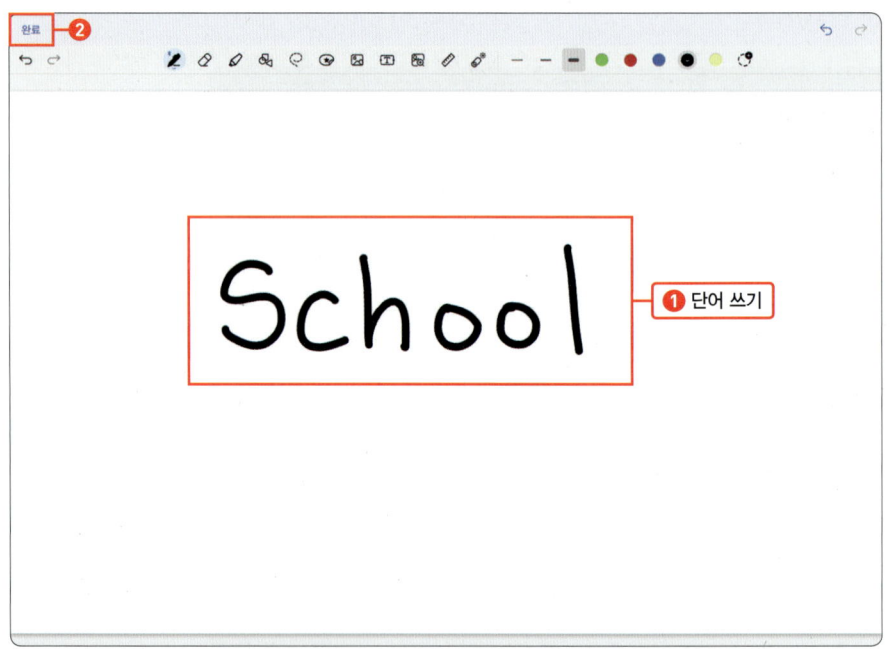

┌ 스마트 팁 ┐ 세 가지 입력 방식 중 가장 편한 방법을 골라 질문 카드를 만들어요. 입력할 양이 많을 때는 텍스트(T) 입력 방식을 추천해요.

09 스크롤을 아래로 내리면 질문에 대한 답변을 입력하는 답변 카드가 나타나요. 답변 카드에는 영어 단어의 뜻을 적어볼게요. 답변 입력 방식은 질문 입력 방식과 같아요.

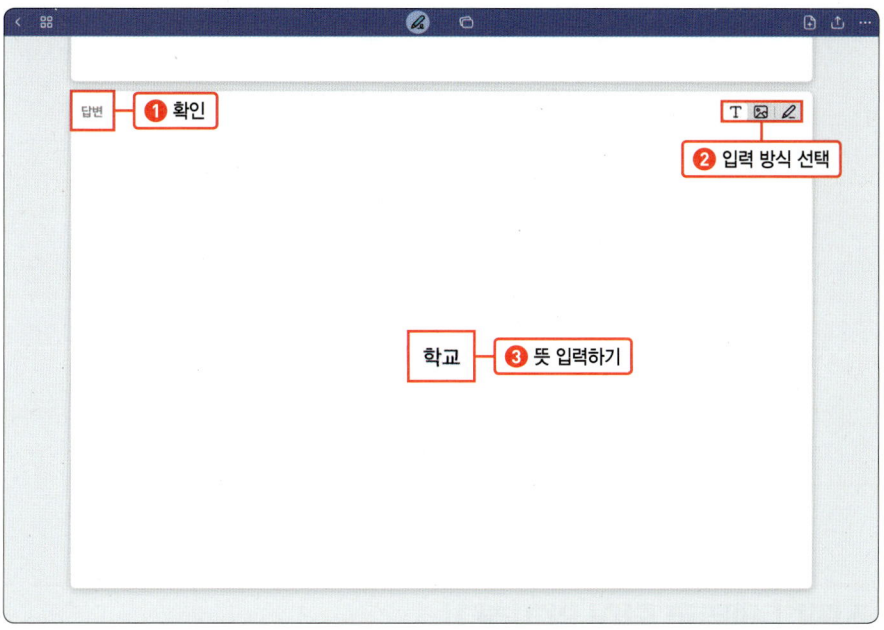

〉 카드 추가하기 〈

01 카드를 추가하는 방법은 두 가지가 있어요. 우선 간단한 방법부터 알아볼게요. 카드를 탭한 상태로 오른쪽에서 왼쪽으로 밀어 넘기면 새로운 카드가 추가돼요.

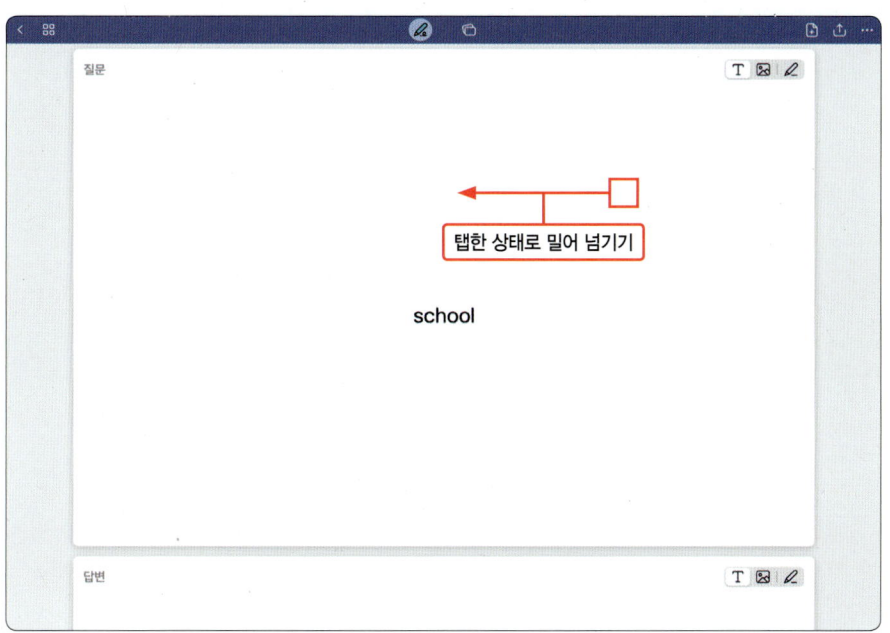

02 밀어 넘기는 방법이 어색하다면 오른쪽 상단의 [더 보기(...)]를 탭해요. [카드 복제]를 선택하면 카드를 추가할 수 있고, [카드 삭제]를 선택하면 카드를 없앨 수 있어요.

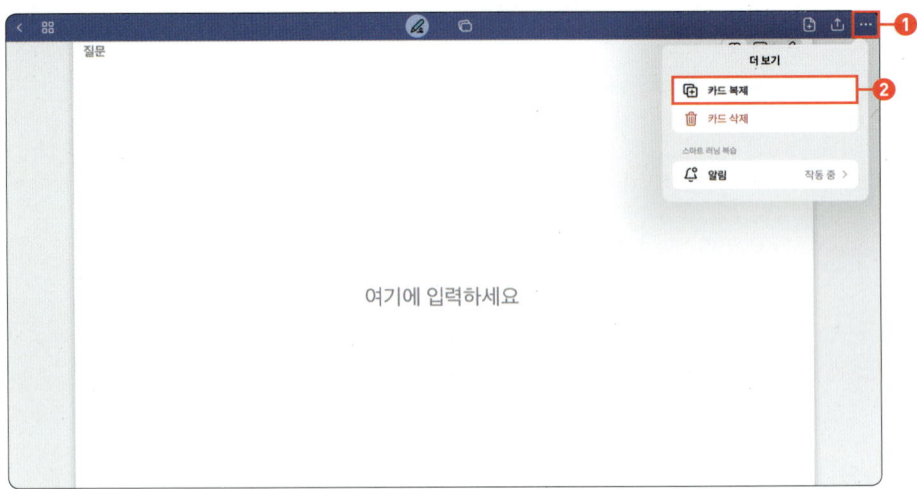

STEP 02 스터디 세트로 단어 암기하기

〉연습 모드로 스터디하기 〈

01 카드를 모두 입력했다면 이제 단어를 암기해 봅시다. 우선은 연습 모드로 반복 학습을 할게요. 상단 메뉴 바의 [스터디(⬜)]를 탭하고 [연습]을 선택해요.

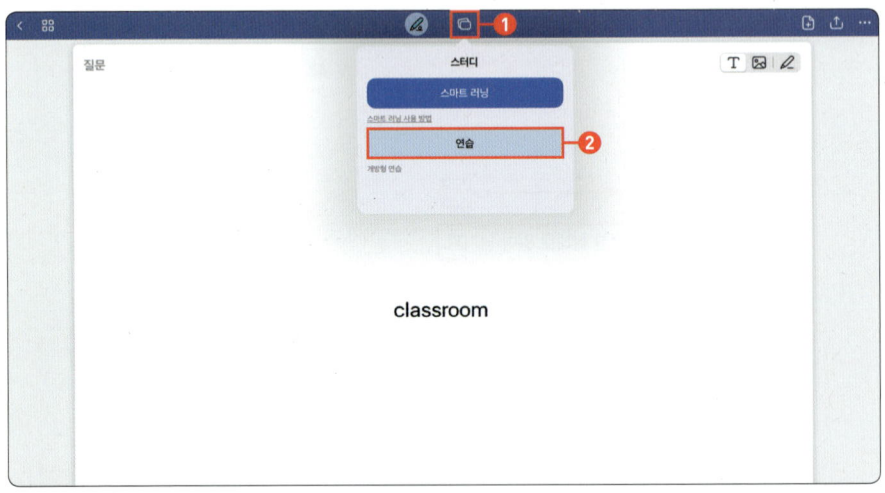

> **스마트 팁** 스터디는 질문과 답변 카드를 활용하여 퀴즈 형식으로 학습하는 기능이에요. 질문 카드를 보고 답을 생각한 다음, 카드를 뒤집어서 답변 카드를 확인하는 식으로 학습할 수 있어요. '연습' 모드는 테스트에 앞서 반복 학습하는 기능이고, '스마트 러닝' 모드는 연습을 모두 끝내고 진짜 테스트하는 기능입니다.

02 연습 모드 화면이 나타나요. 질문 카드를 보고 단어의 뜻을 소리 내어 말하거나 마음속으로 생각해요. 연습 모드에는 학습을 돕는 여러 기능이 있어요. 하나씩 알아볼까요?

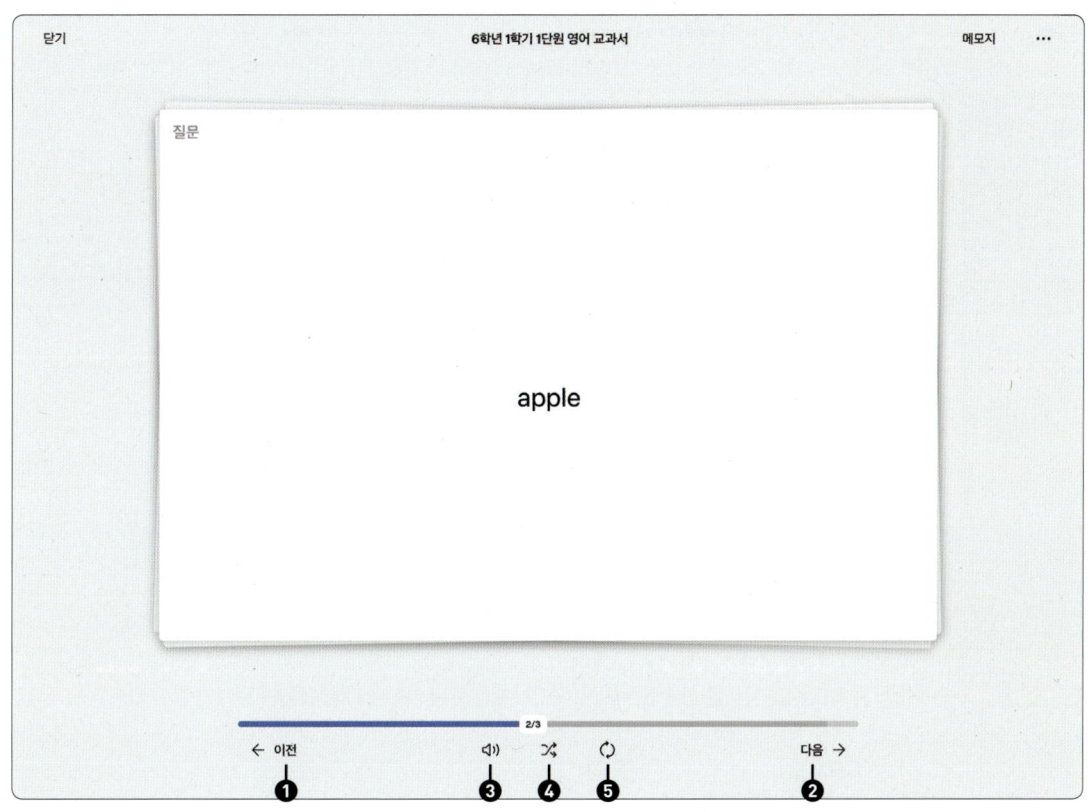

❶ **이전**: 이전 질문으로 돌아가요.

❷ **다음**: 다음 질문으로 넘어가요.

❸ **읽기(🔊)**: 질문을 읽어줘요. 텍스트로 타이핑된 내용만 읽을 수 있고, 이미지나 터치 펜으로 입력한 경우 아이콘 자체가 활성화되지 않아요.

❹ **셔플(🔀)**: 질문의 순서를 무작위로 섞어서 보여줘요.

❺ **전환(🔄)**: 질문 카드 묶음에서 답변 카드 묶음으로 바뀌어요.

03 답변 카드, 즉 단어의 뜻을 확인하고 싶다면 질문 카드를 탭해요. 카드를 뒤집어 뒷면의 답변을 확인할 수 있어요. 한 번 더 탭하면 다시 질문 카드로 돌아와요.

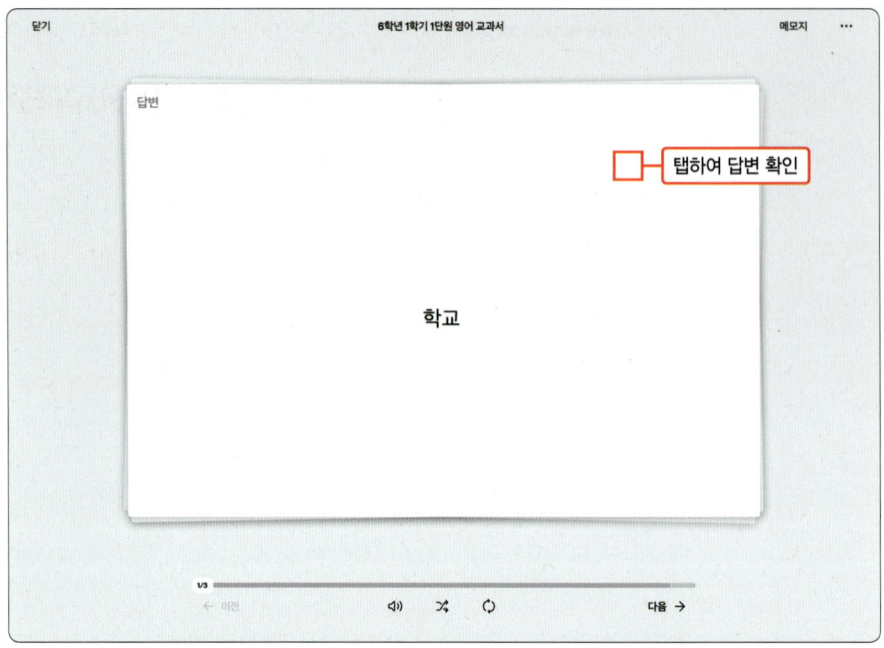

[스마트 팁] 전환(◯)은 카드 묶음 자체를 전환하는 기능이에요. 해당 질문 카드에 대한 답변만 보려면 질문 카드를 탭해요.

〉 스마트 러닝으로 테스트하기 〈

01 충분히 연습했다면 이제 본격적으로 테스트해 볼까요? 상단 메뉴 바의 [스터디(◯)]를 탭하고 [스마트 러닝]을 선택해요.

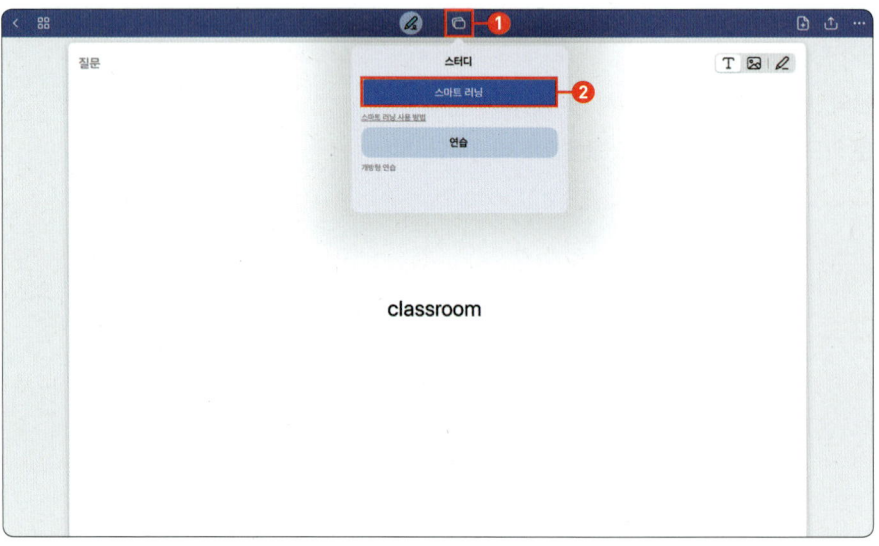

02 테스트를 시작해요. 연습 모드와 마찬가지로 질문 카드를 보고 단어의 뜻을 소리 내어 말하거나 마음속으로 생각해요. 답변을 확인하고 싶다면 질문 카드를 탭하여 뒤집어요. 답변을 확인한 다음 한 번 더 탭하면 다시 질문 카드가 보여요.

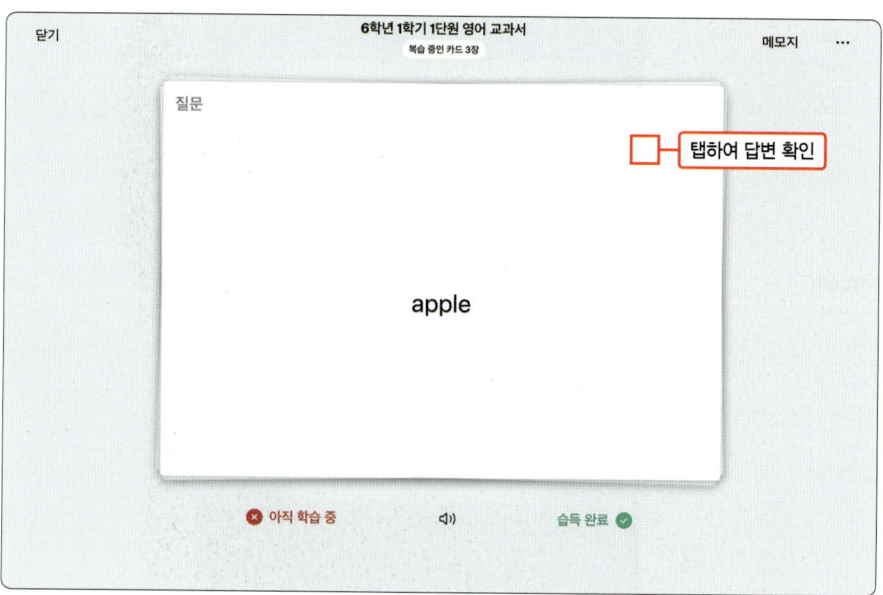

03 다음 질문으로 넘어가고 싶다면 화면을 탭한 상태에서 오른쪽에서 왼쪽으로 카드를 밀어 넘겨요.

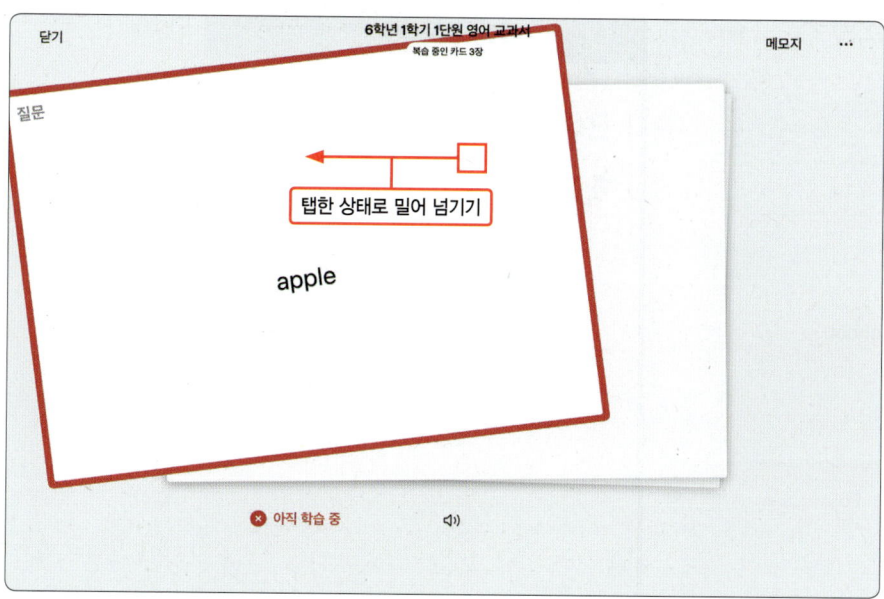

04 필기를 하고 싶다면 오른쪽 상단의 [메모지]를 탭해요. 메모지를 처음 생성하면 안내 팝업 창이 나타나요. [알겠습니다]를 탭하면 팝업 창이 사라져요.

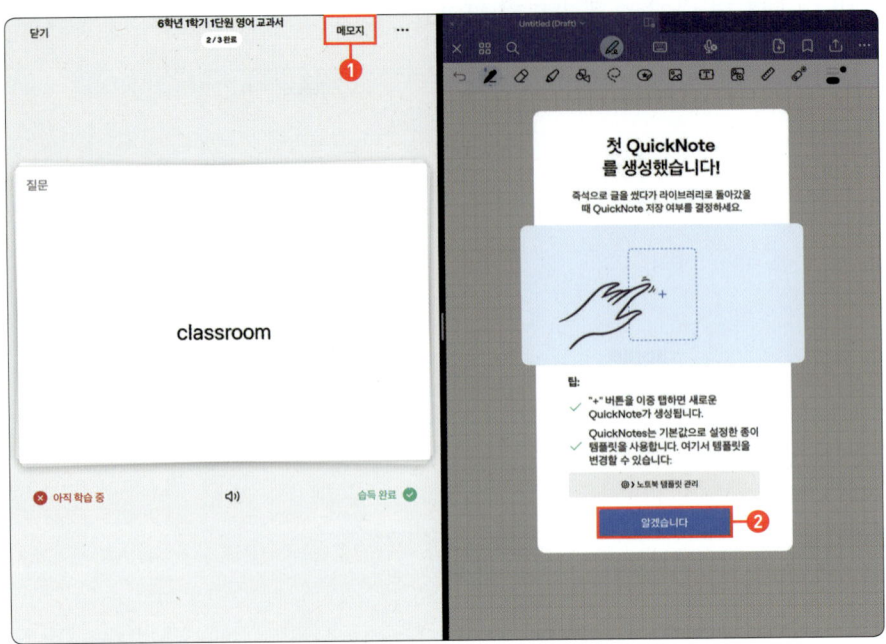

05 메모지는 굿노트의 일반 노트와 사용 방법이 같아요. 정리할 내용이 있다면 펜 툴을 사용하여 적어요.

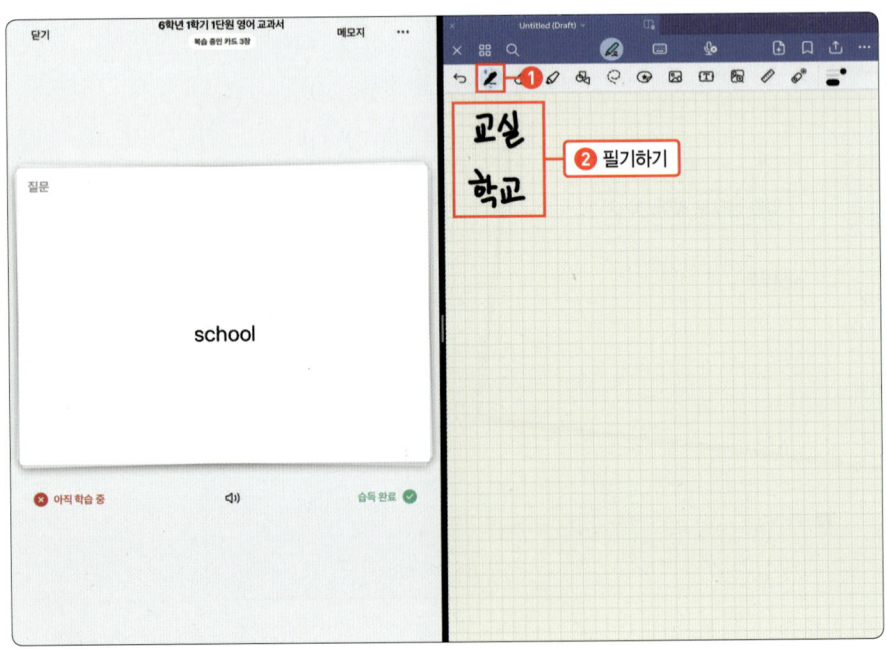

스마트 팁 → 필기를 모두 끝냈다면 화면 가운데의 검은색 막대를 왼쪽에서 오른쪽으로 밀어서 메모지 창을 닫아요.

06 질문 카드에 대한 답을 알고 있다면 [습득 완료]를 탭해요. 답을 잘 모르겠다면 [아직 학습 중]을 탭해요.

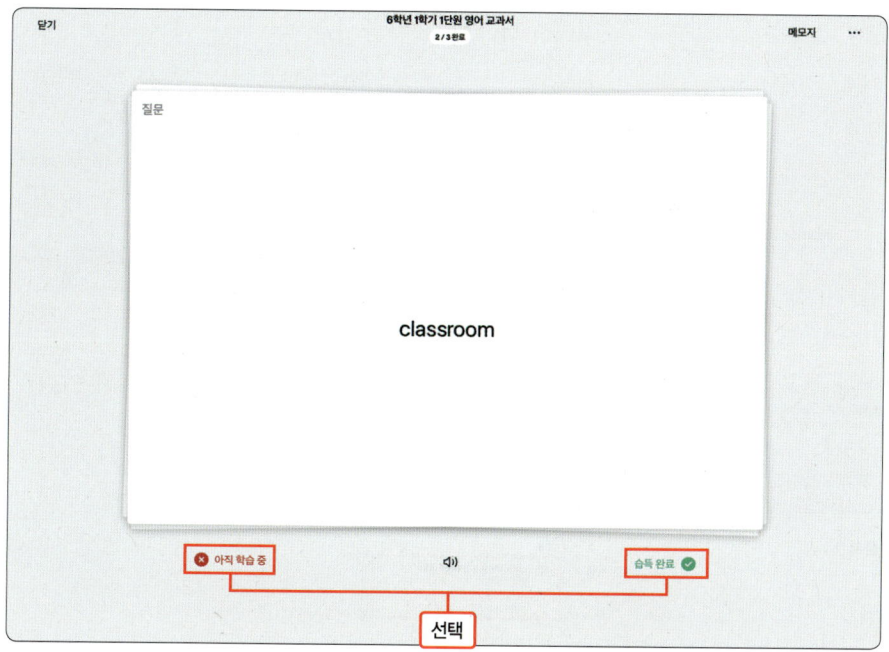

07 테스트를 끝내고 싶다면 [닫기]를 탭해요. 처음부터 다시 시작하고 싶다면 [다시 시작]을 탭해요.

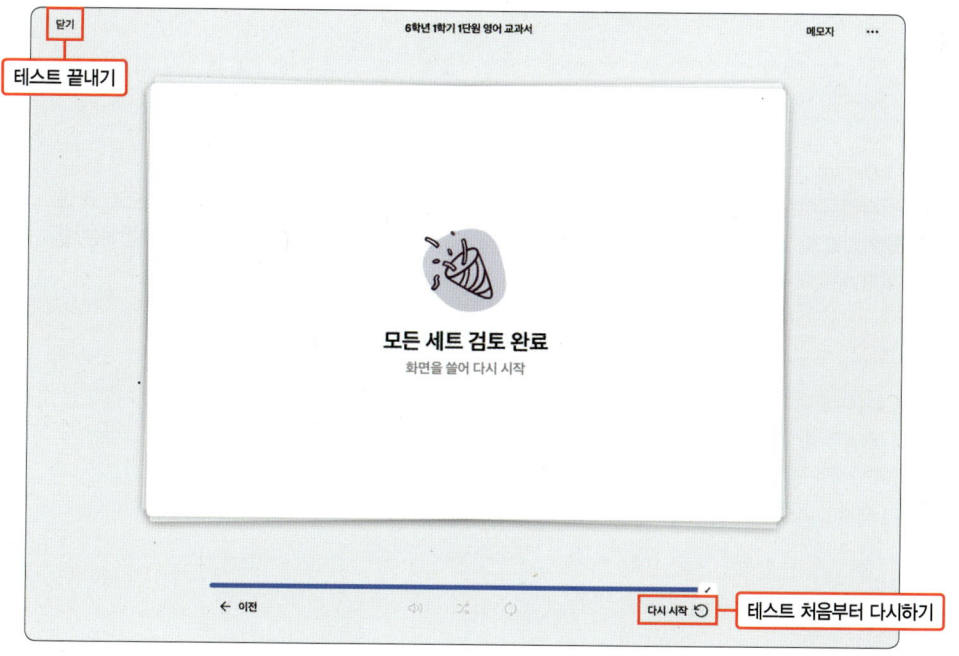

✦ **잠깐만요!** 스마트 러닝이 끝나면 알림이 나타나요!

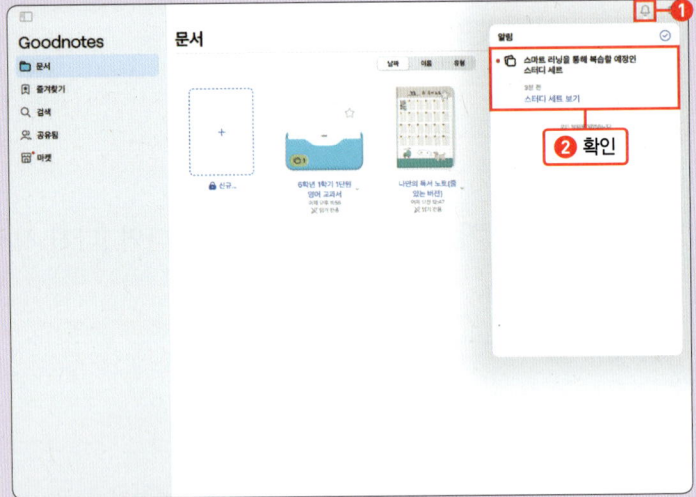

스마트 러닝 모드가 끝나면 공부한 내용을 계속 기억할 수 있도록 다음 테스트 일정을 자동으로 잡아줍니다. 테스트의 마지막 화면에서 날짜를 확인할 수 있고, 굿노트 첫 화면의 [알림(🔔)]에서도 확인할 수 있어요. 물론 굿노트가 추천하는 일정과 상관없이 나의 상황에 따라 자유롭게 공부해도 됩니다.

> **선생님의 한마디**
> 단어를 외울 때 잘 외워지지 않는 단어는 색 볼펜이나 형광펜으로 표시하고 여러 번 반복 학습하죠? 굿노트의 '스마트 러닝' 모드는 내가 선택한 버튼에 따라 자동으로 질문/답변 카드의 제공 횟수를 조절해 줍니다. [아직 학습 중]을 선택한 카드는 다음 학습을 할 때 더 많이 보여요. [습득 완료]를 선택한 카드는 다음 학습을 할 때 좀 더 적게 보여요. 따라서 복습하면 할수록 잘 외워지지 않는 카드만 집중적으로 공부할 수 있답니다.

STEP 03 질문과 답변 한꺼번에 불러오기

구글 스프레드시트를 활용하면 스터디 세트에 질문과 답변을 한꺼번에 추가할 수 있어요.

〉 구글 스프레드시트 파일 만들기 〈

01 우선 컴퓨터나 노트북으로 구글 스프레드시트에 들어가 볼게요. 크롬 브라우저에 접속한 다음 주소 입력 창에 [google.com]을 입력하여 구글로 들어가요. 오른쪽 상단의 [더 보기(⊞)]를 클릭해요.

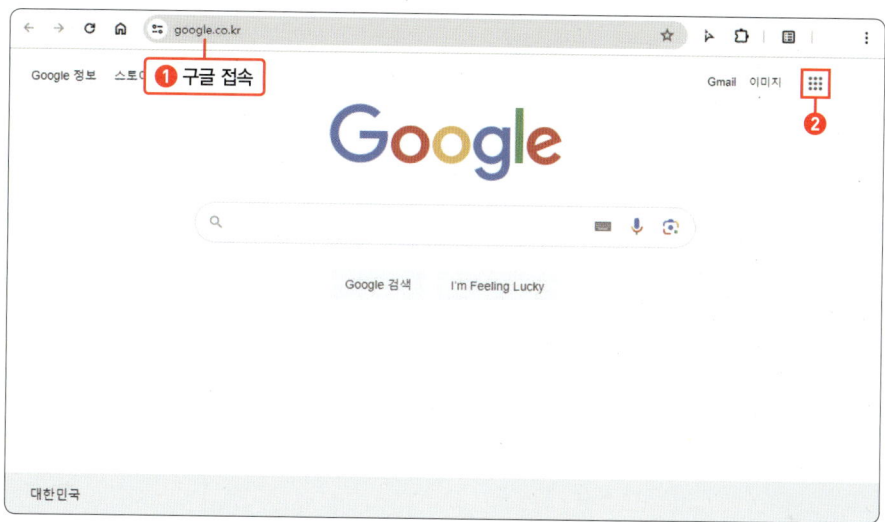

02 구글 서비스 목록이 나타나면 [Sheets]를 클릭해 구글 스프레드시트로 들어가요.

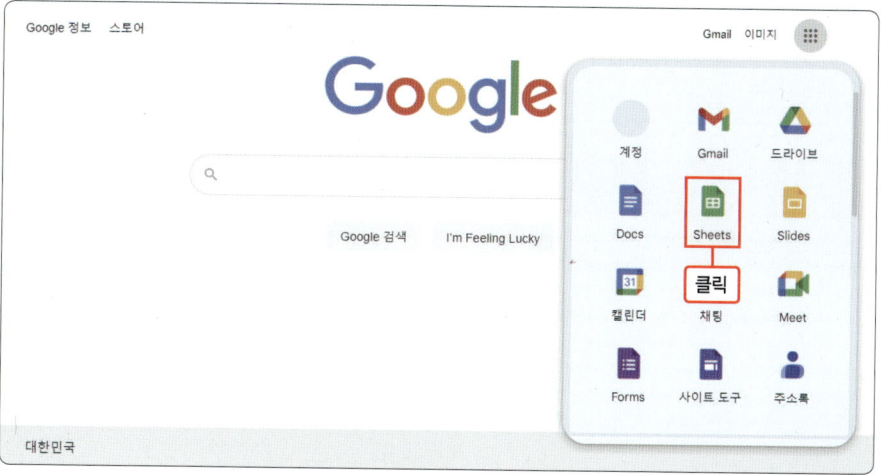

03 '새 스프레드시트 시작하기' 중 [빈 스프레드시트]를 클릭해요.

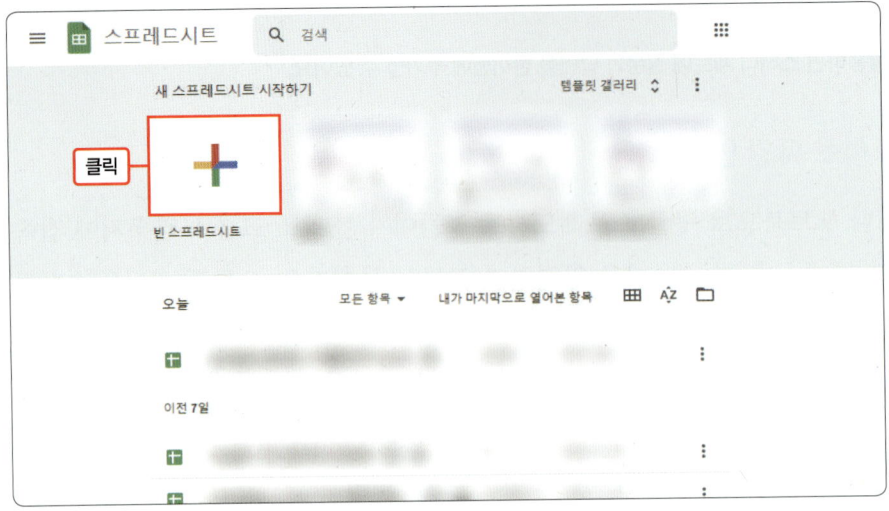

04 새 스프레드시트 창이 열려요. 스프레드시트의 이름을 수정해요.

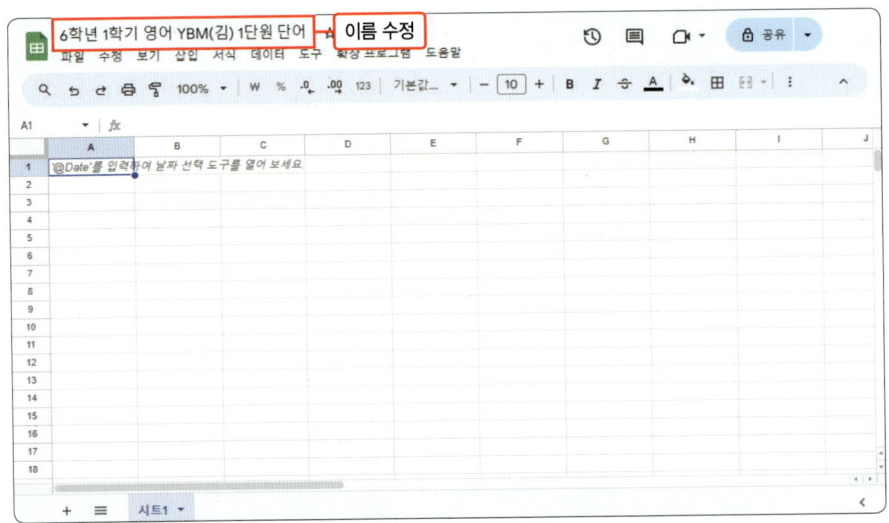

[스마트 팁] 구글 스프레드시트는 마이크로소프트의 엑셀과 비슷한 프로그램으로, 더하기, 빼기, 곱하기와 같은 간단한 수식부터 복잡한 수식까지 계산할 수 있는 함수를 제공해요. 엑셀과 달리 구글 스프레드시트는 구글 드라이브를 기반으로 작동하기 때문에 인터넷에 연결되기만 하면 내 컴퓨터가 아니더라도 언제 어디서든 스프레드시트 앱에 접속하여 작업할 수 있습니다.

05 A 열에는 질문(단어)을, B 열에는 답변(단어의 뜻)을 입력해요. 질문과 답변은 반드시 1행부터 입력해요.

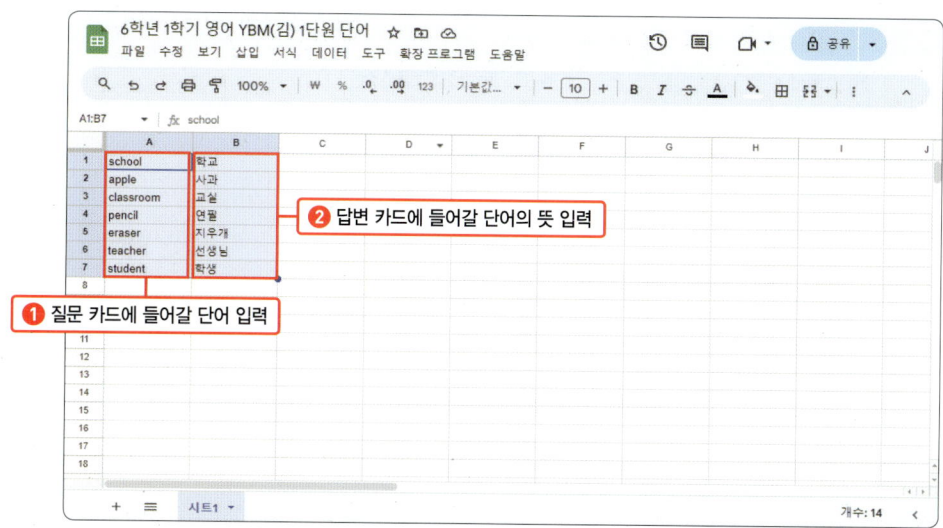

> **스마트 팁** 스프레드시트를 자세히 보면 가로줄과 세로줄이 만나 생긴 칸으로 이루어져 있지요? 가로줄로 나누어진 1, 2, 3, 4… 줄은 '행'이라고 해요. 예를 들어 1행은 1 옆으로 보이는 모든 가로칸을 가리켜요. 세로줄로 나누어진 A, B, C, D… 줄은 '열'이라고 해요. 예를 들어 A 열은 A 아래에 있는 모든 세로칸을 말해요.

✦ 잠깐만요! **원하는 행과 열에 자유롭게 질문과 답변을 입력하면 안 되나요?**

스프레드시트의 A, B 열과 1행부터 입력하지 않으면 입력이 끝난 후 굿노트로 불러왔을 때 질문과 답변이 보이지 않아요. 아래 두 가지 사례를 비교해 봅시다. 왼쪽은 질문과 답변을 A, B 열과 1행부터 입력한 파일을 불러왔을 때 보이는 화면이에요. 오른쪽은 다른 행과 열에 입력한 파일을 불러온 화면이에요.

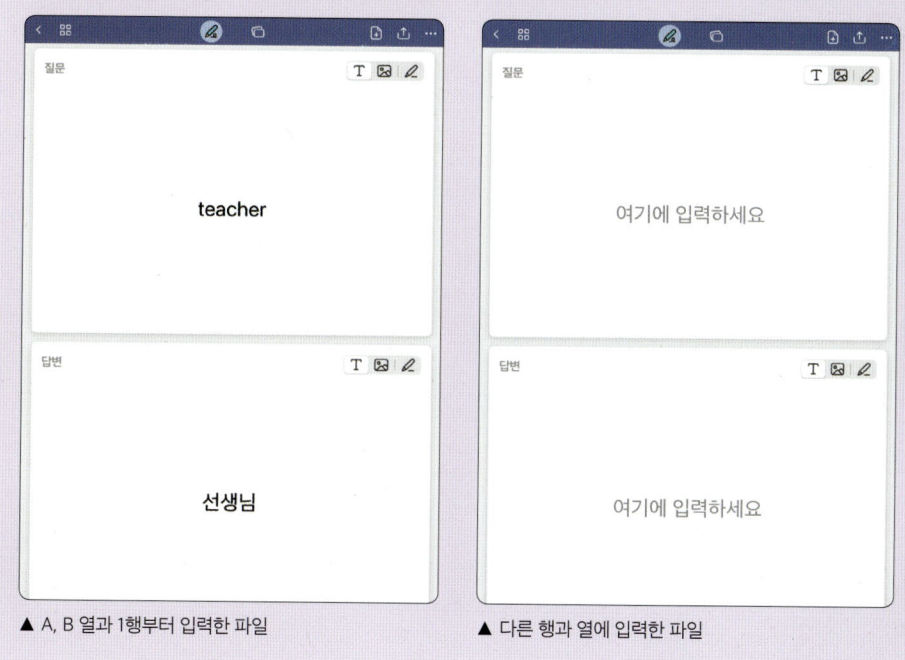

▲ A, B 열과 1행부터 입력한 파일   ▲ 다른 행과 열에 입력한 파일

06 입력이 끝났다면 [파일]-[다운로드]-[쉼표로 구분된 값(.csv)]을 클릭해 파일을 다운로드해요.

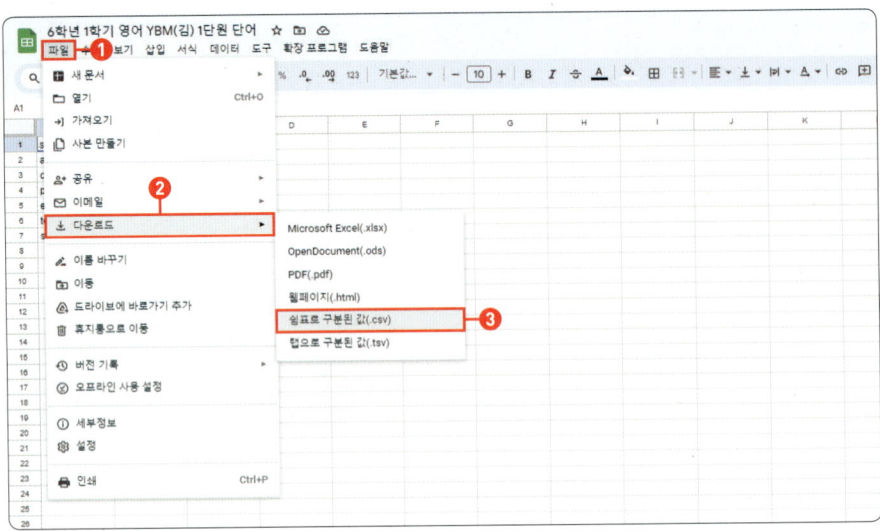

[스마트 팁] 굿노트로 불러올 수 있는 파일의 종류는 정해져 있어요. PDF, 이미지(.jpg, .png), Word(.doc, docx), 굿노트 문서(.goodnotes) 파일은 조건 없이 바로 불러올 수 있어요. 쉼표로 구분된 값 파일(.csv)은 스터디 세트로 불러올 수 있어요.

07 다운로드한 .csv 파일을 내 메일로 보내요. '내게쓰기' 기능을 활용하면 편리해요.

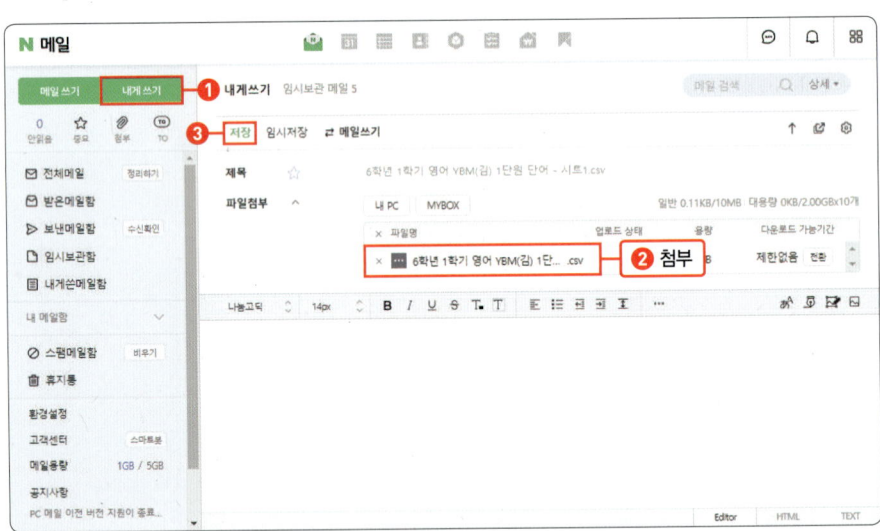

[스마트 팁] 자주 사용하는 메일로 보내면 돼요. 여기서는 네이버 메일을 기준으로 설명했어요.

〉 구글 스프레드시트 파일 불러오기 〈

01 이제 태블릿 PC에서 파일을 다운로드해 볼게요. 태블릿 PC에서 메일을 확인하고 첨부 파일을 [다운로드(⬇)]해요. 하단의 [다음에서 열기]를 탭하면 팝업 메뉴가 나타나요. [파일에 저장]을 탭해요.

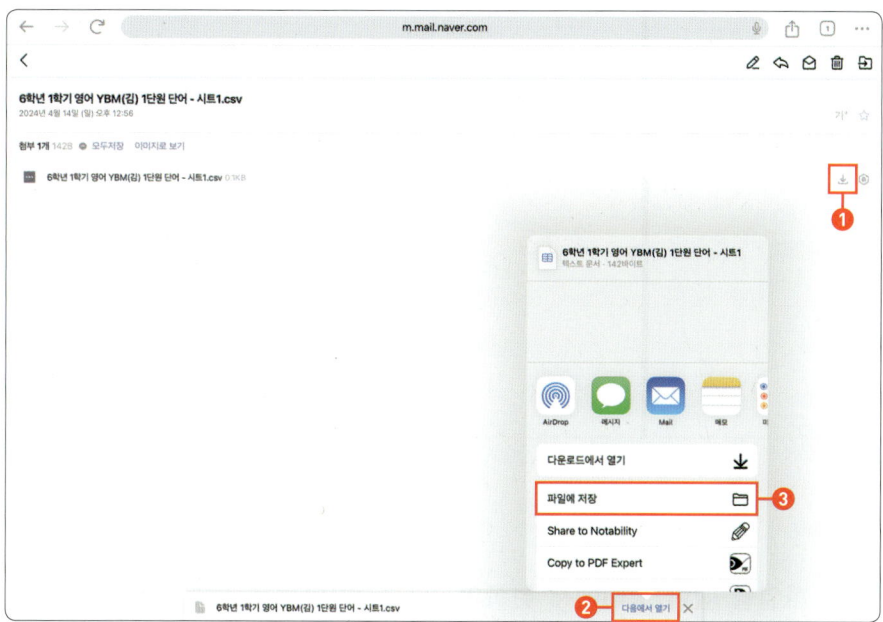

02 파일을 저장할 위치를 선택하고 [저장]을 탭해요.

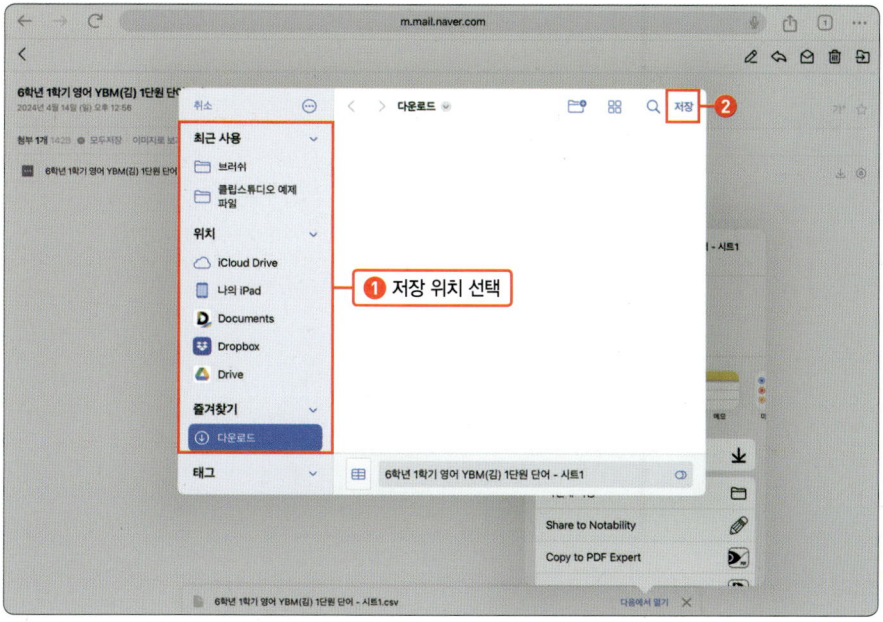

03 굿노트 앱을 실행하고 스플릿 뷰로 파일 앱을 실행해요.

> 스마트 팁 ▶ 스플릿 뷰를 만드는 방법은 114쪽을 참고하세요.

04 다운로드한 .csv 파일을 탭한 상태에서 왼쪽의 굿노트 화면으로 드래그해요. 스터디 세트가 자동으로 만들어진 것을 확인할 수 있어요.

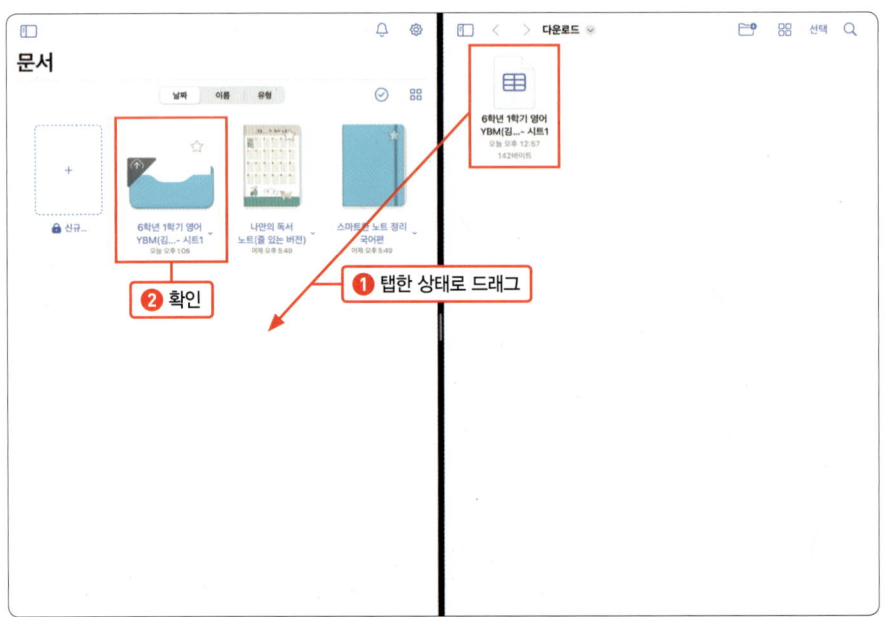

> 스마트 팁 ▶ 스터디 세트는 영어 단어 암기 외에도 여러 과목을 공부할 때 활용할 수 있어요. 스터디 세트를 활용해서 나만의 암기 카드를 만들어 보세요!

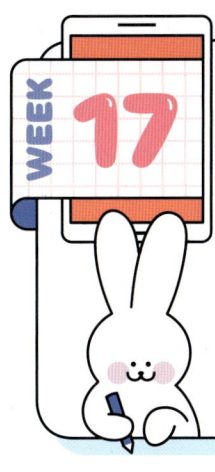

WEEK 17 스마트한 오답 노트, 이렇게 정리해요

오답 노트는 시험에서 틀린 문제들을 체크하기 위해 작성하는 노트예요. 오답 노트를 쓰면 문제를 틀린 이유를 깊이 고민해 볼 수 있고, 내가 어떤 유형의 문제나 개념을 충분히 이해하지 못하고 있는지 파악할 수 있어요. 앞서 52쪽에서 오답 노트를 쓰는 방법을 간단히 알아봤는데요. 굿노트 앱을 활용하면 좀 더 효율적으로 오답 노트를 정리할 수 있어요.

STEP 01 오답 노트 양식 다운로드하기

01 카메라 앱을 실행하고 아래 QR 코드를 스캔해요.

02 PDF 파일이 브라우저 앱으로 열리면 오른쪽 상단의 공유(📤)를 탭하고 [Goodnotes에서 열기]를 선택해요.

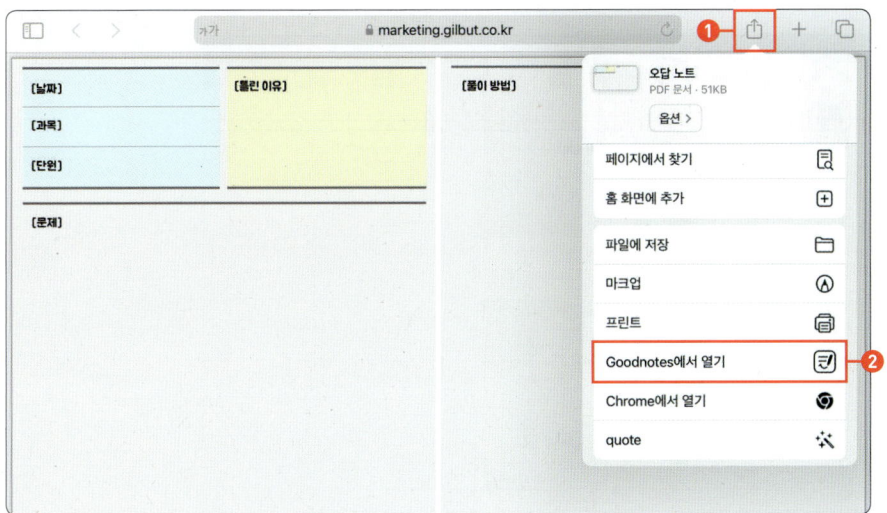

03 굿노트 앱이 실행되며 'Goodnotes로 불러오기' 팝업 창이 나타나요. [새로운 문서로 불러오기]를 탭해요.

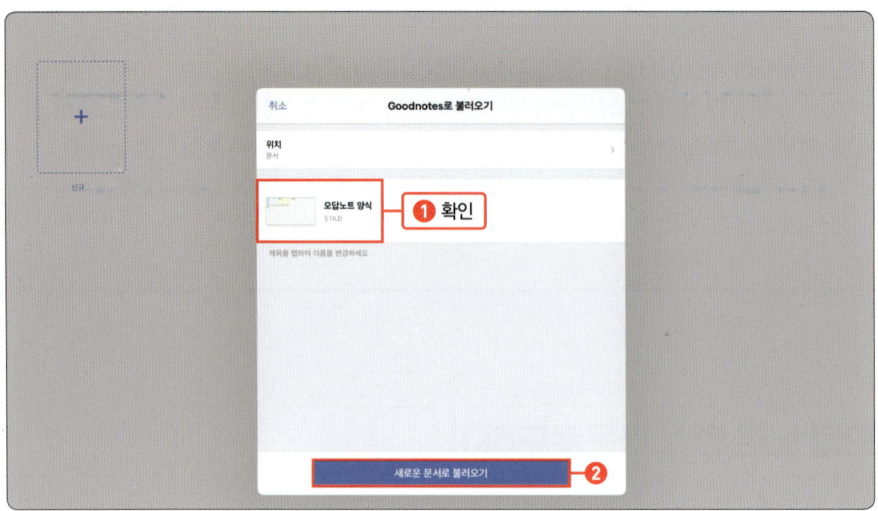

[스마트 팁] 책에서 제공하는 PDF 파일 외에 다른 오답 노트 양식을 사용해도 괜찮아요. 인터넷에 검색하여 양식을 찾거나, 굿노트 앱을 활용하여 직접 양식을 만들어도 좋아요. 또, 일반 노트에 오답 노트 양식을 그린 뒤 굿노트의 [문서 스캔] 기능을 활용하여 오답 노트 양식을 불러올 수도 있어요.

STEP 02 틀린 시험 문제 불러오기

01 상단 메뉴 바에서 이미지 툴을 선택해요. 노트를 탭하면 사진 앱 팝업 창이 나타나요. 미리 찍어둔 틀린 문제의 사진을 선택해요.

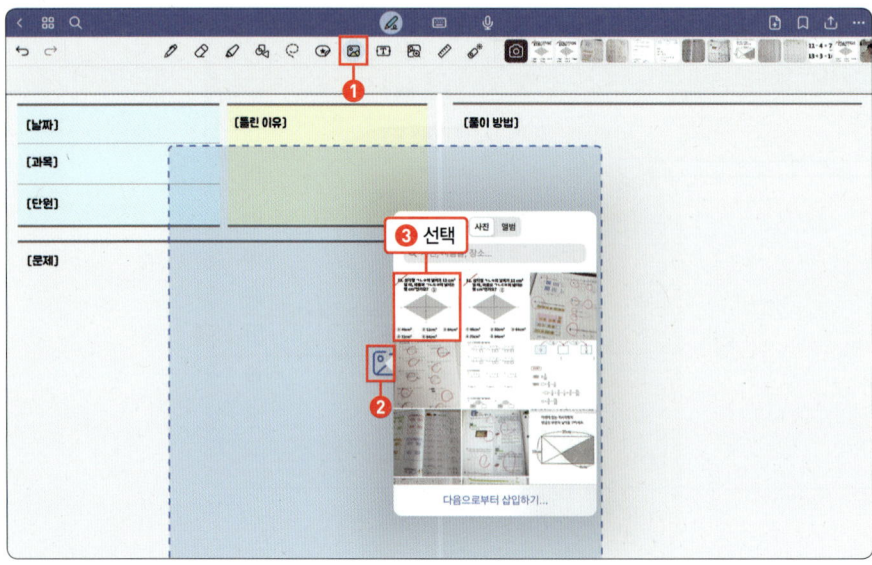

02 불러온 문제의 크기를 조정하고 '문제' 칸으로 옮겨요.

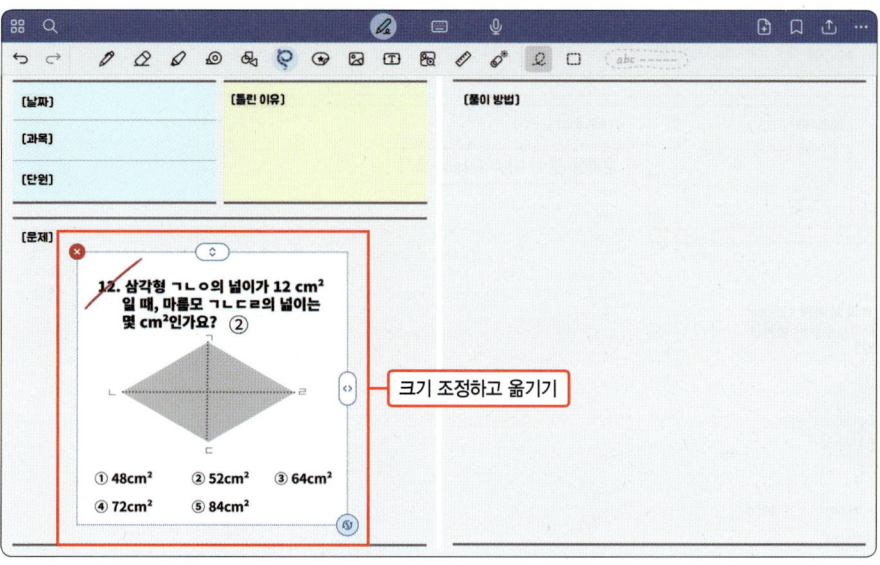

STEP 03　틀린 문제 분석하고 정리하기

01 상단 메뉴 바에서 펜 툴을 선택하고 날짜, 과목, 단원을 써요. 그다음 문제에서 물어보는 것에 밑줄을 긋고 중요한 단어에 동그라미를 쳐요. 그리고 정답도 표시해요.

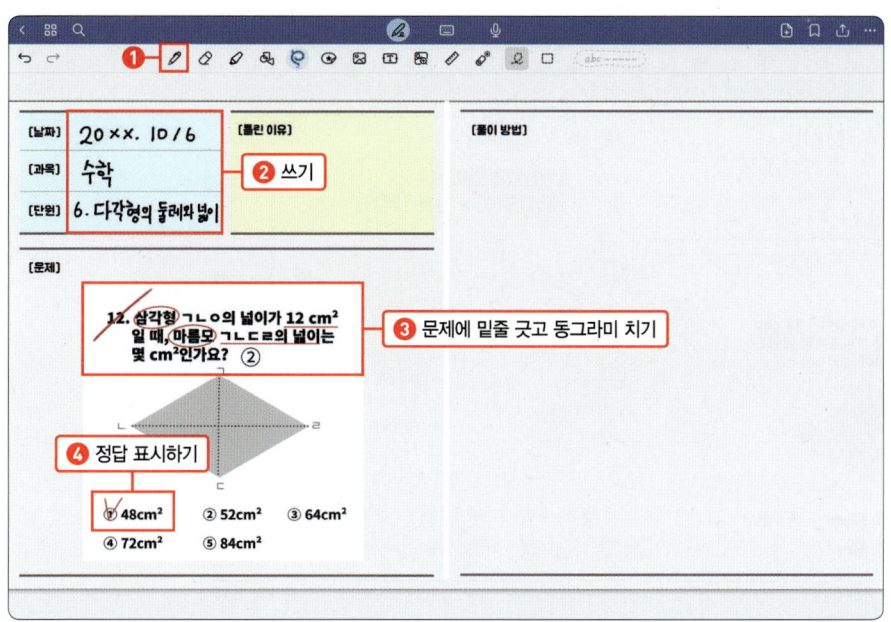

02 '틀린 이유' 칸에 문제를 틀리게 된 이유를 자세히 써요.

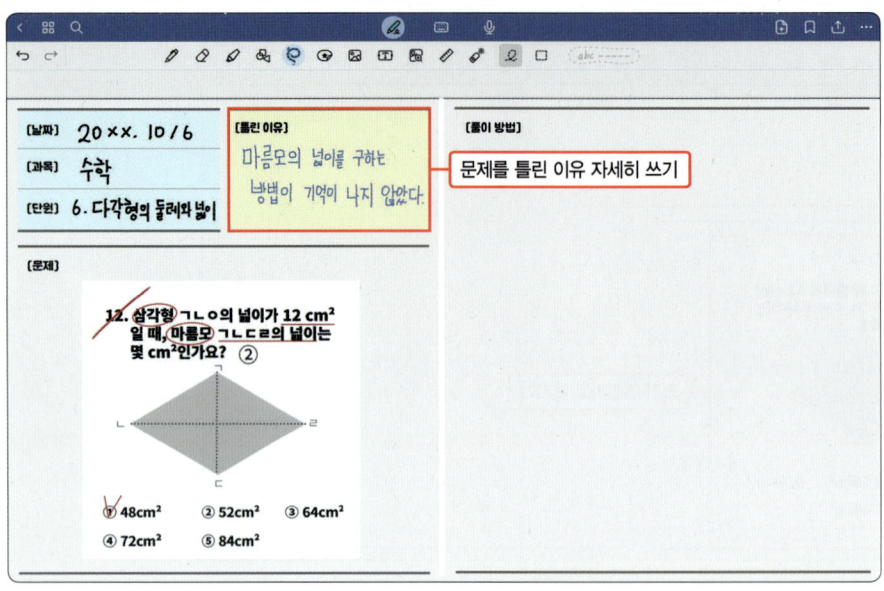

> **스마트 팁** 칸이 작다면 확대 창을 활용하여 쉽게 내용을 적을 수 있어요. 확대 창 사용법은 144쪽을 참고해요.

03 '풀이 방법' 칸에 문제의 풀이 방법을 써요. 정답을 찾아가는 과정을 자세히 쓰면 돼요. 이때 굿노트의 다양한 기능을 활용하여 문제 풀이와 문제에 필요한 개념을 구분해서 쓰면 좋아요. 여기서는 포스트잇 기능을 활용해 문제를 푸는 데 필요한 개념을 적었어요.

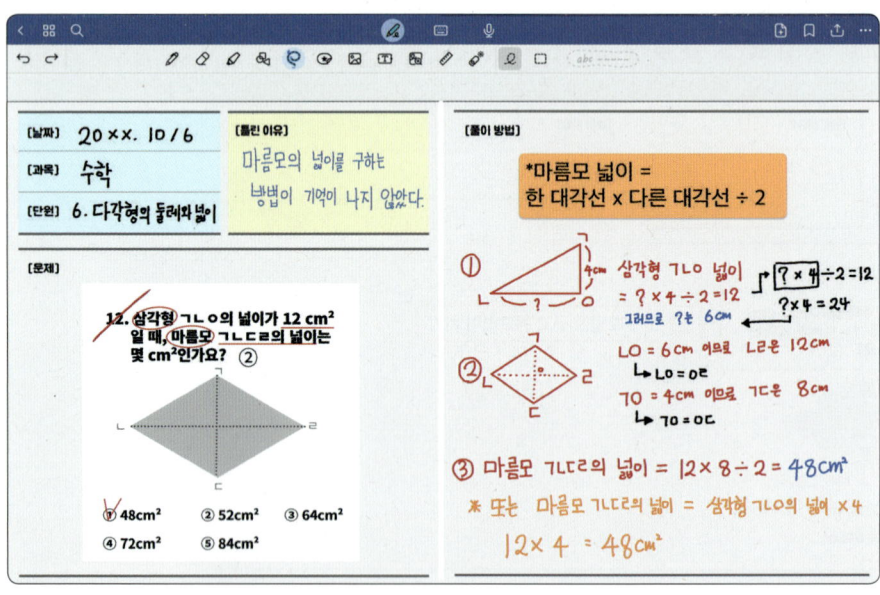

> **스마트 팁** 포스트잇을 활용하면 문제와 관련된 개념을 문제 풀이와 구분해서 쓸 수 있어요. 굿노트로 포스트잇을 만드는 방법은 122쪽을 참고해요.

스마트한 독서 노트, 이렇게 정리해요!

미국의 교육자 호러스 맨(Horace Mann)은 "한 문장이라도 매일 조금씩 읽기로 결심하라. 하루 15분씩 시간을 내면 연말에는 변화가 느껴질 것이다."라고 했습니다. 독서의 중요성을 알려주는 말인데요. 책을 읽고 기록하는 양식을 독서 기록장 혹은 독서 노트라고 합니다. 굿노트 앱을 활용하면 평범한 독서 노트도 스마트하게 작성할 수 있어요.

STEP 01 나만의 독서 노트 다운로드하기

01 카메라 앱을 실행하고 아래 QR 코드를 스캔해요.

> **스마트 팁** 두 가지 독서 노트 양식 중 나에게 맞는 버전을 골라서 다운로드해요.

02 PDF 파일이 브라우저 앱으로 열리면 오른쪽 상단의 [공유(📤)]를 탭하고 [Goodnotes에서 열기]를 선택해요.

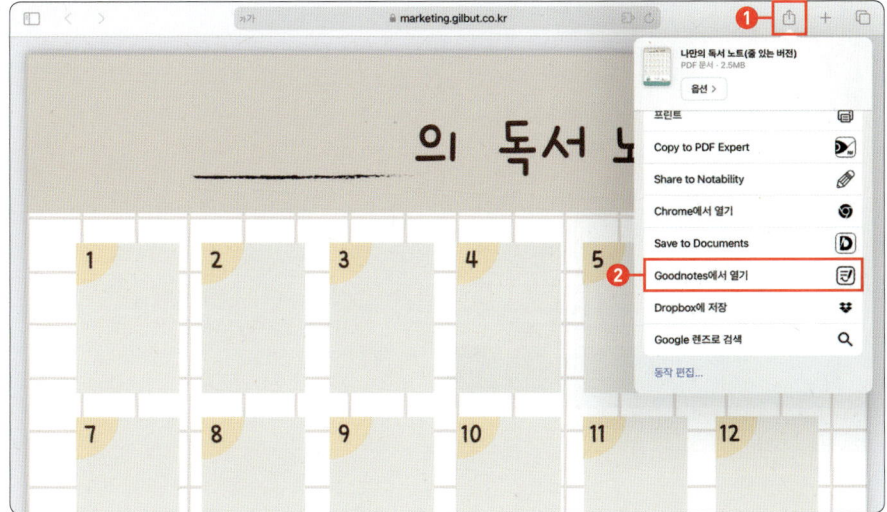

03 굿노트 앱이 실행되고 'Goodnotes로 불러오기' 팝업 창이 나타나면 [새로운 문서로 불러오기]를 탭해요.

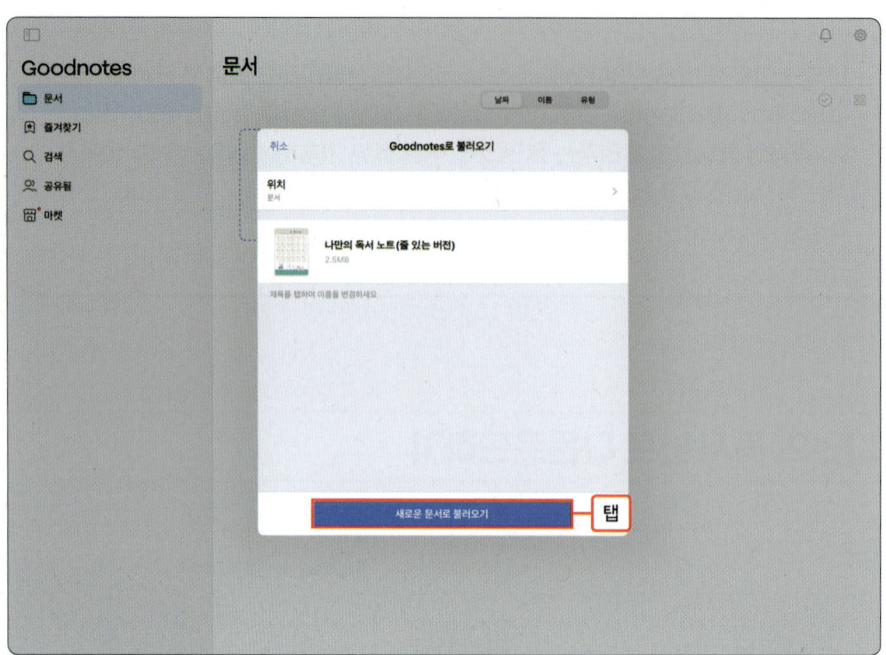

04 굿노트에 나만의 독서 노트 양식을 불러왔어요.

STEP 02 독서 노트 목차 만들기

01 독서 노트의 첫 페이지는 내가 읽은 책을 한눈에 볼 수 있는 목차 페이지입니다. 상단 메뉴 바에서 펜 툴을 선택하고 나의 취향에 맞게 펜을 설정해요.

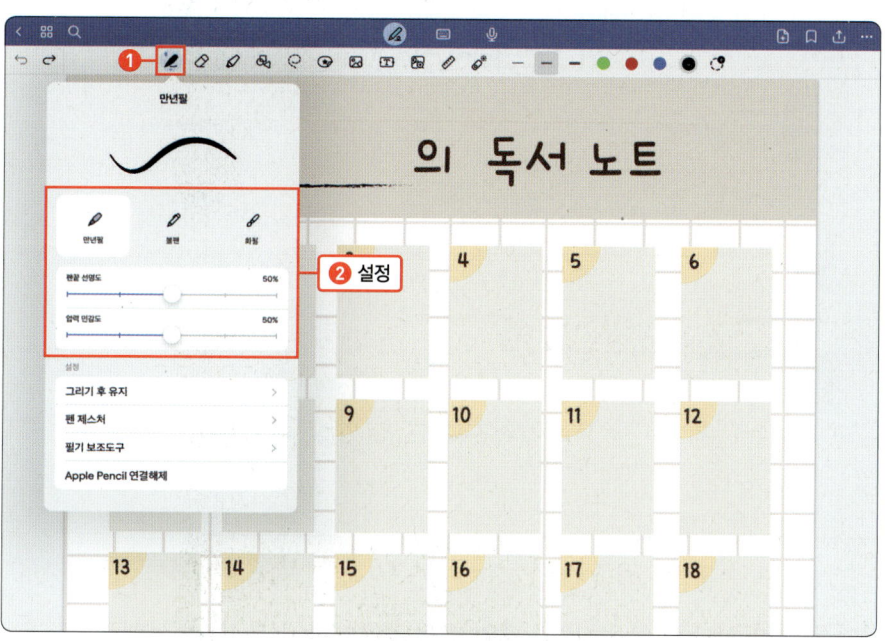

02 노트에 이름을 작성해요.

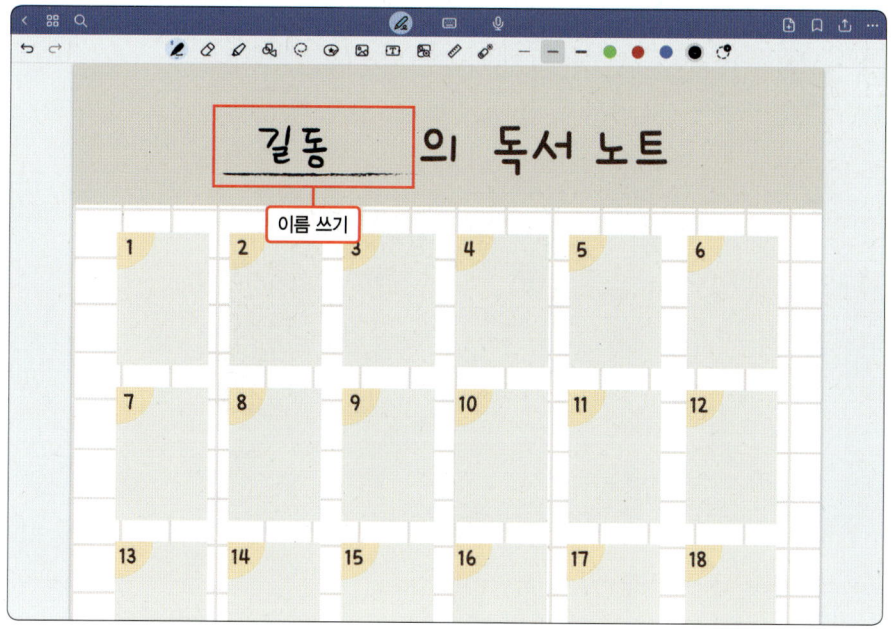

03 노트에 첨부할 책 표지 이미지를 찾아봅시다. 크롬 혹은 사파리 앱을 실행하고 검색 창에 내가 읽은 책 제목을 검색해요. 책 표지가 포함된 검색 결과를 선택해요.

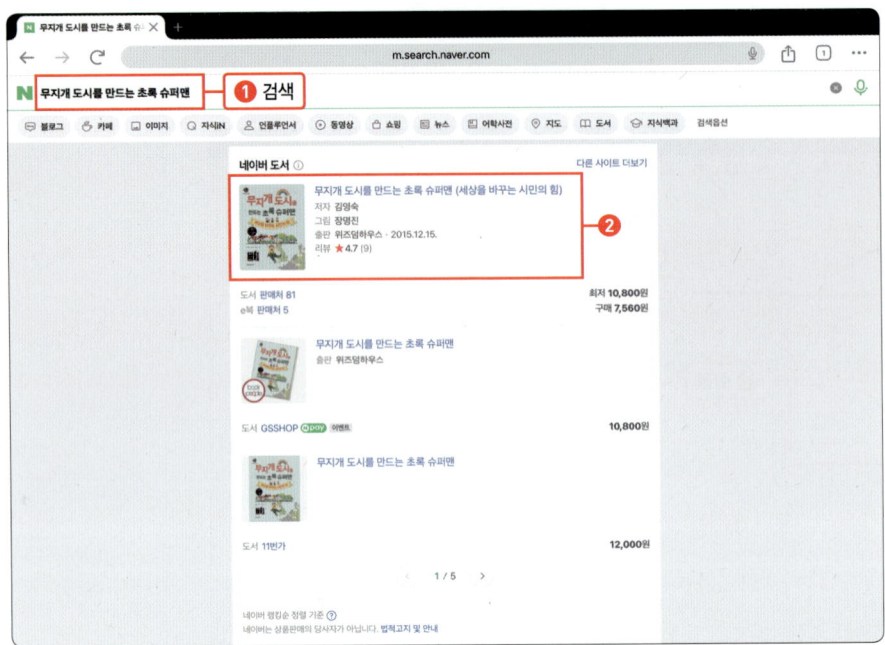

04 책 표지 이미지를 탭한 상태로 꾹 눌러요. 팝업 메뉴 중 [이미지 복사]를 선택해요.

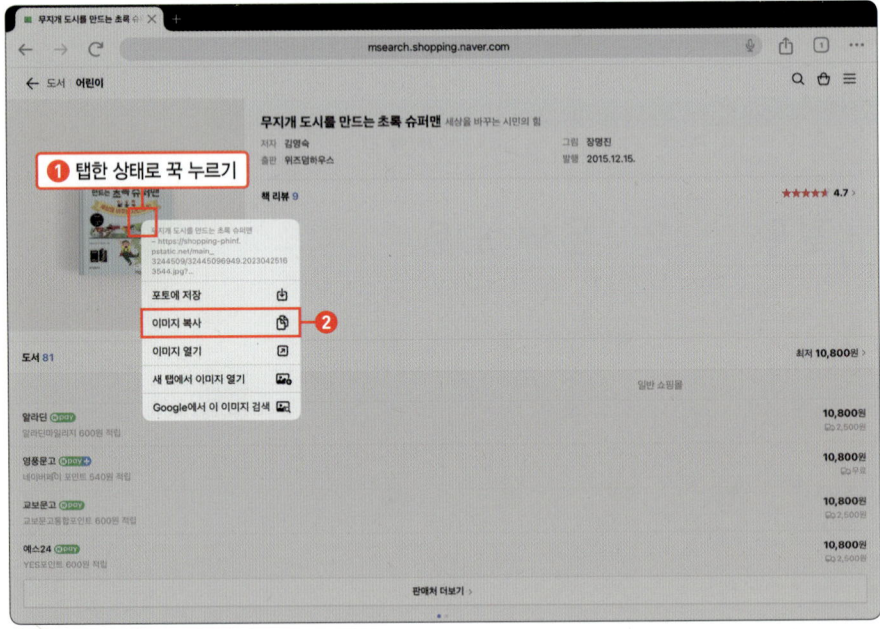

> **스마트 팁** 사파리 앱에서는 [이미지 복사] 대신 [복사하기]라고 나와요.

242

05 다시 굿노트 앱으로 돌아와요. 표지 이미지를 붙여넣고자 하는 위치를 탭한 상태로 꾹 눌러요. 팝업 메뉴가 나타나면 [붙여넣기]를 선택해요. 표지 이미지가 추가되었어요.

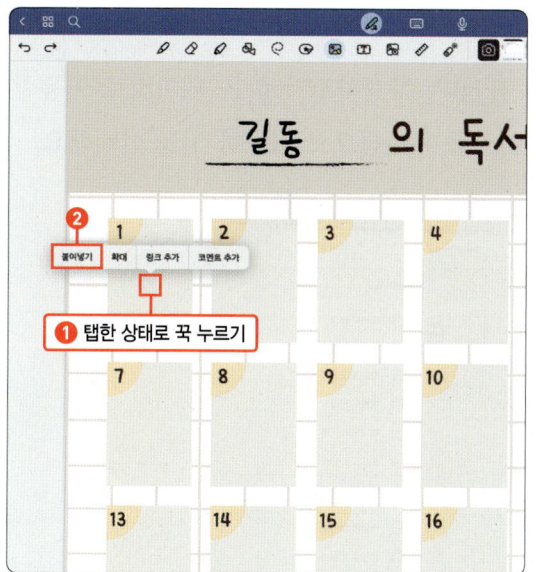

06 크기와 위치를 조정해 칸 안에 이미지를 넣어요.

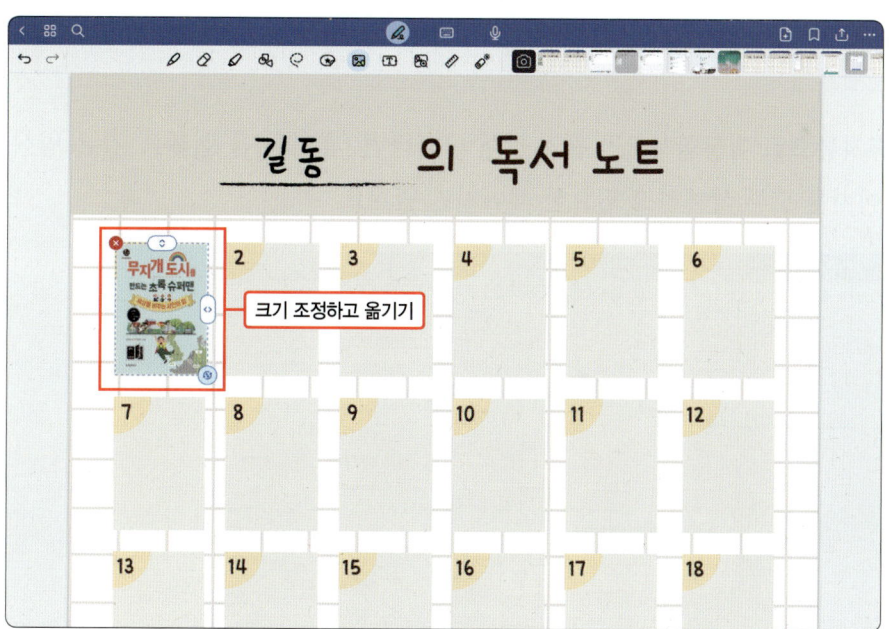

> **스마트 팁** 책을 읽을 때마다 표지 이미지를 목차에 추가하면 내가 어떤 책을 읽었는지 한눈에 확인할 수 있어요. 24개의 칸을 모두 채우면 그다음 목차 페이지에 이어서 기록하면 돼요.

STEP 03 독서 노트 기록하기

〉 불필요한 페이지 삭제하기 〈

01 독서 노트에서 불필요한 페이지를 삭제해 봅시다. 삭제하고자 하는 페이지로 이동한 다음, 오른쪽 상단의 [더 보기(…)]를 탭하고 [페이지를 휴지통으로 이동하기]를 선택해요.

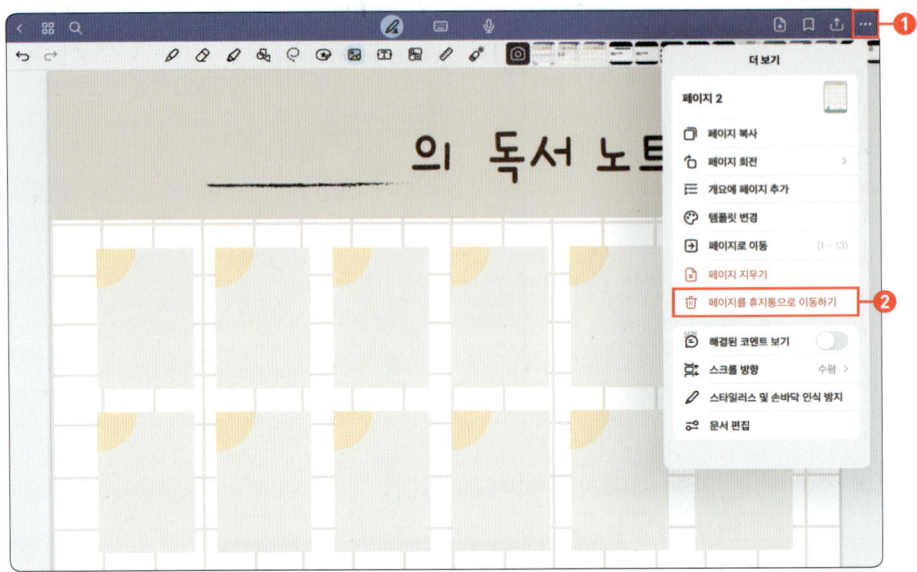

02 '페이지를 휴지통으로 이동할까요?' 팝업 창이 나타나면 [휴지통]을 탭해요. 같은 방식으로 불필요한 페이지를 모두 삭제하고 필요한 페이지만 남겨요.

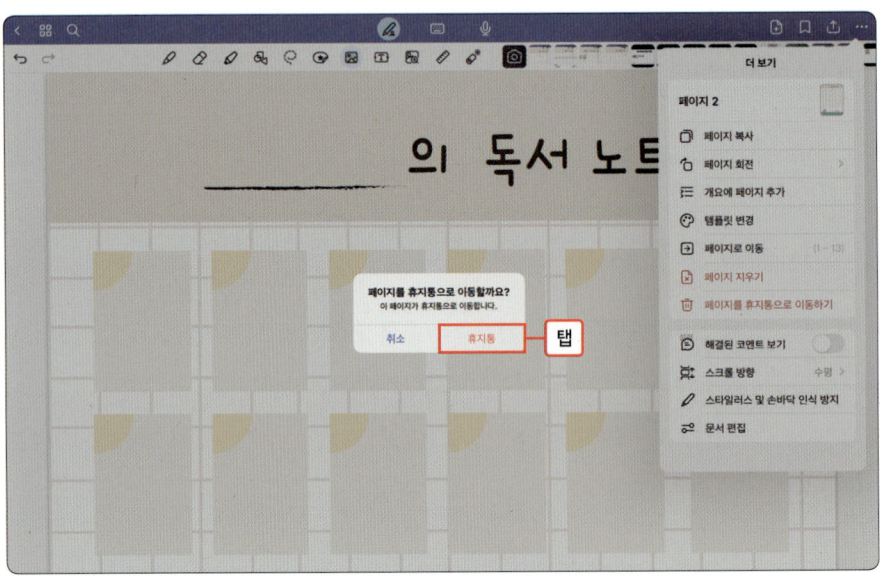

⟩ 원하는 페이지 추가하기 ⟨

01 오른쪽 상단의 [페이지 추가( )]를 탭해요. 현재 페이지 앞에 추가하고 싶다면 [전], 뒤에 추가하고 싶다면 [후], 노트의 마지막에 추가하고 싶다면 [마지막 페이지]를 선택하고 어떤 페이지를 추가할 것인지도 선택해요. 여기서는 [후]와 [현재 템플릿]을 선택했습니다.

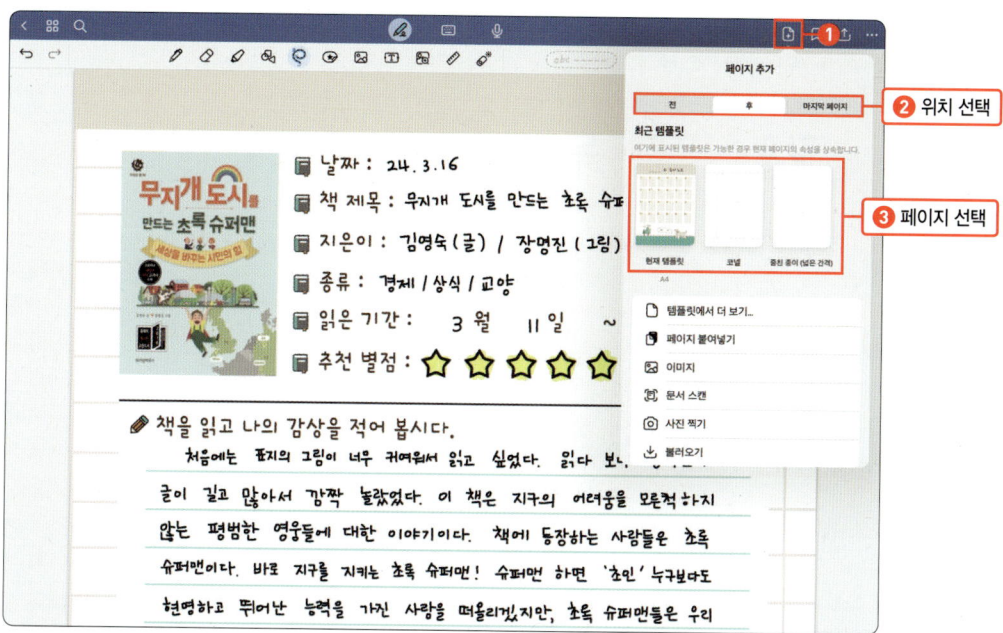

02 페이지가 추가된 것을 확인할 수 있어요.

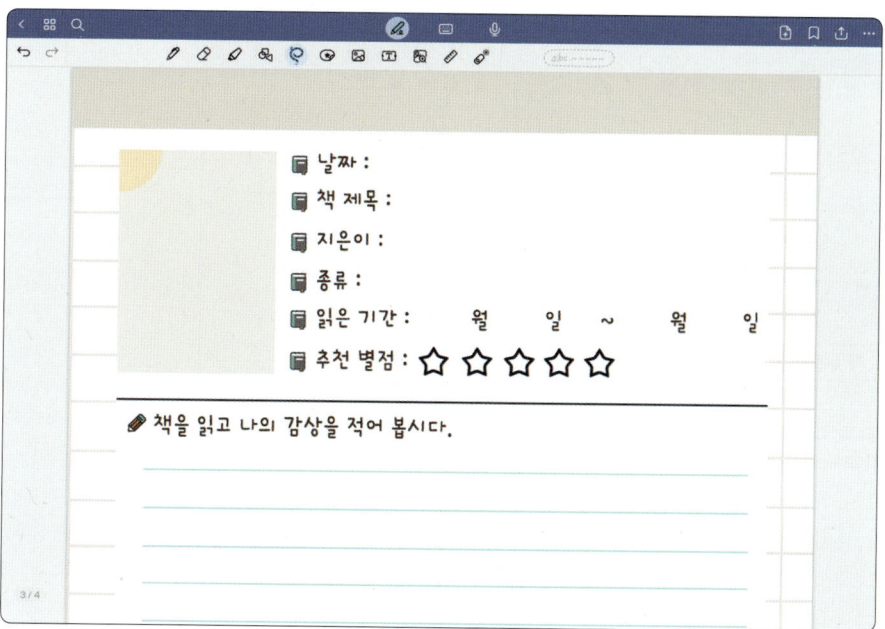

〉 독서 기록 작성하기 〈

01 본격적으로 독서 기록 페이지를 채워봅시다. 우선 독서 기록 페이지에 표지 이미지를 넣어볼게요. 목차의 표지 이미지를 탭하면 이미지가 선택되고, 한 번 더 탭하면 팝업 메뉴가 나타나요. 메뉴 중 [복사하기]를 선택해요.

02 독서 기록 페이지로 이동하여 표지 이미지를 붙여넣을 자리를 탭한 상태로 꾹 눌러요. 팝업 메뉴가 나타나면 [붙여넣기]를 선택해요.

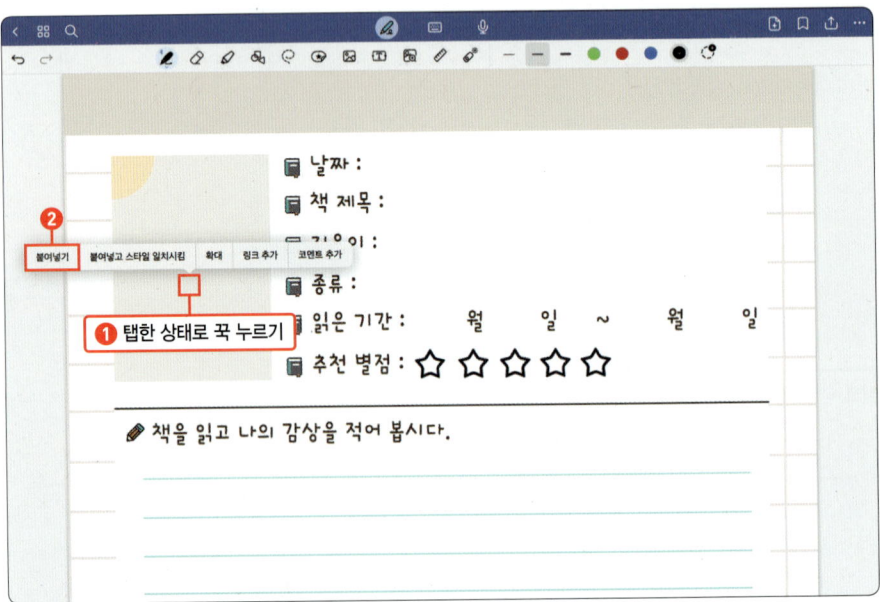

03 표지 이미지의 크기와 위치를 알맞게 조정한 다음, 책을 읽고 느낀 점을 기록해요.

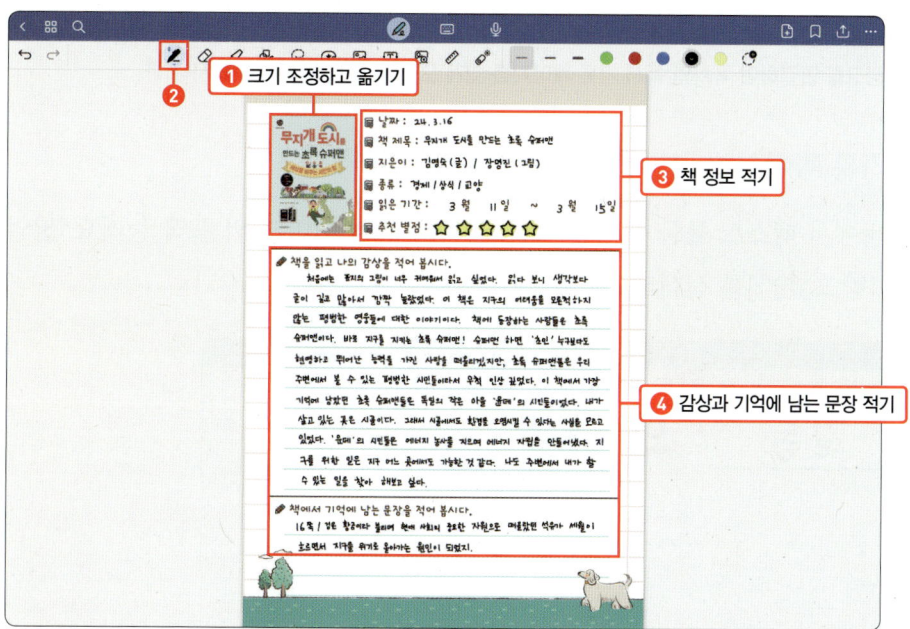

[스마트 팁] 하이라이터 툴을 선택하고 원하는 색을 골라 '추천 별점'에 색칠하면 책에 대한 나만의 별점을 매길 수 있어요.

잠깐만요! '종류'에는 무엇을 적어야 하나요?

인터넷 서점에 책 제목을 검색하고 판매 페이지로 이동해요. 판매 페이지에는 책 정보를 소개하는 곳이 있는데, 보통 이 곳에 책이 속한 분야나 카테고리가 함께 적혀 있습니다. 적혀있는 분야 중 하나를 골라서 독서 기록 페이지의 '종류'에 기록해 봅시다.

STEP 04 | 목차와 독서 기록 페이지 연결하기

표지 이미지에 하이퍼링크를 연결하여 목차와 독서 기록 페이지를 쉽게 오갈 수 있도록 설정해 봅시다.

〉 목차와 독서 기록 페이지에 양방향 하이퍼링크 설정하기 〈

01 상단 메뉴 바에서 텍스트 툴을 선택한 다음, 목차의 표지 이미지 위를 꾹 눌러요. 팝업 메뉴가 나타나면 [링크 추가]를 선택해요.

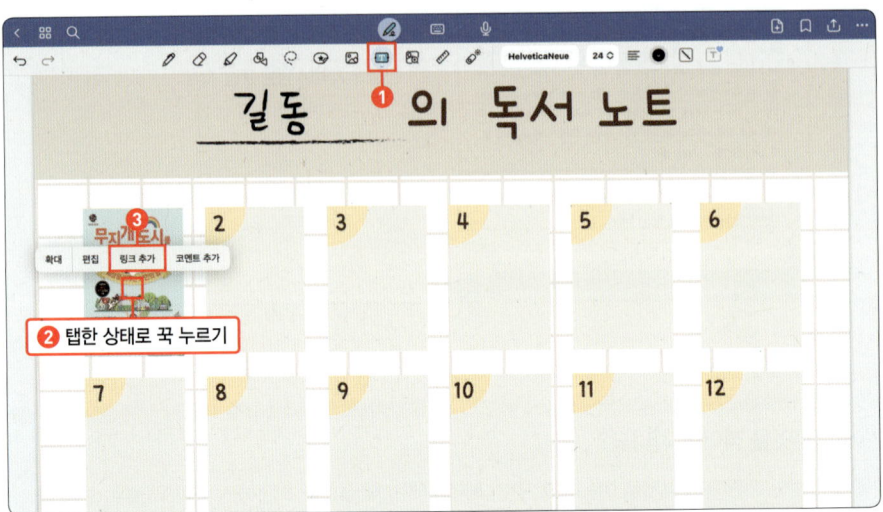

02 표지 위에 링크 아이콘이 나타나요. 링크 아이콘 아래에 밑줄이 보이나요? 특정 문서나 웹 사이트로 연결되는 하이퍼링크가 걸려있다는 표시예요.

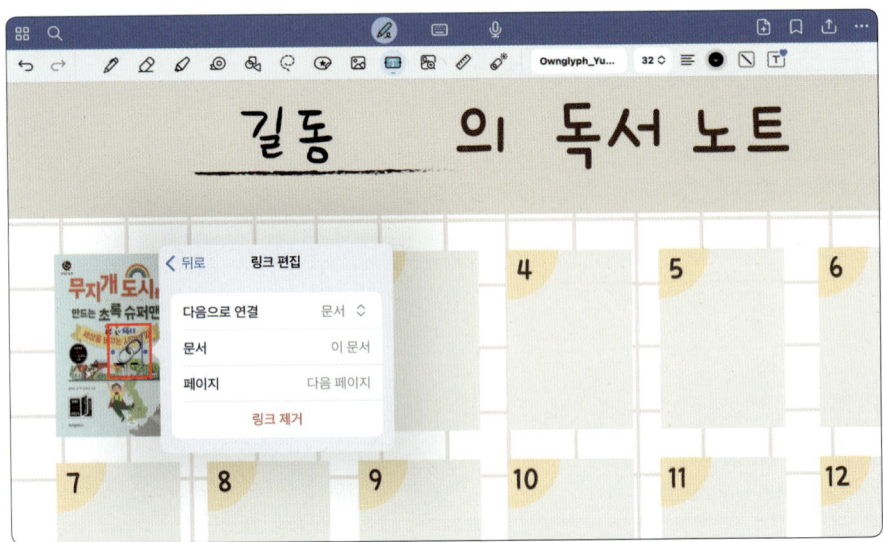

03 '링크 편집' 팝업 창에서 연결 페이지를 설정해 볼게요. [페이지]를 탭하면 노트의 모든 페이지를 확인할 수 있는 '페이지 선택' 팝업 창이 나타나요. 하이퍼링크를 탭했을 때 이동할 페이지를 선택해요. 여기서는 독서 기록 페이지를 선택했어요.

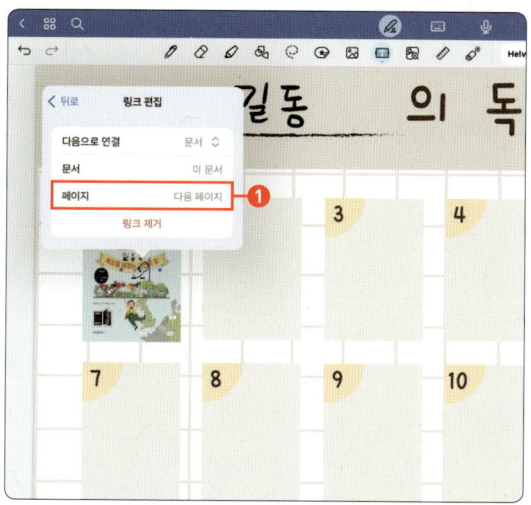
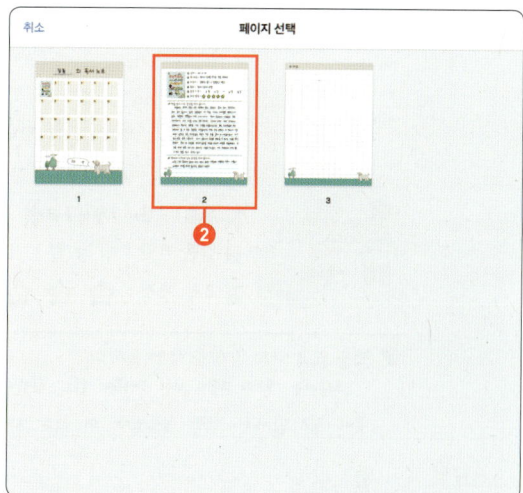

04 링크 아이콘을 탭하고 [페이지로 이동]을 선택하면 연결해 둔 페이지로 이동해요. 독서 기록 페이지의 표지에도 마찬가지로 하이퍼링크를 걸어줄게요. 상단 메뉴 바에서 텍스트 툴을 선택하고 표지 이미지를 꾹 누르면 팝업 메뉴가 나타나요. [링크 추가]를 선택해요.

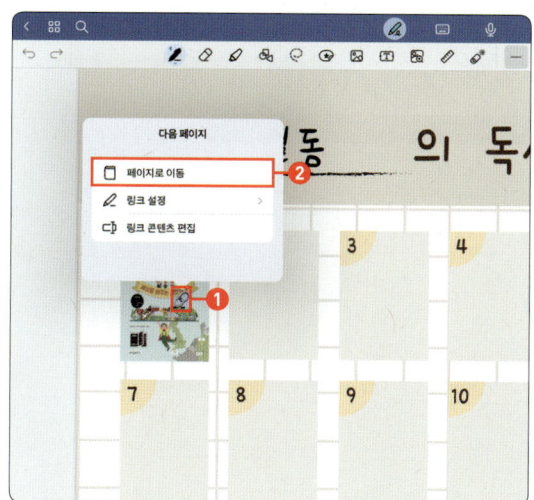
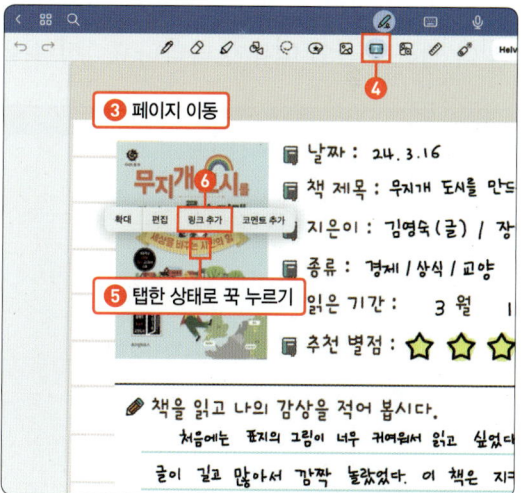

> **스마트 팁** 필기 모드에서 읽기 모드로 변환하면 연결된 페이지로 즉시 이동해요. 하이퍼링크를 통해 여러 페이지를 반복하여 오가는 경우, 읽기 모드로 변환하는 것을 추천해요. 읽기 모드로 변환하는 방법은 197~198쪽을 참고하세요.

05 표지 이미지 위에 링크 아이콘이 나타나요. '링크 편집' 팝업 창에서 [페이지]를 탭하고 목차 페이지를 선택해요. 링크 아이콘을 탭하면 연결된 목차 페이지로 이동해요.

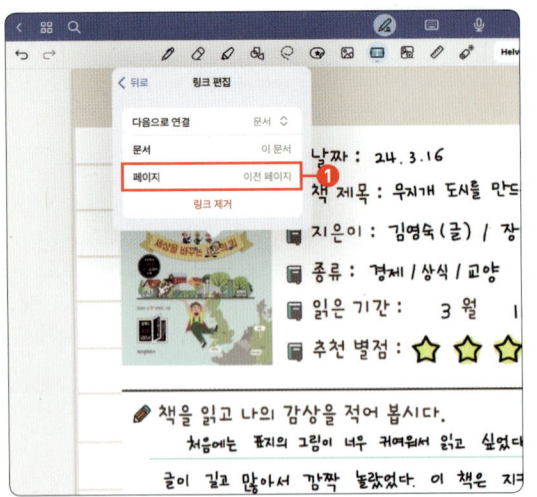
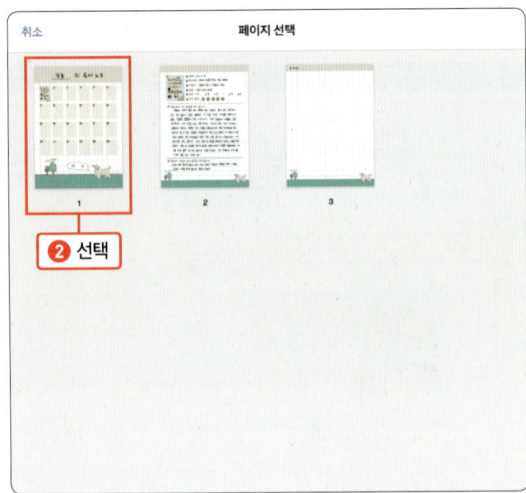

┌─ 스마트 팁 ─┐ 독서 노트를 쓰다 보면 분량이 늘어나서 페이지를 넘기기 힘들어요. 이때, 목차와 독서 기록 페이지에 양방향 하이퍼링크를 설정해 두면 매우 편리합니다.

〉 링크 아이콘 보이지 않게 가리기 〈

01 목차 페이지로 이동한 다음 상단 메뉴 바에서 올가미 툴을 선택해요. 표지 이미지를 탭하면 가장자리가 점선으로 바뀌며 표지 이미지가 선택돼요. 이 상태에서 표지 이미지를 한 번 더 탭하면 팝업 메뉴가 나타나요. [정렬]을 선택해요.

02 [앞으로 가져오기]를 선택하면 표지 이미지가 앞으로 정렬되면서 하이퍼링크가 걸린 링크 아이콘이 가려집니다.

03 표지 이미지의 아무 곳이나 탭해도 하이퍼링크가 선택되도록 링크 아이콘의 크기를 키워볼게요. 올가미 툴로 표지 이미지를 탭하여 선택하고 오른쪽으로 잠시 옮겨요.

> **스마트 팁** 하이퍼링크가 걸린 링크 아이콘 위에 이미지가 올라와도 하이퍼링크 기능은 사라지지 않습니다. 다만 링크 아이콘을 정확히 탭해야지만 페이지 이동을 할 수 있어요. 이때, 링크 아이콘의 크기를 표지 이미지만큼 크게 확대하면 표지 이미지의 아무 곳이나 탭해도 페이지 이동을 할 수 있답니다.

04 올가미 툴을 활용하여 링크 아이콘 주위에 올가미를 그린 다음 탭해요. 팝업 메뉴가 나타나면 [크기 조정]을 선택해요.

05 오른쪽 하단의 원 아이콘(◉)을 드래그하여 링크 아이콘의 크기를 키우고, 위치도 칸에 알맞게 조정해요.

06 이제 표지 이미지로 링크 아이콘을 다시 덮어볼게요. 올가미 툴로 표지 이미지를 탭하여 선택한 다음 링크 아이콘 위로 옮겨요. 링크 아이콘이 책 표지에 가려져서 깔끔하게 정리되었어요.

07 읽기 모드로 변환하여 하이퍼링크가 잘 작동하는지 확인해 볼게요. 굿노트 상단의 [필기 모드(✎)]를 탭하여 비활성화하면 상단 메뉴 바가 사라지며 읽기 모드로 바뀝니다. 이 상태에서 표지 이미지를 탭하면 표지 뒤에 가려진 하이퍼링크가 작동하여 목차 페이지로 이동합니다.

> **스마트 팁** 독서 기록 페이지의 링크 아이콘도 같은 방법으로 숨겨주면 더 깔끔하게 정리할 수 있겠죠?

굿노트를 활용한 스마트 노트 정리, 정말 편리하지요? 이번 마당에서는 한 걸음 더 나아가 태블릿 PC를 내 공부에 200% 활용하는 방법을 알아봅니다. 굿노트 외에도 공부를 돕는 몇 가지 앱을 살펴보고, 태블릿 PC로 건강하고 슬기로운 취미 생활을 즐기는 방법도 함께 소개합니다.

WEEK 19 나만의 필기, 이렇게 공유해요

WEEK 20 스마트 노트로 시험에 대비해요

WEEK 21 공부를 도와주는 앱, 이렇게 활용해요

WEEK 22 아이패드 기본 앱 페이지스, 이렇게 활용해요

WEEK 23 태블릿 PC로 취미 생활을 즐겨요

넷째 마당

도전!
더 스마트한
노트 정리 전문가

WEEK 19 나만의 필기, 이렇게 공유해요

친구들과 사진이나 영상, 문서를 공유할 때 어떤 방법을 사용하나요? 한두 개는 간단하게 스마트폰을 사용하여 공유할 수 있지만, 용량이 크거나 개수가 많을 때는 공유하기가 쉽지 않습니다. 이럴 때 구글 드라이브를 사용하면 훨씬 수월하게 공유할 수 있습니다. 구글 메일만 있다면 누구나 15GB의 용량을 자유롭게 사용할 수 있는 구글 드라이브 활용법을 알아봅시다.

STEP 01 구글 드라이브 앱 설치하기

01 아이패드라면 [앱 스토어(App Store)] 앱을, 그 밖의 안드로이드 태블릿 PC라면 [Play 스토어] 앱을 실행해요.

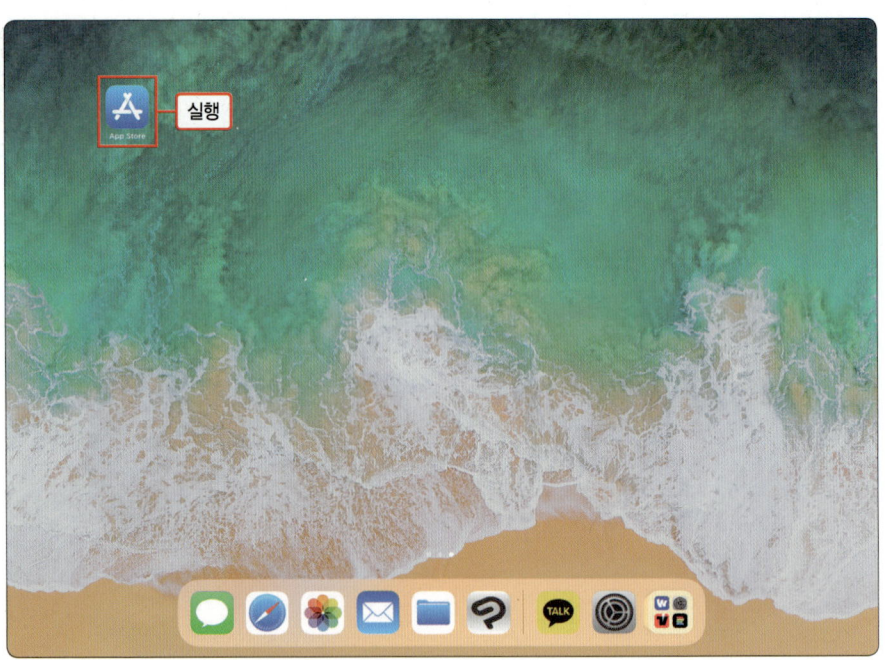

02 [검색] 탭을 선택하고 검색 창에 [구글 드라이브]를 검색해요. [받기]를 탭하여 다운로드해요.

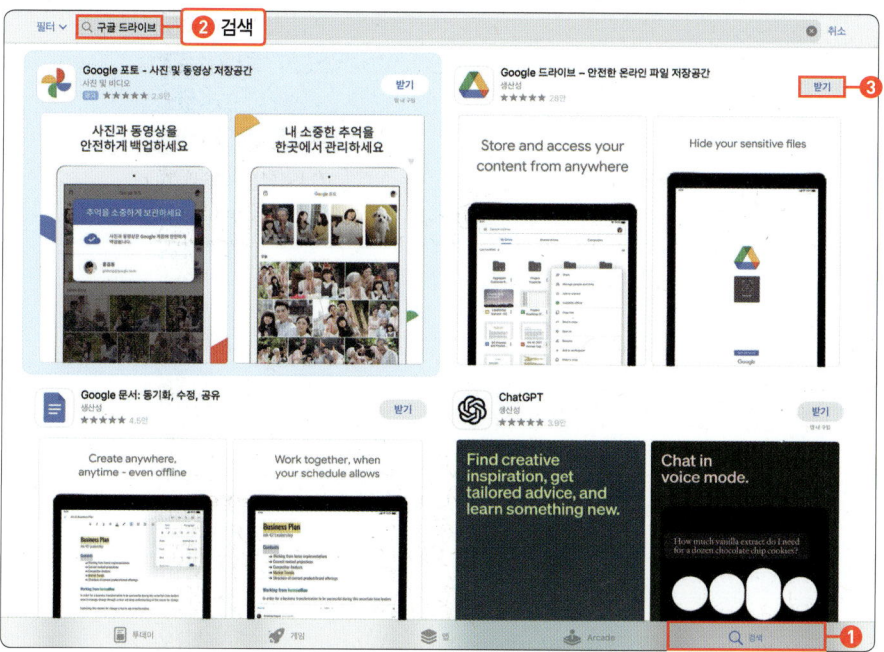

STEP 02 구글 드라이브에 파일 업로드하기

구글 드라이브 앱에는 영상 파일, 음원 파일, 이미지 파일, 문서 등 다양한 종류의 파일을 업로드할 수 있습니다. 여기서는 이미지와 동영상 파일을 올려볼게요.

01 구글 드라이브 앱을 실행한 다음 구글 계정으로 로그인해요.

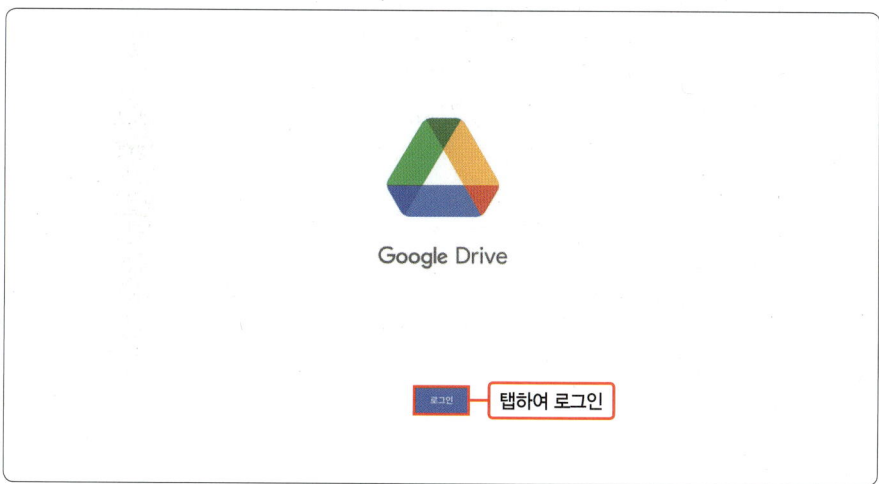

02 [파일] 탭을 선택해요.

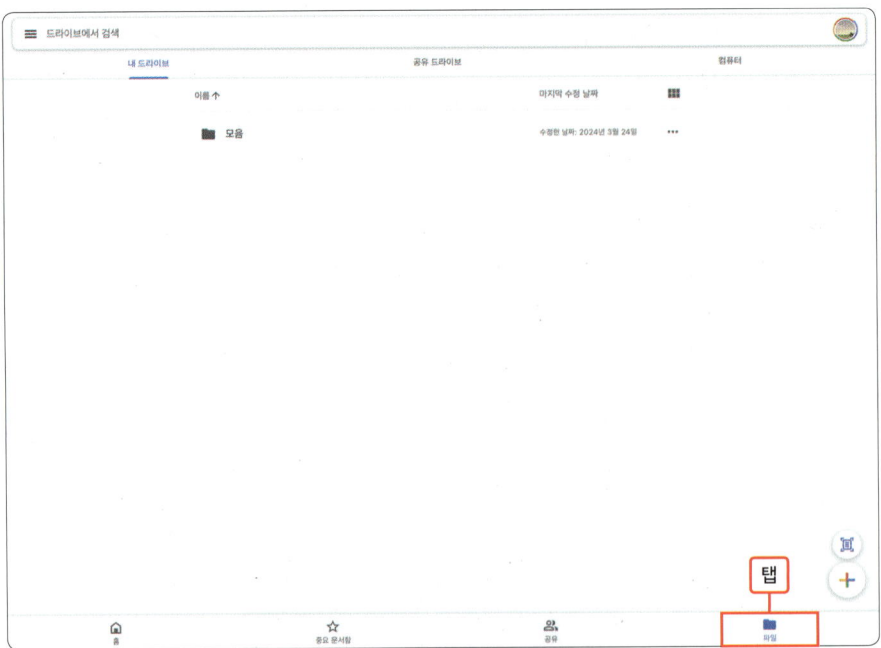

잠깐만요! 태블릿 PC의 종류에 따라서 구글 드라이브 앱 화면이나 기능이 다르나요?

아이패드로 접속한 화면과 갤럭시 탭으로 접속한 화면을 비교해 볼까요? 자세히 살펴보면 화면은 조금씩 다르지만, 기능은 모두 동일한 것을 확인할 수 있어요. 아이패드는 화면 하단, 갤럭시 탭은 화면 왼쪽 바에서 탭을 선택할 수 있어요.

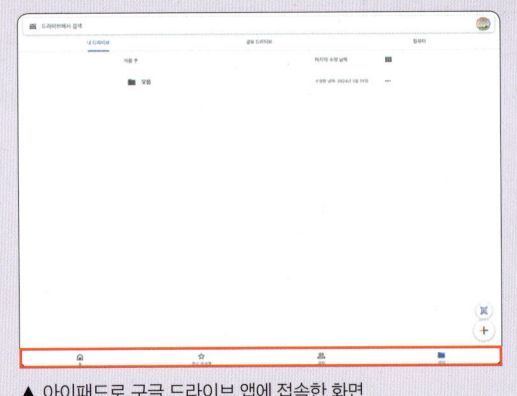

▲ 아이패드로 구글 드라이브 앱에 접속한 화면

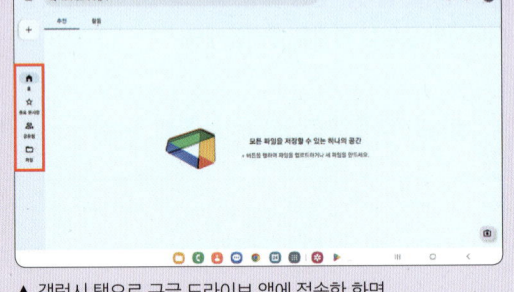

▲ 갤럭시 탭으로 구글 드라이브 앱에 접속한 화면

03 오른쪽 하단의 [+]-[파일 업로드]를 선택해요.

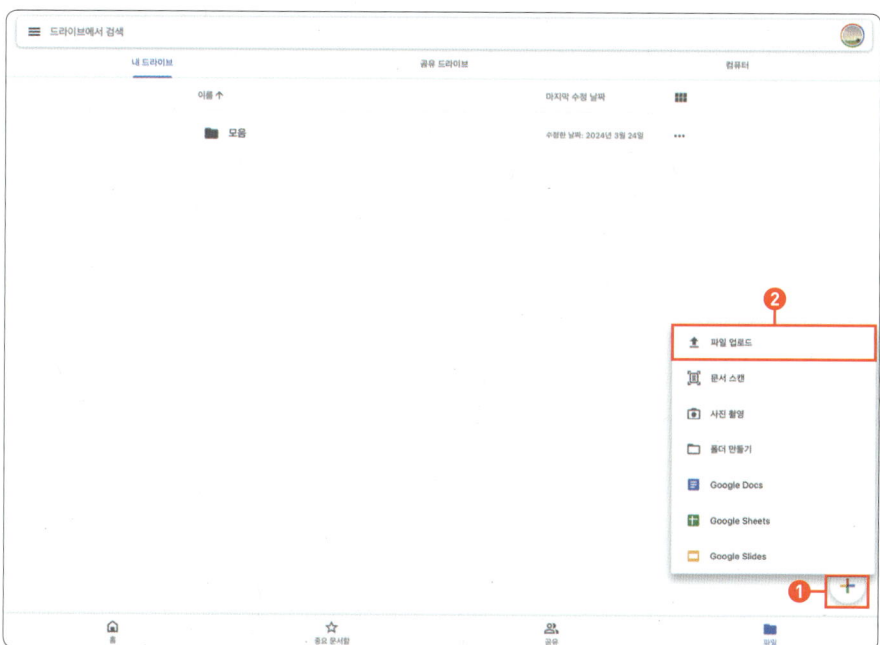

04 [사진 및 동영상]을 선택해요.

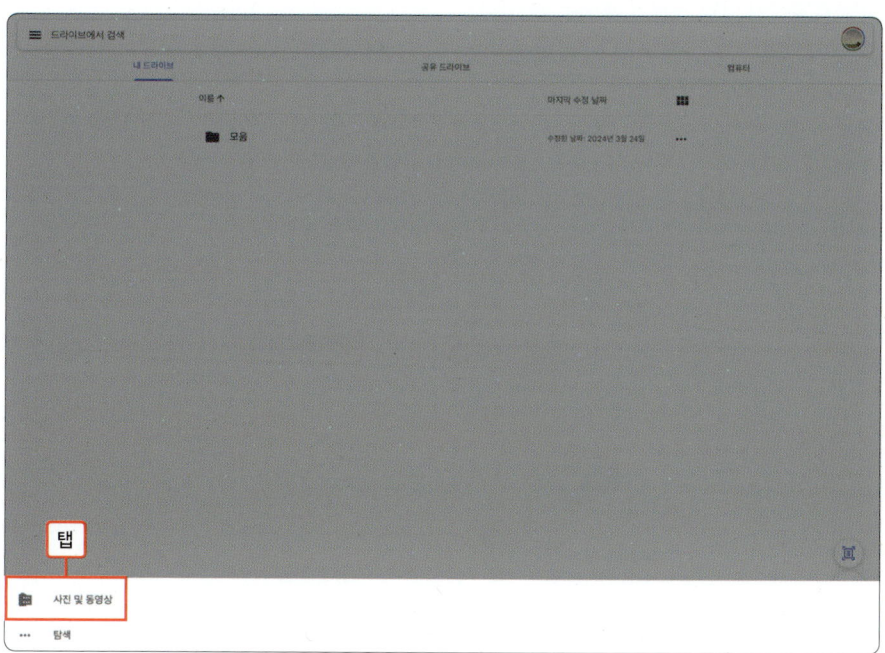

05 구글 드라이브 앱에 처음 파일을 올리면 다음과 같은 팝업 창이 나타나요. 드라이브 앱이 사진 보관함에 접근할 수 있도록 권한을 허용해야 해요. [전체 접근 허용]을 탭해요.

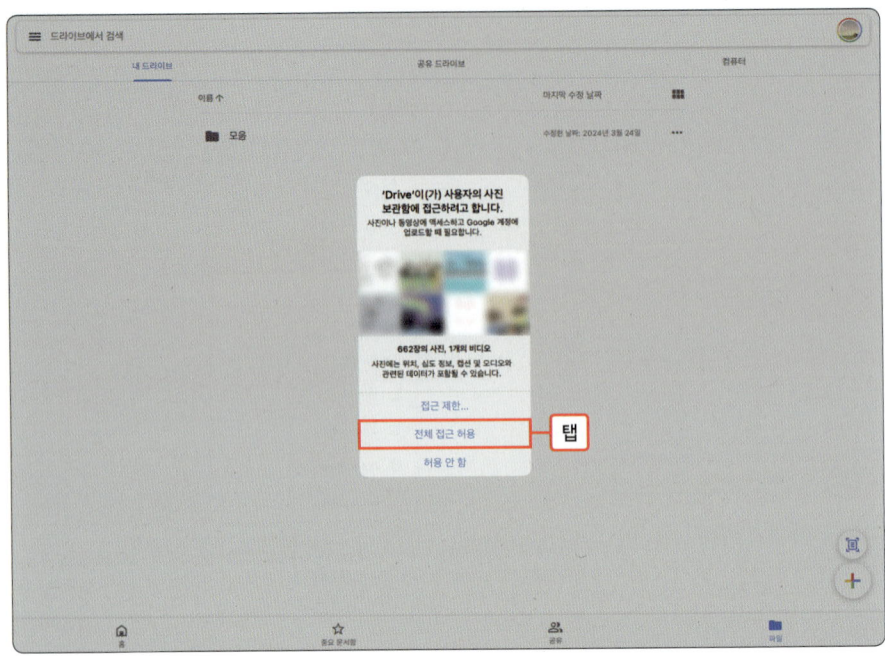

✦ 잠깐만요! 사진이나 동영상이 아닌 파일을 올리고 싶어요!

❶ **아이패드**: 사진이나 동영상 파일은 [파일 올리기]-[사진 및 동영상]에서, 나머지 파일은 [파일 올리기]-[탐색]-[파일이 들어있는 폴더]에서 파일을 찾아 업로드할 수 있습니다.

❷ **갤럭시 탭**: 드라이브 앱 왼쪽 바에서 [+]-[업로드]를 탭합니다. 상단에 [이미지], [오디오], [동영상], [문서], [대용량 파일] 등 파일을 분류하는 필터가 보이나요? 이 필터를 활용하여 원하는 파일 종류를 설정하면 조금 더 쉽게 파일을 찾아 업로드할 수 있어요.

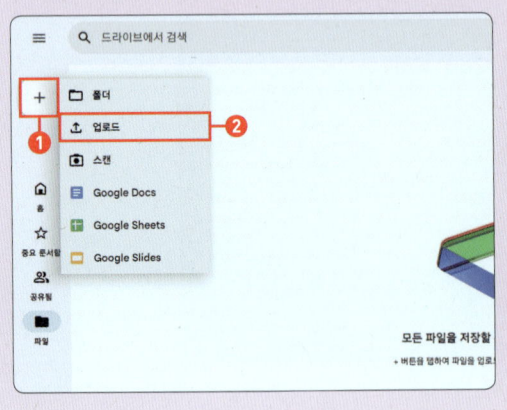
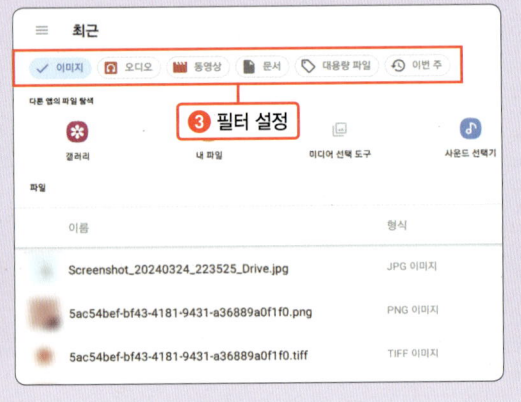

06 업로드할 동영상을 선택하고 업로드를 탭해요.

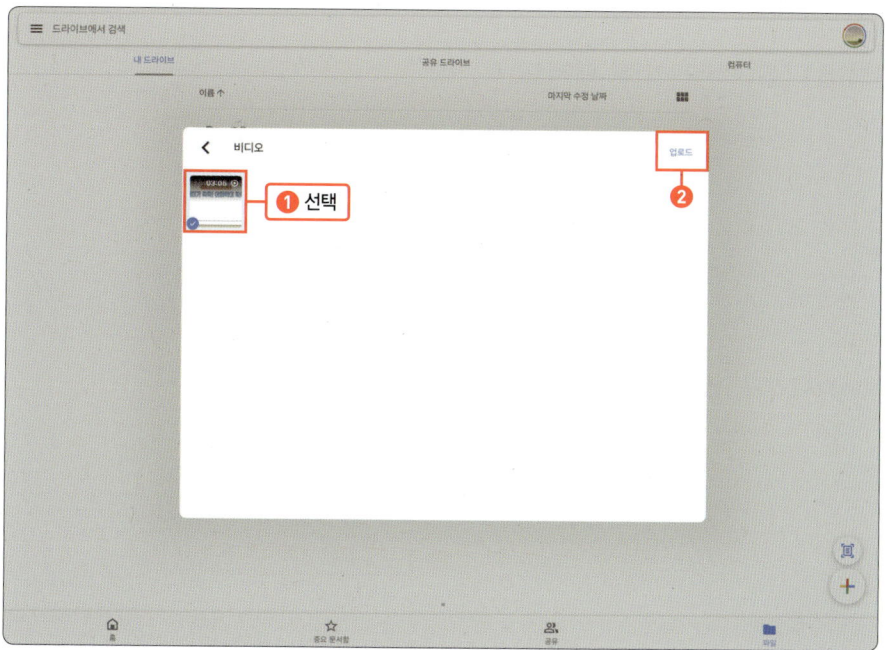

07 이미지 파일도 같은 방법으로 업로드해요.

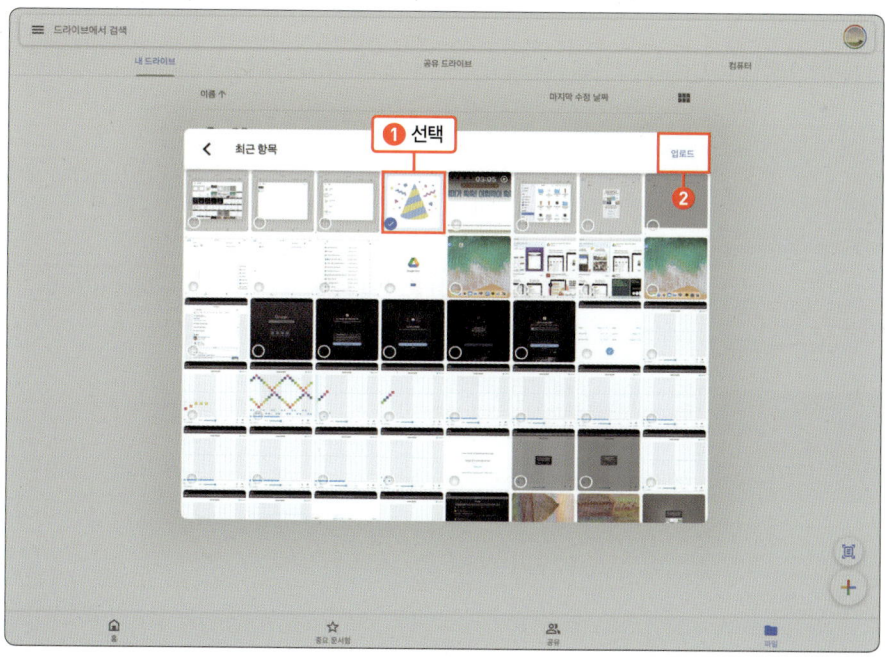

STEP 03 폴더 만들고 파일 정리하기

01 오른쪽 하단의 [+]-[폴더 만들기]를 탭해요.

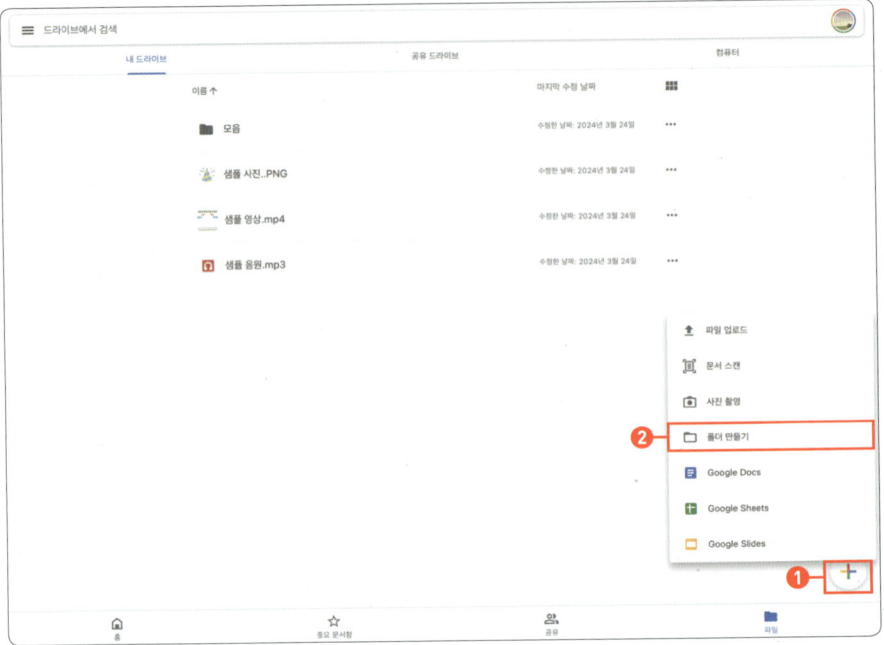

02 새 폴더의 이름을 입력하고 [만들기]를 탭해요. 폴더가 생성되었어요.

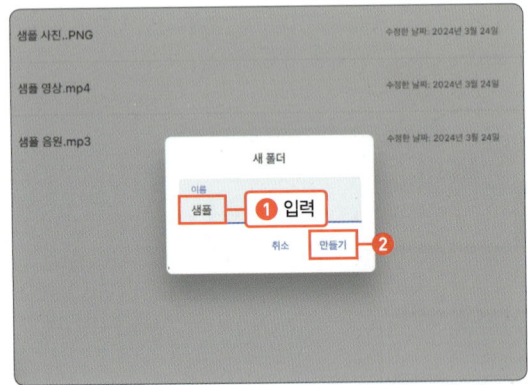 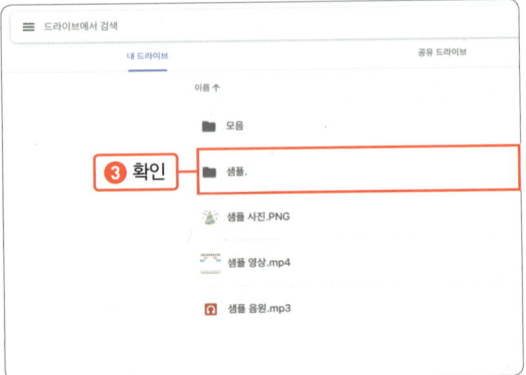

03 폴더에 넣고 싶은 파일을 꾹 누르면 파일 선택 모드가 활성화돼요. 선택한 파일은 파란색으로 음영 처리되고, 선택한 파일을 편집할 수 있는 메뉴들이 나타나요. 파일을 새 폴더로 옮겨야 하므로 [이동(📁)]을 탭해요.

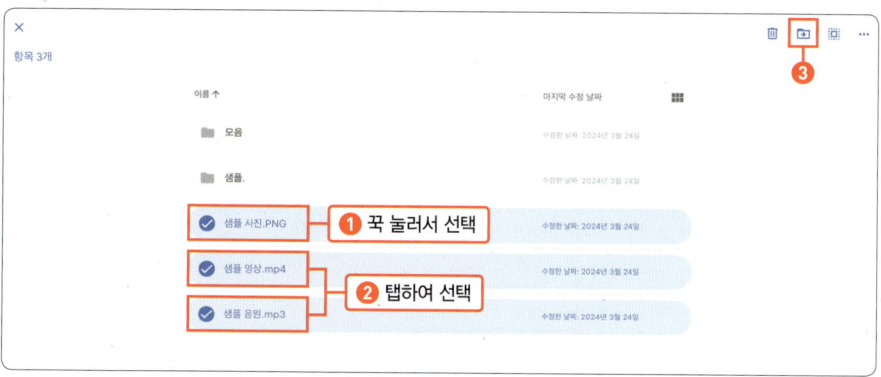

❶ **삭제**(🗑): 선택한 파일을 드라이브의 휴지통으로 보냅니다. 휴지통으로 보낸 파일은 바로 삭제되지 않고 30일 동안 휴지통에 보관되었다가 30일이 지나면 완전히 삭제됩니다. 잘못 삭제한 파일은 휴지통에서 복원할 수 있으니 안심하세요.

❷ **이동**(📁): 선택한 파일을 다른 폴더로 옮깁니다.

❸ **선택**(⊞): 화면에 보이는 모든 파일 및 폴더를 한꺼번에 선택합니다.

❹ **더 보기**(⋯): 선택한 파일을 중요 문서함에 추가하거나 이동, 삭제합니다.

스마트 팁 ▶ 선택하고 싶은 파일이 여러 개인가요? 첫 번째 파일을 꾹 눌러서 파일 선택 모드를 활성화한 후, 그다음 파일부터는 한 번만 탭해도 선택됩니다.

04 '폴더 선택' 팝업 창이 나타나면 폴더를 선택하고 [여기로 이동]-[이동]을 탭해요. 폴더에 들어가보면 파일들이 옮겨진 것을 확인할 수 있어요.

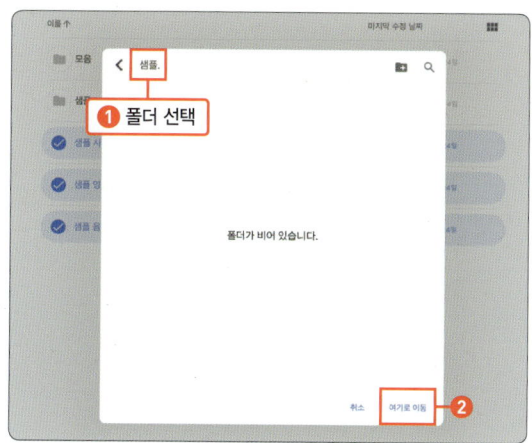
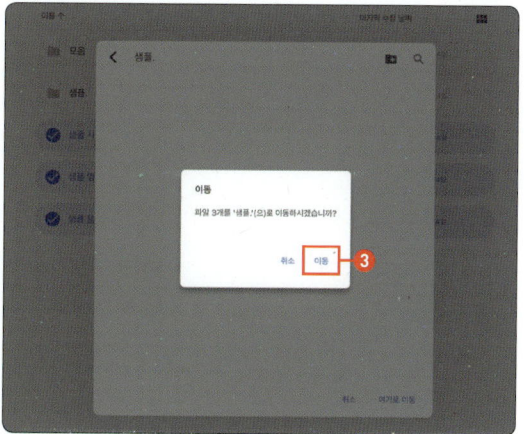

STEP 04 파일이나 폴더 공유하기

01 공유하고 싶은 폴더 오른쪽에 있는 [더 보기(⋯)]를 탭하고 [공유]를 선택해요.

02 공유하고 싶은 사람의 구글 이메일 주소(@gmail.com)를 입력해요. 이메일이 동그란 원 안에 들어갔다면 제대로 입력된 것이에요.

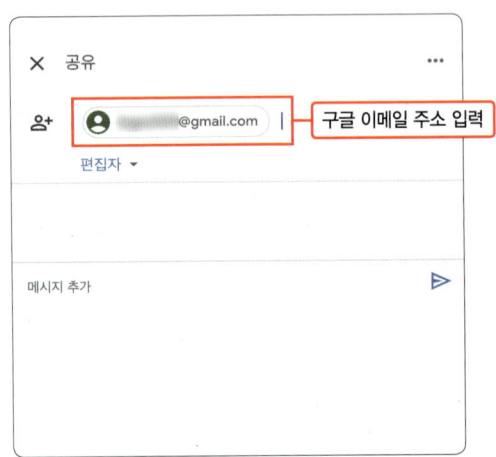

스마트 팁 ➔ 같은 방식으로 파일을 공유할 수도 있어요.

03 이번에는 공유받은 사람에게 권한을 부여해 볼게요. 이메일 주소 아래에 있는 [편집자]를 탭하면 세 개의 옵션이 나타나요. 아래 내용을 참고하여 알맞은 권한을 설정해요.

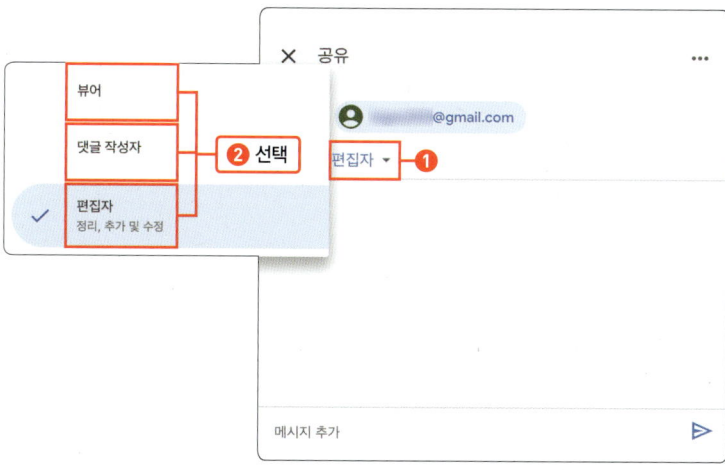

❶ **뷰어**: 공유된 파일이나 폴더를 보거나 다운로드할 수 있어요. 공유된 파일의 경우, 복사본을 생성할 수도 있어요.

❷ **댓글 작성자**: 공유된 파일에 댓글을 남길 수 있어요. 뷰어와 마찬가지로 보기, 파일 다운로드, 복사본 생성도 가능합니다.

❸ **편집자**: 공유된 파일이나 폴더를 수정하거나 삭제할 수 있어요. 뷰어와 댓글 작성자의 권한도 모두 사용 가능합니다. 가장 넓은 범위의 권한이에요.

04 공유 설정을 모두 완료했으면 간단한 메시지를 입력하고 [보내기(▷)]를 탭해요.

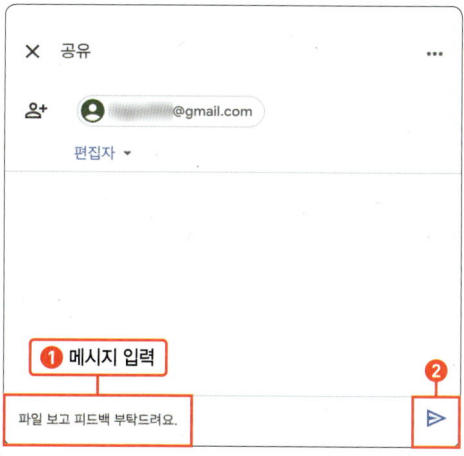

05 폴더 옆에 사람 아이콘이 생겼어요. 공유된 폴더라는 뜻이에요.

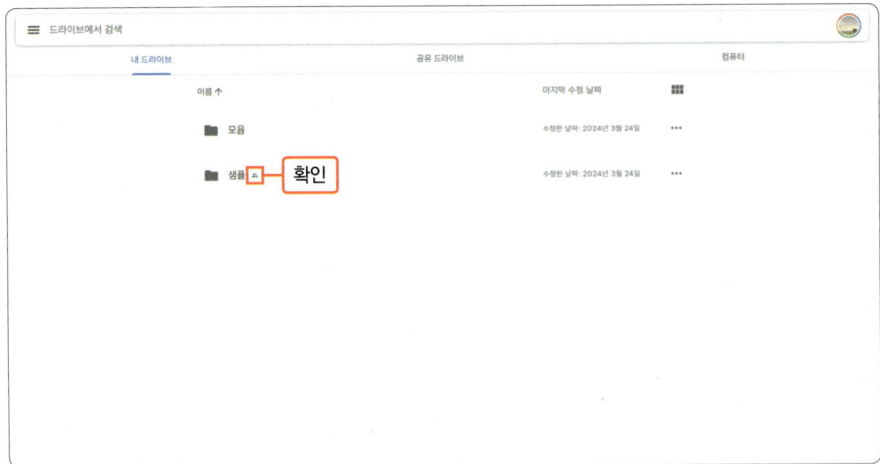

✦ 잠깐만요! 공유 권한을 바꾸거나 삭제하고 싶어요!

공유된 폴더나 파일 오른쪽에 있는 [더 보기(⋯)]를 탭하고 [공유]를 선택해요. '공유' 팝업 창 상단의 [더 보기(⋯)]를 탭하고 [액세스 관리]를 선택해요. 권한을 바꾸고 싶은 사람을 선택하고 권한을 변경하거나 삭제해요.

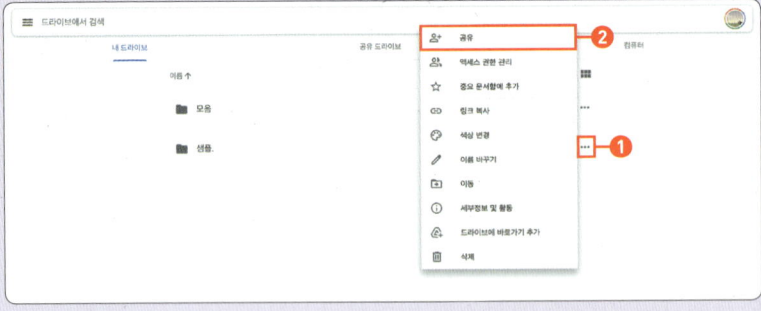

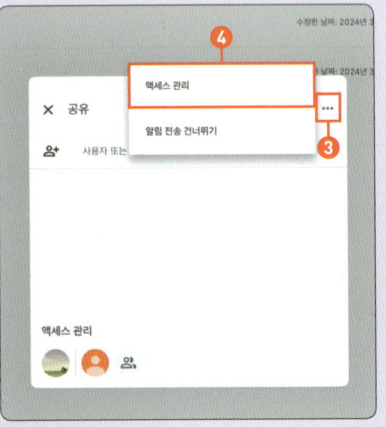

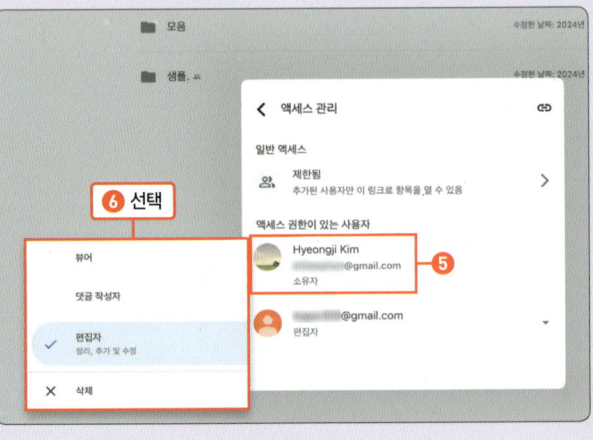

이런 방법도 있어요 파일이나 폴더를 불특정 다수에게 공유하기

앞서 구글 이메일 주소를 입력해 특정한 몇몇 사람에게 파일이나 폴더를 공유하는 방법을 알아봤지요? 이번에는 불특정 다수에게 파일이나 폴더를 공유하는 방법을 알아봅시다.

01 공유할 파일이나 폴더 오른쪽에 있는 [더 보기(⋯)]를 탭하고 [공유]를 선택해요.

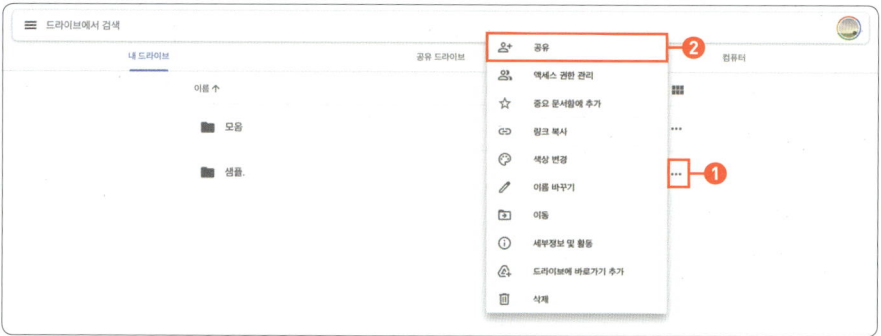

02 '공유' 팝업 창 상단의 [더 보기(⋯)]를 탭하고 [액세스 관리]를 선택해요.

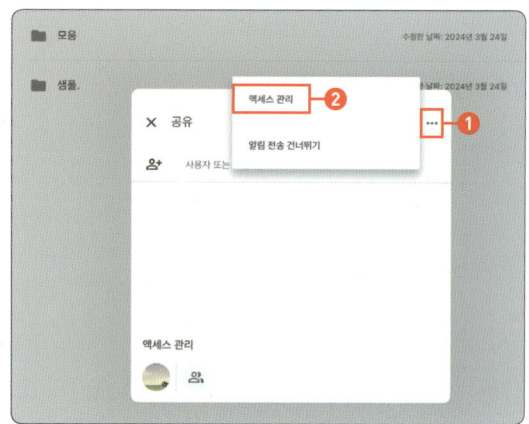

03 '일반 액세스'의 [제한됨]을 탭해요.

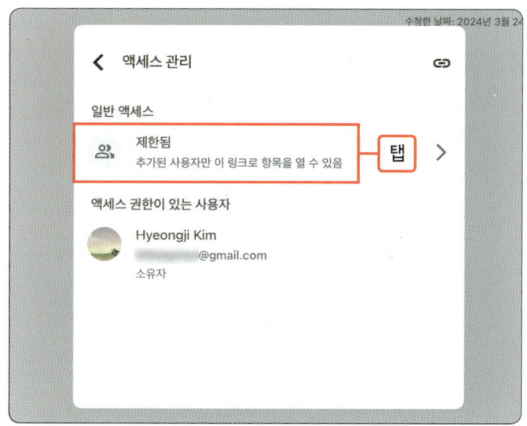

04 [제한됨]을 탭해요.

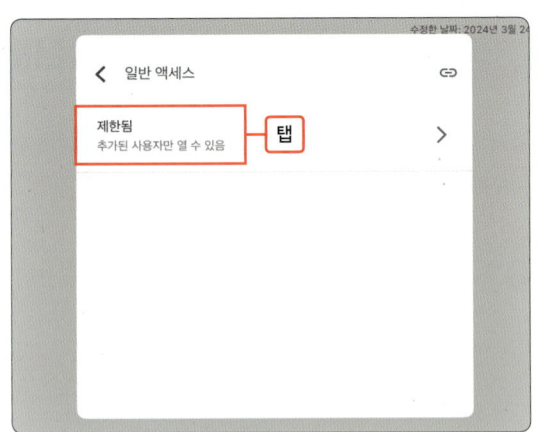

05 [링크가 있는 모든 사용자]를 탭해서 액세스 설정을 변경해요.

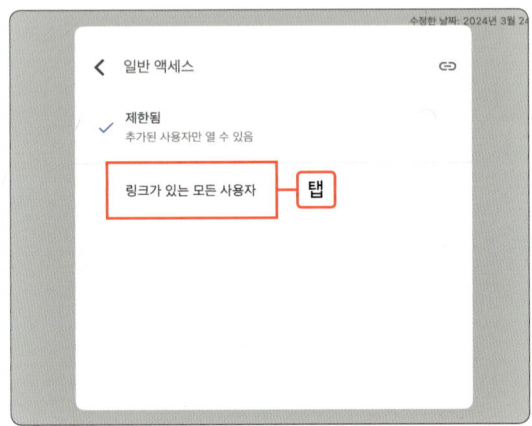

> **스마트 팁** '제한됨'은 파일 혹은 폴더를 최초로 생성한 소유자 혹은 액세스 권한이 있는 사람만 접근할 수 있는 상태예요. '링크가 있는 모든 사용자'로 변경하면 URL 링크를 통해 누구나 파일이나 폴더에 접근할 수 있어요.

06 이번에는 권한을 변경해 볼게요. [링크가 있는 모든 사용자] 아래에 있는 [뷰어]를 탭하여 권한을 선택해요. 설정이 끝났다면 [링크(🔗)]를 탭하여 파일이나 폴더의 URL 주소를 복사해요. 이 URL 주소를 통해 누구나 파일이나 폴더에 접근할 수 있어요.

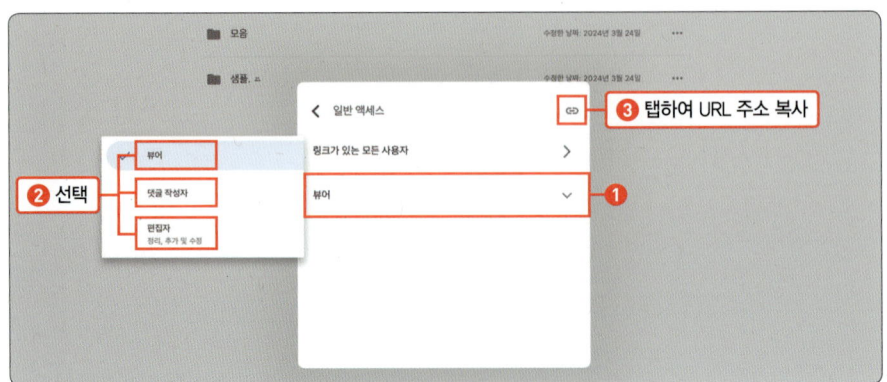

STEP 05 굿노트 필기를 구글 드라이브에 업로드하기

01 굿노트 앱을 실행하고 공유하려는 노트 이름 옆에 있는 [∨]를 탭해요. 팝업 메뉴 중 [보내기]를 선택해요.

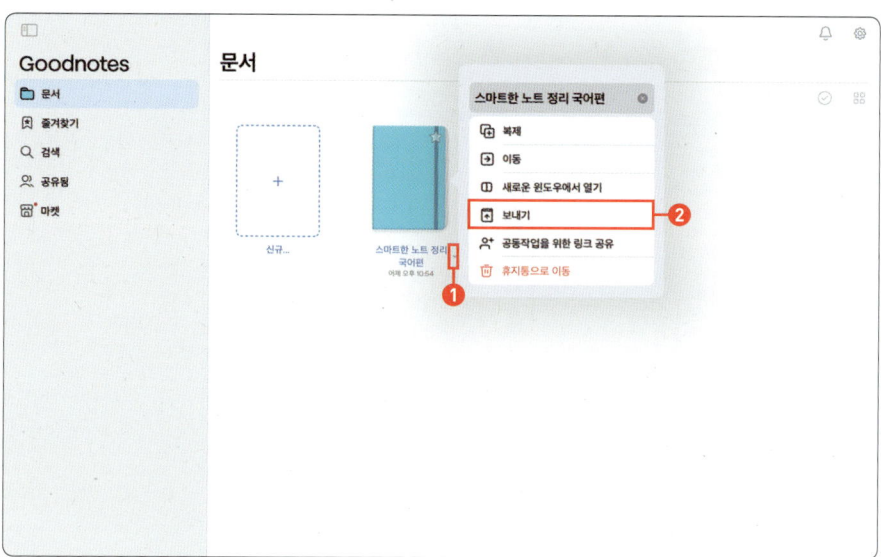

02 파일 형식을 선택하는 팝업 창이 나타나요. 세 가지 선택지 중 [PDF]를 선택하고 [옵션 보기]를 탭해요.

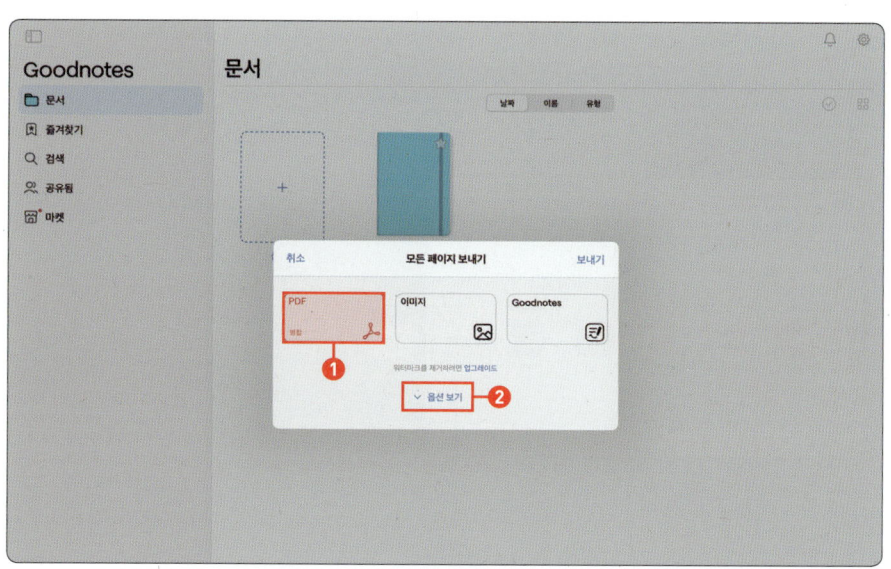

> **스마트 팁** 노트를 이미지 파일로 올리고 싶다면 [이미지]를, 굿노트 파일로 올리고 싶다면 [Goodnotes]를 선택해요.

03 옵션에서 필요한 항목을 활성화하고 [보내기]를 탭해요.

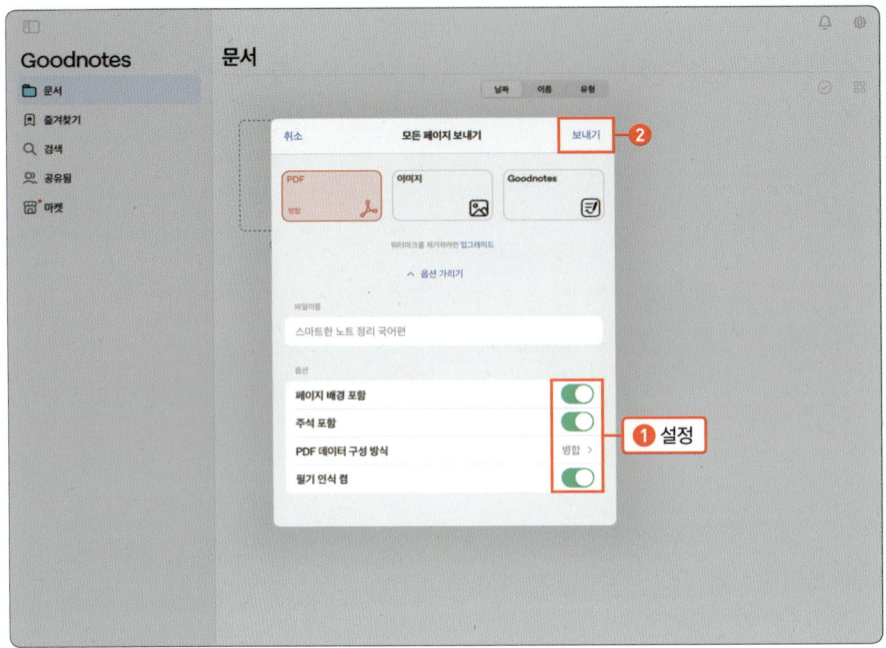

04 어느 앱으로 내보낼지 선택하는 팝업 창이 나타나요. 여기서 [Drive(드라이브)] 앱을 선택해요. 만약 구글 드라이브 앱이 바로 보이지 않는다면, 가장 오른쪽의 [더 보기]를 탭해요. 여기서는 [더 보기]를 탭하여 진행할게요.

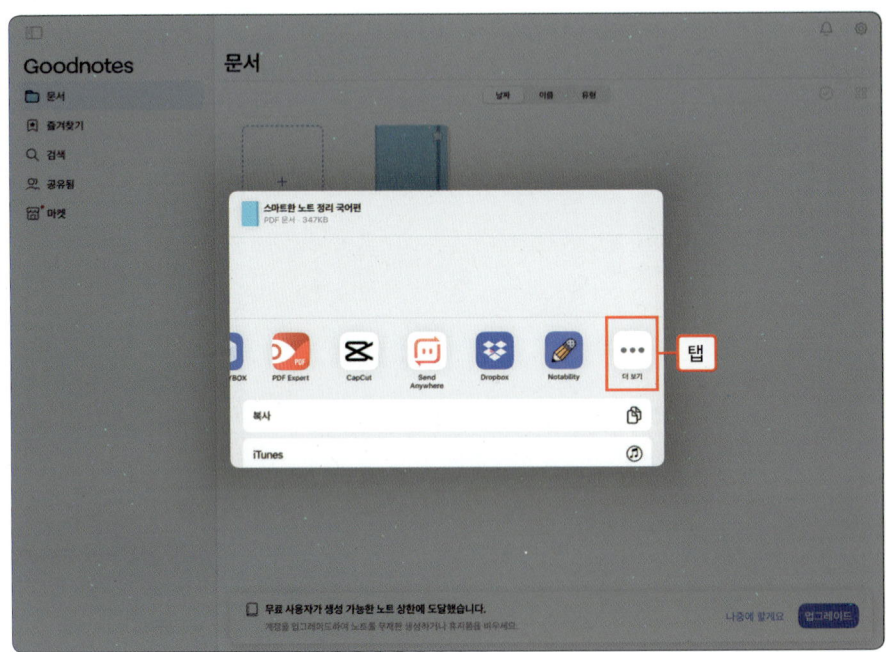

05 앱 목록이 나타나면 스크롤을 내려 [Drive(드라이브)] 앱을 선택해요.

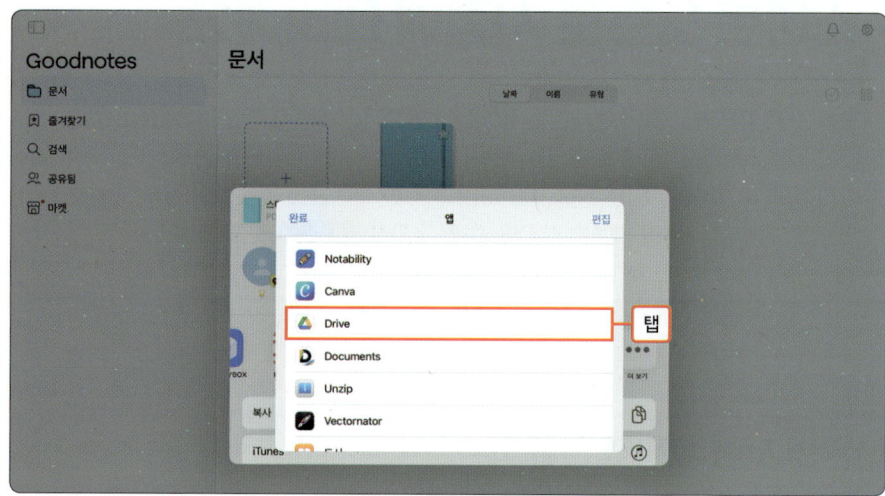

06 [업로드]를 탭하고 잠시 기다리면 '내 드라이브' 폴더에 노트 PDF 파일이 업로드됩니다.

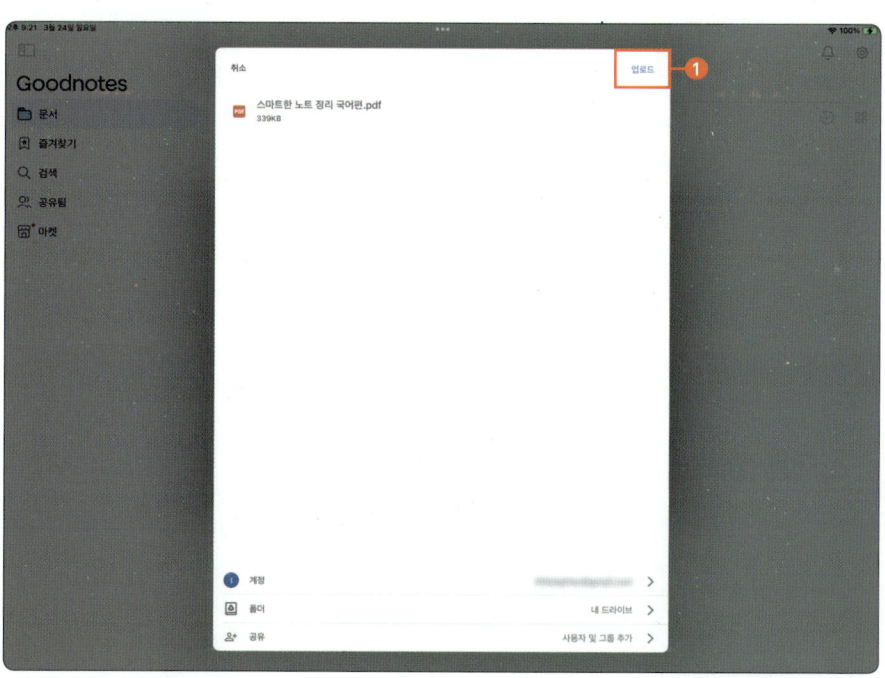

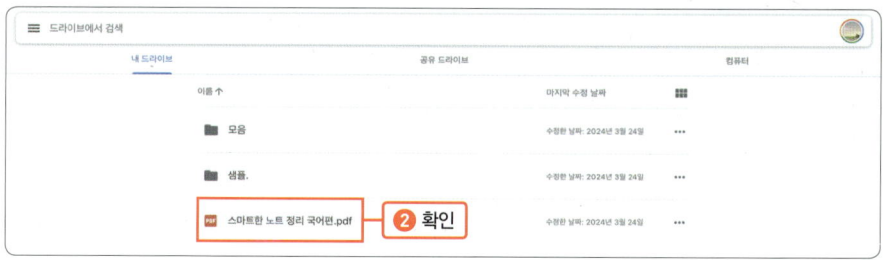

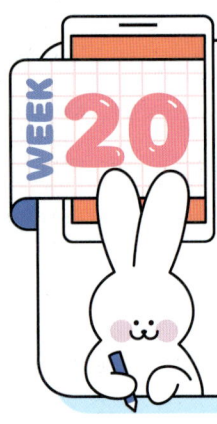

스마트 노트로 시험에 대비해요

보통 시험 공부라고 하면 문제집을 풀거나 그동안 정리해온 내용을 복습하는 모습만을 떠올리는데요. 진짜 시험 공부는 시험 준비를 위한 계획을 짜는 것부터 시작한다고 볼 수 있어요. 이번 장에서는 나만의 시험 계획표를 활용하여 공부 계획을 짜 보고, 공부한 내용을 떠올릴 수 있는 여러 가지 방법을 알아보겠습니다.

STEP 01 나만의 시험 계획표 만들기

〉 나만의 시험 계획표 다운로드하기 〈

01 카메라 앱을 실행하고 아래 QR 코드를 스캔해요.

02 QR 코드가 인식되면 화면에 노란색 팝업 창이 나타나요. 팝업 창을 탭해요.

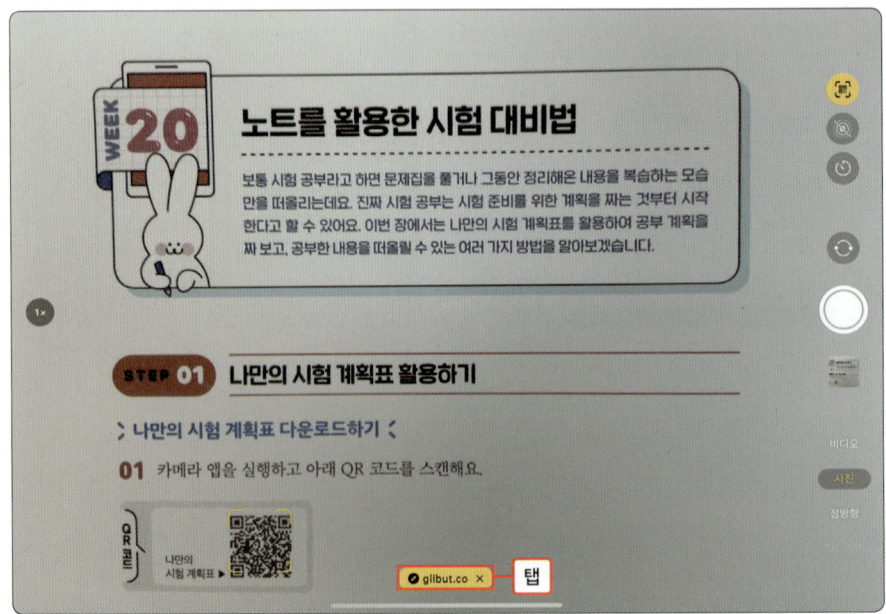

03 PDF 파일이 브라우저 앱으로 열리면 오른쪽 상단의 [공유(□)]를 탭하고 [Goodnotes에서 열기]를 선택해요.

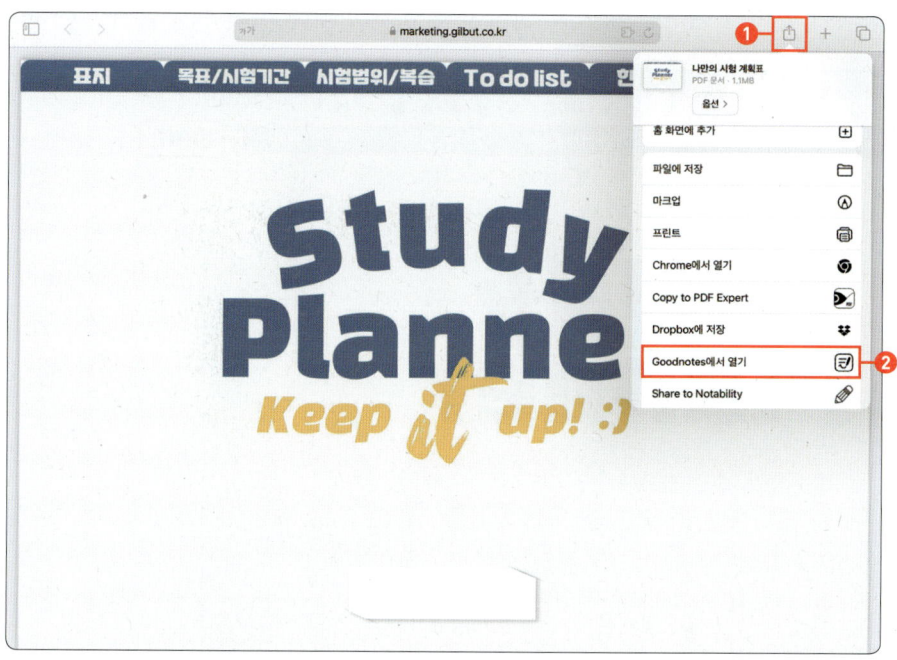

04 굿노트 앱이 실행되고 'Goodnotes로 불러오기' 팝업 창이 나타나요. [새로운 문서로 불러오기]를 탭해요.

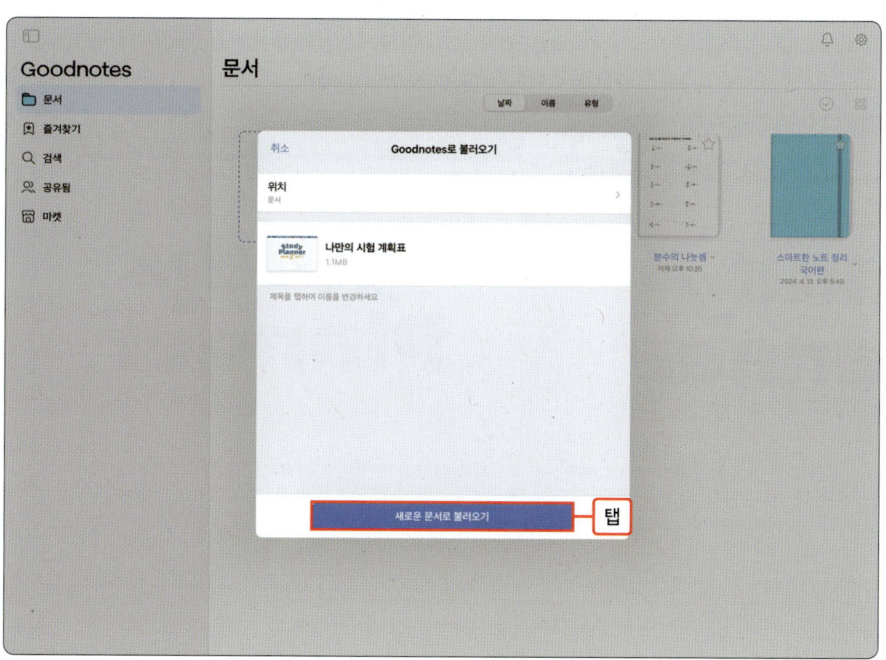

05 표지 중앙에 이름을 써요. 노트 상단에는 [표지], [목표/시험기간], [시험범위/복습], [To do list], [한 달 계획], [한 주 계획]까지 총 여섯 개의 카테고리가 있어요. 카테고리에는 하이퍼링크가 설정되어 있어서 원하는 항목을 탭하면 해당 페이지로 바로 이동할 수 있어요.

> ✦ **잠깐만요!** 하이퍼링크를 탭해도 페이지가 이동되지 않아요!
>
> 굿노트 상단에는 터치 펜이나 키보드를 활용해서 내용을 입력할 수 있는 [필기 모드(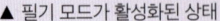)]와 [타이핑 모드(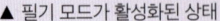)]가 있어요. 두 모드에서는 PDF 자체에 설정해 둔 하이퍼링크가 활성화되지 않아, 하이퍼링크를 탭해도 페이지가 이동되지 않아요. [필기 모드]나 [타이핑 모드]를 한 번 더 탭하면 읽기 모드로 변경되어요. 읽기 모드는 내용을 편집할 수 없는 대신 하이퍼링크가 활성화돼요. 읽기 모드에서 카테고리를 탭하면 해당 페이지로 바로 이동된답니다.
>
>
>
> ▲ 필기 모드가 활성화된 상태   ▲ 읽기 모드가 활성화된 상태

⟩ 공부 계획 작성하기 ⟨

01 [목표/시험기간]은 시험 목표를 적는 카테고리예요. 나의 상황에 맞게 목표 점수와 시험 일정을 적어요. **목표는 구체적으로 정하는 것이 좋아요.**

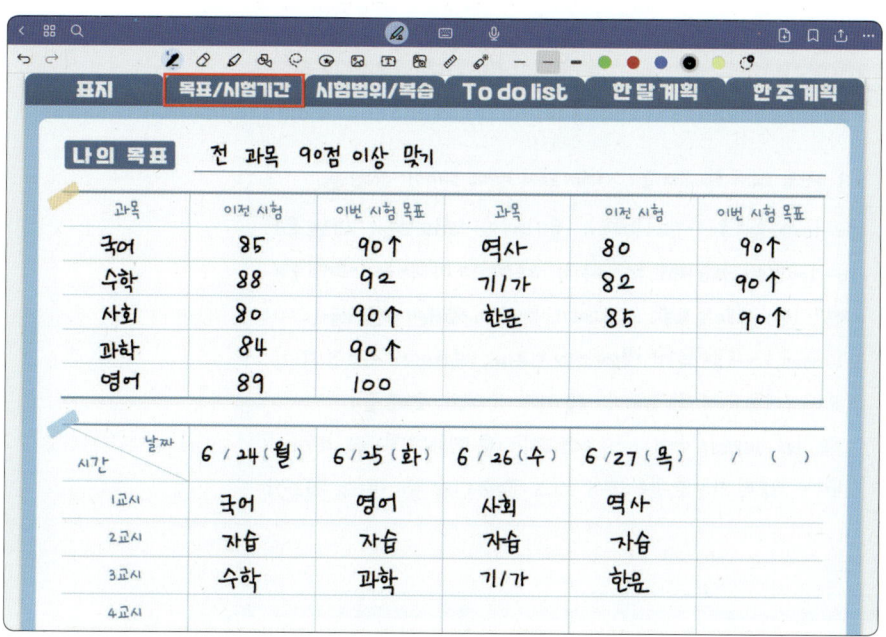

02 [시험범위/복습]은 과목별 시험 범위와 복습 횟수를 기록하는 카테고리예요. 과목과 시험 범위를 적고 몇 번을 반복해서 공부했는지 표시해요.

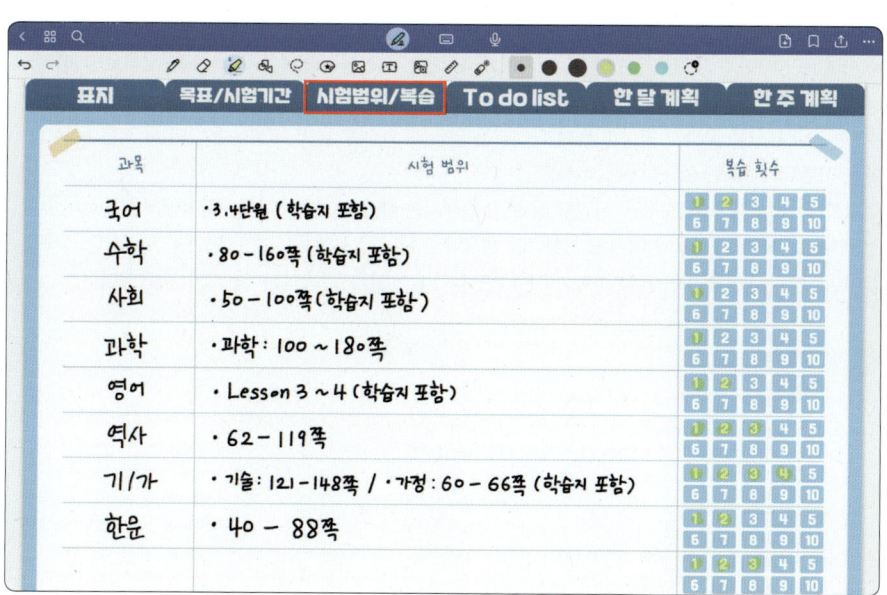

스마트 팁 ▸ 복습을 마친 다음 하이하이터 툴을 활용해 복습 횟수의 숫자 위에 색칠해요.

03 [To do list]는 과목별 시험 범위를 어떻게 공부할지 구체적인 방법을 정리하는 카테고리입니다. 과목별 시험 범위를 처음부터 끝까지 1회독할 수 있는 공부량을 풀어서 정리한다고 생각하면 됩니다.

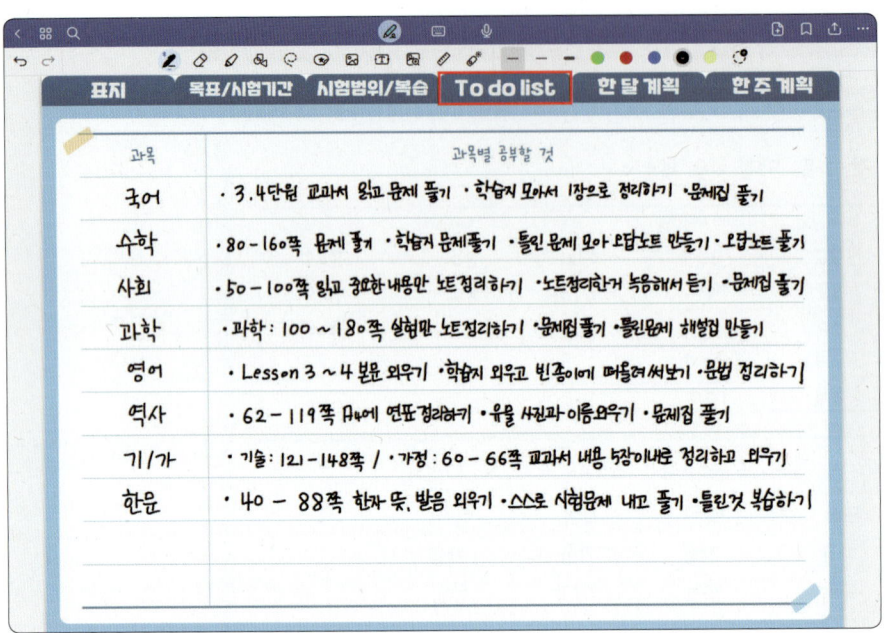

스마트 팁 이처럼 공부할 내용을 뭉뚱그려서 적지 않고 쪼개서 적으면 다음 카테고리인 [한 달 계획]과 [한 주 계획]을 작성하는 데 도움이 돼요. 사람마다 공부하는 스타일이 다르기 때문에 [To do list]는 같은 시험 범위라도 다양하게 작성될 수 있어요. 익숙하지 않다면 한두 과목부터 작성해 나가며 연습해 봅시다.

> **잠깐만요!** N회독, 도대체 무슨 뜻인가요?
>
> 공부하다 보면 '3회독', '5회독', '10회독'과 같은 말을 들을 때가 있을 거예요. 국어사전에서 '회독'의 뜻을 찾아보면 '여러 사람이 차례로 돌려 가며 읽음'이라고 나옵니다. 하지만 앞에서 나온 '~회독'의 뜻은 국어사전 단어 뜻과는 달라요. 여기서 말하는 '회독'은 기본서 혹은 문제집을 끝까지 읽은 횟수를 가리키는 말입니다. 예를 들어, '3회독'은 기본서 혹은 문제집을 3번 읽었다는 뜻이고, '10회독'은 10번 읽었다는 뜻이지요.
>
> 국어사전에도 없는 이 말이 왜 이렇게 통용될까요? 시험을 잘 보기 위해서는 배운 내용을 여러 번 반복해서 익히는 것이 중요합니다. 이렇게 반복해서 공부하는 것을 줄여서 표현했다고 생각하면 됩니다. N회독을 하는 방법은 사람마다, 과목마다 다를 수 있습니다. 따라서 나의 상황 또는 과목의 특성에 적절한 N회독 방법을 찾아 실천하는 것이 중요합니다.

04 [To do list]에 적은 내용을 바탕으로 [한 달 계획] 카테고리를 작성해 봅시다. 우선 시험 일정에 맞춰 달력에 날짜를 적어요.

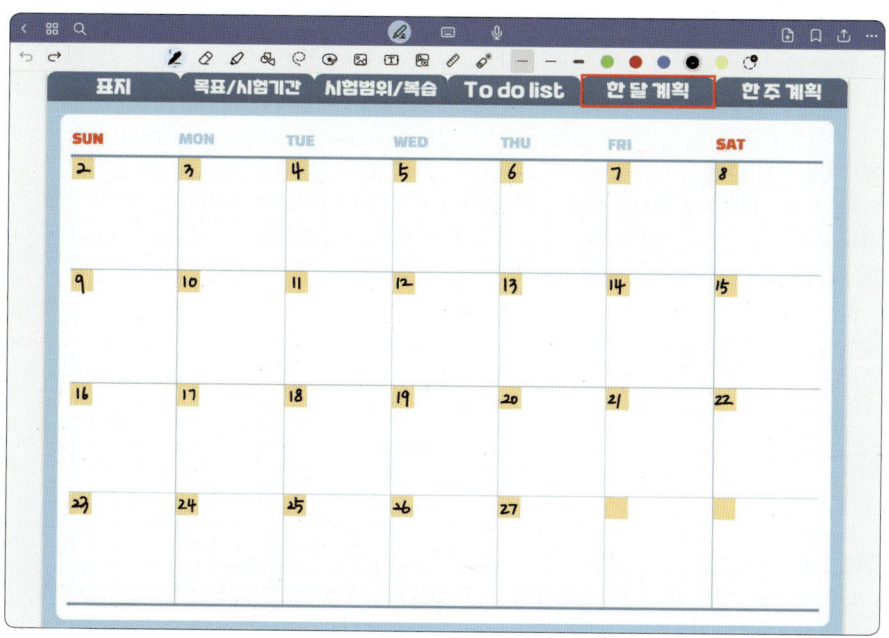

스마트 팁 학년이 올라갈수록 공부할 과목의 수와 공부 양이 많아지기 때문에 3~4주 전부터 시험 준비 계획을 세워 공부하는 것을 추천해요.

05 한 달 계획을 작성해요.

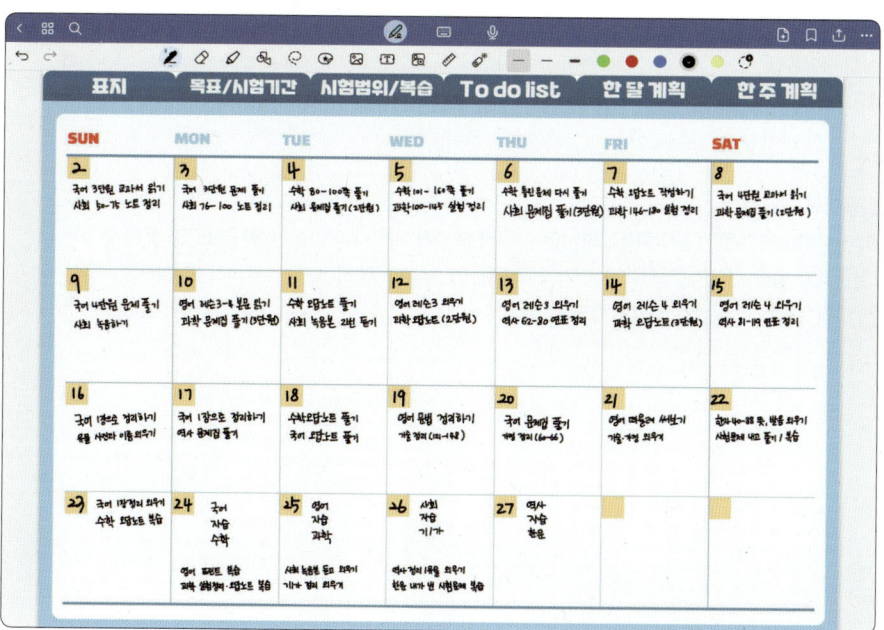

✨잠깐만요! 한 달 계획을 세울 때 유의해야 할 점이 있나요?

❶ 나의 목표를 달성할 수 있도록 계획을 세워요
[목표/시험 기간]에 작성한 나의 목표를 기억하고 있나요? 목표는 높은데 실제 공부는 적게 한다면 목표를 달성하기 어렵겠지요. 목표와 실천 계획이 너무 차이가 난다면 목표나 실천 계획 중 하나를 수정하는 것을 추천해요. 나의 목표에 어울리도록 계획을 세워요.

❷ 하루에 소화할 수 있는 양만 계획해요
공부하다 보면 시간이 부족할 때가 많은데요. 조급한 마음에 많은 양을 적은 시간에 몰아서 하려고 하면 오히려 할 수 있었던 것조차 제대로 하지 못할 때가 많아요. 우리의 뇌는 스트레스를 느낄 때 스트레스를 받는 상황을 피하려고 하거든요. 따라서 계획은 하루에 두 개 정도만 세우는 것을 추천해요.

❸ 계획대로 되지 않을 수도 있다는 것을 기억해요
계획대로 실천한다면 무리 없이 나의 목표를 달성할 수 있을 거예요. 하지만 실제로 공부를 하다 보면 생각 외로 변수가 많이 발생합니다. 나의 의지와 상관없이 갑자기 가족 행사가 생길 수 있고, 스트레스를 받아서 공부하고 싶지 않을 수도 있고, 특정 과목이 예상보다 시간을 오래 잡아먹을 수도 있어요. 그러니 계획의 50% 정도만 실천해도 잘한 것으로 생각해야 해요.

❹ 과목의 특성을 생각해서 계획을 세워요
수학 과목처럼 이해가 중요한 과목이 있고, 한자 과목처럼 암기가 많이 필요한 과목이 있어요. 시험 보기 4주 전에 한자 암기를 끝내고, 시험 3일 전에 수학 공부를 시작한다면 좋은 결과가 나올까요? 그렇지 않을 거예요. 과목의 특성을 생각해서 계획을 세워 봅시다. 이해하는 데 시간이 오래 걸리거나 양이 많은 과목은 일찍 공부를 시작하고, 단기간에 바짝 외워야 하는 과목은 시험 날짜에 가깝게 공부하도록 계획해요.

❺ 공부할 내용을 쪼개서 계획해요
[To do list]에 공부할 내용을 쪼개어 적었더라도 실제 공부를 하다 보면 예상보다 양이 많을 때가 있을 거예요. 한 과목을 한 번에 해치우려고 하기보다 두세 번 나눠서 공부하도록 쪼개놓으면 공부에 대한 부담이 많이 줄어들 거예요.

❻ 계획은 수시로 수정할 수 있어요
계획은 실천하면서 얼마든지 수정할 수 있습니다. 그러니 계획을 지키지 못했다고 스트레스받지 마세요. 혹시라도 계획이 틀어지면 얼마든지 지우고 다시 수정하면 됩니다.

❼ 계획서를 가볍게 만들어요
시험 계획서를 만들고 나면 뿌듯한 마음이 들 거예요. 하지만 아무리 훌륭한 계획서라도 실천하지 않으면 좋은 결과는 나오지 않아요. 계획은 실천하기 위한 것이지, 계획이 전부가 되어서는 안 됩니다. 특히 계획 세우기가 어려운 친구들은 최대한 힘을 빼고 가볍게 계획서를 작성하는 것을 추천해요.

06 [한 주 계획] 카테고리에는 한 달 계획에 작성한 내용을 한 주씩 떼서 조금 더 자세히 적어요. 과목별로 칸이 나누어져 있어 과목별 공부 분량을 비교하며 계획할 수 있어요.

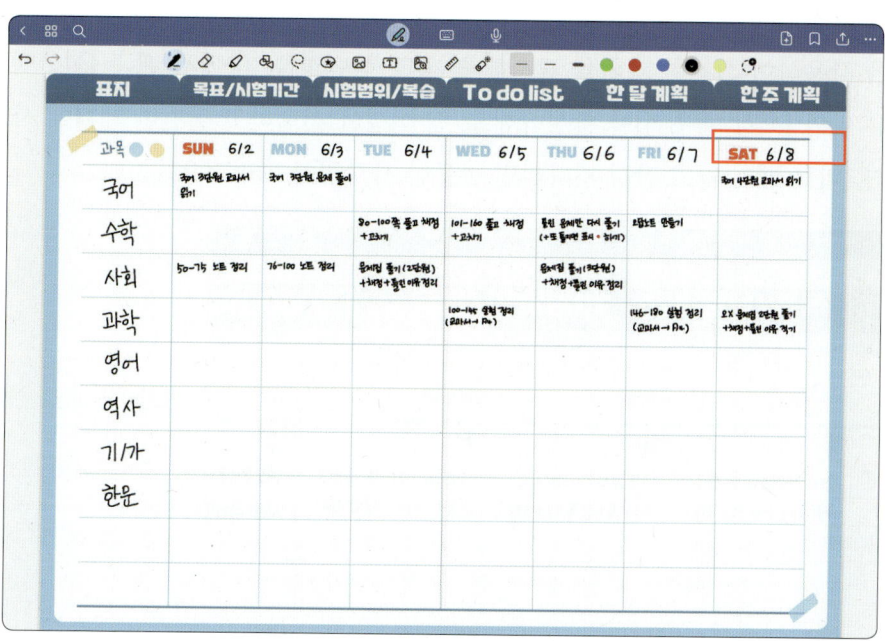

✦ **잠깐만요!** 한 주 계획표가 부족해요!

한 주 계획표가 부족하다면 페이지를 추가하여 사용하면 됩니다. 오른쪽 상단의 [페이지 추가(📄)]를 탭해요. 새 페이지를 현재 페이지의 앞에 추가하고 싶다면 [전], 뒤에 추가하고 싶다면 [후]를 선택합니다. 한 주 계획표 양식을 추가하려면 [현재 템플릿]을 선택하면 돼요.

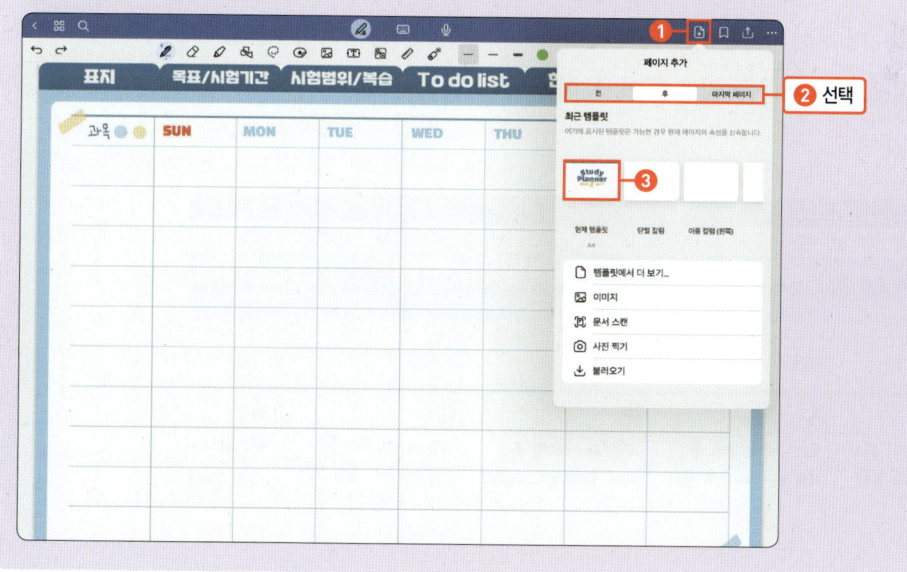

〉 진행 상황 체크하기 〈

계획한 대로 실천한 계획을 표시하면 시험 공부의 진행 상황을 한눈에 확인할 수 있어요.

01 우선 펜 툴을 사용하여 실천한 계획을 표시해 볼게요. 상단 메뉴 바에서 펜 툴을 선택하고 [그리기 후 유지]와 [색상 채우기]를 활성화해요. 펜 색상을 선택하고 실천한 계획에 사각형을 그려요. 펜을 바로 떼지 않고 잠시 기다리면 반듯한 사각형이 그려져요.

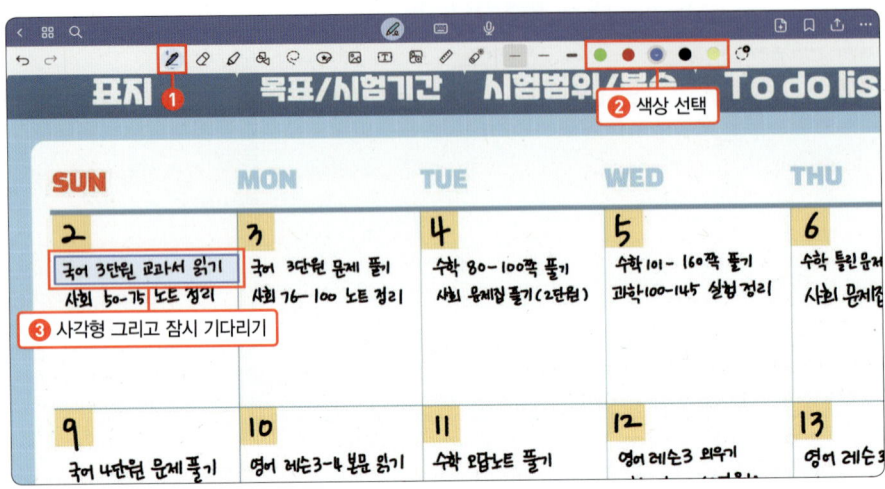

[스마트 팁] [색상 채우기]를 활성화했기 때문에 사각형 안쪽이 연한 색으로 채워져요. [그리기 후 유지]와 [색상 채우기]를 활성화하는 방법은 102쪽을 참고하세요.

02 상단 메뉴 바에서 [이전(↶)]을 탭해요. 사각형의 외곽선이 사라지고 내부에 채워진 연한 색만 남아요. 이 방법을 활용하면 하이라이터 툴을 사용하지 않고 펜 툴만으로 형광펜 효과를 줄 수 있어요.

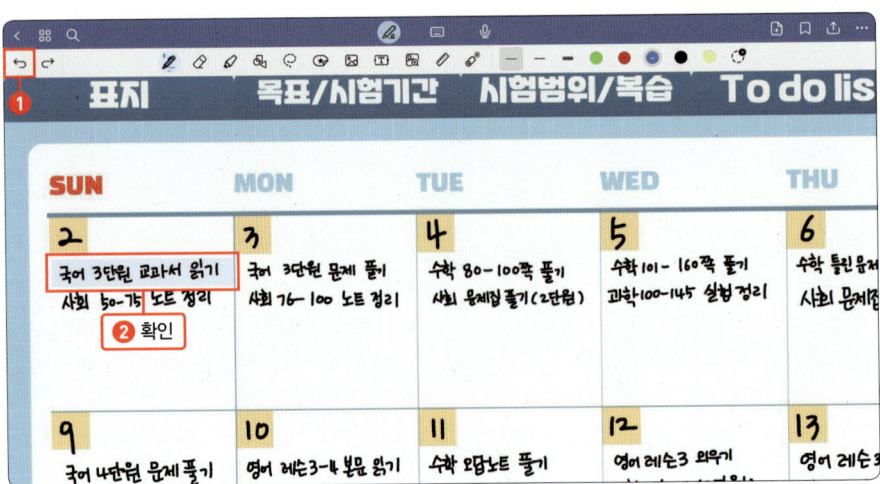

03 이번에는 하이라이터 툴을 사용해 볼게요. 상단 메뉴 바에서 하이라이터 툴을 선택하고 두께를 설정해요. 글씨를 모두 덮을 수 있도록 두껍게 설정하는 것을 추천해요. 하이라이터 색상이 너무 연하면 배경과 구분되지 않을 수 있으니, 구분이 잘 되는 색을 선택해요.

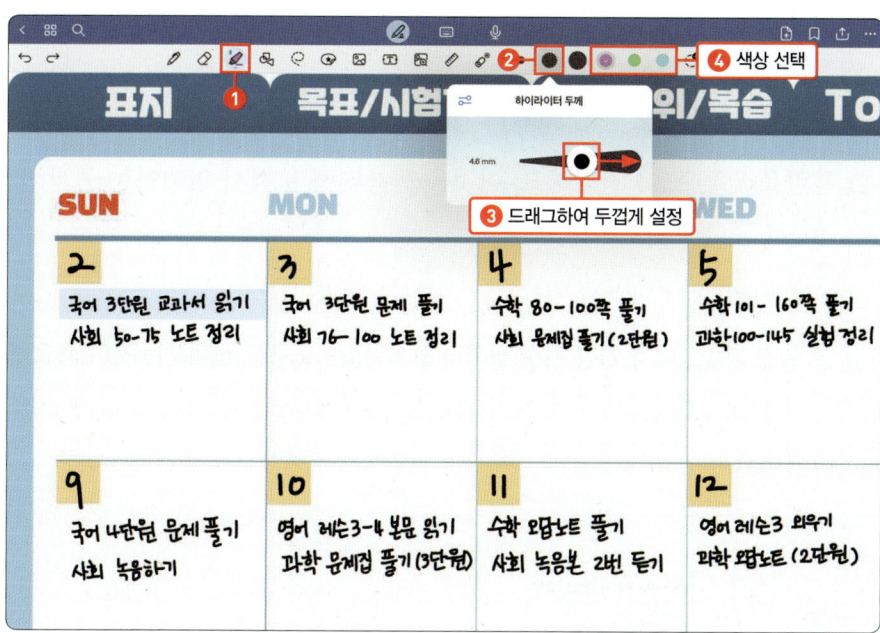

04 실천한 계획에 하이라이터를 긋고 잠시 기다리면 반듯하게 선이 그려져요.

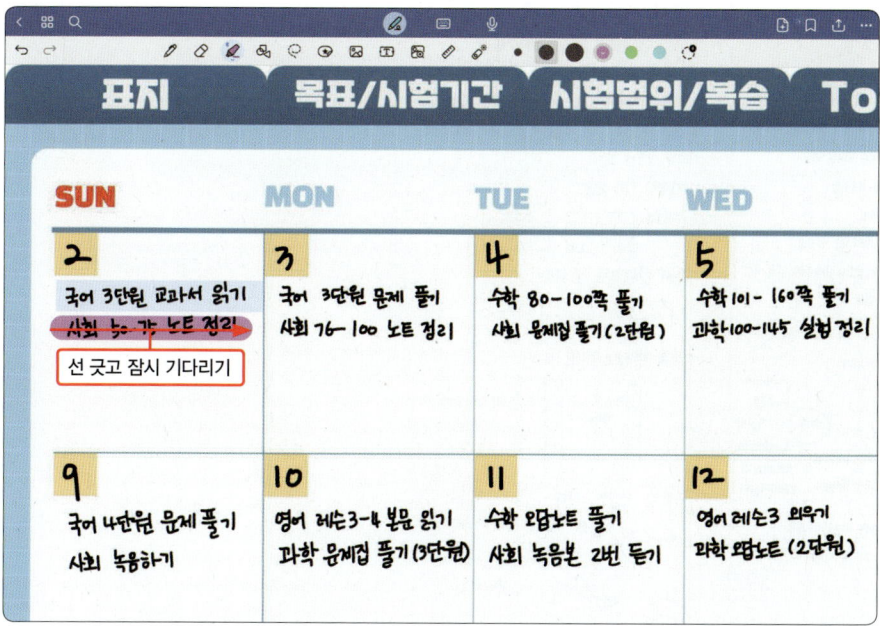

STEP 02 스마트 노트를 활용한 시험 공부법

노트를 활용하면 효과적으로 시험에 대비할 수 있어요. 대표적인 활용법 다섯 가지를 하나씩 알아봅시다.

〉 시험 범위 단권화하기 〈

시험 범위 단권화란 한 권의 책이나 노트에 공부할 내용을 요약 정리하는 것을 말해요. 즉, 노트 한 권에 공부할 분량을 모두 모아 정리하고, 이것을 반복해서 보면서 암기하는 공부 방법입니다.

01 단권화할 책이나 노트를 한 권 정해요. 교과서, 수업 시간에 받은 프린트물, A4 종이 등 편한 도구 중에서 고르면 돼요. ==내가 가장 자주 들여다 볼 수 있는 도구를 선택하는 것이 중요해요.== 여기서는 6학년 2학기 사회 1단원 '세계의 여러 나라들' 중 '지구, 대륙 그리고 나라들'을 A4 종이에 단권화 정리했어요.

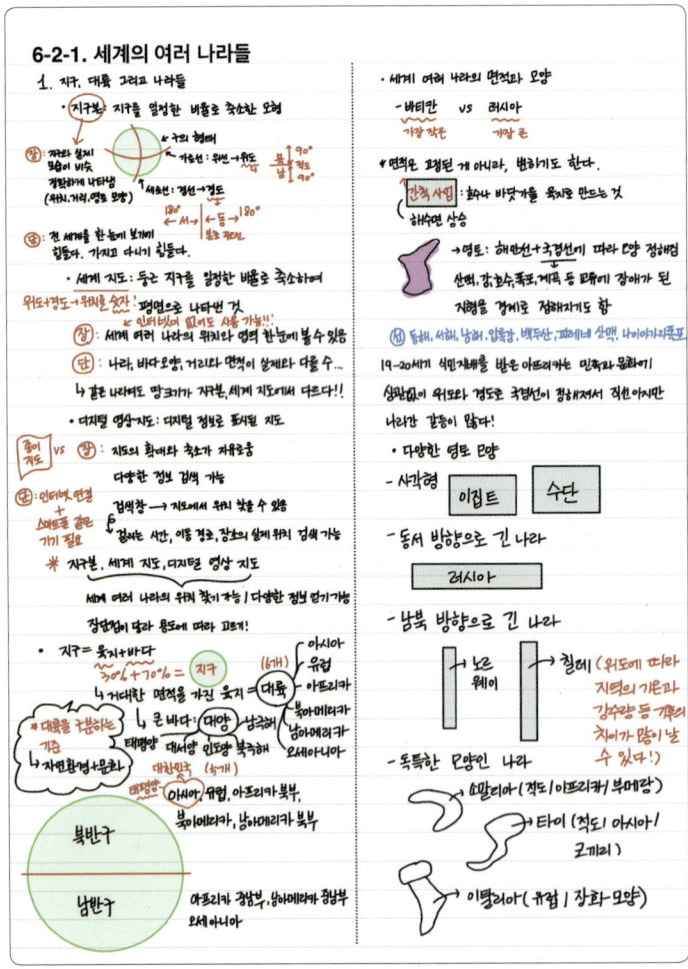

02 공부한 내용을 단순히 옮기는 정리 노트가 되지 않도록 해요. 즉, '정리를 위한 정리'가 되지 않도록 해야 해요. 단권화는 공부한 내용 중 중요한 내용을 선별 및 요약하여 모아두는 과정이에요. 수업 시간에 선생님이 강조한 내용이나 문제를 풀면서 틀렸던 부분, 잘 기억하지 못하는 부분 등 중요한 내용과 내가 놓치고 있는 내용이 들어가도록 골라서 요약해요.

03 알아보기 쉽게 작성해요. 단원명, 소주제, 중요 포인트 등을 구별해서 표시하면 언제 보더라도 공부한 내용이 쉽게 떠오르는 노트가 됩니다. 구별할 때는 다음 예시처럼 나만의 방식을 정해놓는 것을 추천해요.

> **1. 지구, 대륙 그리고 나라들**
>   1) 세계 여러 나라의 면적과 모양
>   (1) 다양한 영토의 모양
>   ① 이탈리아: 장화 모양

04 시험에 나올 것 같은 부분이나 선생님이 추가 설명 또는 강조하신 부분은 중요 포인트입니다. 중요 포인트는 가시성이 좋은 빨간색 혹은 파란색 펜으로 적거나 하이라이터를 활용해 밑줄을 그어요. 이때 색을 빨강, 파랑, 노랑 등 세 가지 이내로 사용해야 헷갈리지 않아요. 너무 많은 색을 사용하지 않도록 주의해요. 또, 교과서의 기본 글씨가 검은색이기 때문에, 단권화 노트의 기본 필기 또한 검정 펜으로 하는 것을 추천해요.

05 단권화 노트를 반복해서 보다 보면 충분히 암기된 부분과 아닌 부분이 구별됩니다. 이때, 암기되지 않은 부분만 요약해 더 적은 분량으로 한 번 더 정리하면 좋아요. 이러한 과정을 시험 날까지 반복하면 시험 범위가 넓어도 충분히 N회독을 할 수 있습니다.

> **[스마트 팁]** 과목별로 단권화하는 분량이나 방법은 모두 달라요. 나에게 편한 방식으로 시도하면 돼요. 다만 위에서 설명한 네 가지 원칙을 참고하여 만드는 것이 좋아요.

〉빈칸 뚫고 채워보기 〈

정리한 내용의 주요 키워드를 지우거나 가린 다음, 기억을 떠올리며 다시 채워보면 효과적으로 시험 공부를 할 수 있어요. 굿노트 앱을 활용해서 쉽게 빈칸을 만들고 채워봅시다.

01 우선 카메라 앱을 켜서 빈칸을 뚫을 교과서나 학습지를 찍어요. 그다음 굿노트 앱을 실행하고 [+]-[이미지]를 탭해요.

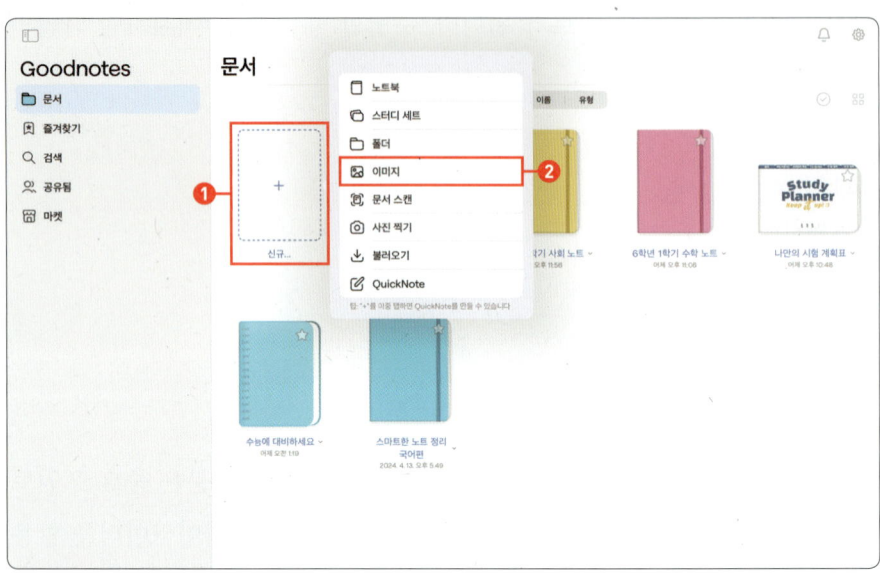

[스마트팁] 문서를 스캔하거나 PDF 파일을 불러와도 괜찮아요.

02 불러올 이미지를 탭해요.

03 펜 툴을 선택하고 펜 색상은 필기 내용과 구분되는 색으로 설정해요. 획 설정을 탭하고 펜 두께를 가장 두껍게 설정해요.

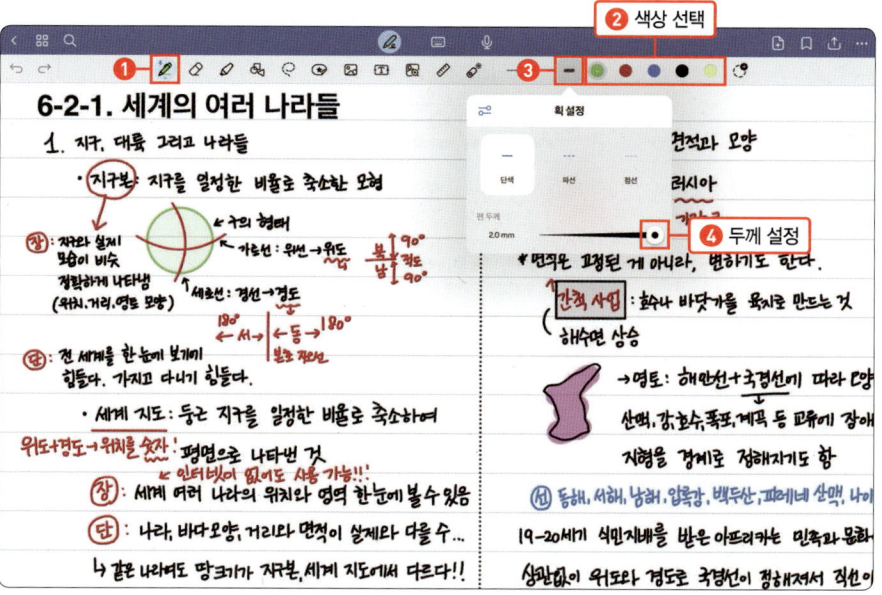

04 빈칸을 뚫고 싶은 부분에 사각형을 그린 후 펜을 떼지 않고 잠시 기다리면 반듯한 사각형이 그려져요. 펜 두께를 최대로 설정했기 때문에 사각형의 안쪽까지 색이 채워질 거예요. 사각형의 크기와 위치를 조정해서 단어를 완벽하게 가려요.

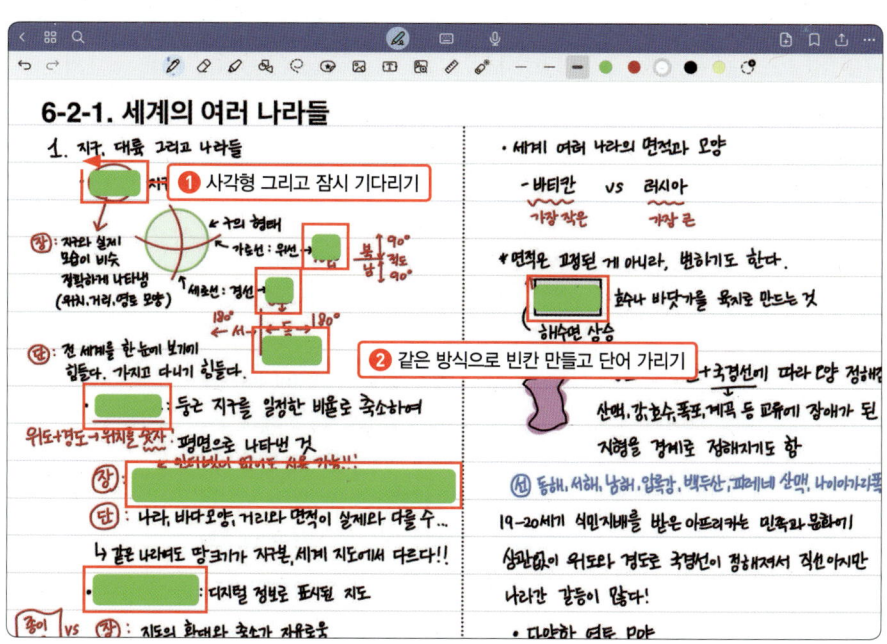

> **스마트 팁** 사각형의 안쪽까지 색이 채워지지 않는다면 직접 색칠하여 채워요.

05 빈칸을 모두 만들었다면 이제 빈칸을 채우며 공부해 볼게요. 빈칸 위에 글씨를 적을 수 있도록 펜 색상과 두께를 다시 설정해요. 빈칸에 들어갈 내용을 고민하며 채워봐요.

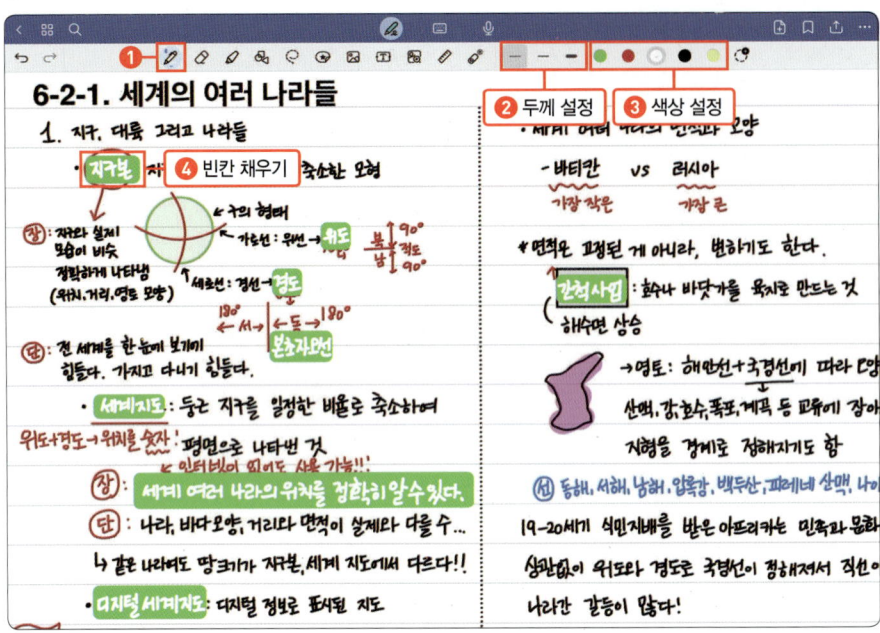

🔖 스마트 팁 → 테이프 툴을 활용해서 빈칸을 뚫을 수도 있어요.

06 빈칸과 답변을 지우개로 지워서 맞게 썼는지 확인해요.

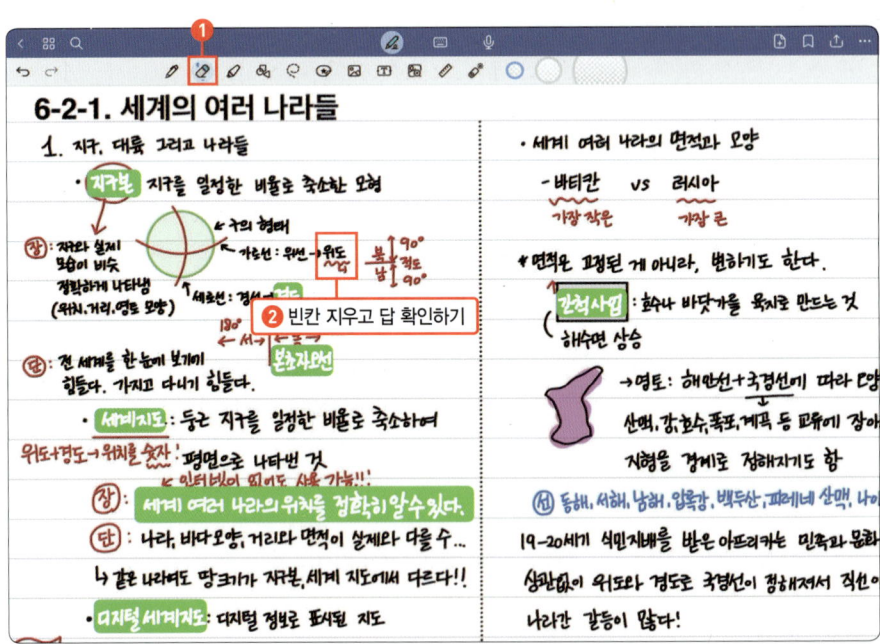

🔖 스마트 팁 → 스플릿 뷰를 활용하여 정답지를 띄워놓고 확인해도 좋아요. 스플릿 뷰를 만드는 방법은 114쪽을 참고하세요.

〉 정리한 내용을 녹음해서 계속 듣기 〈

녹음 앱을 활용해서 공부한 내용을 녹음하고 수시로 들어보세요. 어떤 상황에서도 스마트폰과 이어폰만 있다면 공부한 내용을 복습할 수 있답니다.

01 음성 녹음 앱을 실행해요. 아이패드는 [음성 메모] 앱을, 갤럭시 탭은 [음성 녹음] 앱을 실행하면 돼요.

02 화면 가장 아랫부분을 위쪽으로 살짝 쓸어 올려요. 독 바의 [굿노트] 앱을 탭한 상태에서 화면 오른쪽으로 끌어다 놓아요.

03 스플릿 뷰로 화면이 나누어지며 왼쪽에는 음성 녹음 앱이, 오른쪽에는 굿노트 앱이 띄워졌어요. 굿노트 앱에서 녹음할 노트를 선택해요.

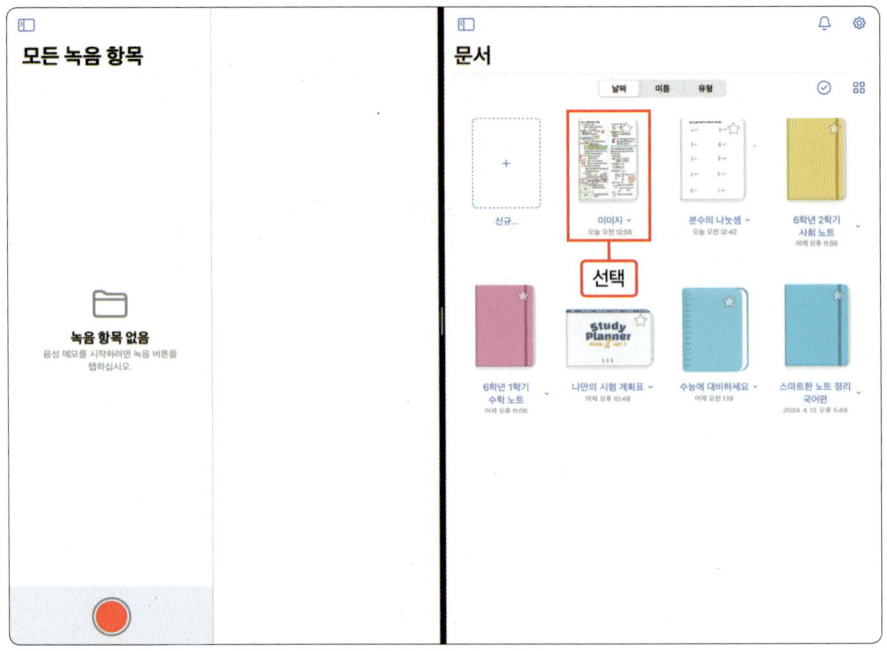

04 스플릿 뷰 중앙의 검은색 막대를 좌우로 움직이면 양쪽 화면의 비율을 조정할 수 있어요. 노트 필기를 보며 녹음해야 하기 때문에 굿노트 앱을 조금 더 크게 조정할게요. 조정을 완료했다면 음성 녹음 앱의 [녹음(●)]을 탭해요.

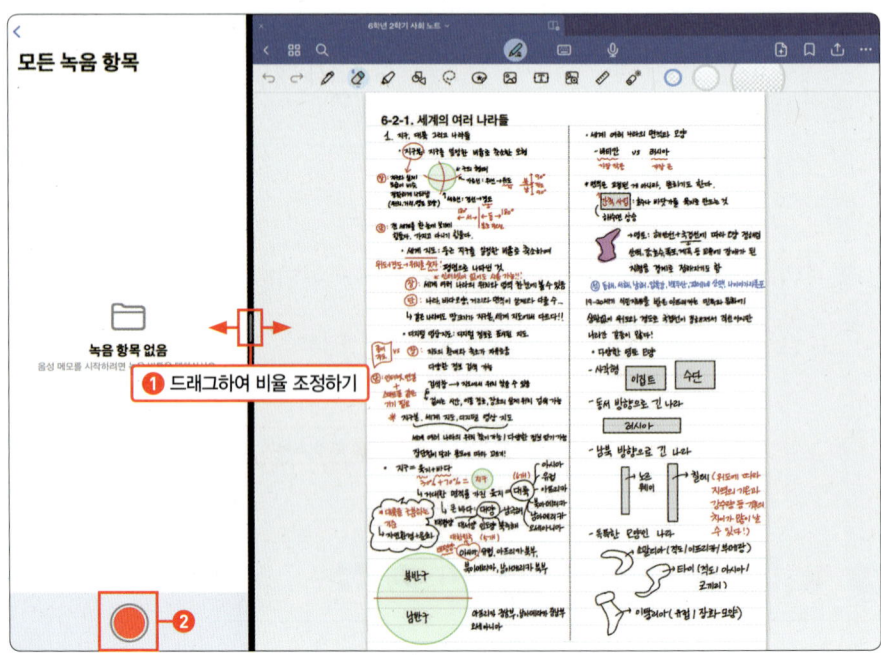

05 노트를 보며 마치 선생님이 된 것처럼 내용을 설명해요. 녹음이 끝나면 [멈춤(■)]을 탭해요.

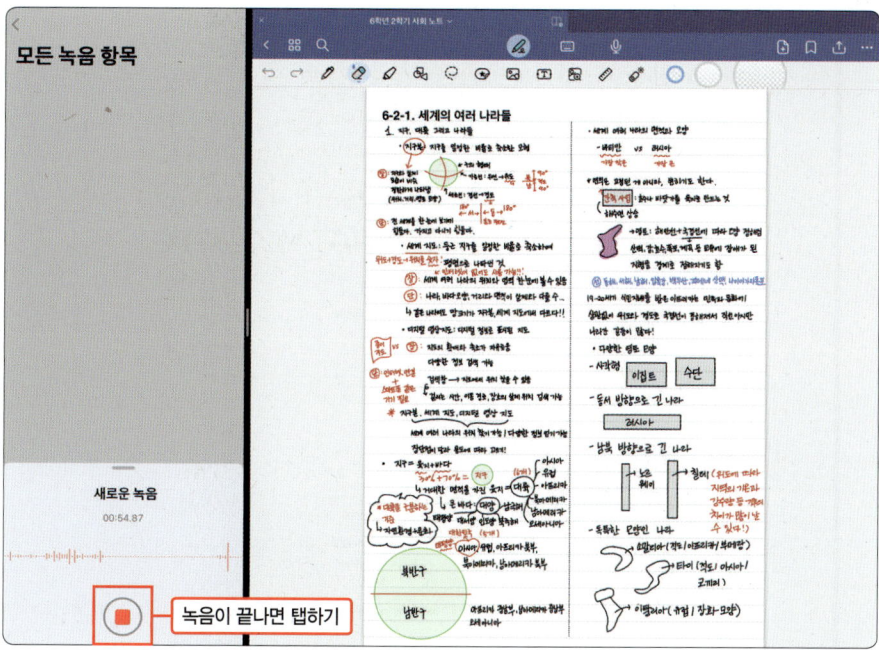

06 녹음한 파일이 저장되었어요. 이제 이 파일을 스마트폰으로 보내볼게요. [편집]을 탭해요.

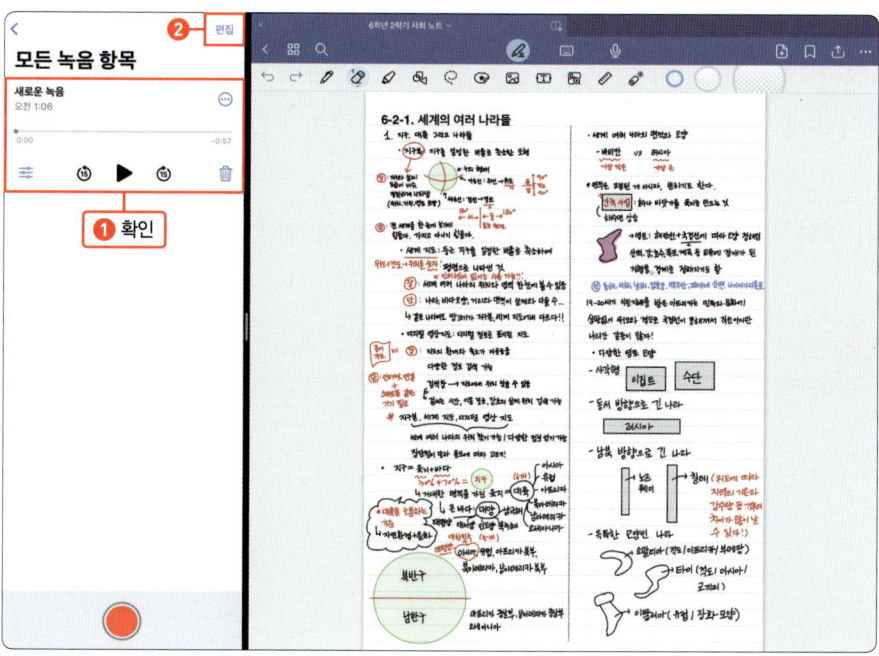

07 파일을 선택하고 [공유(◻)]를 탭해요. 구글 드라이브, 이메일, 카카오톡 등 나에게 맞는 플랫폼에 파일을 업로드하고, 스마트폰에서 업로드된 녹음 파일을 다운로드해요.

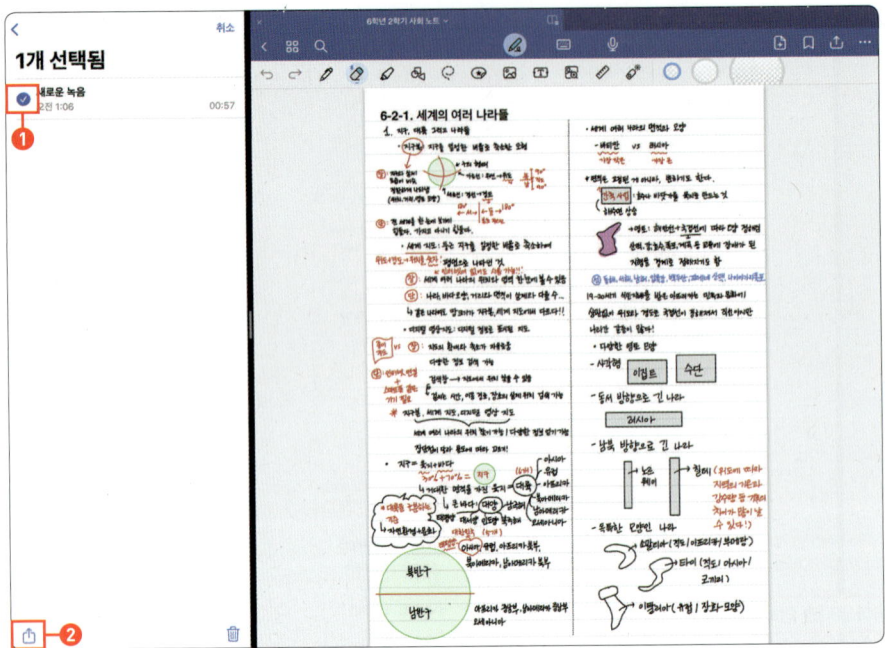

> 〔스마트 팁〕 녹음 파일을 스마트폰으로 옮기는 과정이 번거롭다면, 태블릿 PC에 노트를 열어놓고 스마트폰에서 바로 녹음하는 방법도 있어요.

〉 백지에 공부한 내용 써 보기 〈

시험 공부를 다 마쳤다면, 공부한 내용을 얼마나 잘 기억하고 있는지 확인해 봅시다. 방법은 아주 쉬워요. 빈 종이에 공부한 내용을 생각나는 대로 써 보는 것이에요. 굿노트의 백지 양식을 활용해서 써도 좋고, A4 종이에 연필과 지우개를 활용해서 써도 좋아요. 굿노트를 활용하면 [페이지 지우기] 기능으로 다 적은 노트를 한꺼번에 지우고 한 번 더 새롭게 써 볼 수 있어 경제적입니다.

> 〔스마트 팁〕 이 방법은 '빈칸 뚫고 채워보기'와 비슷하지만 차이점이 있어요. '빈칸 뚫고 채워보기'는 가려진 부분 외에 나머지 내용을 보며 빈칸을 채울 수 있지만, '백지에 공부한 내용 써 보기'는 아무것도 없는 빈 종이에 어떤 힌트도 없이 내용을 써 내려가야 합니다.

01 굿노트 앱을 실행하고 [+]-[노트북]을 탭해요.

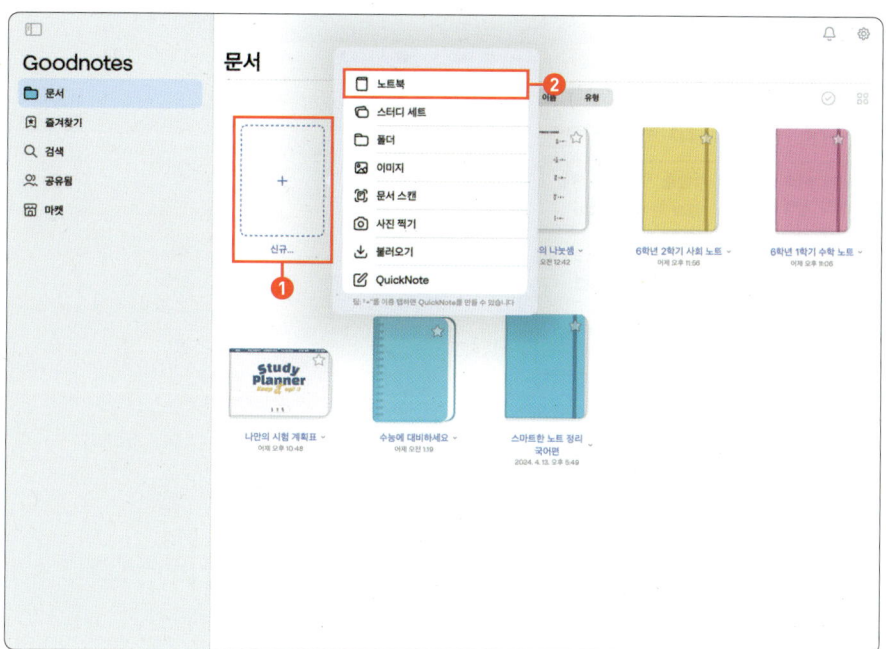

02 '새로운 노트북' 팝업 창에서 종이 템플릿을 [백지]로 선택하고 [생성]을 탭해요.

03 백지가 나타나면 펜 툴을 선택하고 공부한 내용을 떠올리며 쭉 적어요.

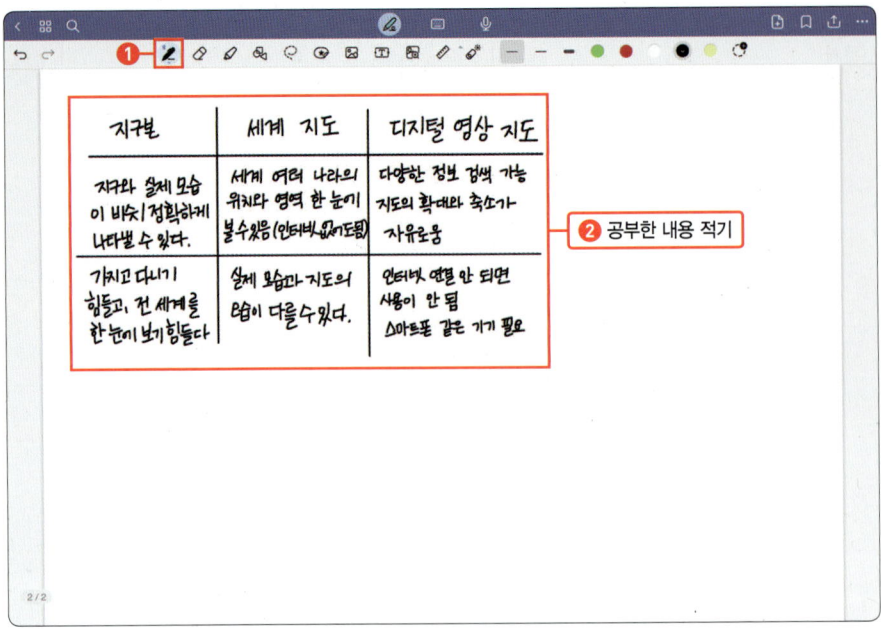

04 내용을 모두 적었다면 오른쪽 상단의 [더 보기(...)]-[페이지 지우기]를 탭해요. 페이지에 적어둔 내용이 모두 사라져요.

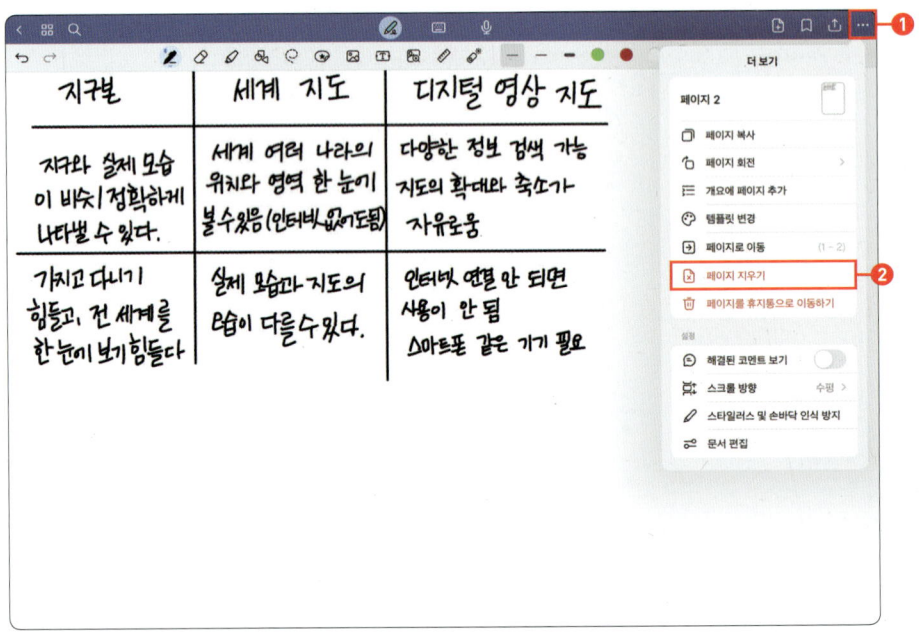

〉 나만의 시험 예상 문제와 답안지 만들기 〈

공부한 내용을 바탕으로 시험에 나올 만한 문제와 답안지를 직접 만들어 보는 것도 좋은 방법이에요. 필기 내용을 참고하여 시험지와 최대한 유사하게 문제 개수와 형식을 맞춰 문제를 만들고, 실제 시험처럼 시간을 정해 풀어봅시다.

01 카메라 앱을 실행하고 아래 QR 코드를 스캔해요.

02 카메라 앱에 노란색 팝업 창이 나타나요. 팝업 창을 탭해요.

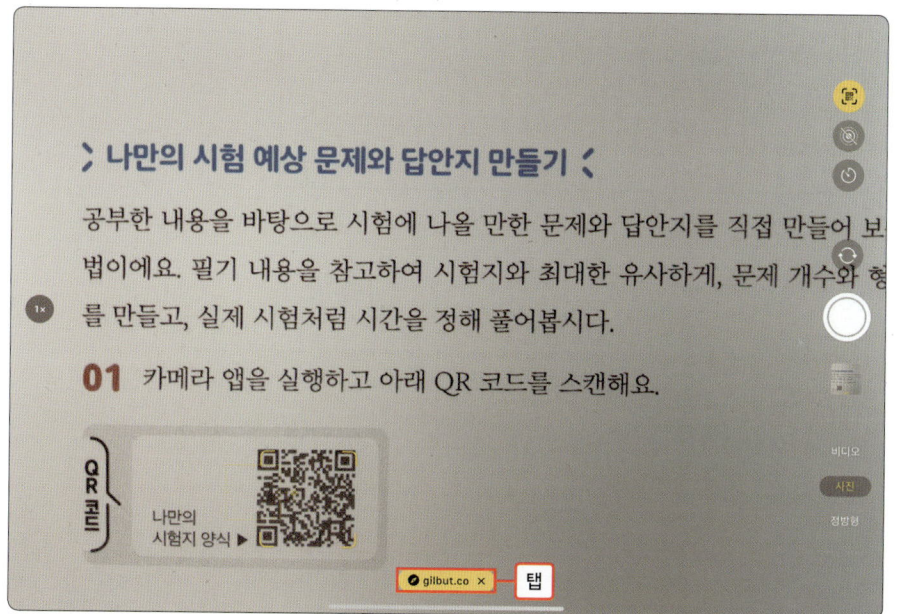

03 [공유(⬆)]를 탭하고 [Goodnotes에서 열기]를 선택해요.

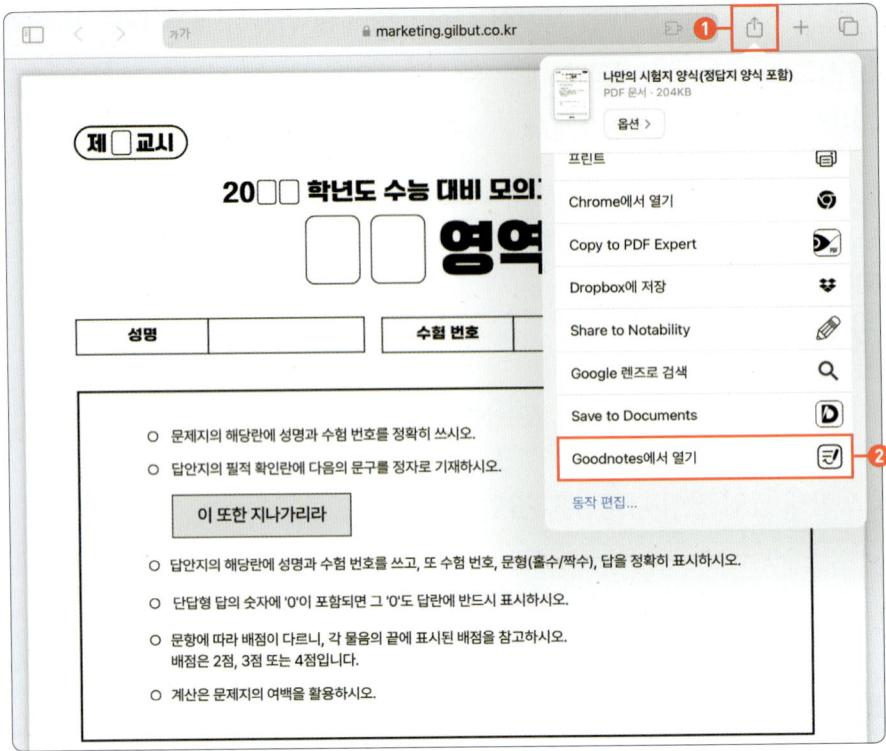

04 [새로운 문서로 불러오기]를 탭해요.

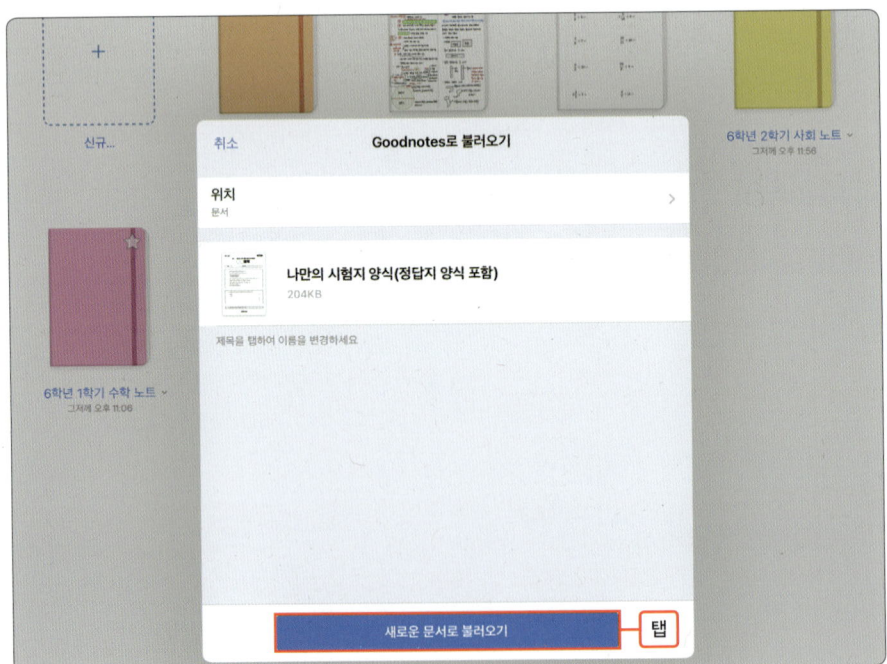

05 나만의 시험지 양식을 굿노트로 불러왔어요. [더 보기(...)]-[페이지를 휴지통으로 이동하기]를 탭하여 필요 없는 페이지를 삭제해요.

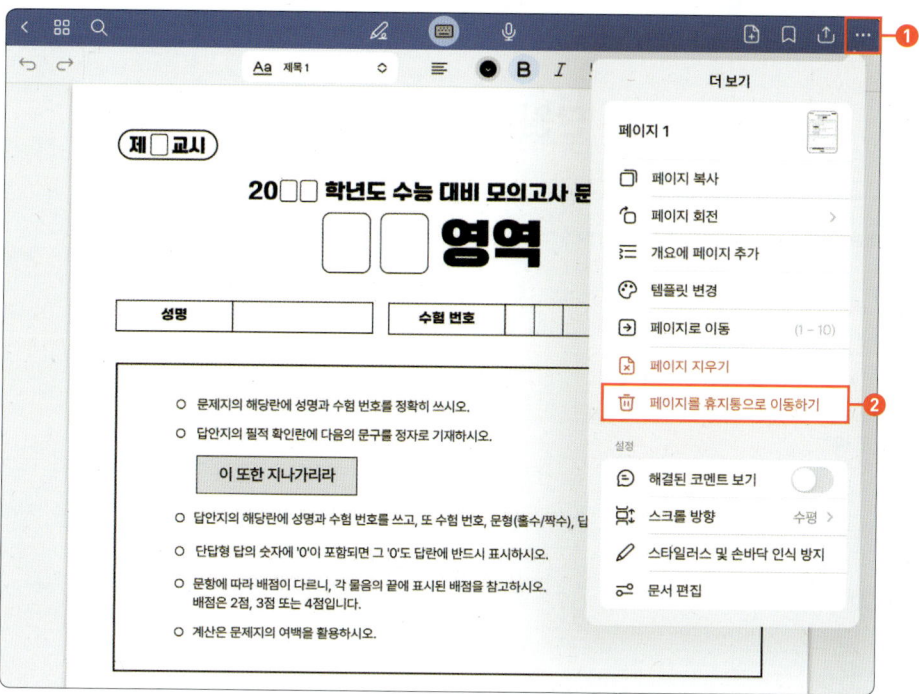

06 [페이지 추가( )]를 탭해서 필요한 페이지를 추가해요.

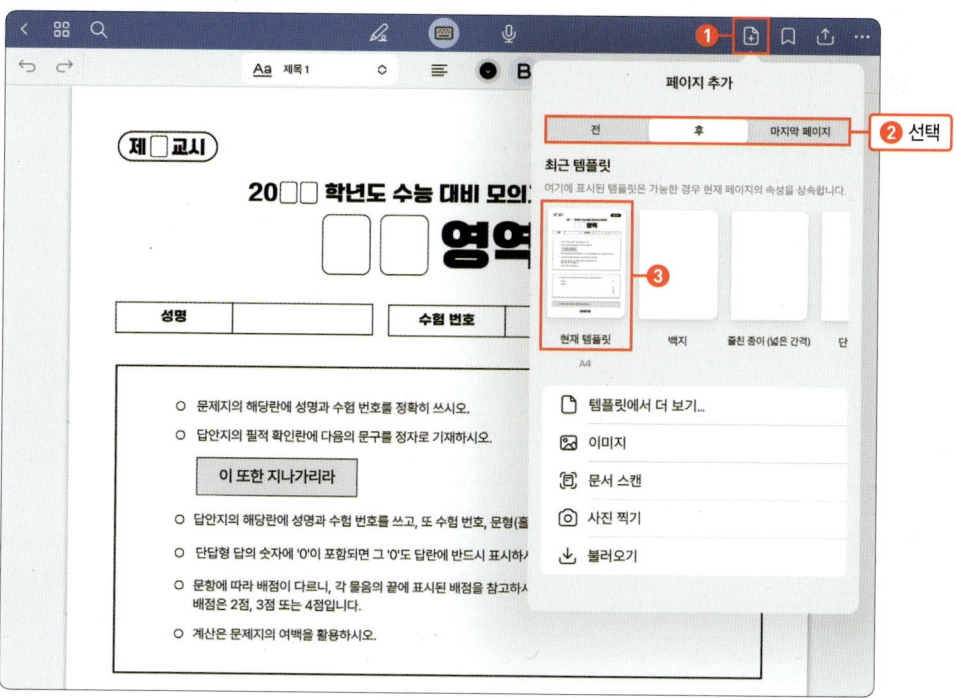

07 시험 문제를 만들어요.

사회 과목   1 단원   단원평가

___반 ___번 성명: _____   시험일: _____

1. 지구를 일정한 비율로 축소한 모형을 가리키는 말은 무엇인가요?

2. 적도를 기준으로 남북으로 각각 90도로 각도를 나타낸 것을 무엇이라고 하나요?

3. 지구본의 장점을 한 가지 쓰세요.

4. 세계 지도의 장점으로 알맞은 것은 무엇인가요?
   1) 세계 여러 나라의 위치를 한눈에 볼 수 있다.
   2) 인터넷이 사용 가능해야만 쓸 수 있다.
   3) 영토 모양이 실제와 다를 수 있다.
   4) 영토 모양이 왜곡되어 나타날 수 있다.

5. 다음 중 대양이 아닌 것은 무엇인가요?
   1) 태평양
   2) 남해
   3) 대서양
   4) 인도양

6. 우리나라는 어느 대륙에 속해있나요?

7. 세계에서 가장 면적이 좁은 나라는 어디인가요?

8. 세계에서 가장 면적이 넓은 나라는 어디인가요?

9. 영토의 모양이 장화 모양인 나라는 어디인가요?

10. 세계 여러 나라의 영토 모양은 (   ).

다음 면에 계속

스마트 팁 ▷ 입력해야 할 내용이 많다면 [타이핑 모드(▣)]로 입력하는 것을 추천해요. 타이핑 모드는 필기 모드와 달리 글씨 크기를 자유롭게 조절할 수 없으며, '스타일 및 서식'에서 정해진 스타일대로만 변경할 수 있어요. 글씨 크기가 작다면 '스타일 및 서식'에서 [제목 1] 혹은 [제목 2]로 바꾸어 입력해 봅시다.

08 답안지를 만들어요.

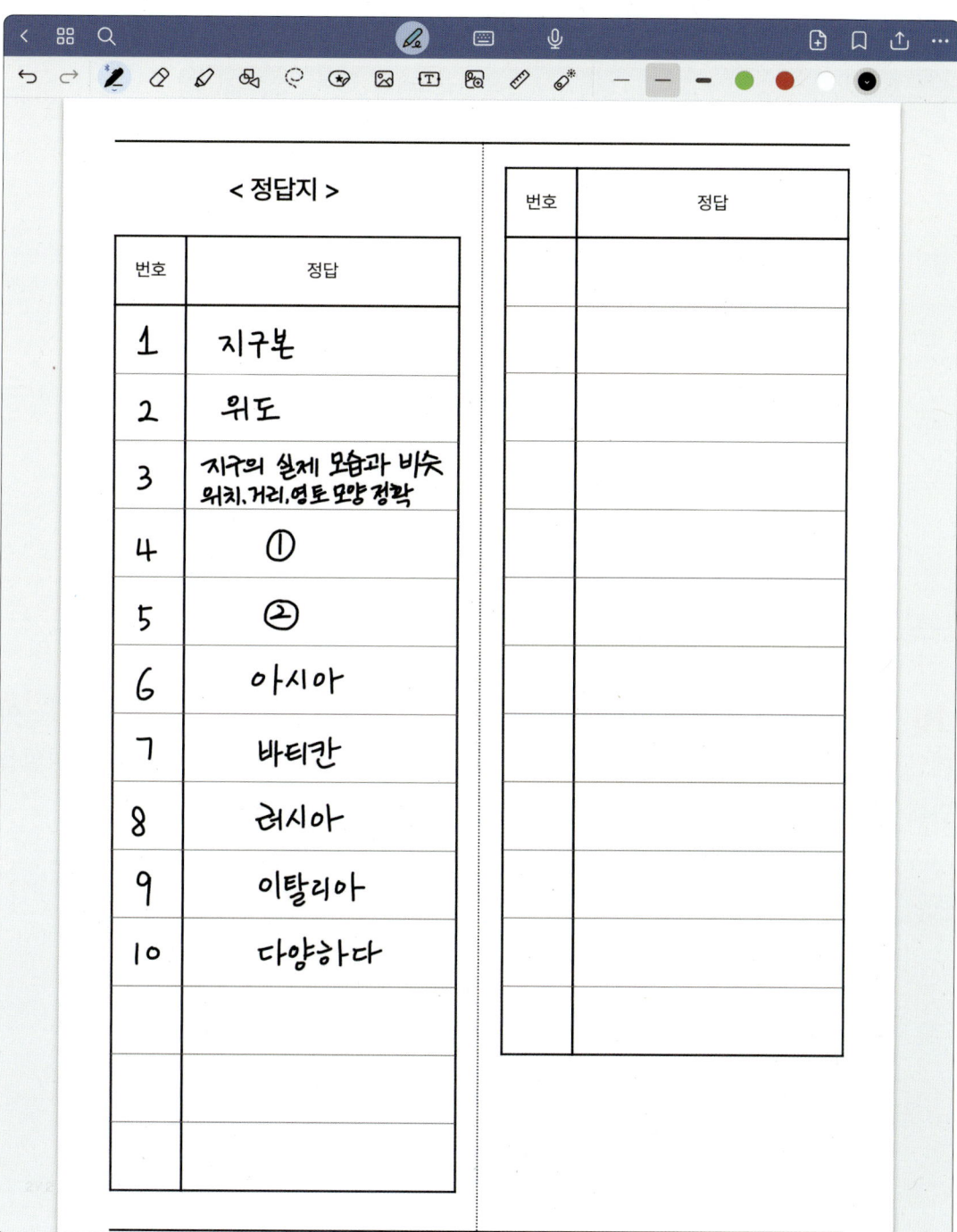

09 굿노트에서 바로 시험지를 풀어도 되고, 인쇄해서 풀어도 돼요. 인쇄해서 풀고 싶다면 PDF 파일을 컴퓨터로 보내야 해요. [공유(　)]-[모두 보내기]를 탭해요.

10 원하는 형식을 선택하고 [보내기]를 탭해요. [PDF] 혹은 [이미지] 형식을 추천해요. 이메일, 카카오톡, 센드 애니웨어와 같은 플랫폼을 활용해 파일을 컴퓨터로 보낸 다음, 파일을 인쇄해서 시험지를 풀어 봅시다.

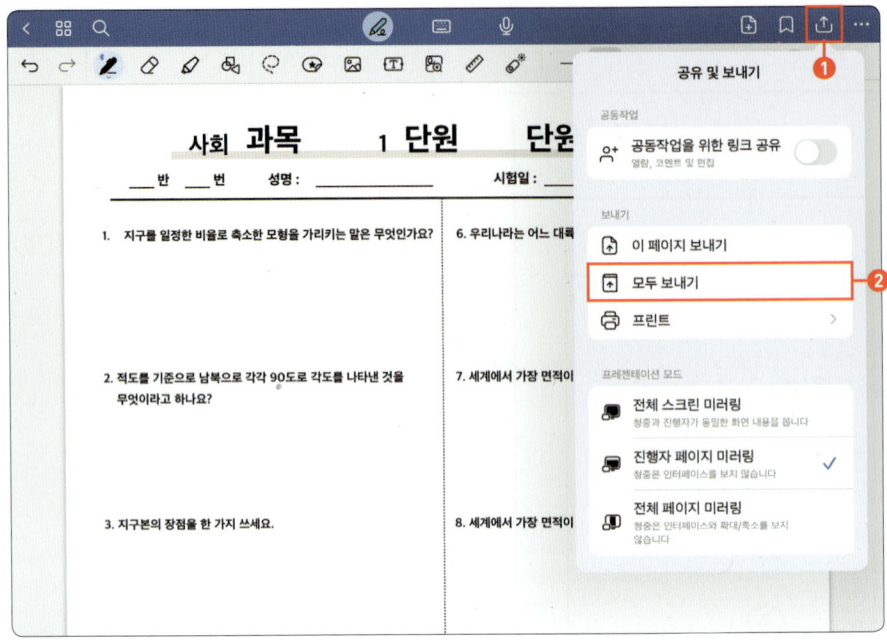

공부를 도와주는 앱, 이렇게 활용해요

우리는 '앱'을 통해 스마트 기기를 다양하게 활용할 수 있어요. 지금까지 알아본 굿노트처럼 공부할 때 유용하게 활용할 수 있는 앱들도 많은데요. 이러한 앱을 활용하면 공부를 더 효율적으로, 또 재미있게 할 수 있어요. 공부를 도와주는 앱에는 어떤 것들이 있는지, 각 앱의 특징과 장점은 무엇인지 알아봅시다.

STEP 01 공부 시간을 측정하는 앱, 열품타

열품타는 '열정 품은 타이머'의 줄임말이에요. 스톱워치와 캠스터디 기능을 제공하는 앱으로, 공부 시간을 측정하고 공유하는 것은 물론, 자동으로 공부 스케줄이 기록되어 편리해요.

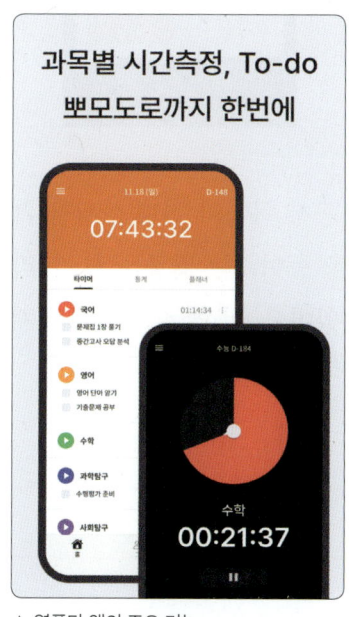
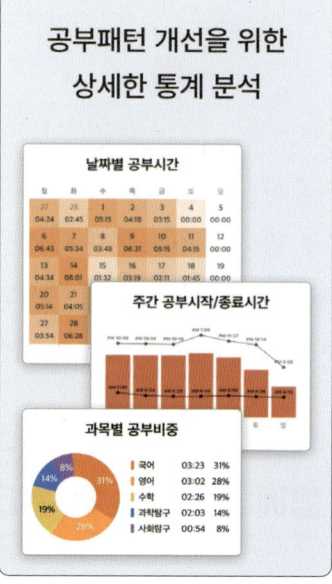
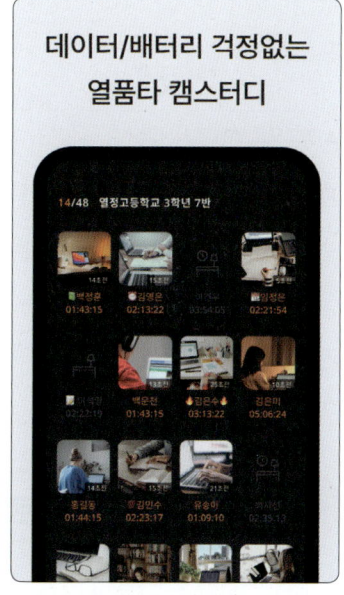

▲ 열품타 앱의 주요 기능

이 앱의 주 기능인 '스톱워치'를 통해 과목별 공부 시간을 측정할 수 있으며, 가입한 그룹이나 같은 카테고리에 속하는 사람의 공부 시간도 함께 표시되기 때문에 공부 자극을 받을 수 있어요. 공부 시간 측정 중에는 미리 정해놓은 일부 앱만 사용할 수 있어서 공부에 집중할 수 있어요. 또 하나의 주 기능인 '캠스터디'로는 실시간으로 서로 공부하는 모습을 볼 수 있어요. 친구들과 함께 공부할 때 동기 부여를 확실히 할 수 있겠지요?

STEP 02 체계적으로 공부를 도와주는 앱, 뽀모도로

'뽀모도로'는 이탈리어로 토마토를 뜻하며, 요리용 타이머를 이용해 25분 집중 후 휴식하는 시간 관리법에서 이름이 유래되었어요.

▲ 뽀모도로 앱의 주요 기능

뽀모도로 앱은 25분 집중과 5분 휴식을 위한 뽀모도로 타이머, 공부 목록과 진행 상황을 확인할 수 있는 To-Do 리스트, 공부 방해 요소를 차단해 집중력을 높여주는 집중 모드, 그리고 공부 시간을 분석해 주는 통계 및 리포트 기능으로 구성되어 있어요. 이 앱을 활용하면 체계적으로 공부 시간을 관리할 수 있으며, 방해 요소 없이 집중하여 공부할 수 있어요.

STEP 03 인공지능과 함께 공부하는 앱, 콴다

콴다는 문제 풀이를 확인할 수 있는 앱으로, 질문과 답변을 뜻하는 'Q&A'에서 앱 이름을 따왔어요. 모르는 문제를 카메라 앱으로 촬영하여 업로드하면 인공지능이 문제를 인식하고 문제 풀이를 단계별로 알려줘요. 또, 유사 문제를 제시하거나 문제와 관련된 개념 강의를 찾아 주기도 해요.

 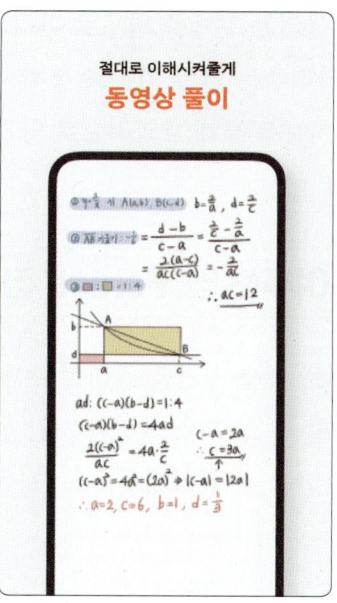 

▲ 콴다 앱의 주요 기능

일반 문제뿐만 아니라 그래프도 인식이 가능하기 때문에 대부분의 수학 문제는 다 해결할 수 있지요. 콴다가 제시한 문제 풀이를 참고하여 문제를 다시 풀어보거나, 유사 문제를 풀어 보며 풀이 방법을 제대로 익힐 수 있어요.

STEP 04 맞춤형 암기 카드를 만드는 앱, 암기짱

암기짱은 텍스트, 사진, 음성, 손글씨 등 다양한 형태로 맞춤형 암기 카드를 만드는 앱이에 요. 컴퓨터에서 카드를 만들고 QR 코드를 통해 앱으로 쉽게 전송할 수도 있어요. 다양한 방 식으로 제작된 암기 카드를 통해 재미있고 효율적으로 복습할 수 있으며, 제작한 카드를 친 구들과 공유하여 함께 학습할 수도 있어요.

01 나만의 암기카드 만들기
텍스트, 사진, 음성, 손글씨 노트 등을 이용해서 원하는 내용의 카드를 만듭니다. 웹에서 작성 후 앱으로 보낼 수도 있습니다.

02 언제 어디서나 공부하기
만든 카드가 리스트 형식으로 보입니다. 언제 어디서나 간편하게 앱을 열어서 공부해보세요.

03 자주 보고 복습하기
테스트 모드에서 공부한 내용을 테스트할 수 있습니다. 그리고 여러 개의 푸시 알림 설정으로 잊지 말고 반복 공부해보세요.

▲ 암기짱 앱의 주요 기능

또, 오답 노트 기능을 통해 자주 틀리는 문제를 별도로 관리할 수 있고, 학습 진행 상황을 정리한 통계 기능과 복습 시간을 알려주는 알림 기능을 통해 꾸준한 학습을 도와줘요. 플래시 카드, 암기 게임 등 다양한 추가 기능을 통해 효과적으로 암기 학습을 할 수 있답니다.

STEP 05 집중도를 높여주는 앱, Forest: 집중하기

Forest: 집중하기 앱은 효율적으로 학습 시간을 관리할 수 있도록 도와주는 앱이에요. 10분에서 180분 사이의 시간을 설정할 수 있으며, 설정한 시간 동안 다른 앱을 사용하지 않고 집중하면 나무가 자라 나만의 숲을 만들 수 있어요.

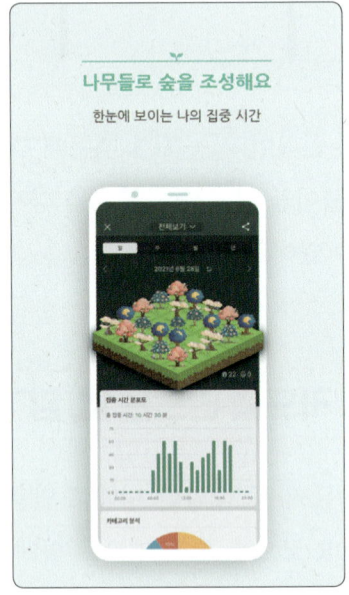

▲ Forest: 집중하기 앱의 주요 기능

또한, 사용자가 집중한 시간을 통계로 보여주어 효율적인 시간 관리를 할 수 있도록 도와줘요. 특히 친구와 함께 챌린지에 참여하며 공부 목표를 달성하는 기능도 있어서, 스마트폰 사용으로 인해 공부에 집중하기 어려운 친구들이 재미있게 학습 시간을 늘릴 수 있어요.

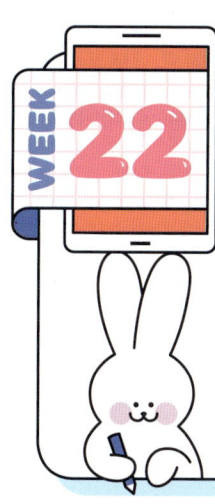

WEEK 22 아이패드 기본 앱 페이지스, 이렇게 활용해요

여러분은 문서를 편집할 때 어떤 프로그램을 사용하나요? 아마 한글, 파워포인트, 엑셀, 워드와 같은 앱을 사용할 거예요. 아이패드에도 이와 비슷한 기본 문서 편집 앱이 있습니다. 바로 페이지스(Pages)입니다. 페이지스를 활용해 나만의 영어 단어장을 만들어 봅시다.

STEP 01 아이패드에 무료 폰트 설치하기

01 본격적으로 페이지스 앱을 사용하기에 앞서, 영어 단어장을 만드는데 필요한 무료 폰트를 설치해 볼게요. 앱 스토어에서 [iFont(아이폰트)] 앱을 설치해요.

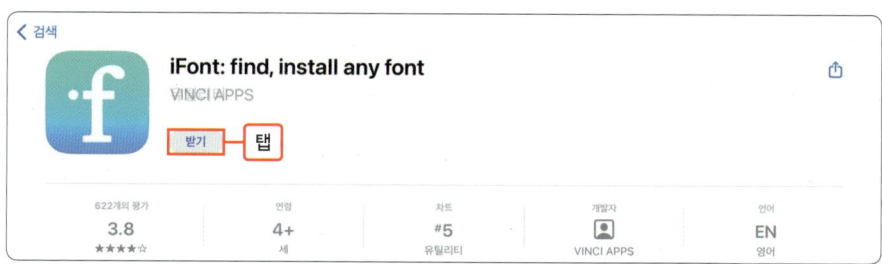

> **스마트 팁** 아이폰트 앱은 아이패드에 새로운 폰트를 설치할 때 필요한 앱이에요. 폰트를 설치하고 싶지 않다면 309쪽 페이지스 사용법으로 바로 넘어가세요.

02 사파리 앱을 실행하고 검색 창에 [눈누]를 검색해요. 검색 결과 상단에 있는 [눈누] 홈페이지를 탭해요.

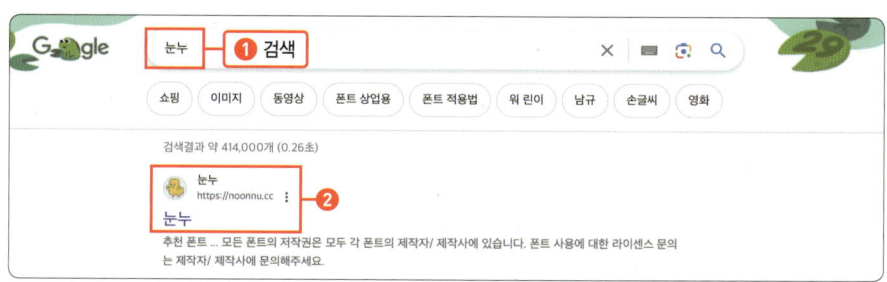

> **스마트 팁** URL 주소 입력 창에 [noonnu.cc]를 입력하여 바로 접속해도 돼요.

03 눈누는 상업용으로 사용할 수 있는 다양한 한글 폰트를 모아둔 사이트예요. [모든 폰트] 탭에서 원하는 폰트를 찾아봐요. 특별히 원하는 폰트가 있다면 폰트 이름을 검색하고, [폰트 형태]를 탭해서 폰트 형태를 기준으로 필터를 설정할 수도 있어요.

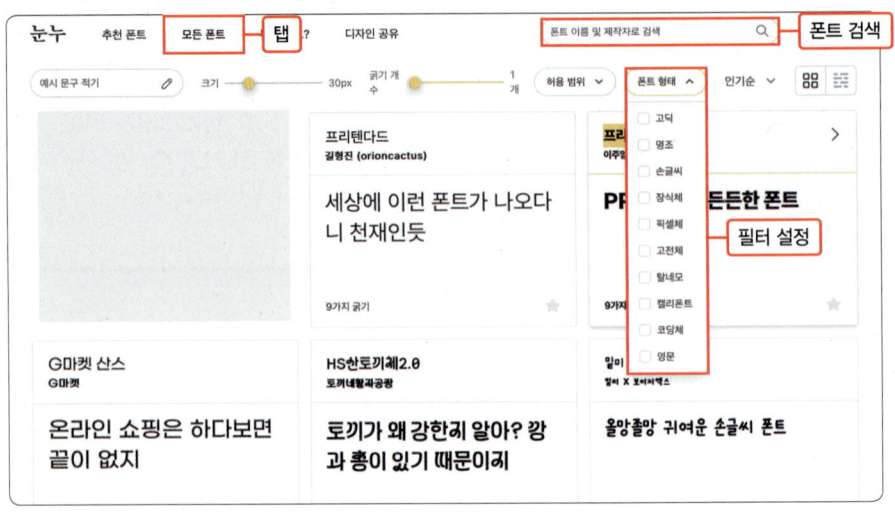

스마트 팁 폰트의 저작권 사용 범위를 꼭 확인하고 사용하도록 해요.

04 원하는 폰트를 선택하고 [다운로드 페이지로 이동]을 탭해요. 폰트 파일을 다운로드하고 파일 앱에 저장해요.

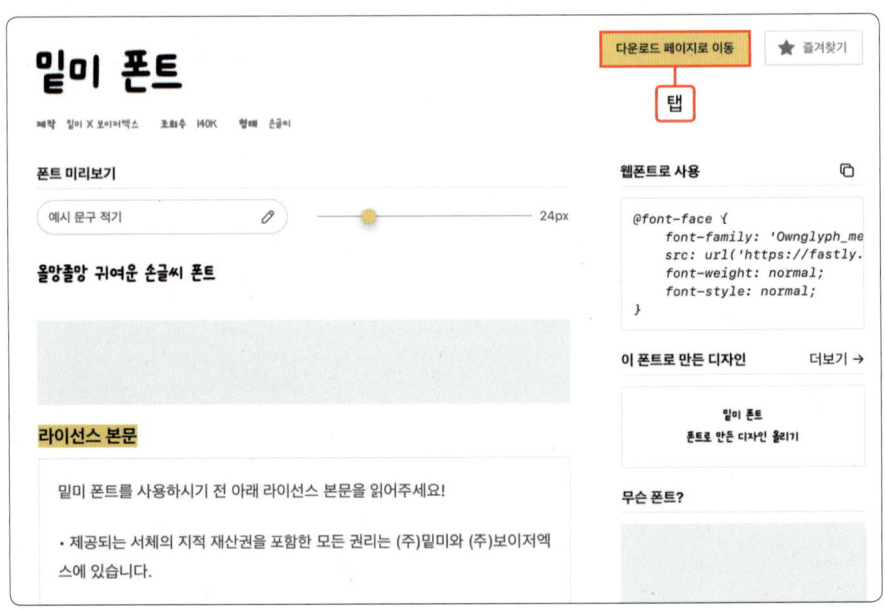

스마트 팁 눈누는 다양한 회사의 폰트를 모아주는 웹 사이트이기 때문에 폰트마다 다운로드 페이지가 달라요. 다운로드 페이지의 안내에 따라 다운로드하고 파일 앱에 저장하면 돼요.

05 다운로드한 폰트를 아이패드에 설치해 봅시다. 파일 앱을 실행하고 검색 창에 다운로드한 폰트의 이름을 검색해요. 폰트 파일을 탭해요.

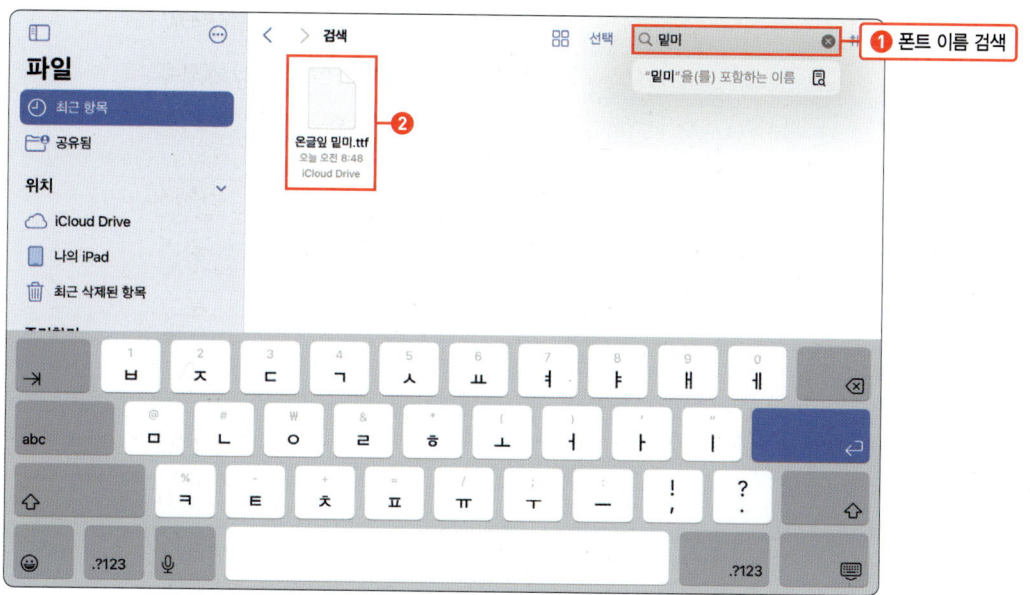

06 폰트를 iFont(아이폰트) 앱으로 보낼게요. [공유( )]를 탭하고 [iFont(아이폰트)] 앱을 선택해요.

07 iFont(아이폰트) 앱이 실행되었어요. 'Installer' 팝업 창의 [허용]을 탭하고, '프로파일이 다운로드됨' 팝업 창의 [닫기]를 탭해요.

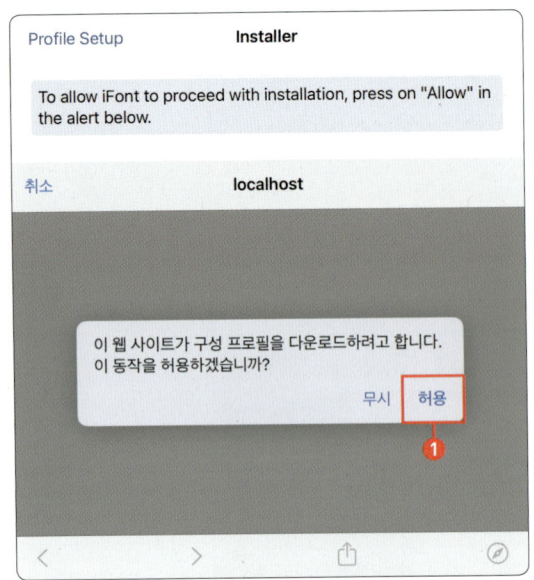
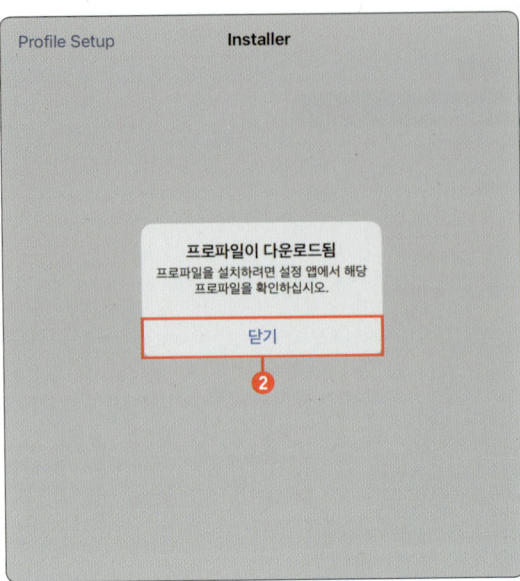

[스마트 팁] iFont(아이폰트) 앱을 처음 사용하면 'Welcome to iFont' 팝업 창이 먼저 나타날 수 있어요. 유료 계정에 대한 안내가 적혀있는 팝업 창인데, iFont(아이폰트) 앱은 유료 계정을 구입하지 않아도 충분히 사용할 수 있어요. [Start Using iFont] 버튼을 탭하여 무료로 사용해 봅시다.

08 설치를 마무리하기 위해 아이패드의 설정 앱으로 넘어가야 해요. [Open Settings]를 탭하면 설정 앱으로 바로 넘어갈 수 있어요.

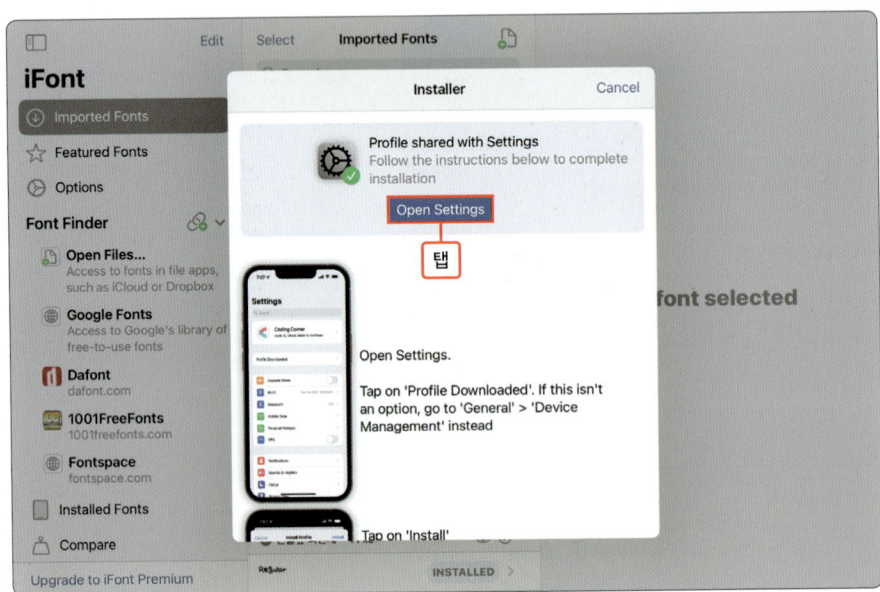

09 왼쪽 메뉴에서 [프로파일이 다운로드됨]을 탭해요. '프로파일 설치' 팝업 창이 나타나면 [설치]를 탭해요.

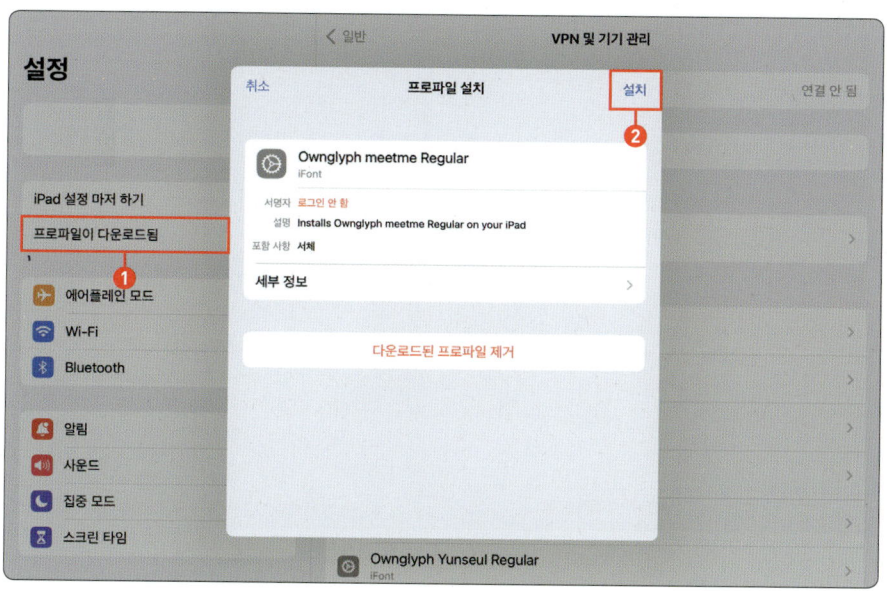

10 '경고' 팝업 창이 나타나면 [설치]를 탭해요.

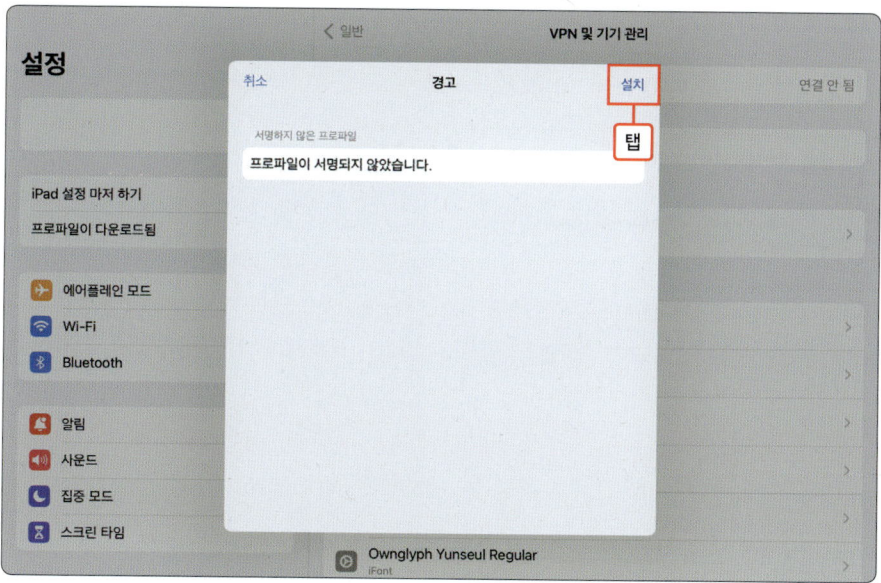

11 '프로파일 설치' 팝업 창이 나타나면 [설치]를 탭해요.

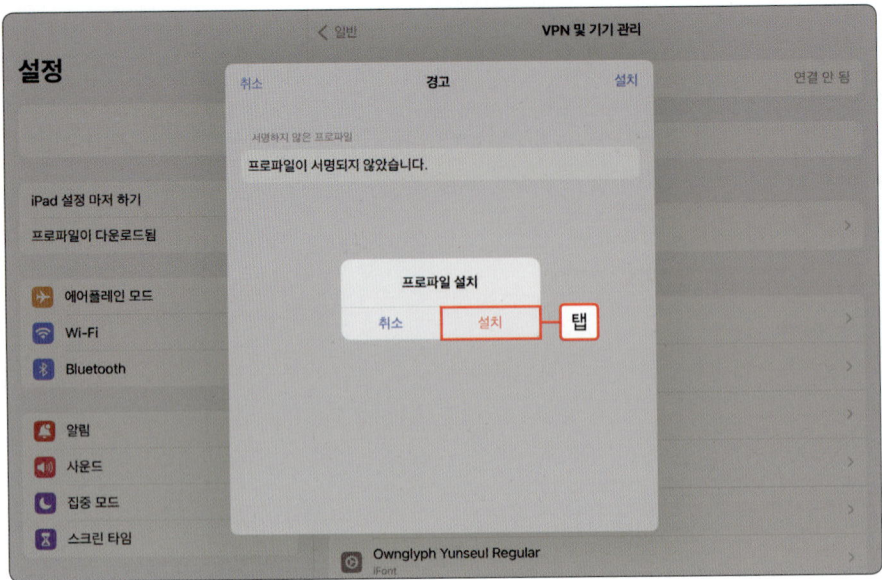

12 '프로파일 설치됨' 팝업 창이 나타나면 설치가 완료된 것이에요. [완료]를 탭하여 마무리해요.

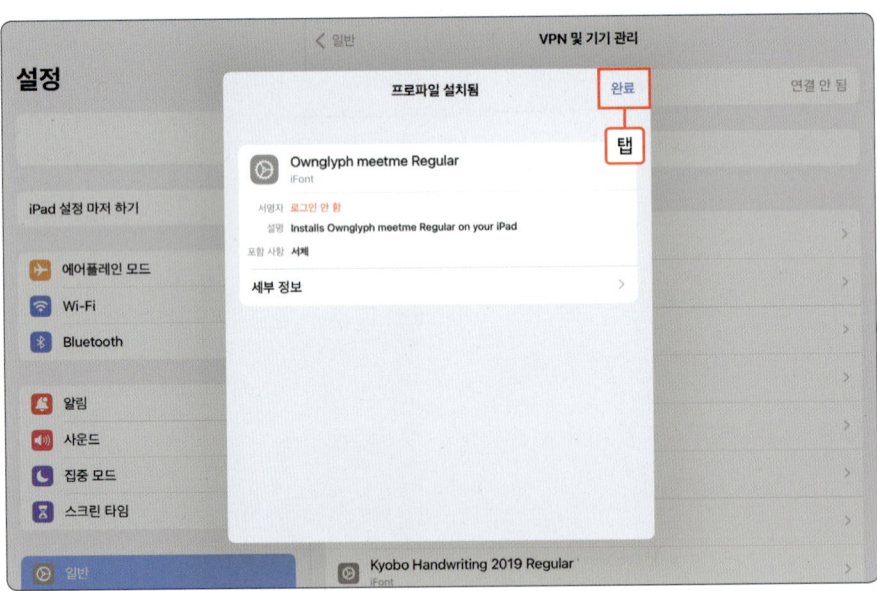

STEP 02   페이지스로 나만의 영어 단어장 만들기

앞서 살펴본 굿노트는 터치 펜을 사용해 손 필기를 하는 데 중점을 둔 앱이었지요? 페이지스는 키보드를 활용해 보고서, 전자책, 포스터, 생일 카드 등 다양한 종류의 문서를 만들어 내는 데 집중된 문서 편집 앱입니다. 페이지스에는 조건 하이라이트, 주석, 링크, 책갈피, 목차 등 유용한 기능들이 많아요. 이 기능들을 활용해 영어 단어장을 만들어 봅시다.

〉 앱 설치하고 시작하기 〈

01 앱 스토어에서 [페이지스] 혹은 [Pages]를 검색하고 앱을 설치해요. 앱 설치 방법은 93쪽을 참고해요.

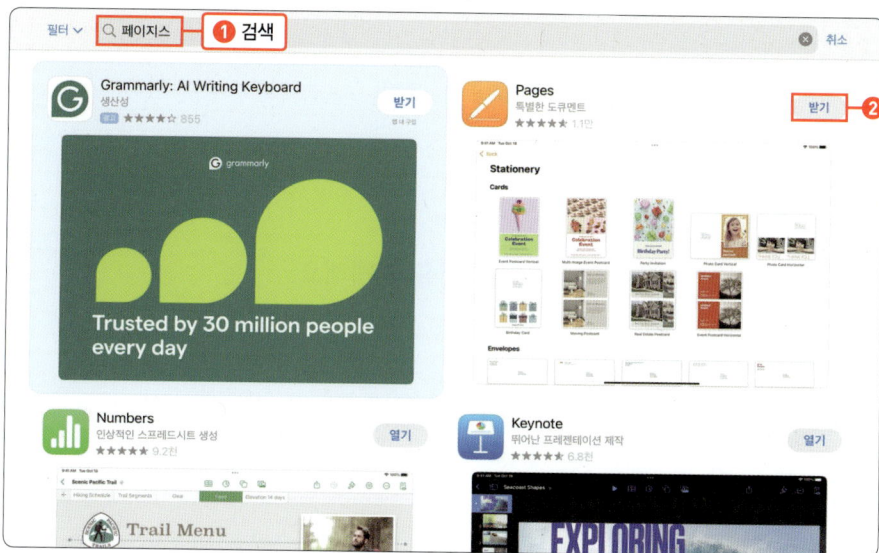

> **스마트 팁** 페이지스는 애플에서 제공하는 기본 앱이기 때문에 아이패드에서 무료로 사용할 수 있어요.

02 페이지스 앱을 실행하고 상단의 [+]를 탭해요.

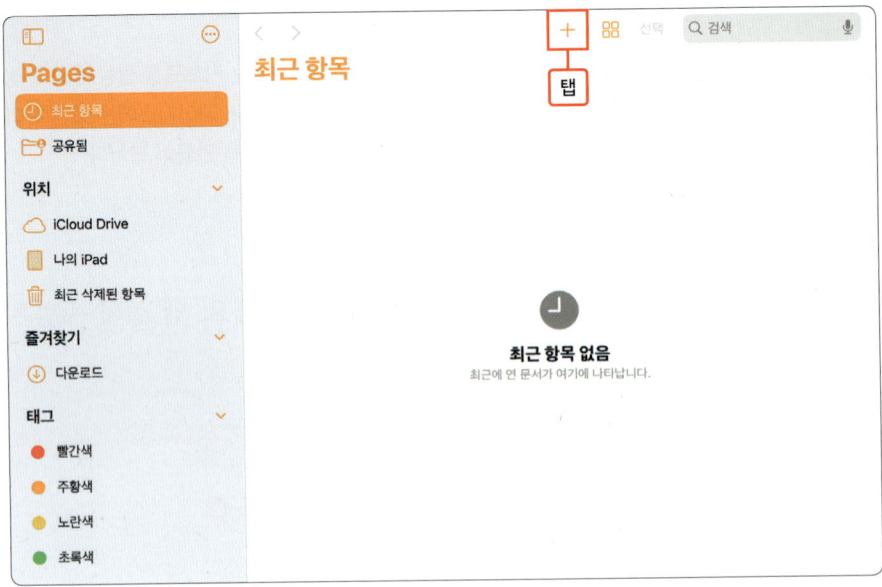

03 '템플릿 선택' 창이 나타나면 '기본'의 [빈 페이지]를 선택해요.

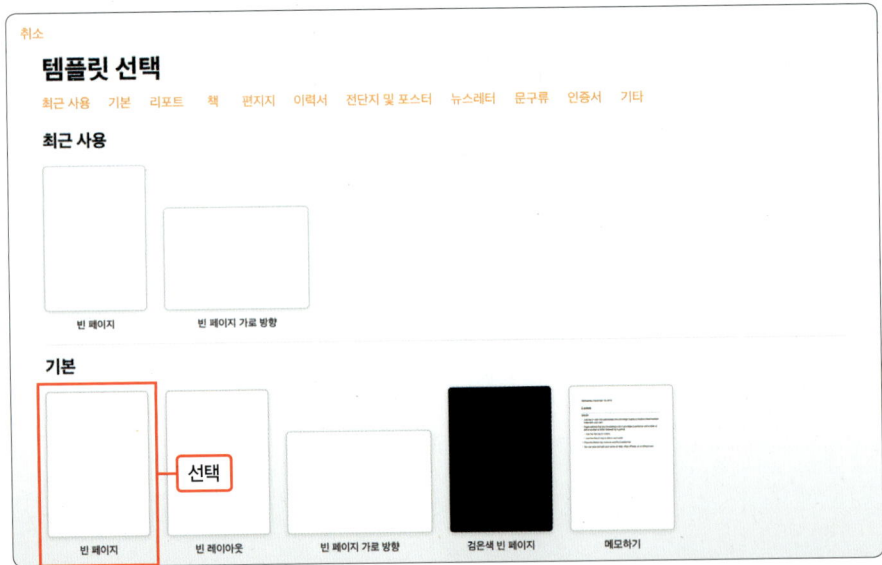

04 문서 이름을 변경해 봅시다. 왼쪽 상단의 문서 이름을 탭하고 [이름 변경]을 선택해요. 문서 이름의 배경색이 회색으로 바뀌며 수정할 수 있는 상태가 되면 [영어 단어장]이라고 입력해요.

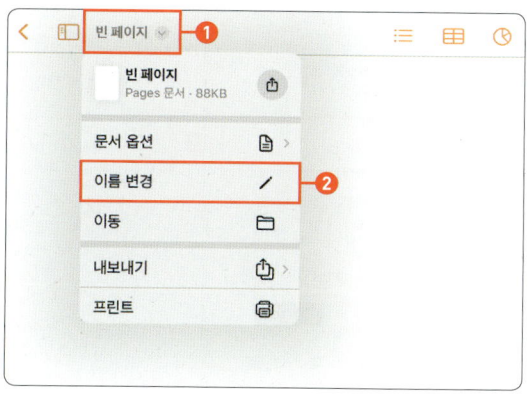 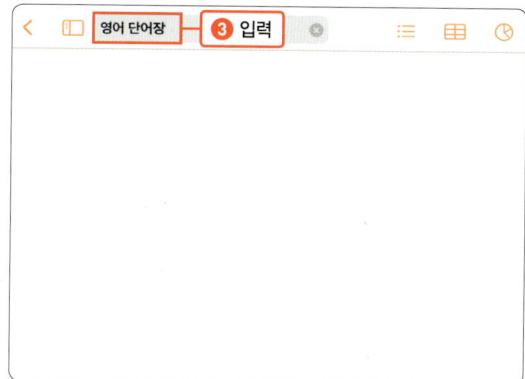

〉영어 단어장 기본 틀 만들기 〈

01 단어장 첫 페이지에 제목을 적어요. 단원명이나 교과서, 자습서 이름을 적으면 돼요. 여기서는 [1. 1단원 영어 단어 모음]이라고 적었어요.

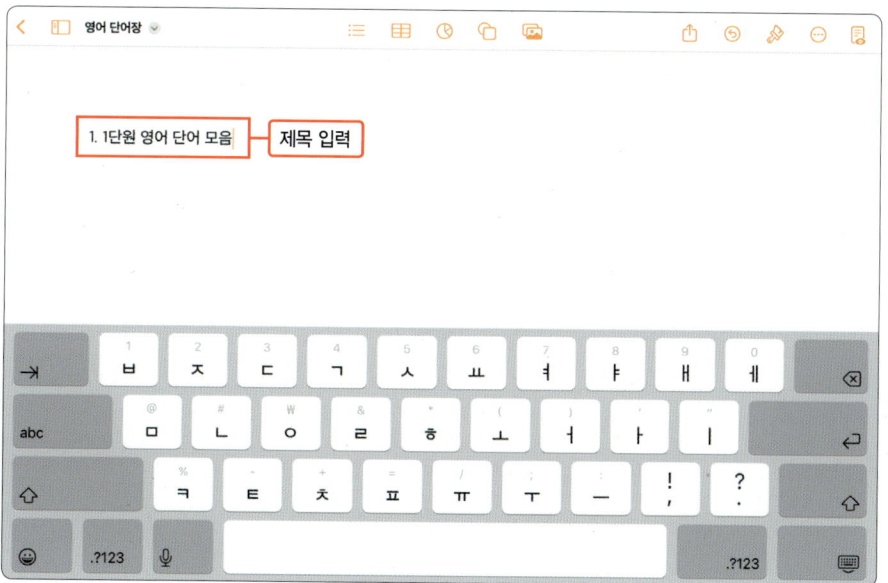

02 제목에 스타일을 적용할게요. 제목을 두 번 탭하여 전체 선택한 다음, 오른쪽 상단의 [형식( )]을 탭해요. 텍스트의 서체, 크기, 색상 등을 설정할 수 있는 창이 나타나요. '단락 스타일'의 기본 설정값인 [본문]을 탭해요.

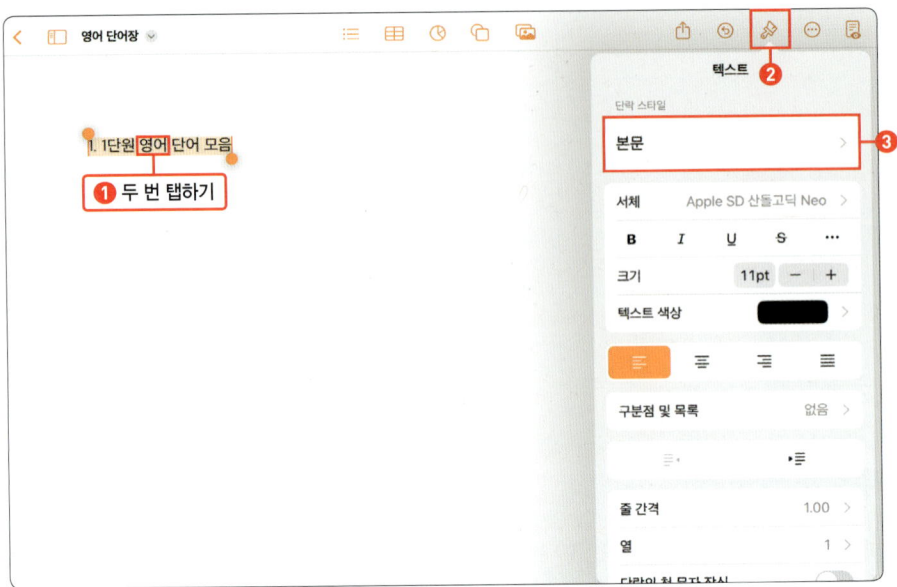

03 지정한 텍스트의 단락 스타일을 설정할 수 있어요. [부제]를 선택해요.

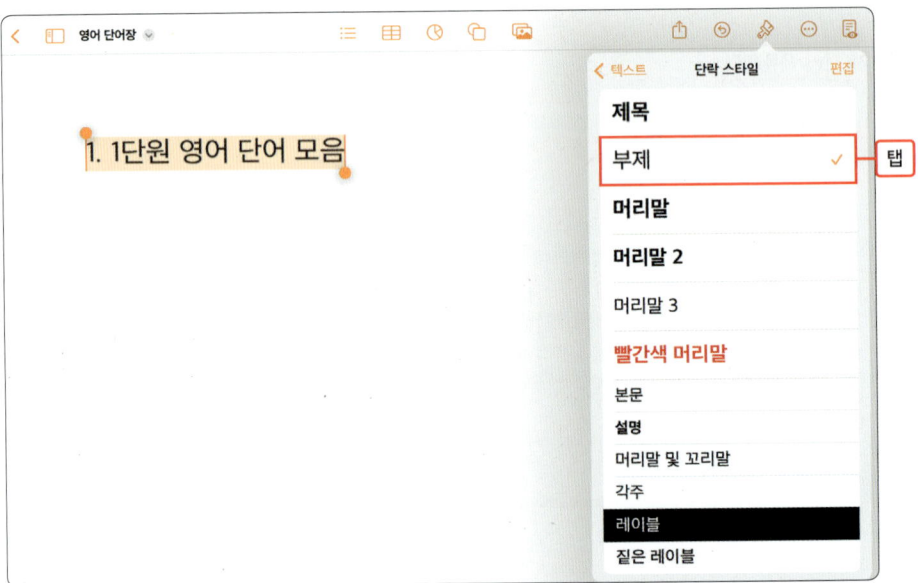

04 이번에는 단어를 입력할 표를 만들어 볼게요. 상단의 [표(⊞)]를 탭하고 원하는 스타일을 선택해요.

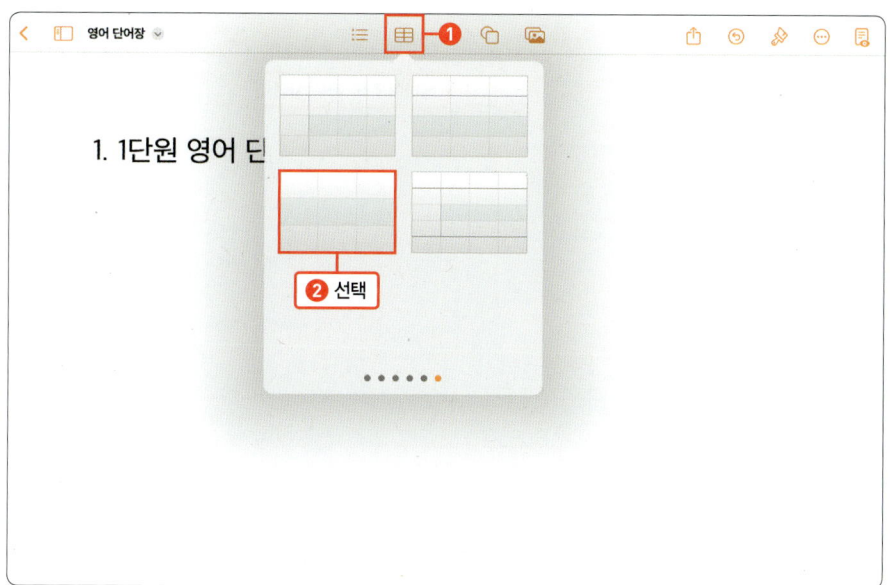

05 표를 한 번 탭하면 표 전체를 선택할 수 있어요. 파란색 원들을 드래그하여 표 크기를 조정해요.

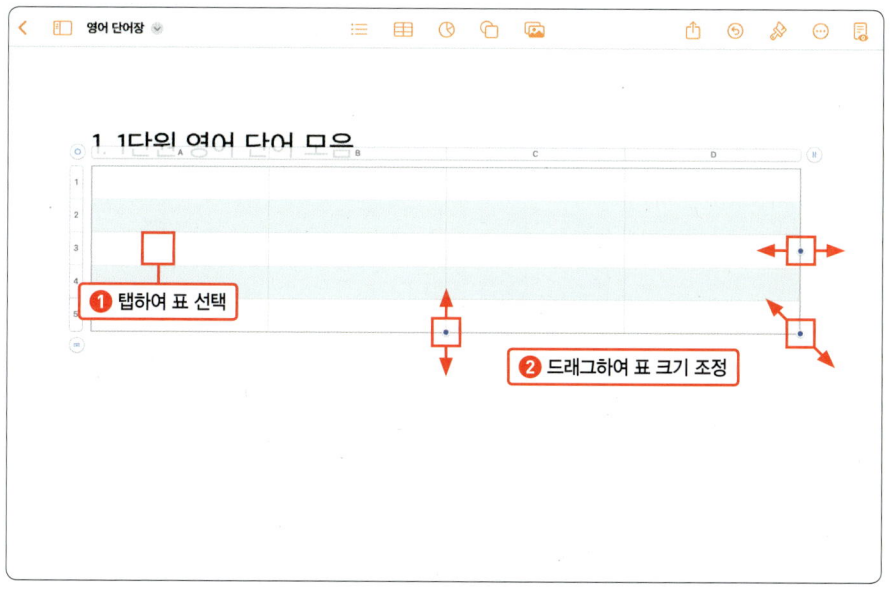

06 표의 오른쪽 상단에 있는 ⑪ 아이콘을 탭하면 칸(세로줄)의 개수를 설정할 수 있어요. 표의 왼쪽 하단에 있는 ⑪ 아이콘을 탭하면 줄(가로줄)의 개수를 설정할 수 있어요.

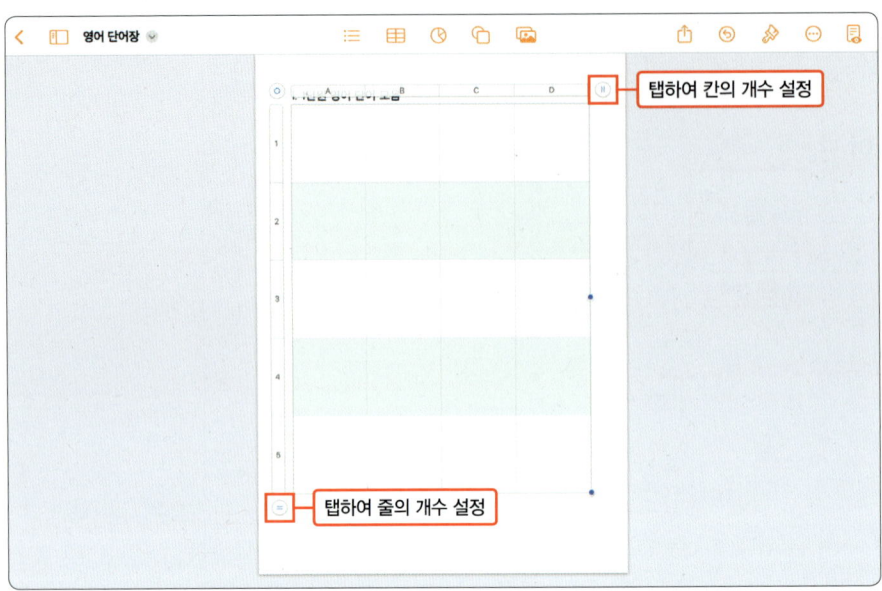

07 칸과 줄의 개수를 입력해요. 단어장의 큰 틀이 완성되었어요.

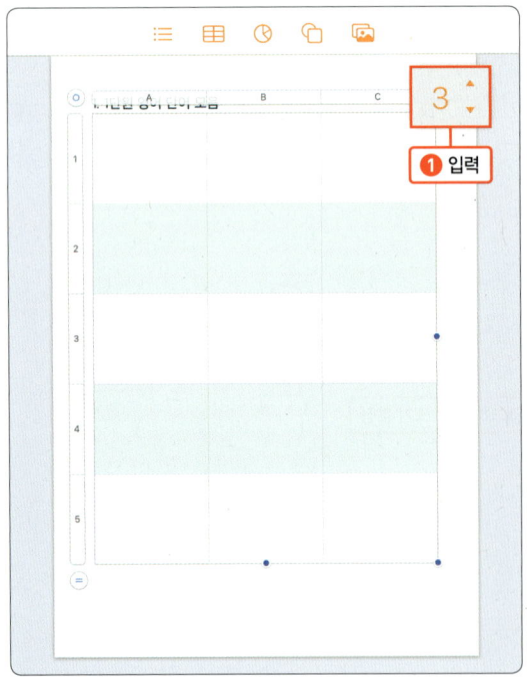

08 표 안의 한 칸 한 칸을 '셀'이라고 해요. 단어가 반듯하게 입력되도록 모든 셀의 스타일을 통일해 볼게요. 표를 한 번 탭하여 표 전체를 선택해요. 오른쪽 상단의 [형식(✎)]-[셀]을 탭하고 [서체]를 선택해요.

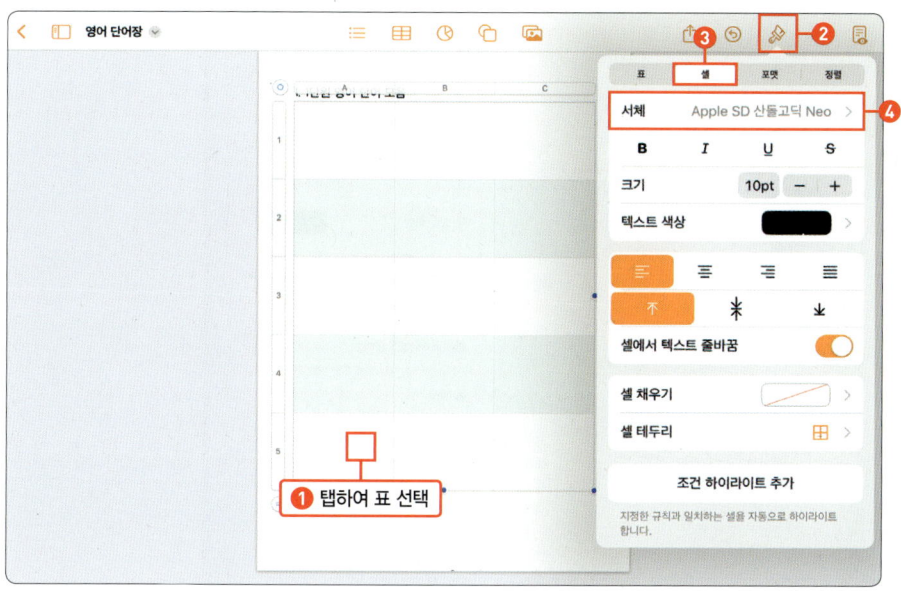

09 마음에 드는 서체를 선택하고 [셀]을 탭해요.

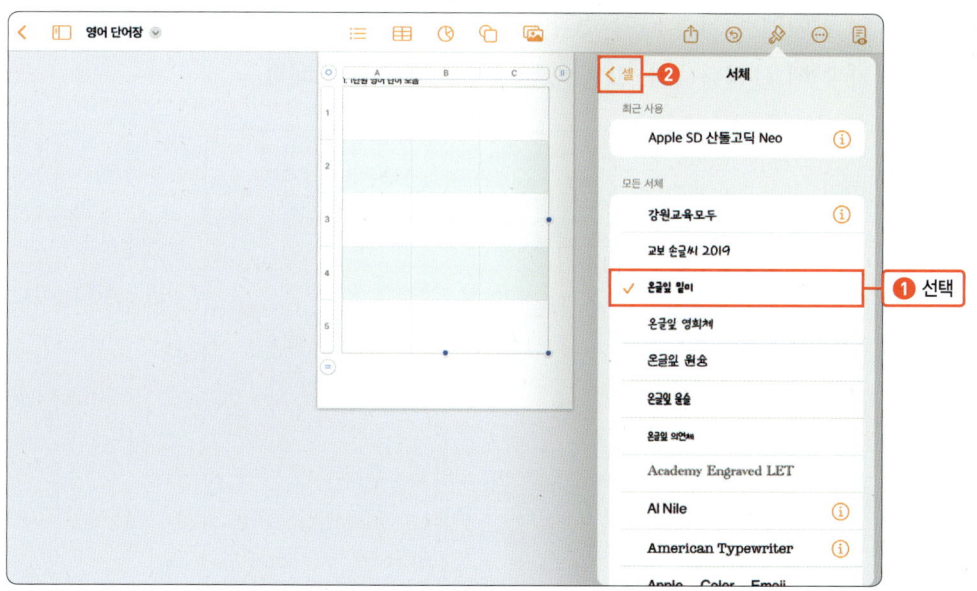

> **스마트 팁** 손 글씨 스타일의 서체를 다운로드해서 사용하면 더 좋아요. 서체를 다운로드하는 방법은 303쪽을 참고하세요.

10 셀의 가로세로 정렬을 설정해 볼게요. [가운데 정렬(☰)]과 [중앙 정렬(╪)]을 탭해요. 서체 크기를 [45]pt로 설정하고 표의 첫 번째 줄과 두 번째 줄에 [school]과 [book]을 입력해요. 단어가 셀 정중앙으로 정렬된 것을 확인할 수 있어요.

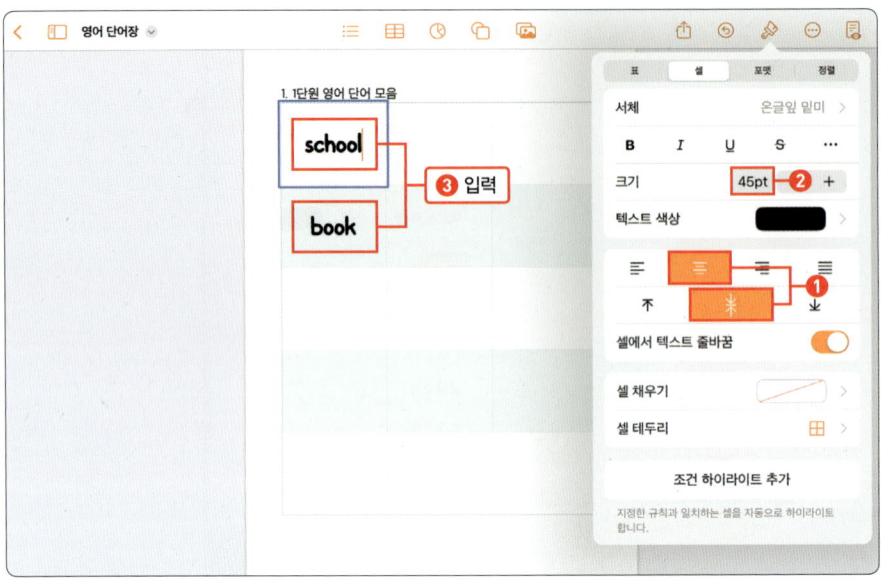

⟩ 주석 기능으로 단어 뜻과 예문 정리하기 ⟨

01 이번에는 영어 단어에 주석을 달아 뜻과 예문을 정리해 볼게요. 셀 안에 입력한 단어를 두 번 탭하면 단어가 전체 선택됩니다. 팝업 메뉴 중 [주석]을 선택해요.

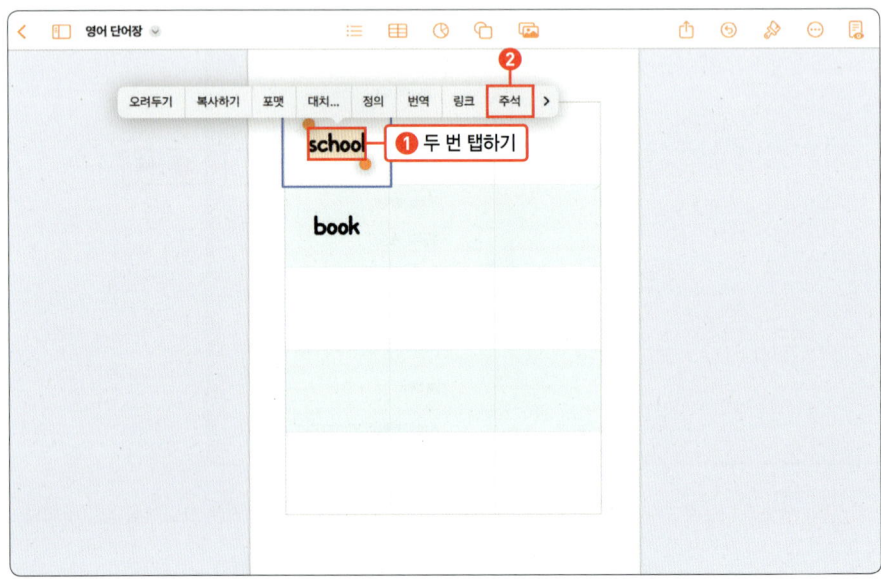

02 주석 입력 창이 나타나면 단어의 뜻과 예문을 입력하고 [완료]를 탭해요.

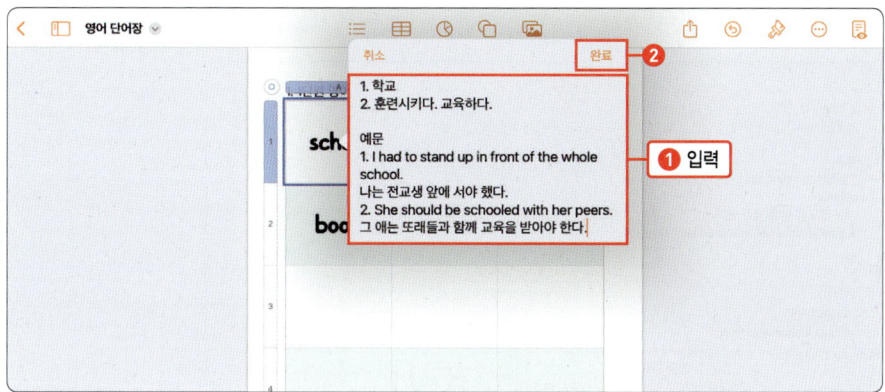

03 단어의 뜻과 예문이 잘 입력된 것을 확인할 수 있어요. 공부하다가 추가하고 싶은 내용이 생기면 [답글]을 탭하여 주석을 추가할 수 있어요.

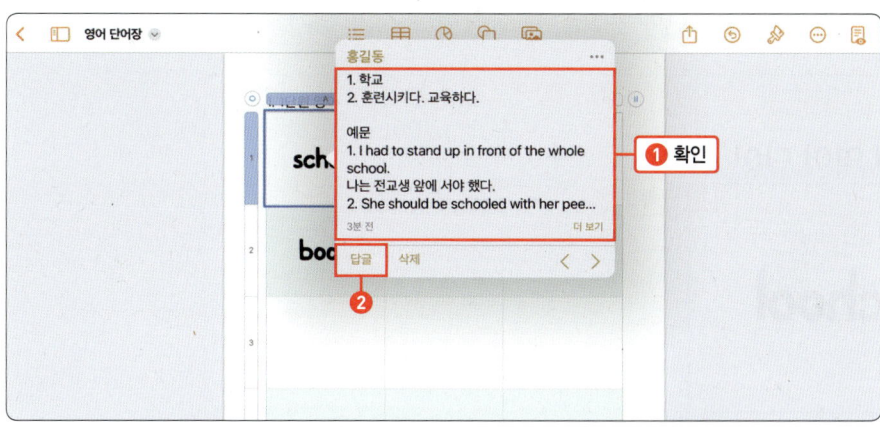

04 답글을 다 입력한 다음 [완료]를 탭하면 기존에 입력한 주석 아래에 추가됩니다.

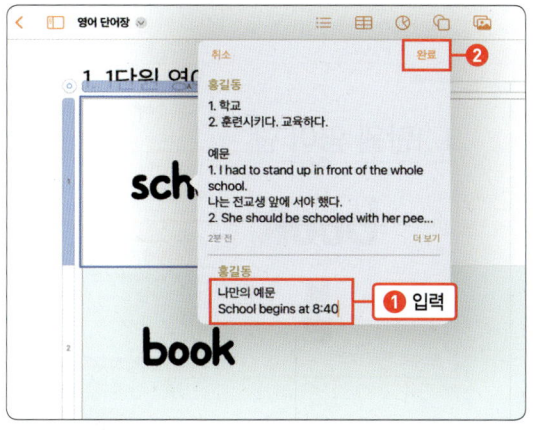 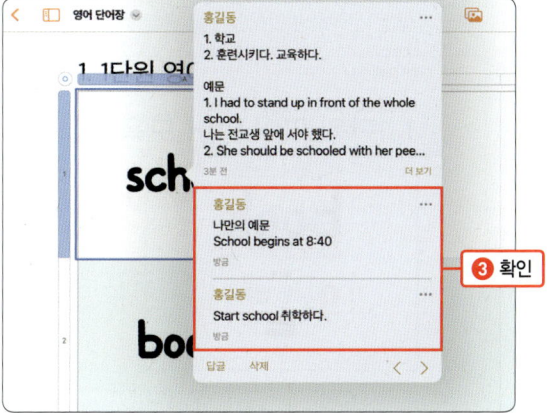

05 답글을 수정하고 싶다면 답글 오른쪽에 있는 [더 보기(...)]를 탭해요. [답글 편집]과 [답글 삭제] 중 원하는 것을 선택해요.

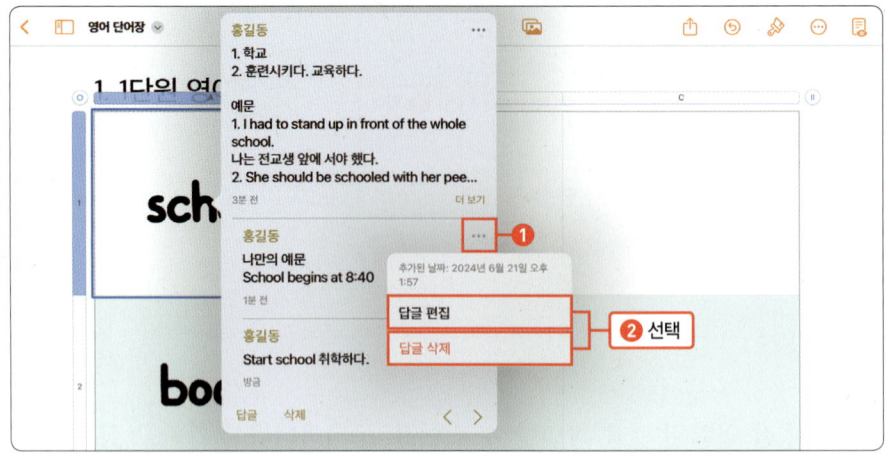

06 주석이 달린 셀의 오른쪽 상단에는 노란색 삼각형 표시가 생겨요.

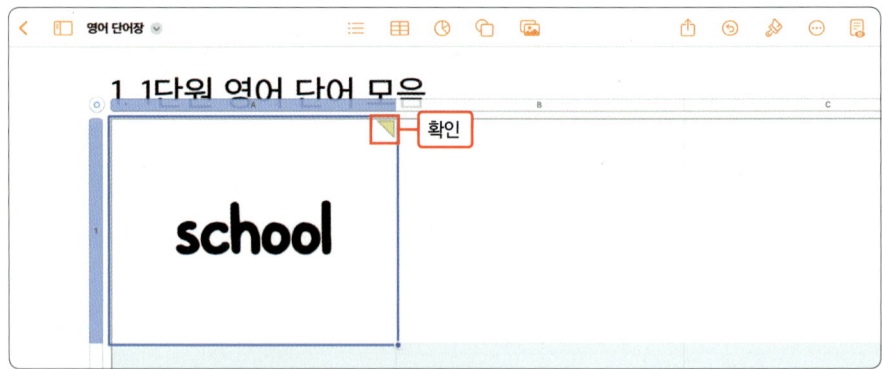

> ✨ **잠깐만요!** 단어의 뜻을 빠르게 확인하고 싶어요!
>
> 아이패드 자체의 정의 기능을 활용하면 단어 뜻을 쉽게 확인할 수 있어요. 단어를 두 번 탭하면 팝업 메뉴가 나타나요. 여기서 [정의]을 선택하면 단어의 뜻을 바로 알 수 있습니다.

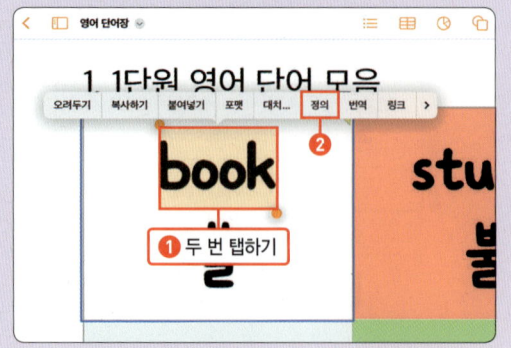 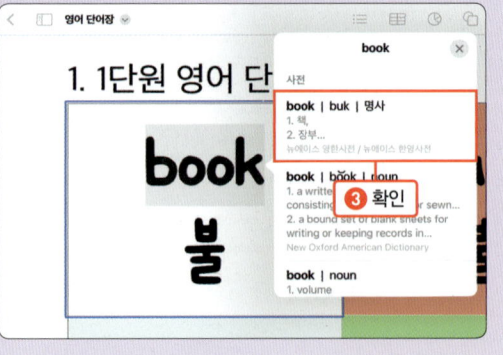

07 같은 방법으로 'book'에도 주석을 달아요.

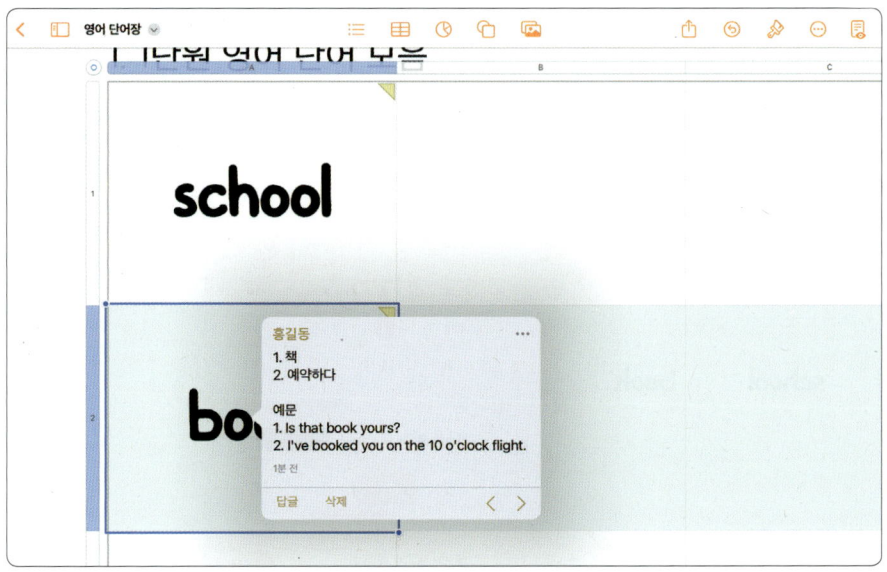

> [스마트 팁] 주석 아래 화살표 [<], [>]를 탭하면 다른 단어의 주석으로 넘어갈 수 있어요.

08 단어가 적힌 셀을 꾹 누른 상태에서 드래그하면 위치를 옮길 수 있어요. 주석은 셀과 한 몸처럼 함께 움직이기 때문에, 단어를 옮기면 주석도 따라서 옮겨집니다.

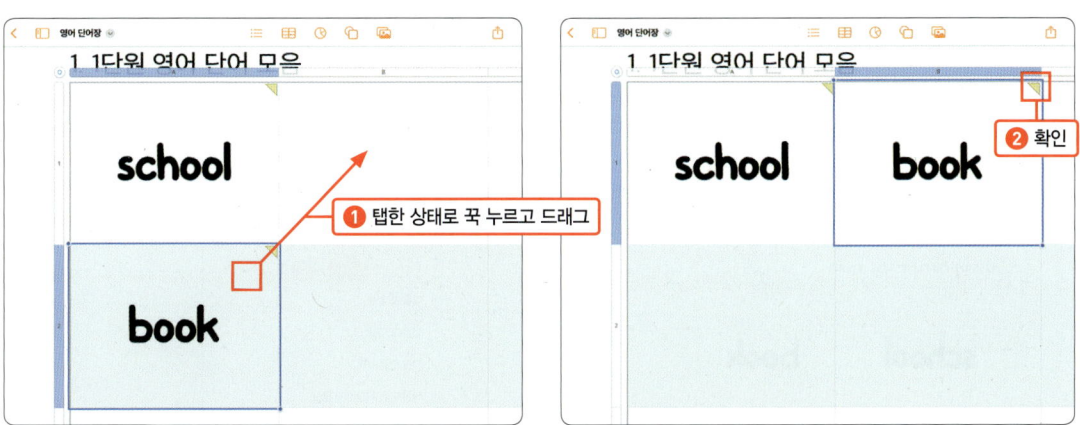

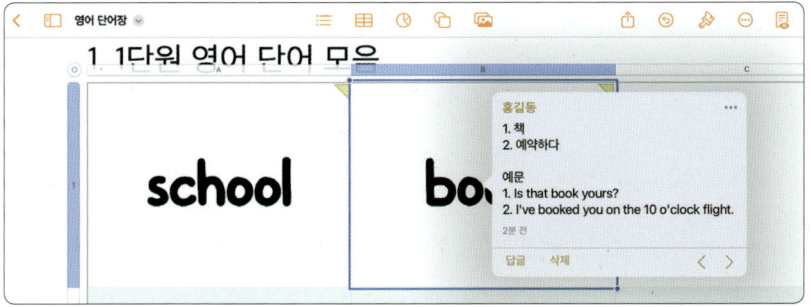

STEP 03 조건 하이라이트로 더 똑똑하게 암기하기

01 조건 하이라이트 기능을 활용하면 외운 단어와 외우지 못한 단어를 시각적으로 구분할 수 있습니다. 우선, 표를 한 번 탭하여 표 전체를 선택합니다. 오른쪽 상단의 [형식(🖌)]-[셀]을 탭한 다음 [조건 하이라이트 추가]를 선택해요.

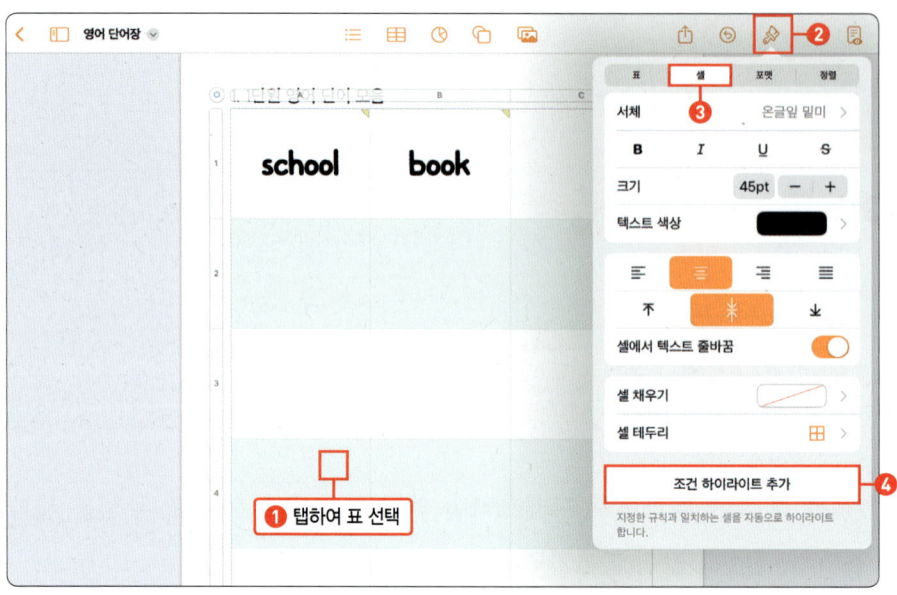

02 외운 단어에 색을 칠하는 규칙을 만들어 볼게요. '규칙 선택' 창이 나타나면 [텍스트]-[다음을 포함]을 선택해요.

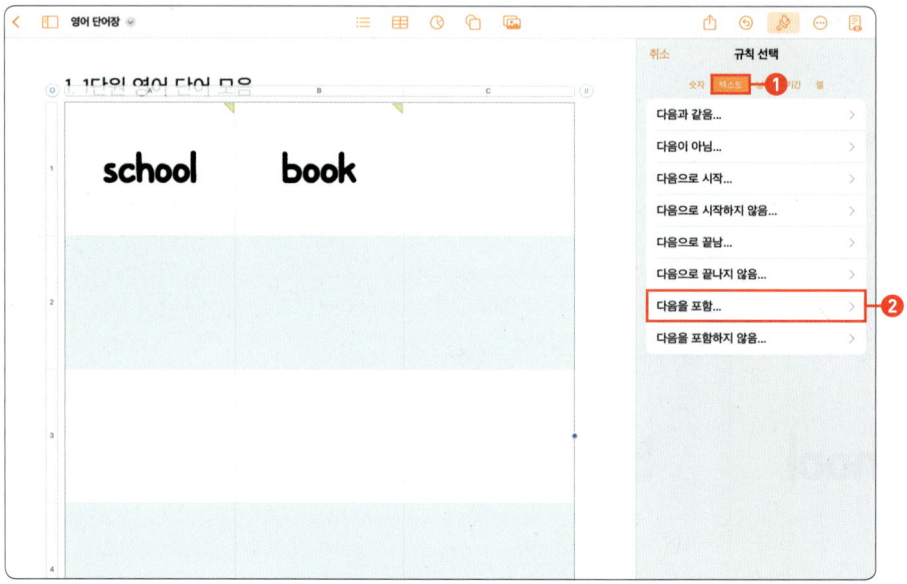

03 '다음을 포함하는 텍스트' 아래에 [통]이라고 적고 '스타일'에서 [녹색 채우기]를 선택해요. 완료를 탭해요

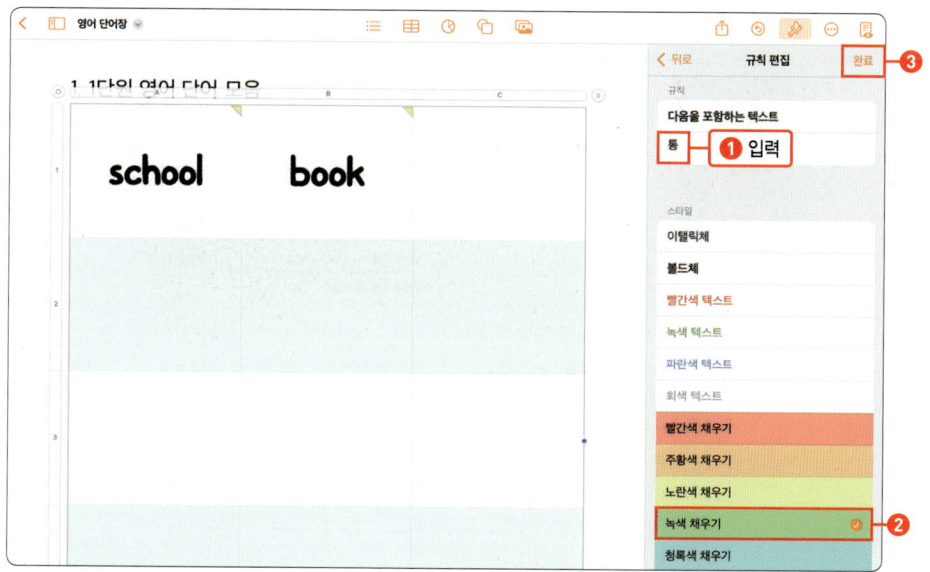

[스마트 팁] 여기서는 외운 단어를 가리키기 위해 통과의 '통'을 적었어요. 더 사용하기 편한 단어로 바꾸어 써도 괜찮아요.

04 '조건 하이라이트'에 규칙이 추가된 것을 확인할 수 있어요. 이번에는 외우지 못한 단어에 색을 칠하는 규칙을 만들어 볼게요. [규칙 추가]를 탭해요.

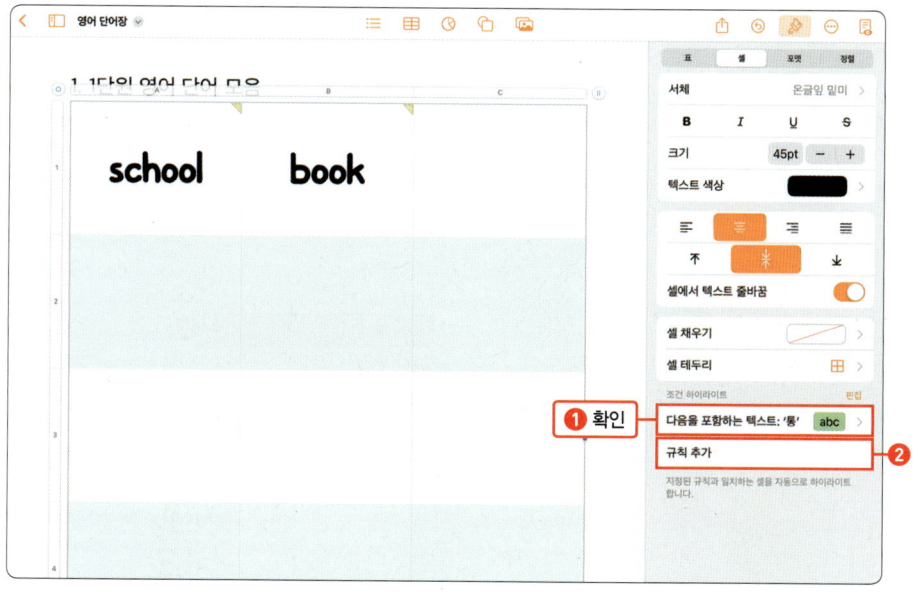

05 [텍스트]-[다음을 포함]을 선택해요.

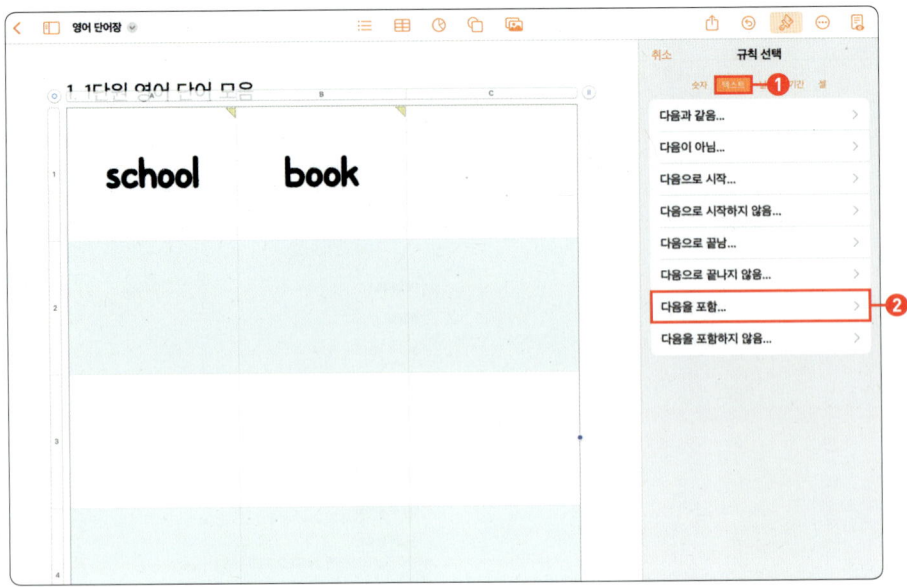

06 '다음을 포함하는 텍스트' 아래에 [불]이라고 적고 '스타일'에서 [빨간색 채우기]를 선택해요. [완료]를 탭해요.

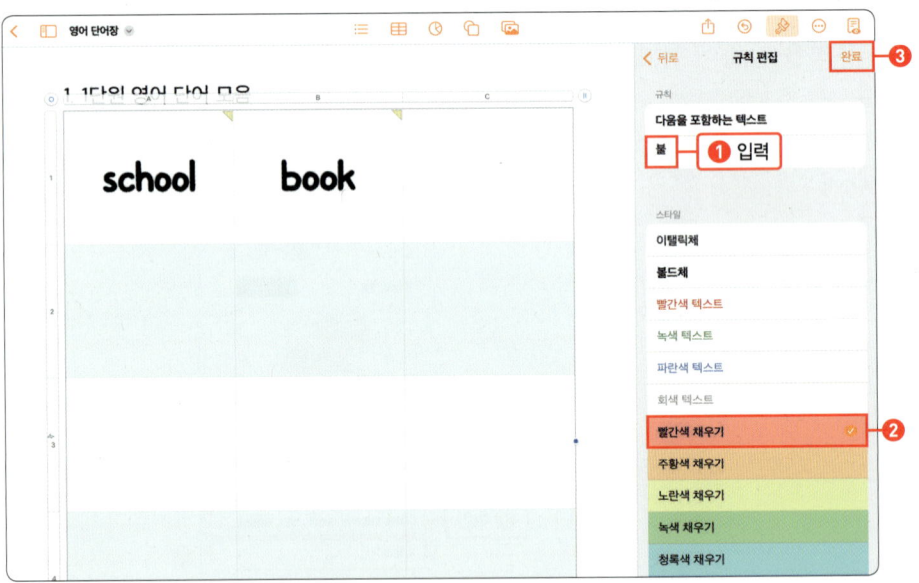

┌스마트 팁┐ 여기서는 외우지 못한 단어를 가리키기 위해 불통과의 '불'을 적었어요. 다른 단어로 바꾸어 써도 괜찮아요.

07 두 개의 규칙이 잘 만들어졌는지 확인해요.

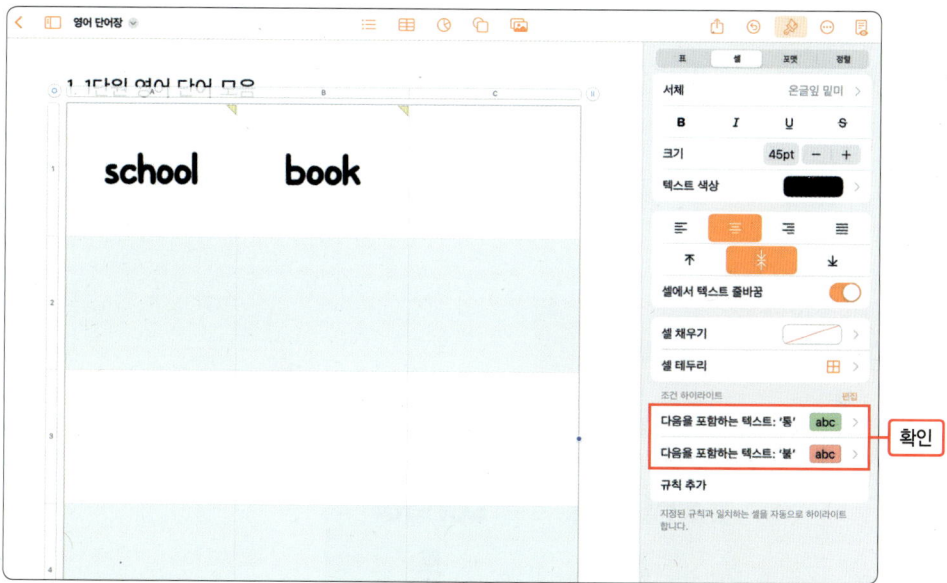

08 단어 밑에 [통] 또는 [불]을 입력하면 정해진 규칙대로 셀의 색이 다르게 채워집니다. 외운 단어 아래에는 [통]을, 외우지 못한 단어 아래에는 [불]을 입력해요.

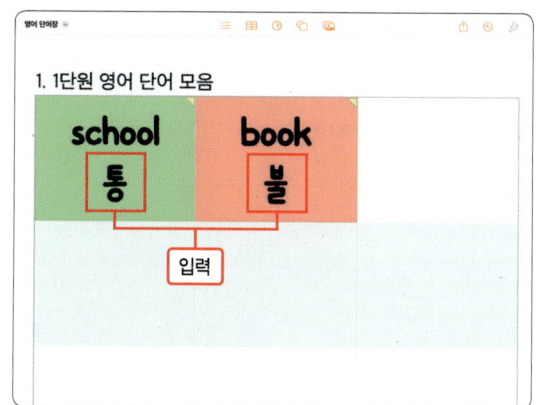 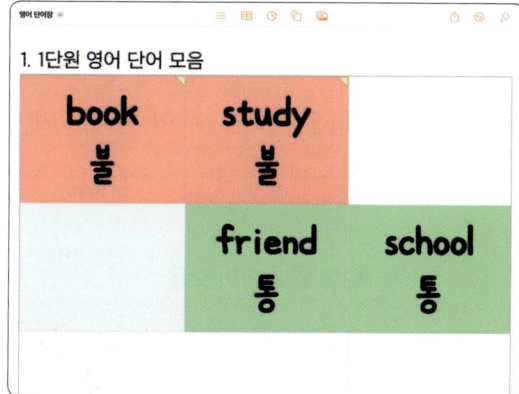

> **스마트 팁** 조건 하이라이트는 셀의 위치를 바꿔도 똑같이 적용됩니다. 단어가 적힌 셀을 꾹 누른 상태로 드래그하면 셀을 옮길 수 있습니다. 외운 단어는 아래쪽으로, 외우지 못한 단어는 위쪽으로 옮겨서 정리하면 더 직관적으로 구분할 수 있겠지요?

STEP 04 스마트 주석으로 발음 표시하기

01 단어의 발음을 한글 혹은 발음기호로 적고 싶다면 스마트 주석 기능을 활용해요. 터치펜으로 화면을 탭하면 오른쪽 하단에 동그란 펜 메뉴 아이콘이 나타나요. 아이콘을 탭해요.

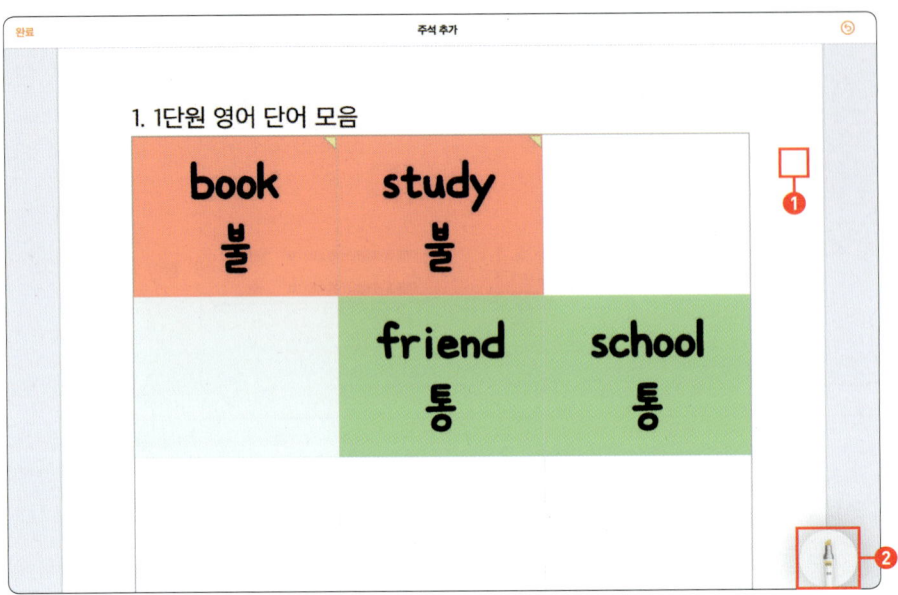

02 펜의 종류와 색상 등 옵션을 설정할 수 있는 바가 나타나요. 가장 오른쪽의 [형광펜] 툴을 선택하고 [펜]을 탭해요. 펜의 굵기와 색상은 원하는 대로 설정해요.

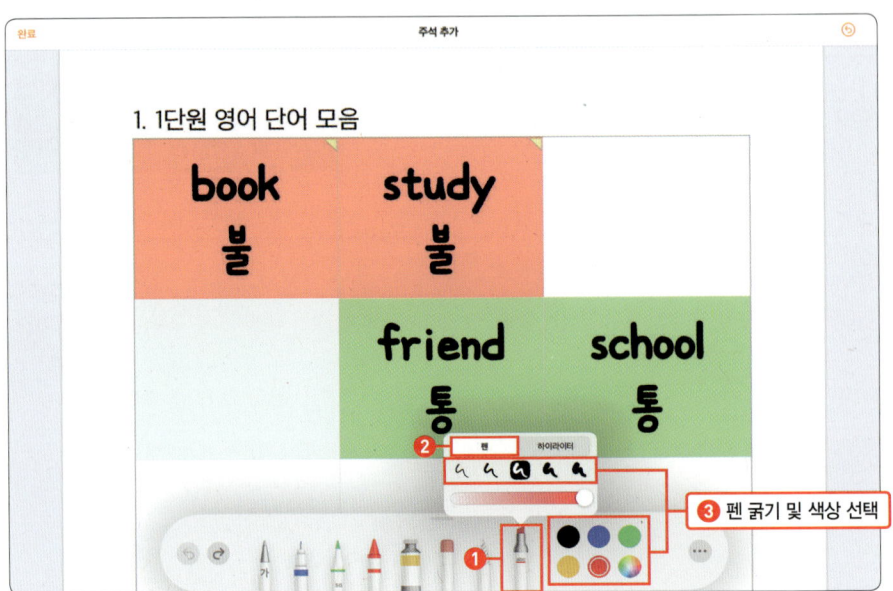

03 터치 펜으로 단어 아래에 발음을 적어요. 다 적었다면 [완료]를 탭해요. 이처럼 터치 펜을 이용해 직접 손으로 필기한 주석을 스마트 주석이라고 합니다.

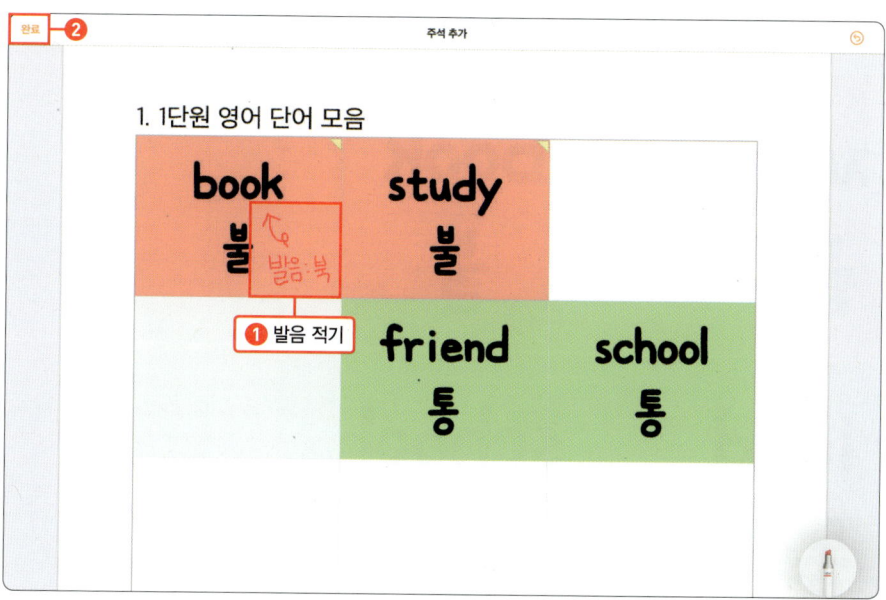

04 스마트 주석으로 적은 글씨는 셀과 한 몸처럼 같이 움직여요. 단어가 적힌 셀을 옮기면 스마트 주석도 함께 이동해요.

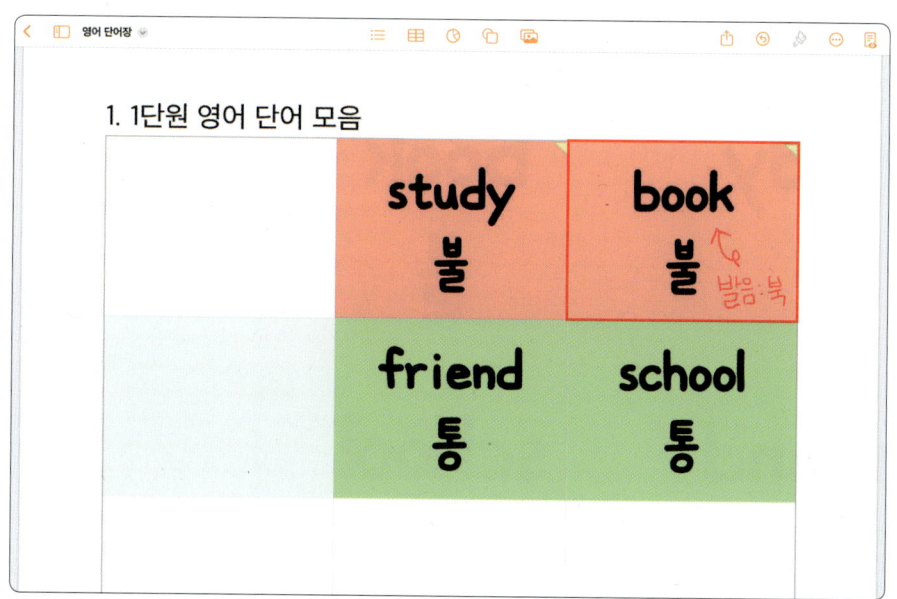

05 발음을 보고 싶지 않다면 스마트 주석 기능을 가리면 돼요. 화면 왼쪽 상단의 [페이지 설정(□)]을 탭하고 [스마트 주석 가리기]를 선택해요.

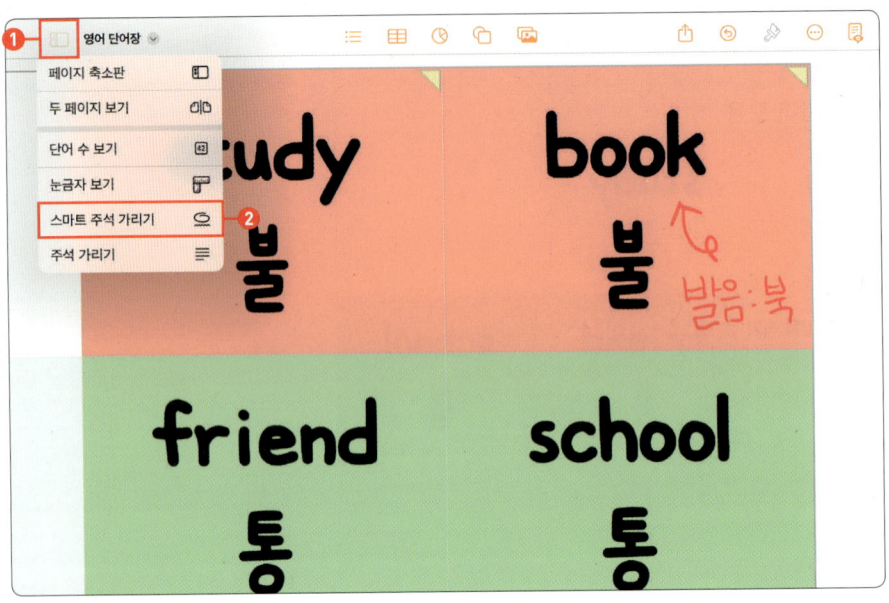

06 스마트 주석으로 쓴 글씨가 사라졌어요. 같은 방법으로 [스마트 주석 보기]를 탭하면 다시 글씨를 볼 수 있어요.

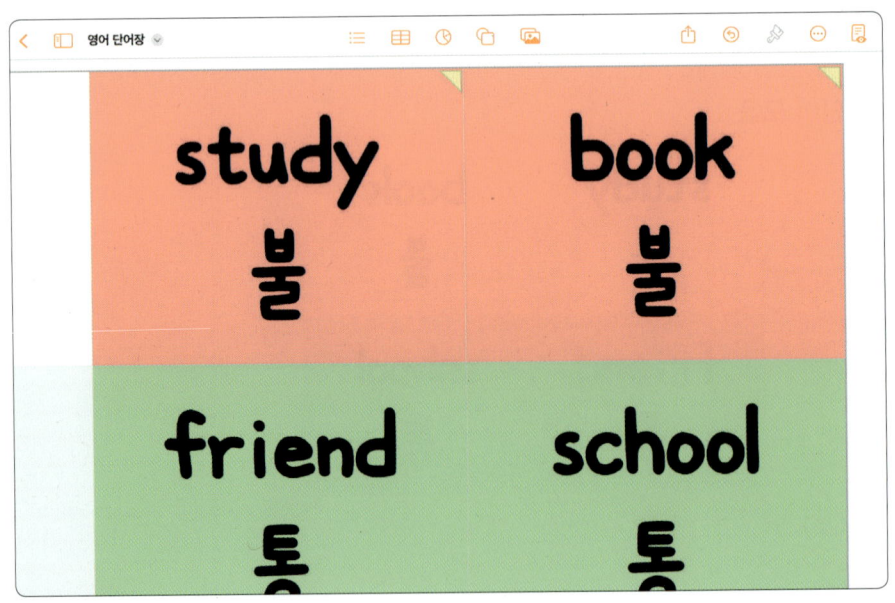

> **스마트 팁** 스마트 주석은 한 번에 껐다 켤 수 있기 때문에 단어의 발음이나 뜻 등을 적어 다양하게 활용할 수 있어요.

WEEK 23 태블릿 PC로 취미 생활을 즐겨요

태블릿 PC를 활용하면 스마트한 노트 정리뿐만 아니라 다양한 취미 생활을 즐길 수 있어요. 구글의 Arts&Culture, 크롬 Music Lab의 Song Maker, Read Along을 활용해 나만의 슬기로운 취미 생활을 즐겨 봅시다.

STEP 01 구글 Arts&Culture로 나만의 컬러링화 만들기

Arts&Culture, 크롬 Music Lab의 Song Maker, Read Along은 모두 구글에서 제공하는 서비스예요. 따라서 구글에서 만든 인터넷 브라우저인 크롬(Chrome)으로 접속해야 가장 안정적으로 사용할 수 있습니다. 가지고 있는 태블릿 PC에 크롬 앱이 설치되어 있지 않다면 우선 크롬 앱부터 설치해 주세요.

01 크롬 앱을 실행하고 검색 창에 [아트앤컬처]를 검색해요.

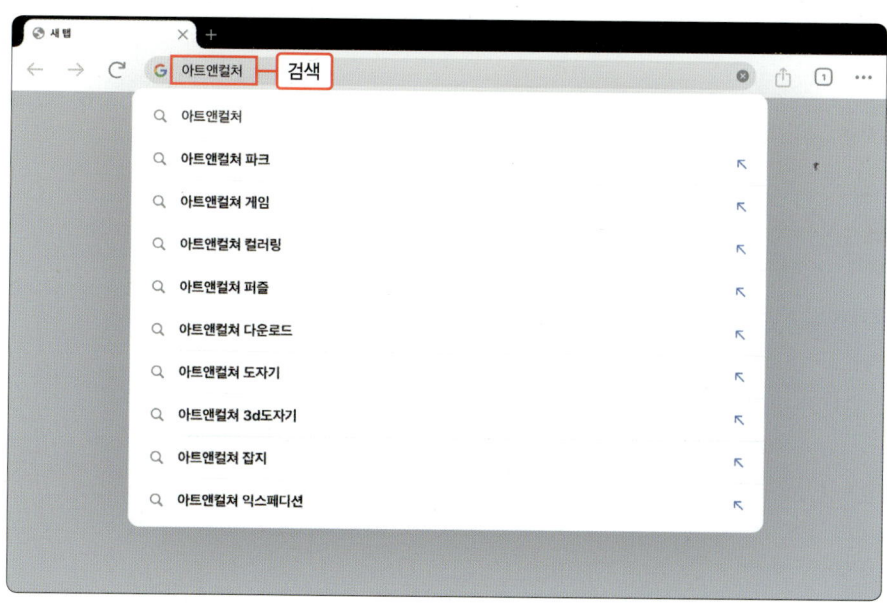

> 스마트 팁 → 앱을 설치하는 방법은 93쪽을 참고하세요.

02 검색 결과 중 [Art Coloring Book]을 선택해요.

03 [게임 플레이]를 탭해요.

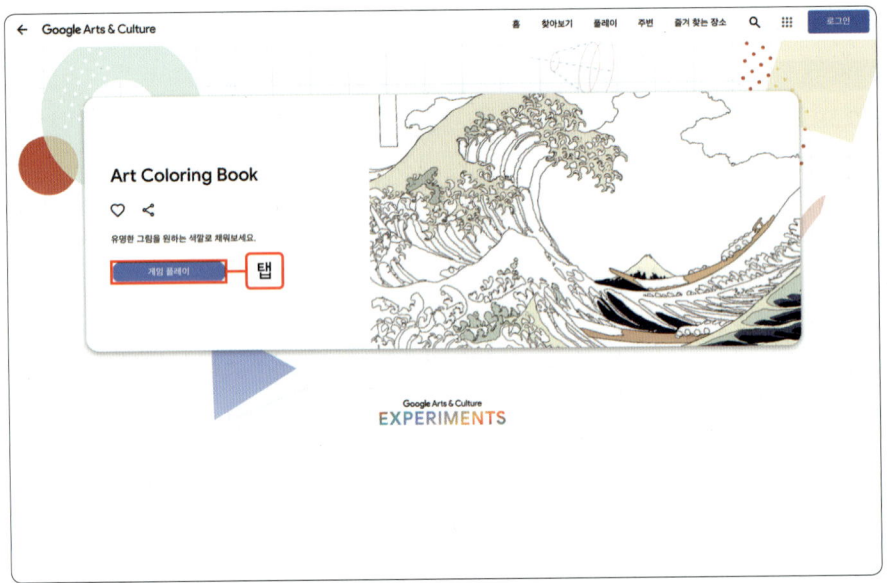

04 마음에 드는 그림을 선택해요. 새로운 페이지가 열리며 선택한 그림이 선화(線畫)로 나타나요. 하단 메뉴에서 원하는 색을 선택하여 그림을 색칠해요.

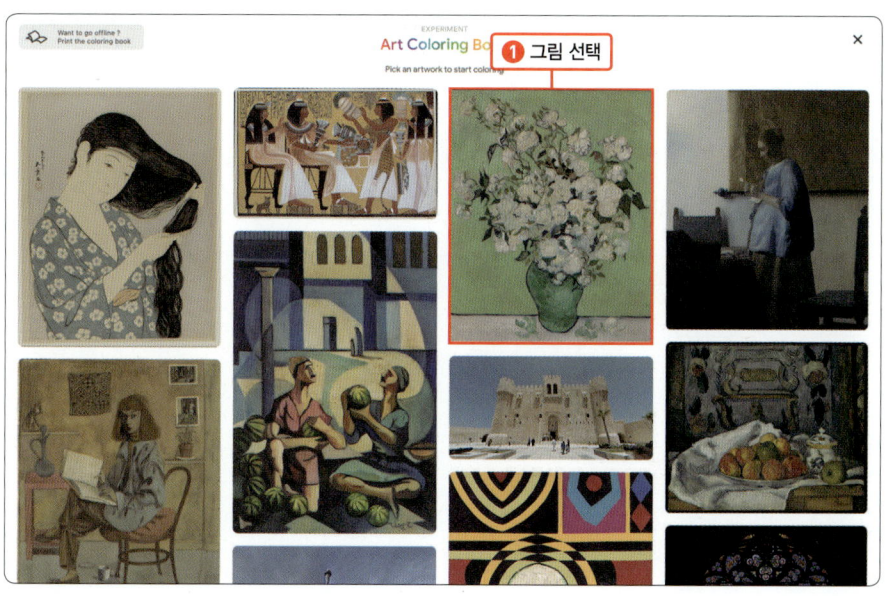

STEP 02 Song Maker로 나만의 음악 만들기

크롬 Music Lab의 Song Maker는 간단하고 재미있게 음악을 만들 수 있는 웹 사이트입니다. 바둑판 모양의 격자와 칸이라는 직관적인 인터페이스를 통해 리듬과 멜로디를 쉽게 이해하고 음악을 시각적으로 구성할 수 있습니다.

01 크롬 앱을 실행하고 검색 창에 [크롬뮤직랩 송메이커]를 검색해요. 검색 결과 상단의 [Song Maker - Chrome Music Lab]을 탭해요.

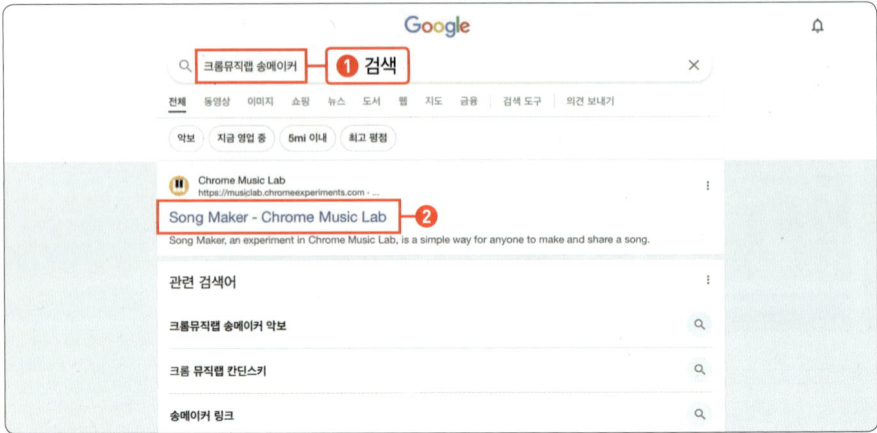

02 파란 격자무늬가 그려진 화면이 나타나요. 가로줄은 시간을 의미해요. 왼쪽에서 오른쪽으로 이동하며 시간이 흘러요. 세로줄은 음의 높이를 의미해요. 아래에서 위로 이동할수록 음이 높아져요. 곡을 만들기에 앞서 설정부터 해 볼게요. [Settings]를 탭해요.

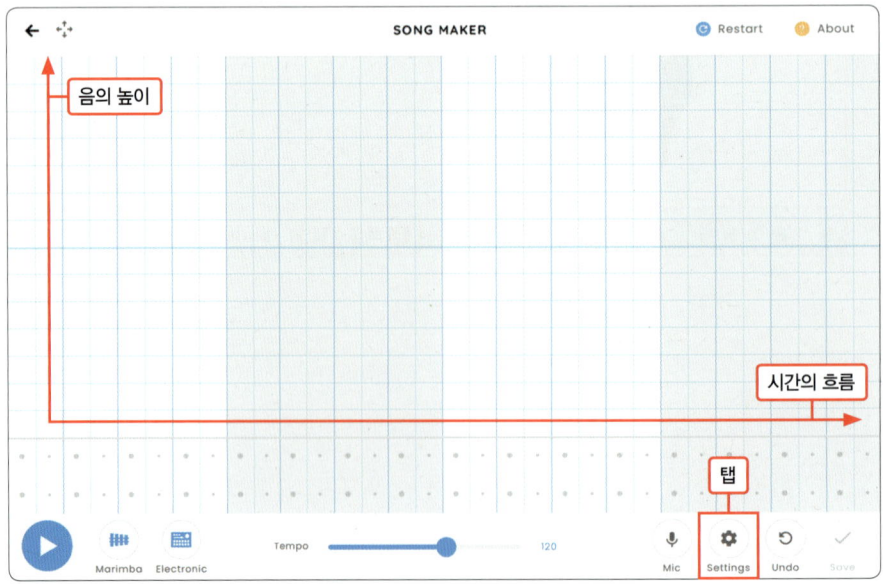

330

03 곡의 길이와 박자 등 옵션을 원하는 대로 설정한 다음 하단의 체크 버튼을 탭해요.

❶ **Length**: 곡의 길이를 설정합니다. 기본 4bars, 즉 4마디로 설정되어 있어요. 1~16마디 중에서 선택할 수 있으니, 더하기/빼기 버튼을 탭하여 조절해 봅시다. 숫자가 늘어날수록 악보의 길이도 늘어나요. 동요 비행기는 8마디, 애국가는 16마디로 이루어져 있어요. 하나의 곡을 만들고 싶다면 [8마디], [12마디], [16마디] 중에서 선택하는 것을 추천해요.

❷ **Beats per bar**: 곡의 박자를 설정합니다. 음악 교과서의 악보를 보면 2/4, 4/4와 같이 박자가 표시된 것을 볼 수 있어요. 4/4박자는 한 마디에 4분음표 네 개가 들어가 4박자로 이루어진 것을 말합니다. 2박~7박 중에서 선택할 수 있으니, 더하기/빼기 버튼을 탭하여 조절해 봅시다.

❸ **Split beats into**: 1박자를 몇 개로 쪼갤지 설정합니다. 즉, 분박을 설정합니다. Song Maker 악보의 진한 파란색 세로선은 1박을 뜻합니다. 1박 안이 연한 하늘색 선으로 나누어져 있지요? 이것이 바로 분박입니다. 2~4분박 중에서 선택할 수 있으니, 더하기/빼기 버튼을 탭하여 조절해 봅시다.

❹ **Scale**: 음계를 설정합니다. [Major]는 장음계, [Pentatonic]은 5음 음계, [Chromatic]은 반음계를 가리킵니다. 우리에게 익숙한 '도레미파솔라시도'는 8개의 음으로 이루어진 장음계의 음입니다. [Major]를 선택하는 것을 추천합니다.

❺ **Start on**: 시작하는 음을 설정합니다. 우리에게 익숙한 동요들은 보통 다장조의 도로 시작하는 경우가 많습니다. [Low], [Middle], [High] 중 [Middle]로, C~B 중에서 [C]로 설정하는 것을 추천합니다.

❻ **Range**: 음역대를 설정합니다. 1 octave(옥타브)부터 3 octave(옥타브)까지 설정할 수 있습니다. 3 octave로 설정하면 가로로 7줄씩 3세트, 총 21칸의 악보가 생깁니다. 7줄 간격으로 진한 하늘색 선을 그어 영역을 구분합니다.

04 악보의 칸을 탭하면 음계를 선택할 수 있습니다. 다음과 같이 음계를 만들고 플레이 버튼을 누르면 '도레미파솔라시도' 음과 리듬 반주를 함께 들을 수 있습니다.

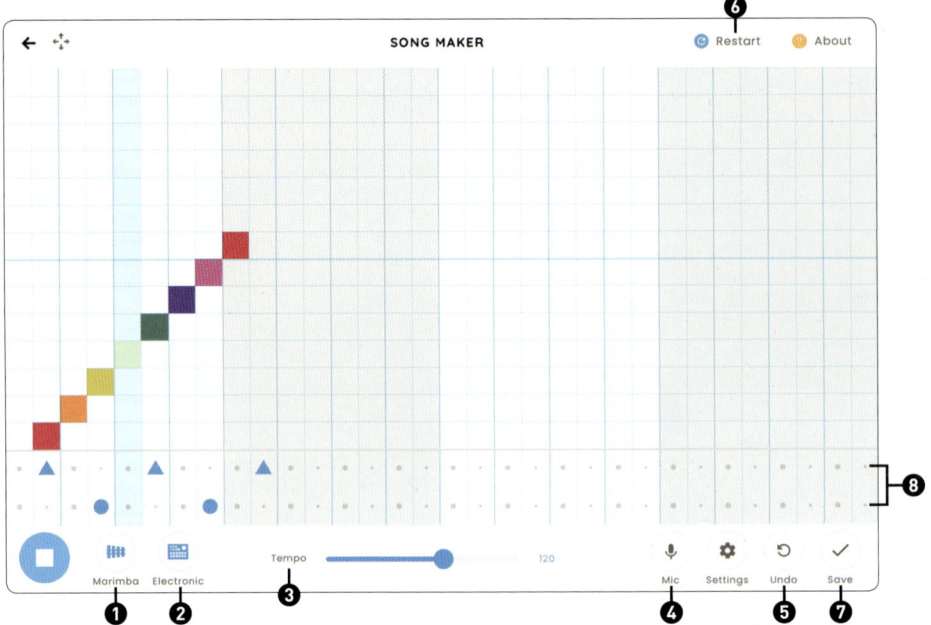

❶ 주선율을 연주하는 악기를 선택합니다. [Marimba(마림바)], [Piano(피아노)], [Strings(현악기)], [Woodwind(목관악기)], [Synth(신시사이저)]의 다섯 가지 옵션이 있습니다.

❷ 리듬을 연주하는 타악기를 선택합니다. [Electronic(전자 악기)], [Blocks(우드블록)], [Kit(드럼 세트)], [Conga(콩가)]의 네 가지 옵션이 있습니다.

❸ **Tempo**: 음악의 빠르기를 설정합니다. 값이 작을수록 느려지고, 값이 커질수록 빨라집니다.

❹ **Mic**: 내 목소리를 녹음하여 곡을 만들 때 사용합니다.

❺ **Undo**: 직전에 입력한 내용을 취소하고 이전의 상태로 돌아가게 합니다.

❻ **Restart**: 악보 전체를 초기화합니다. Settings에서 설정해 둔 값들도 초기화됩니다.

❼ **Save**: 곡을 저장합니다. 곡을 다운로드하거나 공유할 수 있는 링크 주소를 확인할 수 있습니다. 링크를 공유하고 싶다면 [Copy Link]를, 곡 파일을 저장하고 싶다면 [DOWNLOAD WAV]를 탭합니다.

❽ 타악기 트랙을 만드는 공간입니다. 칸을 탭하면 타악기 리듬 패턴이 만들어지며, 삼각형과 원 모양으로 표시됩니다.

> **스마트 팁** 음계를 세로로 쌓아 올리면 모든 음이 한꺼번에 연주되는 소리가 나요. 선율을 만들기 위해서는 하나의 가로선을 그린다는 느낌으로 음계를 만들어야 해요.

05 원하는 대로 자유롭게 음계를 만들고 플레이 버튼을 탭해 봅시다. 악보에 맞춰 나만의 곡이 연주됩니다.

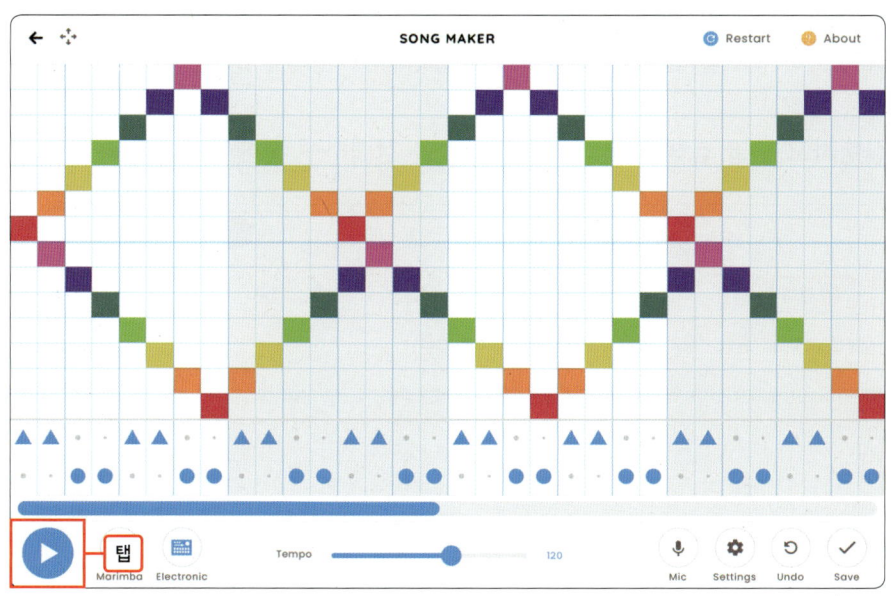

06 이 서비스는 음악 공부를 할 때도 사용할 수 있어요. 음악 교과서의 오선보대로 Song Maker의 악보를 그린 다음, 플레이 버튼을 눌러 연주를 들어봅시다.

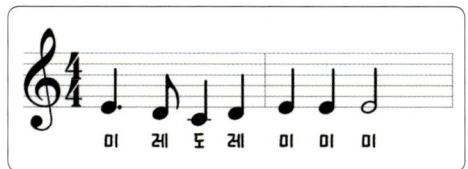
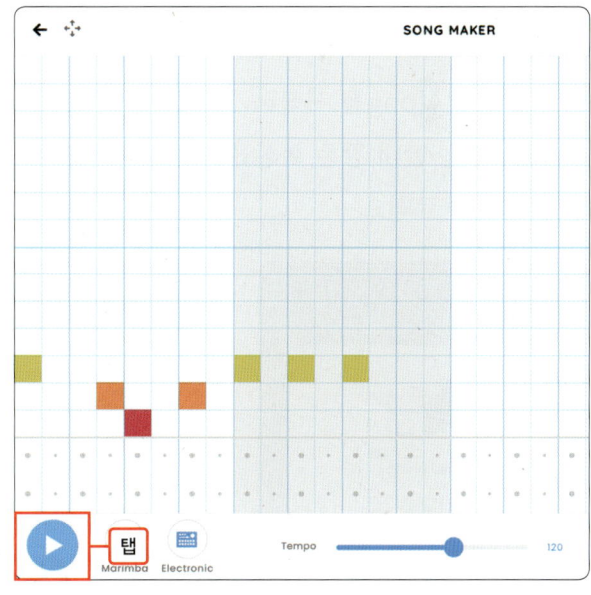

스마트 팁 → 오선보의 음표 길이와 계이름을 주의 깊게 살펴보고 Song Maker의 악보에 그대로 표시해 봅시다.

STEP 03   Read Along으로 영어 원서 읽기

Read Along은 영어 원서를 소리 내어 읽을 수 있는 서비스입니다. 갤럭시 탭의 경우 크롬으로 접속하거나 플레이 스토어에서 앱을 다운받을 수 있고, 아이패드를 사용하고 있다면 사파리로 접속해야만 사용할 수 있어요.

01 크롬 앱을 실행하고 구글 검색 창에 [read along]을 검색하여 홈페이지에 접속해요.

> **스마트 팁**   여기서는 갤럭시 탭으로 Read Along 홈페이지에 접속하여 학습하는 방법을 설명해요. 갤럭시 탭에서 Read Along 앱을 다운로드 받거나, 아이패드에서 사파리로 접속해도 사용 방법은 거의 비슷해요.

02 Read Along을 시작하기 위한 팝업 창이 나타나요. 언어는 [English only]로 선택하고, 이어지는 안내 창은 화살표를 탭하여 넘겨요. [Got it]까지 탭하면 Read Along을 사용할 준비가 완료돼요.

  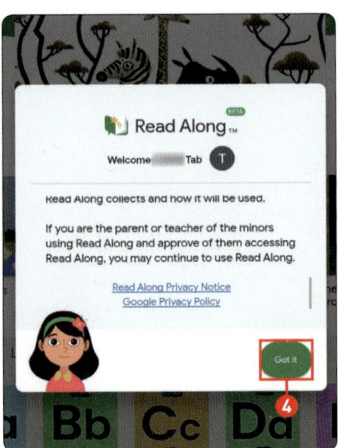

03 영어 원서를 소리 내어 읽으려면 마이크 기능을 사용해야 해요. 마이크 사용 권한을 설정하는 팝업 창이 나타나면 [허용]-[계속]-[앱 사용 중에만 허용]을 탭해요.

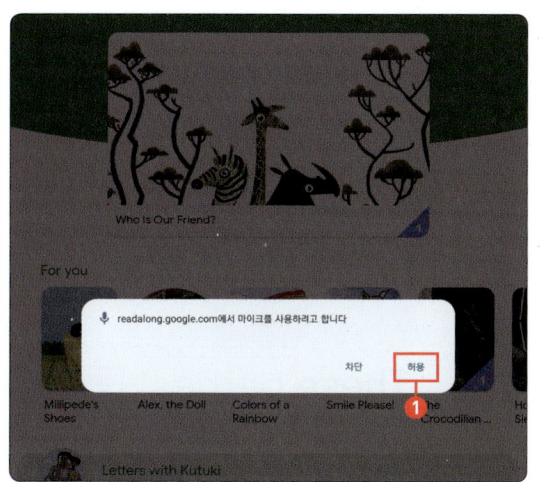
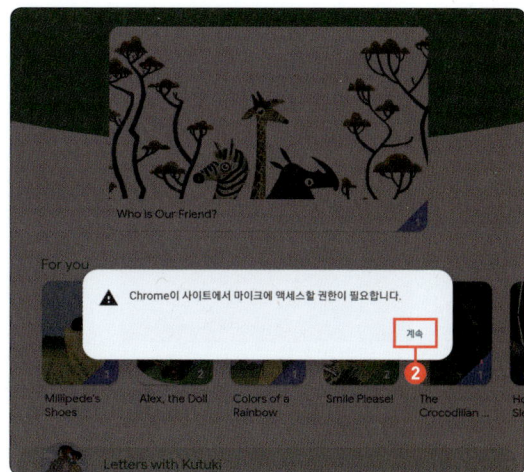
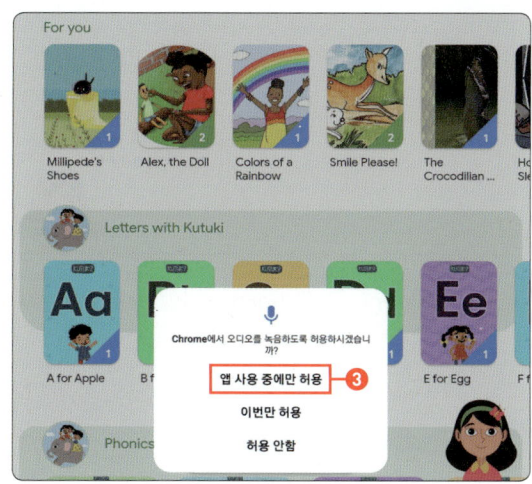

04 설정을 완료했다면 어떤 책을 읽을지 골라봅시다. 책 표지에 적혀있는 숫자는 책의 수준을 나타내는 레벨이에요. 쉬운 레벨부터 도전해 봅시다. 원하는 책을 탭해요.

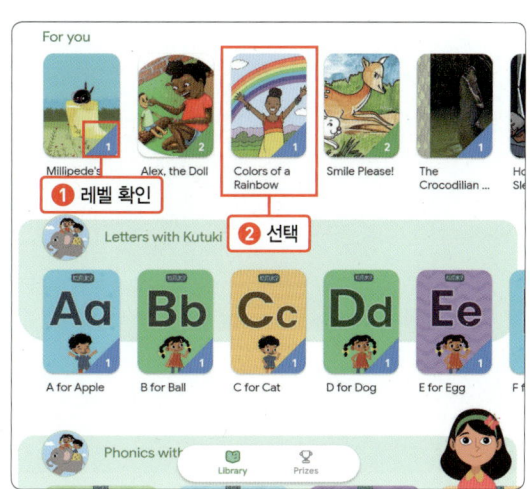

05 소리 내서 책을 읽으면 마이크를 통해 나의 발음이 인식됩니다. 어떻게 읽어야 할지 모르는 단어가 있다면 탭해 봅시다. 오른쪽 하단의 캐릭터가 정확한 발음으로 읽어줄 거예요.

스마트 팁 캐릭터에게 물어본 단어는 점선으로 된 밑줄이 표시됩니다. 책을 다 읽고 나서 밑줄이 표시된 단어만 다시 읽어 보면 효과적으로 복습할 수 있어요.

06 책을 다 읽고 나면 공부한 시간을 확인하고 별 점수를 얻을 수 있습니다.

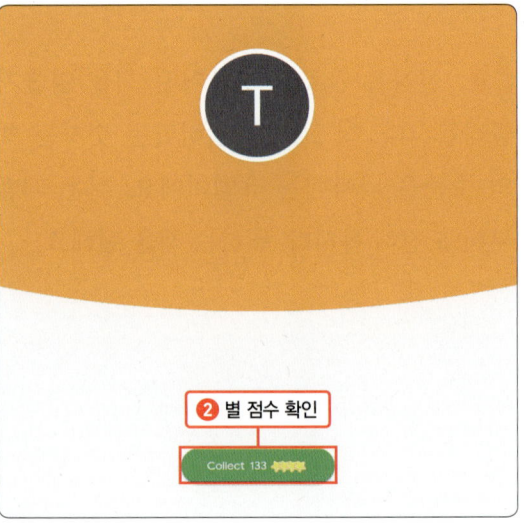

07 구글 계정으로 로그인되어 있기 때문에 나의 독서 이력이 꾸준히 기록할 수 있어요. 또, 하단 바의 [Prizes]를 탭하여 책을 읽고 받은 보상을 확인할 수 있어요.

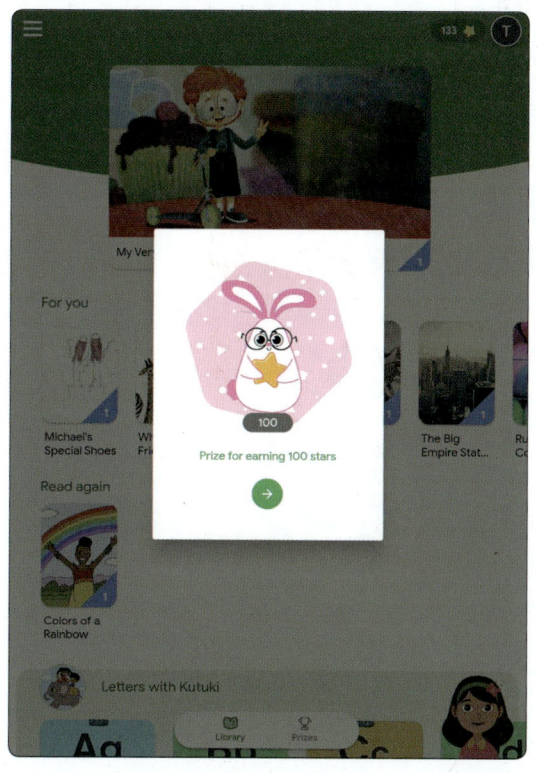 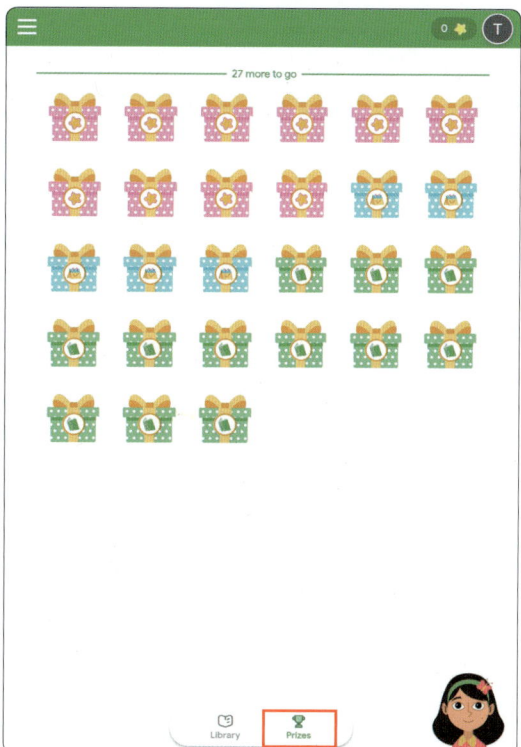

✦ 잠깐만요! Read Along 홈페이지와 앱, 어떤 차이가 있나요?

갤럭시 탭을 사용한다면 Read Along 홈페이지로도 접속할 수 있고, 앱을 다운받아 활용할 수도 있어요. 마이크를 사용해서 원서를 읽는다는 주요 기능에는 큰 차이가 없어요. 다만 하단 바의 구성이 조금 다릅니다. 홈페이지로 접속했을 때는 책 목록을 확인할 수 있는 [Library] 탭, 독서 후 받은 보상을 확인할 수 있는 [Prizes] 탭만 보이지만, 앱으로 접속하면 [Activity]라는 탭이 하나 더 추가되어요. [Activity] 탭은 나의 독서 기록이 꾸준히 저장되는 곳이에요. 내가 읽은 책을 꾸준히 기록하고 싶다면 앱으로 접속하는 것을 추천해요.

 초등학생을 위한
길벗 IT 무작정 따라하기 시리즈

> 코딩 공부의 힘! <
코딩, 어렵지 않아요. 혼자 할 수 있어요!

곽혜미, 에이럭스 미래교육연구소 지음
280쪽 | 18,000원

전현희, 주희정, 최민희 지음
328쪽 | 19,000원

> 재미 팡팡! 실력 쑥쑥! <
초등학교 선생님과 함께 수행평가 완벽 대비!

이상권, 권동균 지음
208쪽 | 18,000원

이상권, 권동균 지음
240쪽 | 20,000원

이상권, 정일용 지음
280쪽 | 18,000원

스마트 노트 정리
완독 인증서

_____ 초등학교 ____ 반 ____ 번

이름 _____

위 학생은 『스마트 노트 정리 with 굿노트』를

성실하게 이수하였기에

이 인증서를 수여합니다.

년   월   일

(주)도서출판 길벗